EDITH HALL

DIE GRIECHEN

UND DIE ERFINDUNG
DER KULTUR

Aus dem Englischen von
Norbert Juraschitz

Pantheon

Die englischsprachige Originalausgabe erschien 2014 unter dem Titel
»Introducing the Ancient Greeks. From Bronze Age Seafarers to
Navigators of the Western Mind« bei W. W. Norton & Company, New York.

Verlagsgruppe Random House FSC® N001967

2. Auflage

© 2017 by Edith Hall
© 2017 der deutschsprachigen Ausgabe by Siedler Verlag, München
© dieser Ausgabe 2018 by Pantheon Verlag,
in der Verlagsgruppe Random House GmbH,
Neumarkter Straße 28, 81673 München
Umschlaggestaltung: Büro Jorge Schmidt, München
Umschlagmotiv: Edmund Wodick, Festplatz in Olympia (Studie),
1880 © akg-images
Satz: Uhl + Massopust, Aalen
Karten: Peter Palm, Berlin
Druck und Bindung: CPI books GmbH, Leck
Printed in Germany
ISBN 978-3-570-55381-7

www.pantheon-verlag.de

Meiner Familie

INHALT

As some grave Tyrian trader, from the sea,
Descried at sunrise an emerging prow
Lifting the cool-hair'd creepers stealthily,
The fringes of a southward-facing brow
Among the Aegean isles;
And saw the merry Grecian coaster come,
Freighted with amber grapes, and Chian wine,
Green, bursting figs, and tunnies steep'd in brine –
And knew the intruders on his ancient home,
The young light-hearted Masters of the waves.

Ein ernster Händler aus Tyros, vom Meere,
Erspähte schon beim Sonnenaufgang, wie ein Bug sich naht,
Der holte leis den tangbewachs'nen Anker ein,
Die Ränder einer Passerelle, die nach Süden wies,
inmitten all den Inseln der Ägäis;
Und sah das muntre, kleine Küstenboot aus Griechenland sich nah'n,
Beladen voll mit gelben Trauben, Wein aus Chios,
Und grünen, prallen Feigen, Thunfisch, eingelegt in Salz,
Er kannte sie, die Eindringlinge in sein altes Reich,
Die jungen, unbeschwerten Herrn der Wogen.

MATTHEW ARNOLD,
The Scholar Gypsy (Der weise Zigeuner),
V. 231–240

VORWORT

Zwischen 800 und 300 v. Chr. machten Menschen, die Griechisch sprachen, zahlreiche geistige Entdeckungen und hoben die mediterrane Welt auf eine neue Stufe der Zivilisation. Wie sie sich auf diese Weise kontinuierlich selbst weiterbildeten, wurde von den Griechen und Römern der folgenden Jahrhunderte sehr bewundert. Doch begann, wie dieses Buch zeigt, die Geschichte der alten Griechen schon 800 Jahre vor dieser Phase, und sie dauerte anschließend noch mindestens sieben Jahrhunderte lang an. Und als die Texte und Kunstwerke der griechischen Antike in der europäischen Renaissance wiederentdeckt wurden, veränderten sie die Welt ein zweites Mal.

Dieses Phänomen hat man das Griechische Wunder genannt. Es ist viel vom »Ruhm Griechenlands« geschrieben worden, dem »griechischen Genie«, »griechischen Triumph«, von der »griechischen Aufklärung«, dem »griechischen Experiment«, der »griechischen Idee« oder gar dem »griechischen Ideal«. Doch in den letzten zwanzig Jahren wurde die Ausnahmestellung der Griechen zunehmend in Zweifel gezogen. Die Historiker hoben hervor, dass die Griechen letztlich nur eine von vielen ethnischen Gruppen und Sprachgemeinschaften im antiken Mittelmeerraum waren. Lange bevor die Griechen ihren Auftritt hatten, waren mehrere hoch entwickelte Zivilisationen entstanden: die Mesopotamier und Ägypter, die Hattier und Hethiter. Und es waren andere Völker, die den Griechen entscheidende technologische Fortschritte ermöglichten: Von den Phöniziern lernten sie das phonetische Alphabet, von den Lydiern, wie man Münzen prägt und möglicherweise von den

Luwiern, wie man kunstvolle kultische Gesänge komponiert. Als die Griechen nach 600 v. Chr. die rationale Philosophie und Wissenschaft erfanden, war es die Expansion des Persischen Reiches, die ihren geistigen Horizont erweiterte.

Seit dem späten 19. Jahrhundert entwickelte sich unser Wissen über die anderen Kulturen des antiken Nahen Ostens rapide. So verstehen wir inzwischen das Denken der Vorläufer und Nachbarn der Griechen weit besser als noch vor der bahnbrechenden Entdeckung des auf Tontafeln eingeritzten Gilgamesch-Epos im Tigristal 1853. Immer mehr Schriften in den Sprachen der Sumerer, Akkadier, Babylonier und Assyrer, die nacheinander die fruchtbaren Ebenen Mesopotamiens beherrschten, werden erschlossen; hethitische Schriften, die man bei Hattusa in der Zentraltürkei fand, wurden genauso entziffert wie die ebenfalls auf Tontafeln eingravierten Texte in der Nähe des nordsyrischen Ugarit. Bislang unbekannte altägyptische Dokumente und deren Interpretationen machen es nötig, etwa die Bedeutung der Nubier für die nordafrikanische Geschichte neu zu bewerten.

Viele dieser interessanten Entdeckungen haben gezeigt, wie viel die Griechen mit ihren Vorläufern und Nachbarn gemein hatten. Detaillierte komparatistische Studien legen nahe, dass das griechische »Wunder« nur Bestandteil eines andauernden interkulturellen Austauschs war. Die Griechen waren erfinderisch, hätten jedoch ohne die Fertigkeiten, Ideen und Praktiken ihrer Nachbarn niemals so enorme Fortschritte gemacht. Inzwischen herrscht Konsens darüber, dass die Griechen ihren nahöstlichen Nachbarn in Mesopotamien, Ägypten, der Levante, Persien und Kleinasien sehr ähnlich waren. Manche Forscher zweifeln sogar an, dass die Griechen überhaupt etwas Neues geschaffen haben – oder ob sie lediglich das gesamte Wissen aller Zivilisationen des östlichen Mittelmeerraums kanalisierten und in den Gebieten verbreiteten, die Alexander der Große eroberte, ehe es an Rom und die Nachwelt weitergegeben wurde. Andere wollen rassistische Motive erkennen und werfen den

Althistorikern vor, »älteste tote weiße europäische Männer« zu schaffen (Bernard Knox); manche behaupten sogar, die Altphilologen hätten systematisch die Fakten verzerrt und jene Quellen unterschlagen, die belegen, dass die alten Griechen den semitischen und afrikanischen Völkern mehr verdanken als den indoeuropäischen Traditionen.

Somit wurde die Frage politisch aufgeladen. Kritiker des Kolonialismus und Rassismus neigen dazu, die Sonderstellung der alten Griechen herunterzuspielen. Für diejenigen jedoch, die daran festhalten, dass die Griechen außergewöhnlich, ja sogar überlegen gewesen seien, dient dies vor allem dazu, die grundsätzliche Überlegenheit westlicher Ideale zu dokumentieren und die Kulturen gegeneinander auszuspielen. Mein Problem ist, dass ich mich weder der einen noch der anderen Seite zugehörig fühle. Ich verurteile Kolonialismus und Rassismus und habe selbst zur reaktionären Vereinnahmung des klassischen Erbes geforscht. Aber je länger ich mich mit den alten Griechen und ihrer Kultur beschäftige, desto überzeugter bin ich, dass sie herausragende Eigenschaften besaßen, die man in dieser Fülle kaum anderswo im Mittelmeerraum oder Nahen Osten findet. Nach einer Skizze dieser Eigenschaften in der Einführung nehmen die zehn Kapitel des Buches den Leser mit auf eine chronologische Reise durch wichtige Phasen der griechischen Geschichte. Damit geht zugleich eine geographische Reise einher, denn im Lauf der Zeit verlagerte sich das Zentrum der griechischen Unternehmungen und ihrer Errungenschaften sukzessive von der Halbinsel und den Inseln, die heute die griechische Nation bilden, hin zu bedeutenden Siedlungen in Italien, Asien, Ägypten, Libyen und im Schwarzmeerraum. Doch so verstreut sie auch zeitlich und räumlich waren, die Mehrheit der alten Griechen teilte die meiste Zeit fast alle diese Eigenschaften. In diesem Buch versuche ich zu erklären, welche Eigenschaften ich damit meine.

Jede einzelne dieser griechischen Errungenschaften findet sich auch in der Kultur mindestens eines ihrer Nachbarn. Die Babylonier kannten den Satz des Pythagoras Jahrhunderte vor dem Namengeber. Die Stämme im Kaukasus hatten den Bergbau und die Verhüttung auf ein noch nie dagewesenes Niveau gehoben. Die Hethiter hatten die Technologie der Streitwagen weiterentwickelt und waren hochgebildet: Sie verschriftlichten die geschliffenen und mitreißenden Reden, die an ihrem königlichen Hof bei offiziellen Anlässen gehalten wurden, ebenso wie die ausgefeilten juristischen Plädoyers. Ein Hethiterkönig wurde zu einem Vorläufer der griechischen Historiographen, als er während der Belagerung einer hurritischen Stadt detailliert beschrieb, wie enttäuscht er von der Unfähigkeit einiger seiner Armeeoffiziere war. Die Phönizier waren ebenso bedeutende Seefahrer wie die Griechen. Die Ägypter erzählten der *Odyssee* ähnliche Geschichten von Seefahrern, die vermisst wurden und nach Abenteuern jenseits der Meere zurückkehrten. In einem archaischen, aramäischen Dialekt Syriens, den man in jüdischen Kultstätten sprach, wurden pointierte Fabeln verfasst, die denen Äsops vergleichbar sind. Architektonische Gestaltung und technisches Wissen gelangten von den Persern nach Griechenland – und zwar über die unzähligen ionischen Handwerker, die in persischen Texten *Yauna* genannt werden und beim Bau von Persepolis, Susa und Pasargadai halfen. Aber keiner dieser Volksstämme brachte etwas hervor, das sich mit der athenischen Demokratie, mit der Komödie, mit philosophischer Logik oder Aristoteles' *Nikomachischer Ethik* messen könnte.

Ich bestreite nicht, dass die Griechen die Errungenschaften anderer antiker Völker weiterverbreiteten. Aber schon diese Vermittlerfunktion kann man als außergewöhnlich bezeichnen, denn dafür sind zahlreiche Begabungen und Fähigkeiten nötig: Sich fremdes technisches Wissen anzueignen erfordert das Geschick, eine glückliche Begegnung oder Fügung als solche zu erkennen, es erfordert ausgezeichnete kommunikative Fertigkeiten und das Talent sich vorzustellen, wie eine Technik, eine Erzählung oder ein Gegenstand an ein anderes sprachliches und kulturelles Umfeld angepasst werden kann. In diesem Sinn agierten auch die Römer erfolgreich, indem sie wesentliche Errungenschaften ihrer eigenen Zivilisation von den Griechen übernahmen, genau wie die Humanisten der Renaissance. Natürlich waren die Griechen weder von Natur aus noch von ihrer Leistungsfähigkeit her anderen Menschen überlegen, weder physisch noch geistig. Vielmehr wiesen sie selbst häufig darauf hin, wie schwierig Griechen von Nichtgriechen zu unterscheiden seien (ganz zu schweigen freie Menschen von Sklaven), wenn man Kleidung und Schmuck ignorierte sowie alles, was auf deren Kultur hindeuten könnte. Und dennoch: Sie waren das richtige Volk zur richtigen Zeit am richtigen Ort, um jahrhundertelang den Staffelstab des geistigen Fortschritts zu tragen.

Das vorliegende Buch versucht, die Geschichte der alten Griechen über einen Zeitraum von 2000 Jahren zu erzählen, von etwa 1600 v. Chr. bis 400 n. Chr. Sie lebten in Tausenden kleinen Dörfern und Städten von Spanien bis Indien, vom eiskalten Don am nordöstlichen Ende des Schwarzen Meeres bis zu abgelegenen Nilzuflüssen im afrikanischen Hochland. Sie waren kulturell anpassungsfähig, denn sie verheirateten sich freizügig mit anderen Volksstämmen; sie kannten keine ethnische, biologistisch begründete Ungleichheit, war doch die »Rassentheorie« noch gar nicht erfunden. Sie duldeten und begrüßten sogar die Einfuhr ausländischer Waren. Es war auch nie die Geopolitik, die sie vereinte. Mit Ausnahme des kurzlebigen Makedonischen Reiches im späten 4. Jahrhundert v. Chr. gab es selbst auf dem Gebiet des heutigen Griechenlands bis zum griechischen Unabhängigkeitskrieg am Anfang des 19. Jahrhunderts keinen unabhängigen Staat, in dem Griechisch gesprochen wurde. Was die alten Griechen miteinander verband, war ihre mehrsilbige und wandelbare Sprache, die in ähnlicher Form bis heute existiert, obwohl griechischsprachige Regionen jahrhundertelang von den Römern, Osmanen, Venezianern und anderen besetzt gehalten wurden. Der Fortbestand dieser Sprache wurde durch die Vertrautheit der Griechen mit prägenden

Dichtungen gestärkt, insbesondere mit den Werken Homers und Hesiods (Mitte des 8. Jahrhunderts v. Chr.). Den in diesen Epen verehrten Göttern brachten die alten Griechen Opfer dar, wo auch immer sie sich niederließen. Dieses Buch macht sich auf den Weg, eine einzige Frage zu beantworten: Was genau hatten die alten Griechen, die in Hunderten unterschiedlicher Gemeinschaften entlang unzähliger Küsten und auf zahlreiche Inseln verstreut lebten, über ihre kulturelle Aufnahmefähigkeit, ihre Sprache, die Mythen und den Polytheismus hinaus eigentlich noch miteinander gemein?

ZEHN EIGENSCHAFTEN
DER ALTEN GRIECHEN

Die alten Griechen teilten während der meisten Zeit ihrer Geschichte zehn Eigenschaften miteinander. Davon hängen die ersten vier, dass sie nämlich Seefahrer, misstrauisch gegenüber jeder Autorität, individualistisch und wissbegierig waren, eng zusammen und sind zugleich die wichtigsten. Darüber hinaus waren sie stets für neue Ideen offen, humorvoll, liebten Wettkämpfe; sie bewunderten herausragende Fähigkeiten bei talentierten Menschen, waren außergewöhnlich redegewandt und geradezu vergnügungssüchtig. Aber mit diesen zehn übergreifenden Eigenschaften stoßen wir auf ein Problem in der heutigen Haltung gegenüber Darstellungen der Vergangenheit. Manche Forscher tendieren dazu, die herausragende Rolle Einzelner für den Lauf der Geschichte herunterzuspielen, und betonen stattdessen wirtschaftliche, soziale oder politische Strömungen, die sich in der ganzen Bevölkerung oder sozialen Schicht äußerten. Diese Art der Geschichtsschreibung geht davon aus, dass Geschichte so einfach ist, dass man sie ohne die Leistung Einzelner und ohne die allgemeinen Zusammenhänge versteht, und sie fragt auch nicht danach, wie die beiden miteinander zusammenwirken. Ich will an einem Beispiel erklären, inwiefern mein Ansatz davon abweicht. Wenn etwa Aristoteles nicht in eine Arztfamilie, die in der Gunst der makedonischen Monarchen stand, geboren worden wäre, deren Macht sich auf den neuen Reichtum aus Goldminen stützte, dann hätte er womöglich nie die Muße, die finanziellen Mittel, Reisen und Erziehung genossen, die zu seiner intellektuellen Bildung beitrugen. Er wäre sicherlich nicht Männern wie Alexander dem

Großen begegnet, der mit seiner militärischen Macht die Welt verändern konnte. Aber das heißt noch lange nicht, dass die intellektuellen Errungenschaften Aristoteles' deswegen weniger beeindruckend sind.

Ein roter Faden zieht sich durch das ganze Buch: der Zusammenhang zwischen dem Anteil, den die sozialen und historischen Kontexte, in die herausragende Griechen wie Perikles und Leonidas, Ptolemaios I. und Plutarch geboren wurden, an ihrer Entwicklung hatten, und dem Anteil der zehn Eigenschaften der griechischen Mentalität, die sie in vieler Hinsicht als ethnische Gruppe definierten. Der soziale und historische Hintergrund, vor dem die Geschichte der alten Griechen hier geschildert wird, ist in zehn Zeiträume unterteilt: die mykenische Welt von 1600 bis etwa 1200 v. Chr. (Kapitel 1); das Aufkommen der griechischen Identität zwischen dem 10. und dem 8. Jahrhundert (Kapitel 2); die Ära der Kolonisierung und Tyrannen im 7. und 6. Jahrhundert (Kapitel 3); die frühen Wissenschaftler in Ionien und Italien im 6. und 5. Jahrhundert (Kapitel 4); das demokratische Athen im 5. (Kapitel 5), Sparta im frühen 4. und Makedonien im späten 4. Jahrhundert (Kapitel 6 und 7); die hellenistischen Königreiche vom 3. bis 1. Jahrhundert (Kapitel 8); Griechen unter dem Römischen Reich (Kapitel 9) und die Beziehung zwischen griechischen Heiden und frühen Christen, die Ende des 4. Jahrhunderts n. Chr. mit dem Triumph des neuen monotheistischen Glaubens endete (Kapitel 10). Darüber hinaus wird in jedem Kapitel, angefangen bei den Mykenern und ihrem seefahrerischen Geschick, jenem Aspekt der griechischen Eigenart unter den zehn genannten Eigenschaften besonderes Augenmerk gewidmet, den ich jeweils für äußerst auffällig halte. Das heißt keineswegs, dass andere antike Kulturen im Mittelmeerraum nicht ebenfalls einige der Eigenschaften hatten, die zusammengenommen in meinen Augen die Griechen definierten. Beispielsweise wird hier in der Einleitung ausführlich erörtert, wie viel die griechische Kultur den schreibkundigen, phönizischen Händlern verdankte. Aber so gut wie alle zehn »griechischen« Eigenschaften waren, mehr oder weniger ausgeprägt, bei der Mehrheit der Griechen während der meisten Zeit ihrer Geschichte vorhanden.

Die alten Griechen waren begeisterte Seefahrer. 490 v. Chr. wurde die wichtige griechische Stadt Eretria von den eindringenden Persern niedergebrannt und die ganze Bevölkerung in die Gefangenschaft entführt, aus der sie nie zurückkehren sollte. Der persische König ließ die Gefangenen tief im Landesinneren, zwischen Babylon und Susa, eine Kolonie gründen. Ein Gedicht, das dem Philosophen Platon zugeschrieben wird, stellt sich ihre kollektive Grabsteininschrift im kleinasiatischen Exil vor:

Ach, wir verließen dereinst der Ägäis donnernde Woge
Und bei Ekbatana nun liegen wir mitten im Land.
Schöne eretrische Heimat, fahr wohl! Fahr wohl auch Euboias
Nachbar Athen! Fahr wohl, du unsere Liebe – o Meer!

Die zerstörte Heimat der Eretrier war eine Hafenstadt gewesen. Doch die alten Griechen siedelten fast nie mehr als vierzig Kilometer – einen guten Tagesmarsch – vom Meer entfernt. Die ersten Griechen lebten in Hunderten kleinen Gemeinschaften entlang der Küste, die (politisch) autonom, auf Unabhängigkeit bedacht waren und ein Leben führten, das von der Landschaft bestimmt wurde, die sie umgab. Der größte Teil des fruchtbaren Landes auf der griechischen Halbinsel und den Inseln ist durch Berge oder Meer oder beides isoliert. Das heutige Griechenland ist nur knapp 132 000 Quadratkilometer groß, also ungefähr so groß wie Bayern, Baden-Württemberg und Brandenburg zusammen, und viel kleiner als etwa Italien. Aber Griechenland umfasst sage und schreibe 26 Regionen, die sich auf über tausend Meter Meereshöhe erheben, so dass Überlandreisen beschwerlich sind. Außerdem haben die unzähligen Landzungen, Einbuchtungen und Inseln zur Folge, dass das Verhältnis der Küstenlänge zur Landmasse größer als in jedem anderen Land der Welt ist.

Die Griechen fühlten sich eingesperrt, wenn sie im Landesinneren lebten, und reisten Hunderte Kilometer auf der Suche nach Orten für eine Stadtgründung, die leichten Zugang zum Meer bot. Ihre Gemeinschaften waren deshalb an unzähligen Küsten des Mittelmeers, des Schwarzen Meeres und deren Inseln aufgereiht. Sie zählten zu den Völkern der Erde, die die Nähe der Küste am stärksten suchten. Am liebsten bewegten sie sich per Schiff fort, doch ohne sich allzu weit von der Küste zu entfernen. Wie Platon einmal sagte, lebten sie gerne »wie Ameisen oder Frösche um einen Teich«. Sie waren kulturelle Amphibien. Die Vorstellung eines Geschöpfs, das sowohl auf dem Land als auch im Wasser zu Hause ist, wurde in der griechischen Mythologie auf die tatsächlichen Meeresbewohner übertragen. Die Griechen stellten sich diese für gewöhnlich als halb Mensch, halb Tier vor: Glaukos, einst ein Fischer, aß ein Wunderkraut und wurde zum ersten Meermann, halb Mensch, halb Fisch mit blaugrüner Haut.

Ende des 13. Jahrhunderts v. Chr. ließ der ägyptische König Merenptah am Tempelkomplex von Karnak eine Inschrift anbringen, zur Feier seines Sieges über eine Gruppe »Seevölker«, wie es dort heißt, zu denen so gut wie sicher auch Griechen zählten. Die Seefahrt war zudem sehr eng mit dem eigenen Identitätsgefühl der alten Griechen verknüpft. In der *Ilias*, dem Epos, das wohl im 8. Jahrhundert v. Chr. entstand, präsentiert Homer die älteste Schilderung der Menschen, die die alten Griechen waren. Es ist eine Liste der Gemeinschaften, die sich Mitte des 8. Jahrhunderts als vereint betrachteten, weil sie Gedichte auf Griechisch lesen konnten und vor langer Zeit gemeinsam in der Schlacht um Troja gekämpft hatten. Dies bildete fortan für mindestens zwölf Jahrhunderte den Kern der griechischen Identität. Aber die Aufzählung ist nicht als Liste geographischer Orte oder Stämme oder Sippen strukturiert. Sie hat die Form eines *Schiffskatalogs*.

Das Gefühl der Griechen, dass sie die Herren der See seien, äußert sich auch in ihrer Haltung zum Schwimmen. Die Athener hielten es für die Pflicht jeden Vaters, seinen Söhnen das Lesen und Schwimmen beizubringen; die Redensart, mit der man einen völlig ungebildeten Menschen bezeichnete, lautete: »Er kann weder lesen noch schwimmen.« Sowohl die Assyrer als auch die Hebräer beschrieben, wie ihre Feinde ertranken, doch die Überzeugung der Griechen, dass sie die besten Schwimmer der Welt seien, war ein zentraler Bestandteil ihrer kollektiven Identität. Sie waren der Meinung, das sei in den Perserkriegen im 5. Jahrhundert v. Chr. bewiesen worden, als viele Feinde ertrunken waren; die Griechen feierten auch die bemerkenswerte Heldentat zweier griechischer Taucher – Scyllias und seine Tochter Hydne –, die unter Wasser die feindlichen Schiffe sabotiert hatten. Die Griechen hatten die Kunst des Tauchens so weit entwickelt, dass sie relativ lange unter Wasser bleiben konnten, und zwar mithilfe umgedrehter Luftbehälter, die man unter Wasser gedrückt hatte.

Im Juni 1968 wurde die wunderschöne Darstellung eines Tauchers in einem Grab des frühen 5. Jahrhunderts entdeckt, das bei Poseidonia (Paestum) in jenem Teil Süditaliens ausgegraben wurde, den die Griechen besiedelt hatten. Der Taucher war auf die Unterseite des Deckels eines rechteckigen Grabmals gezeichnet. Auf die vier Seiten waren nicht minder schöne Szenen von Männern gemalt, die sich bei einem Gastmahl auf Speiseliegen, sogenannten Klinen, vergnügen. Der Begrabene hatte das Glück, umgeben von seinen Trinkgefährten für alle Zeit auf einen Taucher zu blicken, der in der Luft schwebt zwischen einem Sprungbrett aus Stein und dem einladenden türkisfarbenen Wasser, in das die vorgestreckten Arme jeden Moment eintauchen konnten.

Ist für manche der Kopfsprung erotisch konnotiert, so ist die Szene für andere eine Metapher für den Tod, für den Sprung aus der bekannten in die unbekannte Welt, von einem Element ins andere, eventuell mit okkulten Anspielungen in Verbindung mit dem

Orphismus oder Pythagoreismus. Doch der Maler machte sich die Mühe, auf dem Kinn des Tauchers einen leichten Bartansatz in einer speziell verdünnten Farbe anzudeuten. Der Taucher ist berührend jung. Sah er dem Verstorbenen überhaupt ähnlich? War er wirklich einfach nur für seine Tauchkünste berühmt?

Die Helden der griechischen Mythologie, welche die Jungen bewundern sollten, waren hervorragende Taucher und Schwimmer. Theseus, Poseidons Sohn und der Sage nach Begründer der athenischen Demokratie, zeigte auf der Fahrt nach Kreta, was in ihm steckte, noch bevor er dem Minotaurus begegnete. Er nahm die Herausforderung an, in die Tiefe zu tauchen und den Ring des Minos aus dem Palast seines Vaters zu bergen. Aber selbst die Heldentat des Theseus wurde noch von der Strecke übertroffen, die Odysseus nach der Zerstörung seines Floßes schwimmend zurücklegte. Mit reiner Muskelkraft trotzte er der Brandung, die gegen die Küste Scherias rollte, und hielt sich von der Küste fern, bis er einen Landeplatz frei von Felsen und stürmischen Winden entdeckte.

So überrascht es nicht, dass die Griechen für so gut wie jede Tätigkeit Metaphern verwandten, die mit dem Meer, mit Schiffen und Segeln zu tun hatten. In der *Ilias* heißt es, das griechische Heer ziehe in die Schlacht, »wie sich die Meeresflut am widerhallenden Strande Woge für Woge erhebt, getrieben vom Wehen des Westwinds«. Der Anblick des Odysseus ist für seine einsame Frau Penelope, die ihn jahrzehntelang nicht gesehen hatte, wie das erste Erblicken von Land für einen Schiffbrüchigen. Die Meeresküste war jedoch auch ein Ort, wo griechische Helden gerne nachdachten, weshalb es sich vermutlich nicht vermeiden ließ, dass bei der Beschreibung von Denkprozessen häufig maritime Bilder verwendet wurden. So dachte Nestor, der weise, alte Ratgeber in der *Ilias*, wenn er mit einem strategischen Problem auf dem Schlachtfeld konfrontiert wurde, eingehend über die Alternativen nach, »so wie das Meer, das große, sich regt in dumpfem Gewoge, wenn es der pfeifenden Winde reißende Bahnen vorausahnt, und sich nicht voranwälzt, weder hierin noch dorthin, ehe nicht ein entschiedener Wind von Zeus herabfährt«. Mit einer internationalen Krise konfrontiert sagt der König in einer Tragödie des Aischylos, er müsse darüber tief nachdenken, »gleich einem Taucher fluthinab versenken sich«. Ein Traktat über Philosophie zu lesen kam einer Reise gleich: Als der kynische Philosoph Diogenes an das Ende eines langen und unverständlichen Buches gelangte, sagte er mit sarkastischer Erleichterung: »Ich sehe Land!«

Schon die früheste griechische Literatur aus dem 8. Jahrhundert v. Chr. behandelt ethische Fragen wie Schuld und Verantwortung auf einem außerordentlich hohen, protophilosophischen und sogar *politisierten* Niveau. Die zweite herausragende Eigenschaft der alten Griechen, die uns wiederholt begegnen wird, ist ihr Misstrauen gegenüber jeder Autorität, das sich in ihrem hoch entwickelten politischen Gespür äußerte. Im zweiten Kapitel »Die Gründung Griechenlands« wird diese Eigenschaft eingehend erörtert. In der *Ilias* wird das Recht einer Einzelperson oder einer Elitegruppe, die Handlungen der ganzen Gemeinschaft zu bestimmen, von Mitgliedern des griechischen Heeres vor Troja mehrmals infrage gestellt. Als der griechische Soldat Thersites, der kein König ist, seine Landsleute zur Heimkehr überreden möchte, erfährt der Leser, dass er seine gewohnte Taktik anwendet, stets »mit den Königen grob und ungehörig zu hadern«. Er versucht, ihren Führer vor den anderen *lächerlich* zu machen. Doch Odysseus überschüttet geschickt Thersites mit Hohn und Spott und bringt so das Heer dazu, über den Lästerer zu lachen statt über Agamemnon, auf den Thersites eigentlich zielte. Auch wenn der Aufstand des Thersites scheitert, schärft schon die Erwähnung dieser Kritik an den Privilegien Agamemnons in der *Ilias* das politische Bewusstsein des Publikums.

Anführer werden von griechischen Autoren unablässig kritisch geprüft und in der Regel als zu leicht befunden. Beinahe hätte in der *Odyssee* auf der Insel Kirkes die ganze Mannschaft gegen Odysseus gemeutert. Er hatte einen Spähtrupp aus 22 Mann unter der Führung von Eurylochos ausgesandt, der als einziger zurückkehrte und berichtete, alle anderen seien in Schweine verwandelt worden. Eurylochos rät vernünftigerweise der übrigen Besatzung dringend davon ab, selbst ein so großes Risiko einzugehen, und macht Odysseus schwere Vorwürfe. Selbst die Spartaner, ihrerseits keine Demokraten, waren skeptisch gegenüber Herrschern, die sich allzu sehr aufspielten. Als zwei Spartaner namens Sperthias und Bulis als Gesandte beim persischen König waren, dessen Hof streng hierarchisch war und nach einem raffinierten Protokoll geführt wurde, versuchten die dortigen Hofbeamten, die Griechen zum obligatorischen Kniefall (Proskynese) zu bewegen. Die Spartaner lehnten dies kategorisch ab und erklärten, dass Griechen lediglich Götterbildern eine derartige Ehrerbietung erweisen würden und dass sie im Übrigen nicht deshalb gekommen seien.

Der zweifellos »widerspenstige« Zug im griechischen Charakter wirft die Frage auf, ob diese Haltung auch ihre Frauen teilten. In den klassischen Demokratien, wo die rebellische Tendenz verfassungsmäßig verankert wurde, spricht manches für diese Anschauung. Laut Thukydides stiegen die Frauen demokratisch gesinnter Familien während des Aufstands in Kerkyra (Korfu) auf die Dächer ihrer Häuser, schlossen sich dem Kampf an und schleuderten Ziegel auf die Köpfe ihrer oligarchischen Gegner hinab. Die Reden, die aus antiken Gerichtsverfahren erhalten sind, belegen ebenfalls, dass Frauen, obwohl sie erschreckend wenig Rechte hatten, entschlossen und verschlagen vorgingen, um ihren Einfluss zu vergrößern. Griechische Männer hätten sich vielleicht gewünscht, dass ihre Frauen fügsam und zurückhaltend wären. Doch die Intensität und Häufigkeit, mit der sie dieses Ideal der Weiblichkeit verkündeten, lässt darauf schließen, dass sich ihre Frauen nicht immer daran hielten.

Wie die Griechen allerdings ihr Misstrauen gegen jede Autorität mit der so gut wie allgemeinen Akzeptanz der Sklaverei vereinbarten, lässt sich nicht so einfach erklären. Aber womöglich liegt es an eben dieser paradoxen Verknüpfung zwischen dem griechischen Trachten nach Unabhängigkeit und ihrem Besitz von Sklaven, dass sie die Freiheit des Einzelnen so hoch priesen. Das griechische Wort für Freiheit *eleutheria* ist das Gegenteil von Sklaverei. Es bedeutete sowohl kollektive Freiheit von der Herrschaft durch andere, etwa die Perser, aber auch individuelle Freiheit. Selbst die ärmsten Bürger der griechischen Gemeinwesen besaßen als freie Männer (*eleutheroi*) kostbare Rechte, die sie verlieren würden, wenn man sie versklavte. Außerdem war die Angst vor Sklaverei in der Antike allgegenwärtig; der älteste erhaltene Privatbrief eines Griechen ist die verzweifelte Bitte eines Vaters, der in Kürze versklavt und enteignet werden sollte, an seinen Sohn Protagoras. Er wurde von einem Mann, der im frühen 5. Jahrhundert v. Chr. am nördlichen Schwarzen Meer wohnte, auf eine Bleiplatte geschrieben. Unwillkürlich fragt man sich, ob eine Gesellschaft, die nicht auf dem Besitz von Sklaven gründete, jemals eine so genaue Festlegung der individuellen Freiheit hätte hervorbringen können.

Das Konzept der individuellen Freiheit liegt der dritten Eigenschaft der alten Griechen zugrunde, die maßgeblich an ihrem intellektuellen Fortschritt beteiligt war: ein ausgeprägter Sinn für die Unabhängigkeit des Einzelnen, Stolz auf ihre jeweilige Persönlichkeit und Individualität – Eigenschaften, die in Kapitel 3 im Zusammenhang mit dem Zeitalter der Kolonisierung und der Ablösung von Monarchien durch Tyrannen erörtert werden. In einem Traktat mit dem Titel *Über Luft, Wasser und Plätze* deutete der Heilkundler Hippokrates an, dass die körperlichen Abweichungen unter Individuen innerhalb Europas (insbesondere Griechenlands), im Gegensatz zu Asien, mit den größeren klimatischen und landschaftlichen Extremen zusammenhingen. Laut Hippokrates brächten diese Extreme schroffe Individualisten hervor, mit einer physischen wie psychischen Ausdauer und mit der Bereitschaft, für den eigenen Vorteil Risiken einzugehen, aber nicht im Namen eines anderen, dazu einen unabhängigen Geist und Intoleranz gegenüber Königen.

Hesiods *Theogonie*, oder Geburt der Götter, die wohl älteste erhaltene griechische Dichtung aus dem 8. oder 7. Jahrhundert, beginnt im Griechischen mit dem Possessivpronomen der ersten Person Plural: »Lasst uns die Feier anstimmen«. Allerdings wird der Leser schon bald mit Hesiod namentlich bekannt gemacht, den die Musen »schön zu singen lehrten, als er seine Schafe unter dem gottvollen Helikon hütete«. Schon einen Vers später wird Hesiod wiederum durch die erste Person Singular ersetzt: »Was diese Göttinnen mir jedoch als Erstes sagten«. Die Lieder der Lyriker des 7. und 6. Jahrhunderts schwelgen vor Namen, Personen und der Subjektivität ihrer Verfasser. Der Krieger Archilochos macht aus seinen persönlichen Präferenzen für einen militärischen Führer ein Gedicht: »*Ich* mag nicht den großen Feldherrn, wenn er gestelzt daherkommt, affektiert und mit seiner Lockenpracht angibt und glatt rasiert ist. Für *mich* mag er klein gewachsen sein, krumme Beine haben, wenn er sicher auf den Füßen steht und ein Herz voller Mut hat.« Sappho wiederum teilt uns ihren Namen mit, erzählt, wie sie sich physisch fühlt, wenn sie ihren Geliebten beobachtet, und dass sie eine begehrte Tochter namens Kleïs hat. Das selbstbewusste Theorisieren der persönlichen »Ich«-Stimme wird in den Dialogen Platons sowie durch die griechische Philosophie weiterentwickelt, die zunehmend Einzelpersonen anspornt, ihr eigenes Ich als moralische Kraft zu entfalten. Daraus gingen im Laufe der Zeit die ersten erhaltenen Beispiele für Individuen hervor, die durch ihre Schriften in den *Briefen* des Paulus und den *Selbstbetrachtungen* des stoischen Kaisers Mark Aurel (genau genommen: *An sich selbst*) erschaffen und bewahrt wurden.

Diese beiden Imperative, zum einen Anführer zu kritisieren, aber gleichzeitig mächtige Individuen zu feiern, widersprachen sich zuweilen. Die Spannung zwischen ihnen taucht in einer weiteren, eindrucksvollen Meeresmetahpher auf, das Sokrates, der Begründer der westlichen Philosophie, verwendete, wie er in den Schriften Platons dargestellt wurde. Auch wenn er die Metapher nicht selbst erfand, so legt Platon Sokrates den berühmtesten Fall einer Analogie des Staates als Schiff in den Mund. Soll es nicht zur Meuterei kommen, braucht ein Schiff einen Kapitän, der es steuert (das englische Verb *to govern* hat den gleichen etymologischen Stamm wie das griechische Wort für das Steuern eines Schiffes *kubernan*), aber dieser muss auf mehreren Wissensgebieten über große Kompetenz verfügen. Wenn sich die Griechen Zeus als Herrscher der Welt vor Augen riefen, dann stellten sie sich ihn als den »Lenker« des Olymps vor, so wie er bei Homer einmal beschrieben wird, wo er »droben am Steuer sitzt«, als sei der Olymp ein Schiff. Nicht allein die politische Theorie zog Analogien aus der Schifffahrt förmlich an, sondern auch die Kosmologie und Eschatologie. Die Griechen stellten sich das ganze Universum als gewaltigen Dreiruderer vor. Auf dem Höhepunkt der *Politeia* erzählt Sokrates die Geschichte von Êr, der den Ort besucht hatte, an den die toten Seelen kommen, ehe sie auf wundersame Weise ins Leben zurückkehren. Êr beschrieb die Zusammensetzung des Universums wie folgt: Es werde von einem geraden Lichtband zusammengehalten, das sich über den ganzen Himmel und die Erde erstrecke und sie miteinander verbinde, »denn dieses Licht sei das Band des Himmels, welches wie die Streben an den großen Schiffen den ganzen Umfang zusammenhält«.

Die Wissbegierde der alten Griechen – ihre vierte Eigenschaft, die gemeinsam mit den ersten Wissenschaftlern und Philosophen in Kapitel 4 erörtert wird – war eng mit ihrer seefahrerischen Erfahrung verknüpft. Das Segel auf einem Schiff steht nicht allein für das Verständnis des Verhaltens einer Naturgewalt (»reine« Wissenschaft), sondern für dessen praktische Anwendung (»angewandte« Wissenschaft). Das Segel ist das früheste menschliche Instrument, das eine nichttierische, in der Natur anzutreffende elementare Kraft zügelt, um Energie zu gewinnen. Und das blieb es auch – bis im 3. Jahrhundert v. Chr. die Wassermühle erfunden wurde, so gut wie sicher durch einen Griechen. Die Energie, mit der man ein Schiff antreiben konnte, regte die Griechen zu der Vorstellung an, sie sei

29

lebendig, ein großes Tier, auf dem sie ritten und von dem aus sie einen privilegierten Blick auf die Küstenlinie bekamen, die an ihnen vorübersauste, sowie auf die Städte am Meeresufer. Die Schiffe der alten Griechen bekamen alle ein Auge oder Augen, ein Brauch, der bis in die späte Bronzezeit zurückreichte. Im 6. Jahrhundert zeigen attische schwarzfigurige Vasen häufig ein Kriegsschiff, ausgestattet mit einem Rammsporn in der Gestalt eines wilden Widders. Auf diesen Zeichnungen ist das Auge des Schiffes das Auge eines heranpreschenden wilden Tieres, das die Wellen wie das Unterholz eines Waldes durchpflügt, um den Gegner mit seinen Hörnern zu treffen. Auf anderen Vasenzeichnungen sind jedoch Schiffe zu sehen, die zwei große, in den Bann ziehende Augen haben, eines auf jeder Seite des Bugs, knapp über der Wasserlinie. Das Schiff ist lebendig, beobachtend und wachsam und beschafft sich Informationen sowohl aus der Welt unter wie auch über dem Wasser, während es in Richtung Horizont gleitet.

Doch die Griechen waren weder die ersten Seefahrer im Mittelmeer noch die geschicktesten. Sie haben mit Sicherheit die großen Pferdeköpfe gesehen, welche den Bug der Schiffe schmückten, die ihre östlichen und südlichen Rivalen, die Kanaaniter, fuhren. Das veranlasste die Griechen, ihren eigenen Meeresgott Poseidon mit Pferden in Verbindung zu bringen. Die Phönizier hatten lange vor ihnen die Handelswege des Mittelmeers abgesteckt. Von der Levante aus hatten sie Hafensiedlungen angelegt, um die Routen zu sichern, auf denen große Frachten von Metall mithilfe langsamer, doch stabiler Handelsschiffe mit rundem Rumpf verschifft wurden. So konnten sie in Zypern, Karthago, Sardinien und im Westen sogar bis an der spanischen Atlantikküste anlegen. Sie waren ständig auf der Suche nach neuem Holz, mit dem sie ihre Flotten instand hielten, und wurden zu unerschrockenen Entdeckern und Seefahrern, auch über lange Strecken hinweg. Um 600 v. Chr. haben die Phönizier laut einer Quelle, die der griechische Historiker Herodot zitierte, sogar Afrika umschifft.

Das Rätsel des beschleunigten intellektuellen Fortschritts durch Griechisch sprechende Menschen seit dem 8. Jahrhundert liegt womöglich am Meeresgrund, genauer in phönizischen Schiffswracks, die noch entdeckt werden müssen. Die Phönizier waren erfinderisch und technologisch einfallsreich. Von den semitischen Volksstämmen der Antike entwickelten sie sich als einziger zu guten Seefahrern. Wie die Griechen lebten auch sie in unabhängigen Stadtstaaten und bauten entlang des fruchtbaren Halbmonds Hafenstädte wie Sidon und Tyros, Byblos und Berytos. Wie die Griechen waren auch die Phönizier stets geschickt bei kulturellen Aneignungen; die erhaltenen Artefakte – Elfenbeinschnitzereien, Metallschalen, Rasiermesser, Steinmonumente, Masken aus Terrakotta – sind gerade deshalb charakteristisch, weil ihr Stil so vielseitig ist und Elemente aus griechischen, assyrischen und vor allem ägyptischen Gegenden miteinander verschmilzt.

Neben Baal war Melkart die bekannteste phönizische Gottheit – ein Jäger mit besonderer Macht über das Meer, den die Griechen mit Herakles gleichsetzten. Herodot nennt einen Tempel, den er in Tyros einmal besuchte und der Melkart geweiht war, sogar einen »Tempel des Herakles«. In seinem Innern sah Herodot zwei geweihte Säulen aus Gold und Smaragd, und manche Forscher glauben, dass die Doppelsäule ein typisches Symbol der phönizischen Religion war, das von Salomo im jüdischen Tempel von Jerusalem nachgeahmt worden sei. Der jüdische Monarch rief Hiram von Tyros zu sich, einen phönizischen Baumeister und Maurer, der »zwei Säulen aus Kupfer [goss], jede achtzehn Ellen hoch«, die in der Vorhalle des Tempels aufgestellt werden sollten (1. Könige, 7,15). Die markante Doppelsäule erklärt vielleicht sogar den eigentlichen Ursprung der Vorstellung der Säulen des Herakles bei Gibraltar. Möglicherweise lagen den berühmten griechischen Sagen von den Aufgaben des Herakles, insbesondere den im Westen angesiedelten, unbekannte phönizische Überlieferungen zugrunde, auch wenn sich das nicht beweisen lässt. Die westlichsten Arbeiten

des Herakles sind das Pflücken der Äpfel der Hesperiden und der
Raub der Herde des Geryones. Die Entlegenheit des zweiten Ortes
wird durch das Transportmittel noch unterstrichen: Herakles benutzt ein Gefährt, das aber möglicherweise eher durch die Luft als
durch Wasser fuhr, weil es ihm von der Sonne geliehen wird. Als die
Griechen anfingen, über die Endpunkte der ihnen bekannten Welt
nachzudenken, da verband ihre Fantasie, wie so oft, das Segeln auf
See mit einem Flug durch die Luft. Diese Verbindung wurde noch
durch die visuelle Ähnlichkeit unterstützt, die sie zwischen einem
Schiff, das von den Reihen rasch aufblitzender Ruder vorangetrie-
ben wird, und dem rhythmischen Flügelschlag eines Vogels wahrnahmen – ein beliebter Vergleich in der griechischen Dichtung.

Die Griechen mögen einige Taten des Herakles aus Geschichten übernommen haben, die die Phönizier von ihren eigenen Expe-
ditionen oder jenen ihres Gottes Melkart erzählten. Aber es ist gar
nicht so einfach, die Beziehung zwischen der griechischen und phönizischen Kultur zu verstehen. So wird beispielsweise häufig behauptet, die Griechen hätten alles, was sie über Schiffe wussten,
von den Phöniziern gelernt. Als Beweis dafür wird etwa eine Lobrede des Griechen Xenophon auf die phönizische Findigkeit angeführt, in der ein Mann die Tugend häuslicher Reinlichkeit erklärt:

Die schönste und sorgfältigste Ordnung von Gerätschaften,
Sokrates, glaube ich einmal gesehen zu haben, als ich zur Be-
sichtigung auf das große phönikische Schiff ging. Denn sehr
viel Gerät sah ich, auf engstem Raum säuberlich getrennt un-
tergebracht. Mithilfe von vielen hölzernen Geräten und Tauen
wird nämlich, sagte er, ein Schiff in den Hafen und aufs offene
Meer gebracht, mithilfe einer Takelage segelt es, durch viele
Vorrichtungen ist es gegen feindliche Schiffe gewappnet, viele
Waffen für die Besatzung führt es mit, alles Gerät, das die
Menschen zu Haus benutzen, enthält es für jede Messe …

Doch diese bewundernde Beschreibung des Innenlebens eines Schiffes heißt keineswegs, dass die Griechen die Errungenschaften der phönizischen Schiffbaumeister komplett kopierten. Kein einziges griechisches Wort für ein Schiffsteil ist von einer semitischen Wurzel abgeleitet. In jüngeren Untersuchungen zeichnen Marinehistoriker ein differenzierteres Bild, das die beiden Völker in einem jahrhundertelangen Wettlauf zeigt, in dem sie sich zu übertreffen suchen. Das führte unweigerlich zu beiderseitiger Nachahmung.

Die entscheidende technische Neuerung ereignete sich im 8. Jahrhundert v. Chr. In den Jahrhunderten davor wurden die Schiffe sowohl der Griechen als auch der Phönizier alle von einem einzigen Deck auf der obersten Ebene gerudert. Nachdem man jedoch einen Aufbau hinzugefügt hatte, auf dem bewaffnete Krieger Platz fanden, erkannten die antiken Schiffbaumeister, dass sie überdies eine weitere Ebene von Ruderern mit längeren Rudern hinzufügen konnten, so dass eine Bireme (Zweiruderer) entstand. Das Schiff konnte dadurch viel schneller fahren, ohne dass es länger oder schwieriger zu manövrieren war. Allerdings lässt sich nicht sagen, ob es ein phönizischer oder ein griechischer Geistesblitz war. Es gibt auch widersprüchliche Thesen zur Einführung der Schiffe mit drei Reihen von Ruderern (der Trireme), die eine Voraussetzung für die rasche Entwicklung der griechischen Flotten im 5. Jahrhundert v. Chr. und damit dem Reich Athens waren. Manche Griechen behaupteten damals, die Trireme sei von einem Korinther namens Ameinokles erfunden worden, aber spätere Quellen könnten durchaus recht haben, die andeuten, die Griechen hätten die Idee den Phöniziern aus Sidon abgeschaut.

Ein weiteres Problem ist das Fehlen, die Unhörbarkeit phönizischer Stimmen, sowohl aus der Levante als auch von ihrer punischen Kolonie bei Karthago, wo die Römer 146 v. Chr. eine Bibliothek zerstörten. Das ist enttäuschend, weil die Phönizier und ihre karthagischen Nachkommen schreibkundig waren. Augustinus schrieb im 4. Jahrhundert n. Chr., als die Phönizier noch auf den

Straßen Nordafrikas zu hören waren, dass »punisch geschriebene Bücher, wie sehr gelehrte Männer behaupten, gar viele Dinge weise vor Vergessenheit gerettet haben«. Die frühen Kanaaniter aus Ugarit schrieben zwar im späten 2. Jahrtausend v. Chr. Mythen und erzählerische Dichtung, insbesondere einen Textzyklus über Baal, sowie alltäglichere Dinge nieder, aber die Beziehung dieser Texte zu den späteren Phöniziern bleibt dennoch im Dunkeln. Das Versäumnis der Phönizier aus Karthago, substanzielle schriftliche Quellen über sich zu hinterlassen, die spätere Historiker lesen konnten, hat unter Forschern sogar das Gerücht aufkommen lassen, dass sie eine staatliche Politik der Verschwiegenheit gepflegt hätten.

Einige wenige altphönizische Sätze sind erhalten. Ein König namens Kilamuwa hinterließ im 9. Jahrhundert v. Chr. eine Inschrift in der Nähe der Grenze zwischen der heutigen Türkei und Syrien, möglicherweise in Versen, wo er chronologisch aufzählt, wie er sein Volk geschützt habe. Bei Pyrgi, nördlich von Rom, dokumentieren beschriftete goldene Blätter auf Etruskisch und Phönizisch eine Widmung für eine phönizische Göttin um das Jahr 500 n. Chr. Aber es ist schlicht unmöglich, mit den Phöniziern in einen Dialog zu treten so wie mit den meisten antiken Volksstämmen des Nahen Ostens. Der einzige Kandidat für einen aussagekräftigen Text, der ursprünglich auf Phönizisch geschrieben wurde, liegt tatsächlich auf Altgriechisch vor. Nach eigener Aussage handelt es sich um die Übersetzung einer Abhandlung im Zusammenhang mit einer Reise, die im 5. Jahrhundert v. Chr. stattfand: *Der Fahrtenbericht des Hanno*, des Königs der Karthager, zu Teilen Afrikas jenseits der Straße von Gibraltar, den er dem Tempel des Baal weihte. Die erste Hälfte zählt Orte auf, die noch heute in Marokko bestimmt werden können. Die zweite Hälfte umfasst eine bizarre Ethnographie, die etwa die gegerbte Haut behaarter Frauen beschreibt, und die die Quelle ist, der wir den zoologischen Begriff *Gorilla* verdanken. Authentizität und Datierung sind heftig umstritten, obwohl es keinen Grund gibt, weshalb der Bericht nicht zumindest einen

Nachklang des ursprünglichen Berichts in punischer Sprache von Hanno dem Seefahrer enthalten sollte.

Was das Bild jedoch am stärksten trübt, ist die Ambivalenz der Griechen – und Römer – gegenüber der südlichen Seemacht. Ihrer Meinung nach klang die phönizische Sprache urkomisch, weshalb sie in ihre Komödien auch Figuren aufnahmen, die sich völlig unsinnig, lang und breit ausließen (beispielsweise Hanno in der lateinischen Komödie *Der kleine Karthager* von Plautus, die einem griechischen Original nachempfunden war). Sie glaubten an magische Kräfte der phönizischen Sprache und schrieben manchmal Zaubersprüche in einem pseudophönizischen Dialekt. In der frühen griechischen Literatur spielen die Phönizier eine widersprüchliche Rolle. Bei Homer sind die Phönizier seefahrende Händler, so realitätsnah bleibt der Autor; allerdings war er vermutlich ungerecht, als er andeutete, dass sie unmoralischer als die Griechen wären. Einige Anklänge an die Phönizier sind auch in Platons fantastischer Erzählung von Atlantis zu hören, dem Land Poseidons, dem Zentrum eines seefahrenden Staatenbunds, der einst das Mittelmeer jenseits der Säulen des Herakles beherrscht hatte. Die griechische Auffassung von der phönizischen Kultur fließt in die halbübernatürlichen Phäaken aus der *Odyssee* ein, ausgezeichnete Seefahrer, die an einem einzigen Tag von Phäakien zum griechischen Festland und zurück reisen konnten. In einer faszinierenden Passage erzählt der phäakische König Alkinoos (dessen Name »mächtig im Verstand« bedeutet), der Sohn des Nausithoos (»geschwind in Schiffen«), dem Odysseus, dass ihre Schiffe ein Bewusstsein hätten und sich selbst allein durch ihren Verstand steuern könnten: »Denn nicht Steuerleute haben phäakische Schiffe und nicht Steuerruder, wie andere Schiffe sie haben, sondern sie wissen von selbst die Gedankengänge der Männer, und sie kennen die Städte und üppigen Felder von allen Menschen«. Diese Verse spielen mit der klanglichen Ähnlichkeit der Wörter für »Schiff« und »Verstand«, die beide mit *N* beginnen und mit *S* enden und womöglich, in ferner Vergangenheit, von derselben indoeuropäischen Wurzel abgeleitet wurden.

Die Griechen betrachteten die Phönizier mit Sicherheit als Lehrmeister in wichtigen Fertigkeiten. Um die phonetische Übernahme des phönizischen Alphabets zu erklären, behaupteten sie, es sei von Kadmos eingeführt worden, dem Gründer Thebens. Er sei ursprünglich aus Phönizien gekommen – erinnerten sie sich oder einigten sich zumindest darauf. Die Griechen behaupteten selbst oftmals, dass ihre Weisen Verbindungen zu Phönizien gehabt hätten, darunter etwa der allererste Philosoph Thales von Milet. Thales schrieb angeblich auch über die Navigation nach den Sternen, und in der Spätantike wurden zahlreiche Versuche unternommen, anhand des seefahrerischen Geschicks der Phönizier zu belegen, dass der Ursprung der Vernunft beim phönizischen Volk liege. Ein griechischer Geograph namens Strabon bestand darauf, dass das Geschick in der Seefahrt sowie die Entstehung des wissenschaftlichen und rationalen Denkens miteinander zusammenhingen: »Die Sidonier [Phönizier] stehen zu Buch […] als Gelehrte in der Astronomie und der Arithmetik, was sich aus der Rechenkunst und dem Nachtsegeln entwickelt hat (die beide ja zu Handel und Seefahrt gehören)«. Zweifelsohne waren die Griechen eng mit den Sternen und Schiffen verbunden. Sie besaßen Magnetit und Eisen, aber noch keinen Kompass, und deshalb reisten Odysseus und seine Gefährten meist bei Nacht, indem sie sich an den Sternen orientierten. Aber es lässt sich nicht mit Sicherheit sagen, ob sie von den Phöniziern etwas über Navigation, Astronomie und mathematische Berechnungen gelernt haben.

In Odysseus hatten die Griechen einen glorreichen Helden und hervorragenden Navigator: Selbst auf einem einfachen Floß kann er seine Route nach den Sternkonstellationen steuern. Odysseus ist jedoch ein Held, der die intellektuelle Fähigkeit der Griechen auch auf andere Weise symbolisiert. Er interessiert sich von Natur aus für die Welt und geht faszinierenden Phänomenen auf den Grund, einfach weil er ihnen begegnet. Zwei der berühmtesten Vorfälle in der *Odyssee* befassen sich mit dem Lohn und den Gefahren des Strebens nach Wissen – um seiner selbst willen. Nur einmal lässt Odysseus zu, dass ihn unbeherrschte Neugier übermannt, und die Folge ist letztlich der Verlust aller seiner Männer. Es gibt nicht den geringsten Grund für ihn, die Insel der Kyklopen zu betreten. Seine Flotte und er hatten auf der benachbarten Ziegeninsel eine große Zahl Tiere gefangen. Die Ziegeninsel ist unbewohnt und unberührt, weil die Kyklopen nicht segeln. Also haben die Griechen schier unbegrenzten Proviant und sind in Sicherheit. Aber sie hören Stimmen über das Meer kommen, und Odysseus kann seinen Wunsch, Näheres zu erfahren, nicht länger zügeln. Er will wissen, »von welcher Art diese Männer sind, ob frevelhafte und wilde und gar nicht gerechte oder ob fremdenfreundliche, gottesfürchtige Leute«. Er nimmt eine Gruppe von zwölf Mann mit sich und plündert nicht nur die Höhle des Kyklopen Polyphem, sondern treibt sich aus Neugier unnötig lange herum, um den Riesen zu sehen. Damit Odysseus zumindest mit einigen Männern aus der Höhle entkommt, muss er Polyphem blenden, was aber den Zorn Poseidons erregt. Der Meeresgott verflucht daraufhin Odysseus, und alle Schiffe samt ihren Besatzungen gehen verloren.

Welch ein Unterschied deshalb, als Odysseus ein zweites Mal seiner großen Neugier erliegt! Er ist entschlossen, den Gesang der Sirenen anzuhören, die »wissen, was immer geschieht auf der vielernährenden Erde«, und dadurch alle normalen Grenzen von Raum und Zeit überwinden – obwohl ihn das in Todesgefahr bringen kann. Also schließt Odysseus einen Kompromiss zwischen Neugier (es besteht überhaupt keine Notwendigkeit für ihn, den allwissenden Gesang der Sirenen zu hören) und *angewandter* Klugheit oder wissenschaftlichem Erfindergeist. Er fragt sich, was er unternehmen kann, um die Gefahr für ihn und seine Gefährten abzuwenden, und findet eine praktische Lösung: Er weist seine Männer an, sich Wachs in die Ohren zu streichen, damit sie den Gesang überhaupt nicht hören, und befiehlt ihnen, ihn selbst an den Mast zu binden, damit er nicht über Bord springen kann. Hier führt Odysseus ein kontrolliertes Experiment durch, um die Hypothese zu testen, dass die Sirenen sein Wissen steigern können – ohne jedoch das Leben seiner Männer zu gefährden. Das lässt darauf schließen, dass man sich mit ausreichender Vorsorge, Vorbereitung und Vorsicht selbst bei den größten Gefahren einer unbegrenzten Neugier hingeben kann. Aus eben diesem Grund diente für die Griechen die Reise auch dazu, Wissen zu erwerben. Im dritten Vers der *Odyssee* heißt es, dass ihr Held »vieler Menschen Städte sah und ihr Denken kennenlernte«.

Ehe wir die Neugier der Griechen verlassen, werfen wir einen Blick auf vier Merkmale des analytischen Denkens der Griechen, die es ihnen meiner Meinung nach erleichterten, die »Siedlungen« und das »Wesen« sämtlicher Völker zu verstehen, denen sie begegneten. Das förderte wiederum ihren raschen intellektuellen Fortschritt. Das erste Merkmal ist, dass ihre flexible Sprache ihnen eine breitere Palette an Optionen bot als die meisten modernen Sprachen, um Kausalität, Folgen und nuancierte Grade an Überschneidung zwischen den beiden auszudrücken. Das zweite ist ihre Liebe zur Analogie – die Suche nach Ähnlichkeiten zwischen verschiedenen Sphären der Aktivität oder Erfahrung, die sich gegenseitig erhellen, wie etwa sämtliche Metaphern, die Seefahrt und geistige Bewegung miteinander gleichsetzten. Umgekehrt ist das dritte Merkmal die Liebe zur Polarität: Die Griechen nahmen die Welt wahr, indem sie sie in dualistische Einheiten unterteilten, und verfügten über besondere syntaktische Hinweise, die sie in Sätze einbauten, wenn man sie antithetisch verstehen sollte. Diese syntaktischen Markierungen wurden beispielsweise eingesetzt, um die Wirkung der beiden perfekt ausgewogenen Teilsätze der Redewendung zu steigern, die der lydische König Kroisos (Krösus) äußerte, als er den Krieg gegen Persien bedauerte: »Denn im Frieden bestatten die Söhne ihre Väter, im Krieg aber die Väter ihre Söhne.«

Pythagoras, einer der ersten Philosophen, stellte sogar eine »Tafel der Gegensätze« zusammen, um seinen Studenten die Analyse von Phänomenen zu erleichtern: ungerade – gerade, hell – dunkel, männlich – weiblich, etc. Die Liebe der Griechen zu Gegensätzen war so stark, dass sie häufig einfach auf zwei entgegengesetzte Teile eines einzigen Phänomens verwiesen, statt den Kollektivbegriff zu verwenden. Beispielsweise sprachen sie fast nie von »der ganzen menschlichen Rasse«, sondern zogen die Wendung vor: »sowohl die Griechen als auch die Barbaren«.

In ihrer Philosophie ist außerdem die vierte Argumentationsweise stärker als in irgendeiner anderen vertreten: das Prinzip der *Einheit* der Gegensätze. Zwei Dinge oder Kräfte, die allem Anschein nach im Gegensatz oder Widerspruch zueinander stehen, können auch vereint sein, oder genau genommen bestimmt eben der Widerspruch zwischen ihnen ihre unablässige gegenseitige Beeinflussung. Eine zentripetale Kraft kann nur in Kombination mit der zentrifugalen Kraft verstanden werden, konkav nur in Relation zu konvex. Das Denken der alten Griechen hatte allem Anschein nach weniger Schwierigkeiten mit dem Konzept der Interaktion und Einheit von Gegensätzen als der heutige westliche Verstand, zumindest das moderne angloamerikanische Denken, das stur empirisch ausgerichtet ist. Die Einheit von Gegensätzen kann man leichter über die griechische Mythologie und Religion als über die Philosophie erfassen. Nehmen wir den Seher Teiresias, der physisch blind ist, *weil* er in Wirklichkeit viel mehr von der Wahrheit »sehen« kann als sehende Menschen. Oder denken wir an die Dichotomie von Verbrechen und Strafe: Das Christentum geht von einem ganz tugendhaften Gottvater aus, der seine Gegner, die Gottlosen, bestraft. Aber in der Antike hatten die Helden und Götter, die für die Bestrafung bestimmter Fehlverhalten zuständig waren, tendenziell selbst vergleichbare Verbrechen begangen. Der inzestuöse Vatermörder Ödipus etwa wurde zu einer Kultfigur für die *Verhinderung* von Inzest und Vatermord. Die Mutter Medea, die bei Korinth eine Kultstätte gründet, in der Frauen für die Sicherheit ihrer Kinder beten können, ist in Wirklichkeit eine Kindsmörderin: Gute Mutter und schlechte Mutter sind sich gegenseitig definierende und damit vereinte Auffassungen. Sie sind die »beiden Seiten derselben Münze«. Die Ursprünge dieser Denkweise könnten mit Euphemismus in seinem ursprünglichen, nüchternen Sinn zusammenhängen: Weil die namentliche Nennung einer gefürchteten Macht sie anspornen oder ihren Groll erregen könnte, nannten die Griechen die furchterregenden weiblichen Personifizierungen gewaltsamer Rache oder Flüche, also die Erinnyen (Furien), meist die »Wohlgesinnten«. Flüche sind offensichtlich Segenssprüche, solange der Fluch nicht in Kraft gesetzt wird.

Die Einheit von Gegensätzen, die bereits in der Mythologie und im Kult geäußert wurde, erklärt ferner die Neigung zur Dualität in der frühen griechischen Philosophie. Von Heraklit stammt der Spruch, dass das Meer rein und vergiftet sei, zwei absolute Gegensätze. Für die Fische ist es rein und deshalb eine Wohltat, für die Menschen ist es jedoch schädlich. Empedokles argumentierte hingegen, dass sich die physische Welt, die lebt und stirbt, in einem ständigen Wechsel zwischen Trennung und Vereinigung befinde, und zwar unter dem Einfluss der beiden entgegengesetzten, aber dialektisch vereinten Kräfte, die er Liebe und Streit nannte. Aristoteles war es, der erkannte, dass man nicht unbedingt *handeln* musste, um etwas Unmoralisches zu tun: Indem man etwas zu tun *unterlässt*, was man tun könnte, kann man ebenso viel Schaden anrichten, wie indem man eine andere Tat selbst *begeht*. Die Schuldhaftigkeit kann folglich ebenso beim Tun wie beim Nichttun liegen.

Die Wissbegierde der alten Griechen äußerte sich unter anderem auch in ihrer fünften Charaktereigenschaft: einer gewissen geistigen Offenheit. Weil sie gerne auf Reisen gingen und für gewöhnlich in der Nähe des Meeres lebten, brachten sie sich selbst unablässig in Kontakt mit anderen Kulturen und nutzten alsbald die Gelegenheit, von anderen Völkern Fertigkeiten zu lernen und

selbst mit völlig neuartigen Techniken und Ideen zu experimentie-
ren. Das altgriechische Wort für »Öffnung«, *anoixis*, das auf Neu-
griechisch Frühling bedeutet, der das Jahr »eröffnet«, drückt meh-
rerlei aus. Es kann den Moment bezeichnen, wenn ein Schiff ablegt
und seinen Kurs auf dem offenen Meer findet, und es kann das
Ankommen oder erste vollständige Begreifen einer Idee im menschlichen Verstand anzeigen. Erleuchtung und Beherrschung des Meeres waren untrennbare Bestandteile der athenischen Identität. Aber
wenn alte jüdische und christliche Autoren auf Griechisch schrieben, was im Mittelmeerraum häufig vorkam, dann gebrauchten sie
gelegentlich das Wort *anoixis* als Äquivalent für das zentrale Konzept der »Gleichheit beim Rederecht«, *parrhesia*, das ein Kernele-
ment vieler griechischer Verfassungen war und insbesondere mit
der athenischen Demokratie identifiziert wurde. Deshalb behandle
ich den Aspekt der Offenheit im Zusammenhang mit den klassischen Athenern (Kapitel 5). Eine Gesellschaft, die so offen ist, dass
sie sich unverstellte Darlegungen verschiedener Sichtweisen anhört,
ist eine Vorstellung, der viele Griechen anhingen. Sie hatte eine
lange Zukunft vor sich.

Offenheit für fremde Einflüsse, Neuheiten und ehrliche Äußerungen widersprüchlicher Meinungen werden allesamt mit einer
Neigung zu emotionaler Aufrichtigkeit assoziiert. Dass das antike,
athenische Drama in den Theatern der heutigen Welt ein so starkes
Revival erlebt, liegt unter anderem daran, dass dessen vorchristliche
Ethik oft erfrischend ehrlich die Emotionen zu zeigen scheint. Die
Generation der Babyboomer und ihre Kinder ziehen es meist vor,
sich ihren dunkleren Trieben – Wut, Rache, Begierde, Neid – zu
stellen, anstatt sie zu unterdrücken oder zu leugnen. Frühe griechische Denker hatten den Vorteil einer gewissen Klarheit bezüglich
der menschlichen Leidenschaften, die erst nach Freud wieder möglich wurde. Beispielsweise hatten die Griechen einen tiefen Respekt
vor Sex, über den sie ganz offen sprachen; sie wussten sehr wohl, zu
welchen Taten dieser Trieb die Menschen bringen konnte, wie ihre

obszön komischen und einige tragische Sagen illustrieren. Viele Sagen schildern Krieger – also gelernte Mörder –, die es nicht schaffen, die eigene Wut zu beherrschen. Als ein Heerführer namens Gylippos zu den Syrakusern spricht, ehe sie in den Kampf gegen die athenischen Eindringlinge ziehen, ermahnt er sie, daran zu denken, »dass es nur gerecht und erlaubt ist, wenn an den Gegnern zur Rache für ihren Einfall das zürnende Herz sich ersättigen darf«. Mit schaurigen Worten, die später bei christlichen Gelehrten moralische Empörung auslösten, fügt er hinzu, dass Rache wohl »die süßeste Freude« verschaffe. In Platons *Politeia* führt Sokrates seinem Gesprächspartner den mörderischen Hass vor Augen, den Sklaven unweigerlich gegenüber ihren Besitzern hegten, zumindest jene, die in großer Zahl gehalten werden. Doch der griechische Emotionsbegriff, für den ich mir eine deutsche Entsprechung wünschen würde, lautet *phthonos* oder Neid, vermischt mit Freude am Unglück dessen, den man beneidet: also Neid plus Schadenfreude. Kein Grieche würde bestreiten, dass ein Bettler sich freut, wenn er einen reichen Mann in Schwierigkeiten sieht. Wie Dionysios von Halikarnassos einmal sinngemäß sagte: »Keine großzügigen Gedanken können in einem Mann aufkommen, der die dringendsten Dinge des täglichen Lebens entbehrt.« Wegen der emotionalen Aufrichtigkeit der Griechen mag man sie für herzlos und gemein halten, aber sie dürften kaum jemals heuchlerisch erscheinen.

Es ist einfacher, sich mit dem Schutzschild des Lachens aufrichtig über die dunkle Seite des menschlichen Daseins zu äußern, und der Humor ist die sechste Eigenschaft der Griechen, die ich im Kontext der Spartaner hervorhebe (Kapitel 6). Sie setzten einen pointierten, lakonischen Witz ein, um die Moral ihrer Kriegerkultur zu bewahren. Doch die Spartaner waren nicht die einzigen unterhaltsamen Griechen: Im klassischen Athen gab es eine besondere Trinkgesellschaft, deren Mitglieder allesamt berühmte Anekdotenerzähler waren. Philipp II. von Makedonien, der gerne lachte, bot ihnen einmal ein Talent oder einen Silberbarren und bat sie, ihre

Witze niederzuschreiben und ihm zu schicken, vermutlich damit er sie bei einem lärmenden Bankett im Palast vortragen konnte. Die Griechen kamen auf die Idee einer Witzsammlung, und ein Exemplar eines solchen Buches ist aus dem 3. Jahrhundert n. Chr. erhalten: das *Philogelos* oder der »Lachfreund«. Pfuscher in ihrem Beruf sind eine beliebte Gruppe, über die Witze erzählt werden: Ein unfähiger Lehrer, der nach dem Namen der Mutter von Priamos, dem König Trojas, gefragt wurde, antwortete: »Ich schlage vor, sie gnädige Frau zu nennen.«

Wenn die Griechen sich die Unsterblichen vorstellten, wie sie glückselig auf dem Olymp lebten, schüttelten sie sich immer vor »unauslöschlichem Lachen«. In einer archaischen Hymne an Demeter, die Homer zugeschrieben wird, ist die Göttin des Ackerbaus untröstlich, weil ihre Tochter Persephone von Hades entführt und in die Unterwelt verschleppt worden ist. Demeter boykottiert daraufhin den Olymp und begibt sich zu ihrem Heiligtum bei Eleusis, aber nichts kann ihren Schmerz lindern. Da hat ihre Gastgeberin, die Königin des umliegenden Gebiets, eine Idee. Sie gewinnt die Hilfe der einzigen weiblichen Komikerin der klassischen Mythologie, deren Name nach den derben jambischen Witzen, die sie vortrug, Jambe lautete. Schließlich bricht Demeter in Gelächter aus. Die Komikerin Jambe lieh ihren Namen dem Versmaß, das die Griechen stets für Gedichte von Beleidigung und satirischer Verzerrung verwendeten; vermutlich hatte es seinen Ursprung in prähistorischen Feierlichkeiten, in ritueller Obszönität und Späßen. Aber die Griechen kannten viele verschiedene Arten von Lustigkeit. Wenn die Inuit zwanzig unterschiedliche Wörter für Schnee haben, so hatten die Griechen ebenso viele, die man mit »verspotten« oder »auslachen« übersetzen kann, um die feinen Nuancen des Unfugs oder der Boshaftigkeit wiederzugeben. Dabei vertrat Aristoteles die Ansicht, dass Lachen in manchen Fällen genau genommen ein Zeichen moralischer Tugend sei. Für Sokrates war es ein zentraler Bestandteil seiner Methode, auf humorvolle Weise die Absurdität in den philosophischen Argumenten anderer aufzuzeigen – die *eiro-neia* oder »Ironie«. Von den Kynikern, die ein strenges Leben führten und alle Insignien von Wohlstand und Macht verachteten, ist das Wort *zynisch* abgeleitet, mit dem wir noch heute eine Haltung zwischen Misstrauen und Spott bezeichnen. Urkomische Anekdoten erzählte man sich in der Antike über den berühmtesten Kyniker Diogenes. Als Platon erklärte, Sokrates habe einmal die Menschen als »federlose Zweibeiner« definiert, machte sich Diogenes über diese Vorstellung lustig, indem er ein gerupftes Huhn in die Akademie brachte und verkündete: »Alle mal hersehen! Ich bringe euch einen Menschen!«

Manchmal ist die Verwendung des Lächerlichen durch die Griechen ermüdend, insbesondere wenn das Ziel des Spotts (wie so oft) eine Frau ist. Leider ist nicht bekannt, welche Witze Jambe damals Demeter erzählte. Aber es sind konventionelle satirische Tiraden gegen Frauen überliefert, welche die alten Griechen in der Regel ganz offen verachteten. Eine Studie des Theophrast der häufig anzutreffenden Persönlichkeitstypen in seinem Werk *Charaktere* befasst sich mit dem »taktlosen Mann«, dessen Fehler es nicht einfach ist, dass er gerne herkömmlich über das weibliche Geschlecht herzieht, sondern dass er diese Unart taktlos sogar *auf Hochzeiten* praktiziert. Andererseits werden Witz und Spott gegen die Mächtigen – seien es Götter, Könige oder Feldherren – mit einer verblüffenden Portion Respektlosigkeit und moralischen Rückgrats eingesetzt, die nicht zuletzt erklären, warum ausgerechnet die Griechen sowohl die Demokratie als auch das komische Theater erfanden.

Komödien wurden eigens dafür geschrieben, sie bei Theaterwettbewerben aufzuführen, und jeder komische Autor hatte das Ziel, seine Rivalen zu schlagen und den angesehenen Preis zu gewinnen. Der siebte Charakterzug der griechischen Eigenschaften war ein fast zwanghaftes Konkurrenzdenken, das in Kapitel 7 behandelt wird und vor allem unter den wetteifernden, rivalisierenden Makedoniern zutage trat. Bei Olympia, wo die Olympischen Spiele stattfanden, stand eine Statue der *Wettkämpfe*, personifiziert als Mann mit Schwunggewichten für den Weitsprung in der Hand. Das griechische Wort für einen öffentlichen Wettkampf war *agon*, was so viel heißt wie »sich abplagen« und wovon sich das heutige Wort *Agonie* ableitet. Aber die Griechen fassten alles, nicht nur die Leichtathletik, »agonistisch« auf. Odysseus sagt zu den ernsthaftesten Freiern um Penelope, dass er sie beim Wettpflügen schlagen werde. Junge Mädchen, die in Sparta der Artemis Hymnen vortrugen, stritten darum, wer von ihnen am lieblichsten sang. Platon legt die Dialoge des Sokrates mit den Sophisten feinsinnig als *Rededuelle* an. Der wettstreitende Ansatz ging von einer elementaren gesellschaftlichen Gleichheit unter den Rivalen aus, die ihre eigenen Fähigkeiten durch gegenseitiges Nacheifern verbesserten. Zu den am schönsten klingenden griechischen Passagen in der alten Dichtung zählt, wie Hesiod in *Werke und Tage* die beiden Arten von Zwietracht beschreibt, symbolisiert in den beiden Gesichtern der Göttin Eris. In der einen Gestalt führt sie Männer in den Krieg und ist schädlich. Aber ihre andere Seite ist den Menschen viel freundlicher gesinnt, »treibt sie gleichwohl doch auch Untätige selbst an die Arbeit«. Bauern arbeiten hart, wenn sie sehen, wie ihr Nachbar reich wird. Töpfer messen sich mit Töpfern, Handwerker mit Handwerkern und Barden mit Barden. Sogar die Bettler wetteifern untereinander.

Die Griechen sahen eine logische Verbindung zwischen der wohltuenden Form der Zwietracht und ihrem Trachten nach Meisterschaft (*arete*) in jeder Sphäre der Tätigkeit, und dieses Streben bildet die achte der zehn Charaktereigenschaften. Eben dieser Drang nach Vortrefflichkeit brachte die hellenistischen Könige Ägyptens, die Ptolemäer, auf die Idee, in Alexandria eine Bibliothek anzulegen, welche die besten Bücher und die besten Gelehrten beherbergen sollte, die die Welt jemals hervorgebracht hatte (Kapitel 8). In Smyrna, im heutigen Nordwesten der Türkei, bauten andere hellenistische Herrscher sogar einen Tempel zu Ehren der Göttin der Vortrefflichkeit.

Frauen konnten in den geeigneten Sparten ihrerseits *arete* pflegen: Liebreiz, Weben, Selbstbeherrschung und Treue. Auch Land und Tiere konnten ihre Form von Vortrefflichkeit besitzen. Doch der Inbegriff der Vortrefflichkeit in der griechischen Mythologie war für gewöhnlich Achilleus, »der trefflichste der Achäer«, weil er der tapferste Krieger, der schnellste Läufer und der Schönste von allen war. Ein griechisches, episches Gedicht beschrieb die Zeichen auf dem Schild des Achilleus: Die Exzellenz, eine personifizierte Frauenfigur, wurde als kaum erreichbar dargestellt, wie sie auf einer Palme saß, die ihrerseits auf dem Gipfel eines Berges gepflanzt war. Doch der Dichter, mit dem *arete* am stärksten assoziiert wird, ist Pindar, der Autor erlesener Lieder zum Ruhm der Sieger bei Sport- und Musikwettkämpfen. Die Welt des Siegers wird für immer durch seine herausragende Leistung bei den panhellenischen Spielen geprägt. Exzellenz ist eine göttliche und deshalb angeborene Gabe, muss aber, laut Pindar, durch Training gepflegt werden. Wie Hesiod sagte, konnte *arete* nicht ohne Schweiß erlangt werden. Schließlich braucht die daraus resultierende Zurschaustellung der Vortrefflichkeit einen ausgezeichneten Dichter, um sie in einer Ode unsterblich zu machen (und an dieser Stelle tritt Pindar auf den Plan): »Denn in den mächtigen Liedern, wie sie die weisesten Meister gefügt, leben sie [die Helden] fort«, behauptet Pindar in seiner dritten *Pythischen Ode*.

Der stattliche Körper des sportlichen Athleten wurde deshalb in der eleganten Dichtung des Meisterpoeten angepriesen. »Sprache ist für den Verstand, was Schönheit für den Körper ist«, sagte Aelius Aristides, und die hervorragendste Eigenschaft der Griechen war sicherlich ihre Redegewandtheit, das neunte Merkmal, das sich vor allem in der außerordentlichen Blüte der griechischen Prosa – nichtfiktiver ebenso wie fiktiver – unter der römischen Herrschaft äußerte (Kapitel 9). Die Griechen selbst hielten sich in der Redekunst für unübertrefflich. Sie sagten häufig, dass eben diese Qualität sie allen »Barbaren« überlegen mache, ein Wort, das ursprünglich hieß: »Menschen, die nicht Griechisch, sondern unverständlich sprechen«. (Paradoxerweise hatten die Griechen dieses Wort ihrerseits den »Barbaren« entlehnt, denn *barbaru* war bei den Sumerern und Babyloniern ein Wort für »Ausländer«.) Ein homerischer Held konnte seinen Status durch Redekunst behaupten: Der beste Redner von allen war Odysseus, der ganz still stand, die Augen auf den Boden gerichtet, ehe er in der Versammlung das Wort ergriff. »Aber sobald er der Brust die große Stimme entsandte und die Worte so dicht wie Schneegestöber im Winter, hätte kein anderer Sterblicher sich mit Odysseus gemessen.« Eine der ersten Fertigkeiten, die nach Ansicht der Griechen systematisch erlernt werden konnte, war die Kunst, überzeugend zu sprechen, also die Rhetorik, über die die Juristen Korax und Teisias aus Sizilien im 5. Jahrhundert v. Chr. das erste der vielen Lehrbücher der alten Griechen verfassten. Die sinnliche Freude der Griechen an ihren Worten liegt den Fortschritten zugrunde, die sie auch im Bereich der dichterischen Ausdrucksfähigkeit machten. Neben der erzählten Handlung und der direkten Rede beweist schon die früheste Dichtung, dass die Griechen auf höchstem Niveau Beschreibungen beherrschten. Der erste *locus amoenus* (lieblicher Ort) in der westlichen Literatur, die Beschreibung der Grotte der Kalypso in der *Odyssee* durch den Gott Hermes, richtet sich an alle fünf Sinne, auch an jene, die mit Worten schwierig wiederzugeben sind, den Geruch und den Geschmack:

> Feuer loderte auf dem Herd, und über die Insel zog weithin der Duft der Scheite von Zeder und Harzbaum, die da brannten: Sie sang im Hause mit lieblicher Stimme, hin und her am Webstuhl ging sie mit goldenem Schiffchen. Draußen war grünender Wald rings um die Grotte gewachsen, Erlenbäume und Pappeln und duftende dunkle Zypressen. In ihren Zweigen nisteten flügelbreitende Vögel, Käuzchen sowohl als Falken und zungenreckende Krähen, Wasservögel, die immer ihr Werk am Meere verrichten. Dort auch rankte sich um die

gewölbte Grotte ein Weinstock, jugendlich frisch, mit prangendem Laub und strotzend von Trauben. Und vier Quellen sprudelten dort mit schimmerndem Wasser nebeneinander hervor und rannen dann hierhin und dorthin. Ringsum blühten da üppige Wiesen mit Veilchen und Eppich.

In den beiden verbalen Künsten der Rhetorik und der Dichtung stellten die Griechen das Wort in den Mittelpunkt ihrer Kultur. Wie Gorgias der Sophist einmal meinte, waren Worte eine Form von Verzauberung, welche imstande war, die menschliche Seele in die Irre zu führen.

Die zehnte und letzte Eigenschaft der Griechen, aber keineswegs die unwichtigste, war ihre Einstellung zur Freude. Ihre Fähigkeit, sich zu freuen, lag ihrem unerschütterlichen Streben nach Glück zugrunde, oder zumindest der Frage, was Menschen eigentlich glücklich macht. Die wiederholte Erfahrung, neue Siedlungen zu gründen, ließ sie intensiver als dauerhaft ansässige Gemeinschaften darüber nachdenken, welche Umstände dem Aufblühen der Menschen förderlich waren. Die griechischen Philosophen debattierten gerne über das Aussehen des idealen Staates, und kreative Autoren stellten sich Utopien und Dystopien vor, gerade weil sie unablässig neue Gemeinwesen schufen und Gesetze entwarfen, häufig als Reaktion auf eine unglückliche Situation in den Städten, die sie verlassen hatten. Selbst die am wenigsten apologetischen, reichen und autokratischen Könige des Hellenismus versammelten gerne Philosophen um sich, um über diese Fragen zu diskutieren. Die meisten überlieferten griechischen Stimmen beharren außerdem löblicherweise darauf, dass man sich mit Geld keine Glückseligkeit (*eudaimonia*) kaufen kann. Der Athener Solon sagte zu Krösus, dem reichsten Mann der Welt, der glücklichste Mann, dem er jemals begegnet sei, sei ein einfacher Athener namens Tellos gewesen. Er erreichte ein hohes Alter, sah alle seine Enkelsöhne zu erwachsenen Männern heranwachsen und starb im Kampf für sein

Land. Im 5. Jahrhundert v. Chr. argumentierte der Philosoph Demokrit streng systematisch, dass man das Glück keineswegs im Besitz eines eigenen Herdes oder Goldes suchen solle, denn der eigene Gemütszustand ist in der *Seele* zu Hause.

Die Griechen wussten, dass eine intensive Form der Freude ein Merkmal bestimmter vorübergehender sensorischer oder sinnlicher Erfahrung war: In der Spätantike gaben den Luxus liebende Bürger von Antiochia ein Mosaik für ihren Badebereich in Auftrag, das die weibliche Personifizierung von *Gethosyne* – Freude oder Entzücken – zeigt, die sie wohlwollend anlächelt. Bei einer Zensur in einer sehr milden Form sammelten die Griechen Geschichten über die Extreme, die das Streben nach Vergnügen erreichen konnte, und verbanden sie mit der Stadt Sybaris, jener kurzlebigen Kolonie von sagenhaftem Reichtum in Süditalien, die das Essen so sehr schätzte, dass sie Preise an die einheimischen Köche vergab. Griechen vergötterten organisierte Unterhaltung, weshalb sie auch das Theater erfanden. Sie diskutierten, ob es das Ziel der Literatur und Kunst sei, die maximale Befriedigung (*hedone*) zu erzeugen oder lediglich zu verleihen. Die Liebe der Griechen zum Vergnügen ist Gegenstand des zehnten Kapitels »Griechische Heiden und Christen«, weil ausgerechnet in den schriftlichen Quellen, die den Kampf zwischen Christentum und Heidentum dokumentieren, die Liebe der Griechen zum Vergnügen am anschaulichsten illustriert wird. Die heidnischen Griechen freuten sich am Theater, an wilder Musik und Tanz, was die Christen allesamt als unmoralisch verurteilten. Die Religion der Heiden umfasste spektakuläre, ausgefallene, öffentliche Opferungen, die von den strengen Christen als teuflisch verurteilt wurden. Die Heiden beteten ungemein schöne Bilder und Statuen ihrer Götter an, die von der neuen Religion als frevlerische Götzen verunglimpft wurden. Und das Schlimmste war: Die heidnischen Griechen kannten keinerlei Scham bei dem hedonistischen Genuss von Wein und Sex zum reinen Vergnügen.

Die zehn Zeiträume der griechischen Geschichte sind, jeweils zusammen mit einer grundlegenden griechischen Charaktereigenschaft, in zehn verschiedenen geographischen Regionen angesiedelt, denn das Zentrum der kulturellen Aktivität verlagerte sich in unterschiedliche Gebiete des Mittelmeerraums, in Asien und um das Schwarze Meer. Allerdings betone ich gleich zu Beginn, dass der typische Charakter der Griechen anscheinend bereits lange vor der hier behandelten Geschichte ausgereift war. Das belegt der Zeitpunkt, an dem ihre ersten in der phonetischen, phönizischen Schrift (von der das gleiche Alphabet, das noch heute verwendet wird, direkt abgeleitet ist) niedergeschriebenen Wörter in unsere geschichtlichen Quellen einfließen.

Die beiden frühesten Beispiele der griechischen Phraseologie datieren beide von der Mitte des 8. Jahrhunderts v. Chr. Das erste ist auf eine Weinamphore in dem sogenannten »geometrischen« Stil geschrieben, die gemeinhin Dipylon-Kanne genannt wird, weil sie in der Nähe des Dipylon-Tors von Athen gefunden wurde. Allem Anschein nach war die Amphore der Preis bei einem Tanzwettbewerb. Verfasst in einem Hexameter, der auch in den Dichtungen Homers und Hesiods verwendet wurde, besagt die Inschrift: »Wer von allen Tänzern am anmutigsten tanzt und spielt, der möge …«. Es folgen weitere Zeichen, die nicht entziffert werden können, doch dürfte die Inschrift aller Wahrscheinlichkeit nach wie folgt enden: »diesen Preis erhalten«. Schon in wenigen Worten erhaschen wir so einen Blick auf die Griechen, die zum Vergnügen tanzten, aus hübsch verzierten Gefäßen Wein tranken und vor allem miteinander wetteiferten.

Beim zweiten Beispiel geht es um einen Wettstreit im Verfassen witziger Einzeiler, der auf dem sogenannten Nestor-Becher beschrieben wird. Dieses Gefäß mit geometrischen Mustern, das vermutlich von Rhodos stammt, wurde in einem Grabmal auf Pithekoussai gefunden, einer Insel im Golf von Neapel, die später den Namen Ischia bekam. Die Inschrift, die aus drei gereimten

Zeilen, jede in einer anderen Handschrift, besteht, wurde hinzugefügt, nachdem der Becher bereits fertig war, aber noch im 8. Jahrhundert. Die Schreiber vergnügten sich offenbar mit einem Spiel, bei dem der Becher herumgegeben wurde und jeder eine einzige Verszeile hinzufügte. Die Inschrift lautet:

Nestors Becher bin ich, aus dem sich gut trinken lässt,
Wer aber aus diesem Becher trinkt, den wird sogleich
das Verlangen der schönbekränzten Aphrodite ergreifen.

Das ist ein absichtlicher Scherz. Der einfache Tonbecher spricht in einer spöttisch feierlichen Adaption des homerischen Versmaßes. Er erhebt den scherzhaft gemeinten Anspruch, der prächtige Metallbecher Nestors zu sein, der aus der *Ilias* berühmt war. Die folgenden zwei Zeilen besagen, dass der Becher beim Trinker die Lust wecken werde (dabei wurde Nestor als der älteste griechische Hauptmann vor Troja in der Regel nicht mit erotischen Vorstellungen verbunden). Die Trinker wetteiferten offenbar darum, sich gegenseitig zum Lachen zu bringen.

Der Nestor-Becher übermittelt uns die meisten Elemente, welche die alten Griechen auszeichneten. Er wurde von wetteifernden Menschen beschriftet, die rasch eine neue Fertigkeit, nämlich ein Alphabet, von Fremden gelernt hatten. Sie setzten ihren Witz respektlos ein und entzauberten damit einen Mann von hohem Status sowie ein feierliches Genre. Sie sprachen über Sex. Sie liebten das Vergnügen, insbesondere den entspannenden Genuss von Wein, der untrennbar mit ihrer Identität verbunden war; gelegentlich definierten sie Fremde sogar nach dem, was sie anstelle von Wein tranken: Bier (die Ägypter) und Milch (Nomaden im Norden). Außerdem waren die Trinker seefahrende Händler aus Euböa auf dem griechischen Festland, die auf einer kleinen Insel, wo sie einen Handelsposten gegründet hatten, ein Fest feierten. Da der Becher von Rhodos stammt, ist er seinerseits ein Zeichen für die

Verbundenheit ihrer Kultur über Inseln hinweg, die durch das weite Meer voneinander getrennt sind. Er zeigt, dass das gemeinsame Wissen bestimmter Mythen und Dichtungen als gesellschaftliches Bindemittel diente. Die »Graveure« des Nestor-Bechers während des Trinkgelages auf jener fernen Insel waren bereits absolut typische Griechen.

Folgen wir ihrer Erfolgsgeschichte in zehn Auftritten.

I
SEEFAHRENDE
MYKENER

Die griechische Geschichte beginnt mit den rätselhaften, seefahrenden, gut organisierten Mykenern. Um die Zeit der ersten erhaltenen schriftlichen Quellen, der langen Epen des 8. Jahrhunderts, die uns unter den Namen Homers und Hesiods überliefert wurden, waren die Mykener längst wieder verschwunden. Und doch blieben sie stets präsent, wenn auch unterschwellig. Im Großen und Ganzen hatten sie die gleichen Götter wie ihre Nachfahren des 8. Jahrhunderts angebetet, und die Gedichte – die homerischen Versepen –, in denen sie als Helden und Heldinnen führende Rollen spielten, waren ausnahmslos im gesamten Altertum der wichtigste Teil der Bildung. Alle Griechen der archaischen, klassischen, hellenistischen und römisch-kaiserlichen Epochen standen täglich im Dialog mit ihren mykenischen Vorfahren. Aber sie fühlten sich durch einen großen Graben von diesen Ahnen getrennt. Die alte Zivilisation war verschwunden und hatte nur fragmentarische, aber faszinierende materielle Überreste hinterlassen.

Unsere eigene Beziehung zu den alten Griechen gleicht in gewisser Weise der Beziehung der alten Griechen zu den Mykenern. Lediglich Einzelstücke der Artefakte sind erhalten (so ergiebig sie auch sein mögen), um uns an die Gefühlstiefe der seefahrenden Gesellschaft zu erinnern, die diese Kunstwerke hervorbrachte. Weil die heidnische Kultur der alten Griechen vor der Renaissance jahrhundertelang kaum verstanden wurde, zumindest westlich von Byzanz, kommt es einem, wenn man sich den Griechen nähert, immer so vor, als bestehe ein Bruch mit der Vergangenheit, als müsste eine Kluft überbrückt werden, um die Griechen wiederzuentdecken.

Wir haben nicht den Eindruck, dass man von einem ununterbrochenen Akkumulationsprozess oder einem reibungslosen Kontinuum sprechen kann. Den Griechen im 8. Jahrhundert, die auf die Kultur der Mykener zurückblickten, dürfte es ähnlich ergangen sein.

Da die Mykener eine Schrift benutzten und imposante Bauten errichteten, hinterließen sie Zeugnisse, wenngleich sehr lückenhaft. In diesem Kapitel statten wir den Überresten einiger Paläste auf Kreta und der Peloponnes einen Besuch ab und entziffern einige Listen, die sie führten, um den Haushalt und die Verwaltung zu erleichtern. Ein Teil ihrer Wirtschaft, ihrer Ernährung, des Statussystems, der Beschäftigungen, der Religion und der intensiven Beziehung zum Meer lässt sich so rekonstruieren. Wir sind imstande, uns der Frage zu nähern, warum ihre Gesellschaft unterging. Wir können untersuchen, ob es überhaupt Zeugnisse für eine kulturelle Kontinuität zwischen dem Ende der mykenischen Paläste im 12. Jahrhundert v. Chr. und der Einführung eines neuen Alphabets im 8. Jahrhundert gibt. Vor allem interessiert uns jedoch, was für Menschen sie waren und wie sehr sie den späteren Griechisch sprechenden Nachfahren in irgendetwas ähnelten – abgesehen von ihrem offensichtlichen Selbstvertrauen als Seeleute.

Gleich zu Beginn der *Odyssee*, die im 8. Jahrhundert erstmals niedergeschrieben wurde, jedoch in der imaginierten mykenischen Vergangenheit spielt, findet sich eine Beschreibung der ersten von unzähligen Reisen in dem Epos. Der Held Odysseus hat seine Heimatinsel vor fast zwanzig Jahren verlassen, und der kleine Sohn, den er zurückgelassen hatte, Telemachos, nähert sich inzwischen dem Erwachsenenalter. Telemachos setzt auf der Suche nach Neuigkeiten über seinen Vater die Segel und fährt von Ithaka zum griechischen Festland, an der Südwestküste der Peloponnes. Er läuft am Abend aus und kommt morgens an. Das ist eine gute Zeit für eine Strecke von rund 120 Seemeilen, ist jedoch machbar, weil die Göttin Athene ihm einen günstigen Wind gewährt hat. Bei Morgengrauen legt er in der Sandbucht bei Pylos an, stellt jedoch erstaunt fest, dass der Strand voller Menschen ist: »Aber zu Neleus' Stadt, dem wohlgegründeten Pylos, kamen die hin; man opferte dort am Strande des Meeres schwarze Stiere dem dunkelhaarigen Erdenerschütterer. In neun Reihen saßen sie da, fünfhundert in jeder. Jede Reihe von ihnen entbot neun Stiere zum Opfer.« Selbst auf dem weiten Sandstrand von Pylos war es eine Leistung, 4500 Menschen sowie 81 Stiere unterzubringen. Die Bewohner von Pylos hatten offensichtlich große Hochachtung vor dem Gott des Meeres und der Erdbeben, Poseidon mit dem dunklen Haar.

Telemachos hat sich Pylos zum Ziel ausgesucht, weil er hofft, dass der alte König Nestor womöglich Nachrichten von Odysseus hat. Nestor zählt zu den wenigen griechischen Kriegern, die den Trojanischen Krieg überlebt haben, und war schon alt, als er sich der Expedition angeschlossen hatte. Als der junge Telemachos ihn besucht, erhält er aus erster Hand Zugang zu Erinnerungen an eine viel frühere Phase der griechischen, mythischen Vorgeschichte als der Trojanische Krieg. Unter anderem hat Nestor in der *Ilias* die Funktion, unablässig die Generation der berühmten Helden in den besten Jahren – Achilleus und Agamemnon, Menelaos, Ajax und Odysseus – daran zu erinnern, dass sie auf den Schultern von Giganten standen. Nestor ist zudem ein erfahrener Seemann, der einzige griechische Krieger vor Troja, der einst zu den Argonauten gezählt hat und mit den Helden Jason und Herakles auf der Jagd nach dem Goldenen Vlies ins ferne Schwarze Meer gefahren ist. Damit personifiziert er die älteste Generation sterblicher Helden in der griechischen Mythologie. Er verkörpert die angesammelte Weisheit, und durch seine Erfahrungen hat Nestor seine berühmte Verstandesschärfe erworben. Bei Homer ist er eine stimmige Figur: Zu alt und klug, um bei den inneren Streitigkeiten oder im direkten Gefecht Partei zu nehmen, führt er seine Krieger vom Streitwagen aus in die Schlacht und erteilt den Jüngeren freundschaftliche Ratschläge. Er ist ein hervorragender Reiter und Redner. Einen

Eindruck davon, wie die Griechen sich ihn vorstellten, bekommen wir aufgrund einer antiken Beschreibung eines berühmten (aber verlorenen) Gemäldes von dem unübertroffenen Künstler Polygnotos, das später in Delphi ausgestellt wurde: Nestor steht, einen Hut auf dem Kopf und die Lanze in der Hand, mit einem Pferd, das sich im Staub wälzen will, auf einem Kiesstrand direkt am Meer.

Nestors Königreich Pylos ernährt in der *Odyssee* nicht nur eine große Bevölkerung, sondern hat substanzielle Errungenschaften der Zivilisation vorzuweisen. Pylos wird beschrieben als »sandig« oder »heilig« und seine Festung als »wohlgegründet«. Der Palast ist zwar längst nicht so prächtig wie der weiter östlich gelegene in Sparta, Telemachos' nächstes Ziel, wartet jedoch mit zahlreichen Reihen von Sesseln und Thronen hintereinander an der Festtafel auf. Der Wein, der für besondere Gäste aufgemacht wird, ist aus einem edlen Jahrgang, und die Opferkelche sind aus Gold. Als Athene ein Kalb geopfert wird, werden die Hörner zur Freude der Göttin von einem geschickten Schmied mit Gold überzogen. Die dichterische Schilderung der Zivilisation von Pylos entspricht, wie wir im folgenden Kapitel sehen, im Wesentlichen der Art und Weise, wie die Griechen im 8. Jahrhundert v. Chr. ihre eigene Vergangenheit vor mehreren Jahrhunderten wiedererstehen ließen, ganz ähnlich wie wir die Welt wiedererschaffen, in der König Artus oder Robin Hood lebten. Manche Sätze in den Epen wurden mit Sicherheit über mehrere Jahrhunderte hinweg überliefert. Die Forscher werden wohl ewig darüber streiten, wie viel *Ilias* und *Odyssee* den Liedern verdanken, die Griechisch sprechende Sänger zweifellos vom 15. bis zum 13. Jahrhundert v. Chr. in mykenischen Palästen gesungen hatten.

Diese Diskussion veränderte sich jedoch infolge der archäologischen Wiederentdeckung der mykenischen Kultur, die seit der Mitte des 19. Jahrhunderts im Gange ist. An mehreren Schauplätzen, die in der griechischen Mythologie eine herausragende Rolle spielen, wurden mykenische Bauten ausgegraben: Theben, Tiryns und Therapne (nicht weit von Sparta) sowie Pylos, Mykene und Kreta. Man entdeckte, dass die mykenischen Inschriften, in der Schrift namens Linear B, erkennbare Vorläufer der klassischen griechischen Sprache waren. Der homerische Nestor repräsentiert unbestreitbar den Typ eines historischen, mykenischen Monarchen. Er steht exemplarisch für genau die Art von Oberhaupt, die wirklich in der späten Bronzezeit in einem Palast im sandigen Pylos gelebt hatte – also in der Zeit zwischen der Mitte des 16. und der Mitte des 11. Jahrhunderts v. Chr., die moderne Archäologen »späthelladisch« nennen.

Insofern trifft es sich gut, dass die älteste »echte«, altgriechische Stimme, die wir hören, weder aus Athen noch aus Sparta, nicht einmal aus Mykene zu uns spricht, sondern aus der Nähe des Palastes des ehrwürdigen Nestors. Die Stimme wurde zwischen 1450 und 1400 v. Chr. auf einer Tontafel dokumentiert. Alle Linear-B-Täfelchen wurden mit Zeichen von links nach rechts auf weichen, grauen Ton geschrieben, und sie wurden nicht gebacken oder gebrannt. Die erhaltenen Tafeln, die man entziffern konnte, wurden zufällig gebrannt. Je nach der Intensität des Feuers, das sie brannte und bewahrte, sehen sie heute braun oder rot aus. Meist haben die Tafeln die Größe und Form eines kleinen Palmenblatts. Diese erste Stimme aus der Gegend um Pylos dringt aus einer Müllhalde zu uns, in die man sie vor all den Jahrhunderten, in der Nähe eines anderen mykenischen Palastes ein wenig landeinwärts bei einem Ort namens Iklaina, geworfen hatte. Der inzwischen ausgegrabene Palast von Iklaina war ein ansehnlicher Wohnsitz, mit terrassenförmig angelegten Mauern, Wänden und einem raffinierten Entwässerungssystem. Der tatsächliche Wortinhalt ist nicht sonderlich aufregend. Eine Seite der Tafel dokumentiert den letzten Teil eines Männernamens, gefolgt von der Ziffer »Eins« – anscheinend führt er eine Liste des Personals an. Die andere Seite enthält einen Wortteil, der mit der Fertigung zusammenhängt. Dieser weltliche Gegenstand aus Ton, der 2011 entdeckt wurde, ist deshalb wichtig, weil er den Gebrauch der Schrift, um die griechische Sprache festzuhalten, ins 15. Jahrhundert v. Chr. zurückdatiert und etwas weiteres wichtiges impliziert.

Zuvor ging man davon aus, dass die Schrift lediglich in den wichtigen mykenischen Machtzentren wie Mykene selbst verwendet wurde. Das bislang älteste Zeugnis der griechischen Sprache war eine Tafel aus Mykene, die man auf hundert Jahre später datieren konnte. Dieser neue Fund verändert unsere Auffassung vom Leben der Mykener, weil er beweist, dass fortschrittliche, bürokratische Systeme, wie das Schreiben einer Inventarliste, nicht nur in den großen Zentren der mykenischen Macht, sondern auch in deutlich kleineren Gemeinschaften verwendet wurden. Es könnte bedeuten, dass Schreiben auch in niedrigeren Gesellschaftsschichten als bislang angenommen gebräuchlich war. Andererseits könnte es auch ein ausgefeiltes und erstaunlich ausgedehntes Netz von Gemeinschaften mit einer gemeinsamen regionalen Verwaltung belegen.

Auf Kreta, der wichtigsten Hochburg der mykenischen Kultur außerhalb der griechischen Halbinsel, ist unser Wissen über frühe Griechisch sprechende Menschen noch komplizierter. Lange bevor die Mykener ihre Palastkomplexe auf dem griechischen Festland bauten, hatte ein Volk, dessen Name nicht bekannt ist, das aber nach dem mythischen kretischen König Minos für gewöhnlich Minoer genannt wird, auf der Insel eine ähnliche Kultur gegründet. Kreta spielte in der Ägäis eine beherrschende Rolle und übte einen kulturellen und eventuell auch politischen Einfluss auf die Mykener aus. Der klassische Historiker Thukydides lag womöglich nicht ganz falsch, wenn er behauptete, dass Minos »der Erste [war], von dem wir Kunde haben, dass er eine Flotte besaß, das heute hellenische Meer weithin beherrschte und die Kykladen eroberte und meistenteils zuerst besiedelte«. Auf diesen Satz stützt sich die wissenschaftliche Theorie, dass die Minoer in Wirklichkeit ein politisches System geleitet hätten, das auf ihrer Beherrschung des Meeres (*thalassa*) basierte, eine Thalassokratie. Die minoische Kultur erreichte in den zweieinhalb Jahrhunderten von 1700 bis etwa 1450 v. Chr. ihren Höhepunkt. Die ethnische Abstammung der Minoer ist umstritten. Sie sprachen eine völlig andere Sprache, die so gut wie sicher nicht Indoeuropäisch war. Auch sie benutzten eine Schrift, eine Silbenschrift, genannt Linear A, die aber bis heute nicht befriedigend entziffert oder übersetzt worden ist. Der bei Knossos von Sir Arthur Evans zu Beginn des 20. Jahrhunderts ausgegrabene Palast ist zwar der bei weitem berühmteste, doch gibt es auf Kreta auch andere, wichtige minoische Paläste und Gebäudekomplexe, meist entlang der Küste der östlichen Hälfte. Dazu zählen Phaistos (der zweitgrößte Komplex) und Gournia, das von den beiden amerikanischen Archäologinnen Harriet Boyd Hawes und Edith H. Hall von 1901 bis 1904 ausgegraben wurde. Die Minoer siedelten auch auf kleineren Inseln, meist in der Nähe von Kreta, etwa auf Thera (heute als Santorin bekannt).

Mitte des 15. Jahrhunderts v. Chr. wurden die minoischen Paläste jedoch von Bränden zerstört. Die Chronologie ist so umstritten wie kompliziert, da auf Thera mehr als ein Vulkanausbruch belegt werden kann, der möglicherweise Flutwellen auslöste, welche die kretische Küste verwüsteten. Eventuell hingen die Brände mit den Vulkanausbrüchen zusammen, andererseits könnten aber auch aggressive Eindringlinge sie ausgelöst, verschlimmert oder sich zunutze gemacht haben. Die meisten Paläste wurden wiederaufgebaut, aber eines steht fest: Unmittelbar nach den Bränden wechselte die Schrift, mit der das Palastinventar dokumentiert wurde, von Linear A zu Linear B. Griechisch sprechende Menschen, sehr wahrscheinlich aus den mykenischen Palästen auf dem Festland, hatten die Verwaltung des minoischen Kreta übernommen. Thukydides deutet an, dass das mykenische Reich in der späten Bronzezeit tatsächlich eine große Flotte hatte, zu einem Zeitpunkt, als er annahm, dass es von Agamemnon regiert wurde, der nach Troja segelte.

Als die mykenischen Griechen nach Süden segelten und in die Geschichte Kretas eintraten, da nahmen sie deshalb die bereits bestehenden Errungenschaften einer älteren Kultur auf oder eigneten sie sich gar gewaltsam an. Dass wir sie zu dieser Zeit bereits Griechen nennen können, liegt daran, dass sie ihre eigene charakteristische Sprache benutzten. Aber wir werden wohl nie erfahren, wie viel die Mykener vom Festland von den Minoern übernahmen oder wie genau sich Griechisch auf Kreta zur Landessprache entwickelte. Diese Frage wird von den Archäologen im Kontext der prächtigen Fresken von Akrotiri heiß diskutiert. Im Jahr 1967 begann der Archäologe Spyridon Marinatos, der herausfinden wollte, was die minoische Zivilisation zerstört hatte, in der Nähe des heutigen Dorfes Akrotiri an der Südküste Santorins (dem antiken Thera) zu graben. Die Resultate waren atemberaubend. Verborgen unter wenigen Metern Vulkanasche entdeckte Marinatos eine ganze Stadt, »das Pompeji der Bronzezeit«. Die Besucher können einer gepflasterten Straße folgen, die ins Zentrum führte. Die Bewohner lebten in eindrucksvollen Villen, manche mit drei Stockwerken, Bädern und sanitären Anlagen, die mit der öffentlichen Entwässerung verbunden waren. Werkstätten und Speisekammern, die reiche Funde an Keramik enthielten, säumten die Straßen. Dass sie kommerziell und zweckmäßig genutzt wurden und möglicherweise von Männern dominiert wurden, legt das Fehlen von Fresken in den meisten Gebäuden nahe. Aber in den Wohnräumen im oberen Stock, die möglicherweise die Domänen der Frauen waren, gab es schön gestaltete Möbel und verputzte Wände, die mit einigen der am häufigsten kopierten Bildern der ganzen Antike bemalt wurden: den Fresken von Akrotiri. Die Gemälde aus einem bestimmten Haus, dem sogenannten Westhaus, sind so stark von der Seefahrt bestimmt, dass gemeinhin angenommen wird, dass das Haus einem reichen Seefahrer gehörte. Man spricht auch vom Haus des Admirals. Es enthält mehrere Fresken, darunter eine einnehmende, junge Frau mit großen Augen und Ohrringen und einem bis auf einen kleinen Zopf kahl rasierten Haupt. Häufig wird sie, ohne konkreten Hinweis, als Priesterin bezeichnet. Die reich bemalten Wandtafeln aus Raum fünf machen ihn jedoch zu einem der berühmtesten Zimmer der Welt.

Zwei große Wandgemälde im Raum fünf zeigen junge Männer, nackt und mit einem blauen und gelben Fisch. Rings um die oberen Teile der drei erhaltenen Wände verläuft ein Fries, der sich aus kleineren gemalten Fresken zusammensetzt: Ein Fresko stellt militärische Aktivitäten dar; das mittlere Fresko ist eine Landschaft, die eher irreführend als libysch oder nilotisch bezeichnet wird, weil sie einen sich schlängelnden Fluss und Palmen darstellt; die dritte, südliche Wand zeigt eine Seelandschaft mit Städten und Schiffen, die zwischen ihnen segeln. Es verschlug mir die Sprache, als ich als Studentin zum ersten Mal das Fresko der Südwand mit seinen munter springenden Delphinen und sieben Schiffen sah, die von geordneten Reihen Ruderer angetrieben werden. Ihr rhythmischer Schlag wird beinahe hörbar durch die gedachten Rufe der im Heck stehenden Figuren vermittelt. Die kleine Stadt zur Linken stellt eine Insel dar, die fast genau den Bildern entsprach, die immer in meinem Kopf entstanden, wenn ich von Odysseus' Heimat Ithaka las. Schroffe Berge bilden den Hintergrund einer Landschaft, wo wilde Tiere einander jagen und ein Hirte sich über einen Fluss hinweg mit einem Stadtbewohner unterhält. Ihre Kleidung wirkt grob und zweckmäßig. Andere Menschen stehen am Hafen und sehen zu, wie die Schiffe zur größeren Stadt in der Ferne ablegen. Die Szene steckt voller Bewegung und Energie, und sie stellt genau die Grenze zwischen dem Leben an Land und dem Leben auf See dar, oder genauer: das *Fehlen* einer echten Grenze zwischen ihnen in der Mentalität der antiken Inselbewohner im Mittelmeer. Aber war die Person, die das Fresko malte, oder der Hausbesitzer, der es in Auftrag gab, ein Minoer? Oder mykenischer Grieche? Die Kunsthistoriker sind in dieser Frage uneins, auch wenn sie unlängst dahin tendieren, sie als ankommende Mykener zu betrachten, nicht zuletzt weil die narrative Erzählung in diesem Gemälde so sehr an den Erzählstil der homerischen Versepen erinnert. Die Fresken von

Pylos sind nicht so gut erhalten, lassen aber vermuten, dass ihre Szenen ähnlich lebendig waren und an die homerische Erzählweise erinnerten.

Jahr für Jahr wird immer deutlicher, wie entscheidend die Entzifferung von Linear B für unser Verständnis sowohl der Mykener als auch der späteren Griechen war. Die Entzifferung, die Anfang der 1950er Jahre von Michael Ventris und John Chadwick abgeschlossen wurde, wobei sie sich auf die frühere Arbeit der Amerikaner Alice Kober und Emmett L. Bennett Jr. stützten (mehr als den beiden lieb war), ermöglichte es uns, die Mykener selbst anzuhören. Wo es zuvor nur Ausgrabungsfunde und Artefakte gab, haben wir nun Aufzeichnungen – so begrenzt sie auch sein mögen – von Gedanken, die in den Köpfen mykenischer Griechen entstanden. Wir kennen sogar einige Namen der Mykener. Nicht weniger als 58 Namen stimmen mit den Namen der Krieger bei Homer überein oder ähneln ihnen. Erstaunlicherweise trugen einige Mykener die Namen der größten Helden auf griechischer und trojanischer Seite: Achilleus und Hektor. Zu den weiteren Namen, die in den homerischen Texten auftauchen, zählen Antenor, Glaukos, Tros, Xanthos, Deukalion, Theseus, Tantalos und Orestes. Leider ist der Eigenname Nestor bislang nicht aufgetaucht, allerdings gibt es zweifellos noch viele Linear-B-Tafeln zu entdecken. Ein Name, *ke-re-no*, der sowohl in Pylos als auch in Mykene gefunden wurde, gleicht außerdem dem wiederkehrenden Beinamen Nestors in den Epen, wo er der »gerenische« Lenker genannt wird. Der einzige Eigenname, den man möglicherweise mit einer historischen Figur in Verbindung bringen kann, die aus anderen Quellen bekannt ist, ist der letzte König von Pylos, der nach den Linear-B-Tafeln in etwa Echelaos hieß. Es liegt sehr nahe – wenngleich man bei dem jetzigen Kenntnisstand nicht sicher sein kann –, dass dies zufällig der Name des überlieferten Besiedlers der Insel Lesbos am anderen Ende der Ägäis ist, der auch ein Sohn des mythischen Helden Orestes aus Mykene war.

Besonders auffällig an den Eigennamen in Linear B ist, dass viele von ihnen Bestandteile enthalten, die mit dem Meer oder der Schifffahrt in Verbindung stehen: Zu den frühen Griechen, die in der Schrift namentlich genannt werden, zählte Angenehme Reise (*Euplous*); andere hießen Gutes Schiff (*Euneos*), Seefahrer (*Ponteus*), Berühmt für Schiffe (*Nausikles*) und vielleicht Schnelles Schiff (*Okunaos*). Auch in anderer Hinsicht bestätigen die Linear-B-Funde das homerische Bild der Griechen, für die Segeln und Rudern eine zweite Natur war. Unter den Berufsbezeichnungen sind sowohl für Angehörige der Küstenwache als auch für Handwerker, die sich auf den Schiffbau spezialisiert haben, separate Kategorien vorgesehen. Auf Knossos sind Ruderer in eine Liste öffentlicher Mitarbeiter aufgenommen, die Vieh liefern oder beziehen, aber in Pylos kann es sein, dass manche Ruderer zwangsverpflichtet und möglicherweise die Söhne von Sklavinnen waren. Auf einer Tafel aus Pylos wird sogar ausdrücklich eine Expedition erwähnt: Die Namen von dreißig Männern werden unter der Rubrik »Ruderer, die nach Pleuron fahren«, geführt. Vermutlich ist damit die Stadt namens Pleuron gemeint, an der Nordküste der Bucht von Korinth, die in der *Ilias* genannt wird. Abgesehen vom Handel war ein Grund für Seefahrten wahrscheinlich der Kauf von Sklaven. Einige Tafeln in Pylos lassen darauf schließen, dass die Arbeitskräfte durch Überfälle rekrutiert wurden, bei denen gefangene Frauen und Kinder nach Hause mitgenommen und im Handwerk unterrichtet wurden. Laut den Tafeln liegen die Orte, aus denen die Frauen kamen, jenseits des Meeres auf den östlichen Inseln und in Kleinasien: Lemnos, Knidos, Milet und vielleicht Chios.

Was für eine Religion übten diese seefahrenden Leute mit ihren homerischen Namen und Scharen von Sklavinnen aus Übersee aus? Im Großen und Ganzen sind die Götter, die in Linear B auftauchen, genau die gleichen wie jene, deren Auftreten wir vorhergesagt hätten. Der Poseidon, dem Nestor in der *Odyssee* dieses üppige Opfer darbringt, wurde in der Realität in Pylos und Knossos angebetet und war womöglich der höchste mykenische Gott. Er war nicht nur der Gott des Wassers, sondern auch der Gatte von Mutter Erde. Sein Name bedeutet Mann der Erde oder Herr der Erde. Zu den Opfern für Poseidon zählt ein dem »Erdenerschütterer« geweihter Honigtopf, der bei Knossos ausgegraben wurde. Neben Poseidon und Gaia (Erde), die auf mykenischen Tafeln als Empfänger von Opfergaben genannt werden, zählen jene Namen dazu, von denen man erwarten würde, dass alle heidnischen Griechen sie verehrten: Zeus, Hera, Athene und Artemis. Großer Wirbel wurde um die Entdeckung eines Dionysos-Kultes in Pylos gemacht, weil die Griechen selbst glaubten, er sei ein vergleichsweise spät aus Asien importierter Gott im griechischen Pantheon, wie es in der dramatisch von Euripides in den *Bakchen* aufgearbeiteten Geschichte heißt. All jene, die auf Zeugnisse für Apollon oder Aphrodite warteten, wurden bislang enttäuscht, auch wenn das nicht ausschließt, dass diese Götter noch auftauchen können. Zu den Gottheiten, welche die Mykener verehrten, zählten ferner die Göttin der Kindgeburt Eileithyia, die Winde (die eigene Priesterinnen haben) und möglicherweise eine Gottheit in Gestalt einer Taube.

Der Charakter des schriftlichen Befunds in Form von Inventarlisten bringt es leider mit sich, dass die Götter nur dann erwähnt werden, wenn sie Opfer empfangen sollten. Die Opfergaben waren jedoch üppig und vielfältig: Dazu zählten nicht nur Rinder, wie man nach den Opfern Nestors vermuten könnte, sondern auch Schweine und Schafe, Weizen und Gerste, Öl und Wein, Feigen und Käse, Honig und Gewürze. Unter den nicht essbaren Opfergaben fanden sich Schafhäute, Wolle, ein goldener Kelch sowie mindestens eine Frau. Offenbar spielten Frauen in der Religion auch in anderen Funktionen abgesehen von beseelten Weihgaben eine wichtige Rolle: Sie waren Priesterinnen, »Schlüsselträgerinnen« und vermutlich Kultsklavinnen. Andere Frauen waren auserwählte Kelchträgerinnen, möglicherweise um ihren Pflichten bei Opfermahlen nachzukommen.

Die mykenischen Griechen unterscheiden sich erst dann von ihren Nachfahren, wenn wir einen Blick auf ihre starren politischen Strukturen werfen. Im 8. Jahrhundert, als das antike Griechenland als eine Konstellation unabhängiger Stadtstaaten auf Inseln und entlang einiger Küsten des Mittelmeers entstand, stellten diese Griechen bereits infrage, ob es wünschenswert war, in einem streng hierarchisch geordneten System unter einem allmächtigen Erb-monarchen zu leben. Die Mykener hingegen lebten noch in einem monarchischen System, wie wir an ihrer Bezeichnung für »König« erkennen (*wanax*, das homerische *anax*). Der *wanax* hatte eine Art Leutnant oder Stellvertreter des Befehlshabers, der eventuell ein Militär war. Sein Titel lautete *lawagetas* oder »Menschenführer«. Aus Knossos liegen leider nicht allzu viele Informationen über militärische Angelegenheiten vor, aber allem Anschein nach spitzte sich die Lage in Pylos zu, das sich auf einen Angriff vorbereitete, als die Stadt zusammenbrach und Krieger auf lokale Führer ver-teilt wurden. Das bedeutet, dass jeder Führer ein kleines Heer zur Verteidigung seines Territoriums unterhielt.

Der *wanax* hatte möglicherweise eine besondere Gruppe von Hofbeamten oder Dienern (*hepetas*) und einige Handwerker, die anscheinend dazu bestimmt waren, für ihn zu arbeiten, oder ihm gehörten: ein Walker (Hersteller von Wollfilz), ein Töpfer und even-tuell ein Hersteller von Rüstungen. In Pylos hatte der König einen Ältestenrat, der gelegentlich etwa *gerousia* genannt wird, was darauf schließen lässt, dass er sich aus Männern im reifen Alter zusammen-setzte. Hier bekommen wir auch eine Gruppe von Beamten zu se-hen, die einen ansehnlichen Anteil Land besaßen, sowie Grund-besitzer von geringerem Rang, was eventuell ein System andeutet, das dem Feudalwesen nicht unähnlich war. Der *wanax* regierte möglicherweise weiter entfernte Satellitenstädte mithilfe von Män-nern, die mit einem Begriff bezeichnet wurden, der dem home-rischen Wort für den »König« in Troja glich: *basileus*. Es gibt noch andere Statusbegriffe im Zusammenhang mit bestimmten Regionen, die eventuell so etwas wie »Bürgermeister« oder »Teilhaber« heißen, aber das ist keineswegs sicher.

In allen späteren Epochen besaßen die heidnischen Griechen Sklaven, häufig sehr viele. Auch wenn wir sagen können, dass eine klare Aufteilung der unterschiedlichen Arbeitsformen unter den niederen Schichten Mykenes bestand, lässt sich leider nicht mit Bestimmtheit sagen, ob der größte Teil der männlichen Arbeiter im Grunde frei war oder nicht. Es verwundert, dass bislang kein Begriff entziffert wurde, der Menschen bezeichnet, die für den Ackerbau zuständig waren, obwohl es Hirten wie Walker gab. Einige Historiker schlossen daraus, man sei damals davon ausgegangen, dass Männer, die sich um das Vieh kümmerten, auch andere Arbeiten auf dem Land verrichteten. In Pylos gibt es Wörter in der Bedeutung von »Sklave« und »Sklavin«, aber die meisten von ihnen sind »Sklaven des Gottes«, was einen Ehrentitel oder eine Kategorie öffentlicher religiöser Funktionäre oder Kultdiener bezeichnen könnte. Unabhängig von ihrem Status liegt jedoch auf der Hand, dass die meisten Mykener viel harte Knochenarbeit verrichteten und dass es mehrere, verschiedene Beschäftigungen gab. Zu den öffentlichen Dienern zählten Kuriere und Herolde (allerdings wurde leider noch kein Wort für »Schreiber« oder »Buchhalter« gefunden, das einen Beamten bezeichnet, der für die Beschriftung der Tafeln zuständig war). Am oberen Ende des Handwerkerspektrums stehen Goldschmiede, die Hersteller von Salben oder Parfüm sowie ein Mediziner. Zu den weiteren frühen Griechen, die in Linear B auftauchen, zählen Bronzeschmiede, Messerschmiede und Bogenhersteller. Neben Schaf- und Ziegenhirten gibt es Jäger, Holzfäller, Maurer und Zimmerleute. Es ist kein Wunder, dass der Schiffbau ein eigenes Handwerk ist (*na-u-do-mo*). Die Frauen in den Palästen beschäftigten sich mit dem Kämmen, Spinnen und Weben von Wolle, aber an der Anfertigung von Kleidern und der Bearbeitung von Flachs waren allem Anschein nach Männer ebenso wie Frauen beteiligt. Flachs war außerdem unverzichtbar für die

Ausstattung von Schiffen mit Segeln und von Fischern und Jägern mit Netzen. Frauen mahlten und maßen Getreide, doch die Männer backten Brot. Männliche Heizer und Ochsentreiber wie weibliche Badbedienstete und Dienstmädchen sind ebenfalls überliefert.

Linear-B-Tafeln haben uns viel über die Pflanzen erzählt, mit denen die Mykener ihre Mahlzeiten würzten: Sellerie, Rote Bete, Cumin, Sesam, Fenchel, Minze, Flohkraut und Saflor (Öldistel). Es ist interessant, dass einige dieser Namen aus semitischen Sprachen entlehnt wurden, was darauf schließen lässt, dass sie ursprünglich aus syrischen Städten wie Ugarit, Byblos und Tyros importiert wurden. Diese exotischen Geschmacksrichtungen werden die Grundnahrungsmittel, die aus den archäologischen Befunden hervorgehen, ein wenig abwechlungsreicher gemacht haben: Weizen, Gerste, Hülsenfrüchte, Mandeln, Fisch, Schalentiere, Tintenfisch und Trauben. Zu den namentlich genannten Holzarten zählen Ulme, Weide und Zypresse; Möbelstücke werden mit Lapislazuli, Horn und Elfenbein verziert. Pferde werden erwähnt, allerdings nicht sehr oft, was bedeutet, dass sie eher für Streitwagen als für Pflüge und Karren verwendet wurden; Hirsche und Esel kommen vor, und Hunde werden von dem Wort für Jäger *kun-agetai* abgeleitet.

Ein faszinierender materieller Kontext, in dem man diese frühesten altgriechischen Wörter lesen muss, wird von der Archäologie der mykenischen Stätten geliefert. Pylos ist den Touristen nicht ganz so bekannt wie Mykene oder Knossos, aber der freigelegte Palast befindet sich im besten Zustand und vermittelt einen sehr guten Eindruck davon, wie es für die Griechen war, die hier einst lebten. Die Linear-B-Tafeln haben bestätigt, dass der Ort tatsächlich Pylos hieß und dass das Gebäude im 14. Jahrhundert begonnen und im 13. Jahrhundert vollendet wurde, um nie wieder aufzuerstehen. Wenig später wurde es von dem Brand zerstört, der zufällig die beschrifteten Tafeln brannte und konservierte. Der Komplex wurde auf einer Akropolis errichtet, mit steil abfallenden Seiten, um einen Angriff abzuwehren, und einer langen Mauer an einer Seite. Er wurde aus Lehmziegeln und Bruchgestein gebaut, das man in einen hölzernen Rahmen presste, mit hölzernen Säulen, um die Decke zu stützen, eingesetzt in fixierte Gipssockel. Er bestand aus über hundert Einzelräumen, die sich auf vier Hauptgebäude oder Blöcke verteilten und gemeinsam ein großes Rechteck bildeten. Das kleinste Gebäude war allem Anschein nach ein Weinladen. Das zweitkleinste entsprach offenbar einer Art Werkstatt, zumindest wurden dort Streitwagen repariert. Das zweitgrößte Gebäude wurde womöglich für die Mahlzeiten genutzt, weil es einen eigenen großen Saal und viele Töpferwaren enthielt. Doch das Hauptgebäude in der Mitte bildete eindeutig das soziale und geistige Zentrum des Komplexes.

Ein Besucher, der in Nestors zweistöckigem Palast eintraf, so wie Telemachos zehn Jahre nach dem Trojanischen Krieg, wurde durch eine Reihe immer imposanterer Räume geführt, ehe er in den Audienzsaal mit dem König gelangte. Zuerst wäre er durch Türen an der Ostseite des Gebäudes gegangen und hätte eine eindrucksvolle Eingangshalle (*propylon*) betreten. Ein großer Teil der Pylos-Tafeln wurde in Zimmern zu seiner Linken gefunden. Das legt die Vermutung nahe, dass sich hier das administrative und buchhalterische Zentrum befand, wo Menschen und Produkte, die den Palast betraten oder verließen, systematisch aufgeschrieben wurden. Als Nächstes betrat der Besucher einen Hof, aber es hätte ihm gewiss nichts ausgemacht, wenn man ihn warten ließ, weil der Hof Zutritt zu zwei benachbarten Räumen bot, die eine Bank zum Sitzen enthielten sowie Weinkrüge in besonderen Haltern und ein großes Sortiment verschiedener Kelche. Sobald er zum König gerufen wurde, würde der Besucher anschließend durch einen Vorbau in eine Eingangshalle gelangen und erst dann in den großen, quadratischen Thronsaal, in dem die verputzten Wände mit bezaubernden Fresken geschmückt waren. Der Thron stand auf einer Seite, und in der Mitte befand sich ein massiver, runder Herd von fast vier Metern im Durchmesser. Im Winter würde die Feuerstelle zwar auch den Monarchen warm halten, war aber in erster Linie dazu gedacht, eine Erklärung abzugeben, möglicherweise eine rituelle. Außerdem beleuchtete es die üppig verzierten Wände mit flackerndem Feuerschein.

Die königliche Familie führte ein luxuriöses Leben. In diesem Palast floss, genau wie in Nestors Pylos in der *Odyssee*, der Wein reichlich. Die Ausgräber staunten über die mehreren tausend Trinkgefäße, die in Räumen an der Westseite des Hauptgebäudes aufbewahrt wurden. Der Palast bewahrte reichliche Vorräte an Olivenöl auf und verfügte auch über einen Raum, in dem Parfüm hergestellt wurde. Im oberen Stockwerk, zu dem man über eine Treppe gelangte, befanden sich weitere Zimmer. Im Erdgeschoss lagen mindestens zwei unabhängige Wohnungen, eine mit einem großen Terrakotta-Badezimmer und eine weitere mit einer Toilette und eigenem Abfluss.

Als Telemachos Pylos verließ, reiste er über Land in einem von Pferden gezogenen Streitwagen nach Sparta, zu dem prächtigen Palast des Menelaos und seiner Frau Helena, der ihr Mann nach dem Trojanischen Krieg verziehen hatte. Homer nennt die spartanische Heimat Lakedaimon »hohl«, aber auch »schluchtdurchzogen«, eine treffliche Beschreibung des Tals des Eurotas unterhalb der aufragenden Gebirgsketten. Zwei mykenische Villen wurden im 15. bzw. 14. Jahrhundert v. Chr. errichtet, unweit der Stätte des späteren Menelaion oder Heldengrabmals für Helena und Menelaos bei Therapne auf einem Gebirgskamm in der Nähe von Sparta. Die frühesten Widmungen in dem Grabmal stammen aus dem 8. Jahrhundert, doch die Villen wurden zu der Zeit bereits nicht mehr genutzt, weil sie im 13. oder 12. Jahrhundert von einem Brand zerstört worden waren. Ihre Bauweise ähnelt dem Palast bei Pylos, allerdings in einem kleineren Maßstab. Möglicherweise war es der Wohnsitz des »echten« (also homerischen) Menelaos.

Kein mykenischer Palast ist so gut erhalten wie der in Pylos. Aber die gewaltigen Mauern bei Tiryns, in der Nähe der Hafenstadt

Nafplio, hinterlassen doch einen starken Eindruck. Nicht umsonst lautete das homerische Beiwort zu Tiryns »ummauert«. Die alten Griechen sprachen von einem »Werk der Kyklopen«, weil sie glaubten, dass nur Riesen diese Aufgabe bewältigen konnten. Als im 2. Jahrhundert n. Chr. der Reisende Pausanias Tiryns besichtigte, staunte er über die Mauern. Tiryns bestehe, so Pausanias, »aus unbehauenen Steinen […], jeder Stein so groß, dass auch der kleinste von ihnen von einem Gespann Maultiere überhaupt nicht von der Stelle bewegt werden könnte«. Die Steine sind riesig: Mit einer Länge von jeweils bis zu drei Metern und einer Dicke von einem Meter bilden sie eine über vierzig Meter hoch aufragende Mauer. Während der Perserkriege hielt eine Gruppe aufständischer Sklaven, die aus Argos geflohen war, hinter diesen Mauern monatelang aus, bevor sie wieder gefangen genommen wurde. Womöglich war das triste Leben im Innern dieses bedrückend befestigten Gebäudes schuld daran, dass sich Anteia, die Königin von Tiryns, der *Ilias* zufolge unsterblich in den attraktiven Gast Bellerophontes aus dem nahen Korinth verliebte. Und als dieser sie zurückwies, klagte sie ihn prompt an, er habe sie verführen wollen.

Die Geschichte von Bellerophontes in der *Ilias* enthält den einzigen Hinweis bei Homer auf etwas, das allem Anschein nach schriftlich war. Die Strafe des armen Bellerophontes für seine Enthaltsamkeit war, dass der empörte König Proitos ihn nach Lykien in Kleinasien mit einem Sendschreiben an den dortigen König schickte. Es handelte sich um eine »geklappte Tafel«, und Proitos »gab ihm verderbliche Zeichen, … todbringende, viele« mit auf den Weg. Der lykische König deutete diese Worte so, dass Bellerophontes getötet werden sollte, und schickte ihn zu todbringenden Feinden wie dem Ungeheuer Chimaira. Aber wie sahen diese tödlichen Zeichen eigentlich aus? Das griechische Wort für »schreiben« hilft hier nicht weiter, weil es *graphein* lautet, was im Altgriechischen sowohl »schreiben« (im phonetischen Alphabet) als auch eine Linie oder ein Bild »einritzen« heißt. Möglicherweise versuchte der

Dichter der *Ilias*, die Proben der Schrift Linear B zu deuten, von denen er gehört hatte oder auf die er gestoßen war. Denn seine Zeitgenossen hatten keine Ahnung, was die Schrift besagte. Diese seltsamen, gezackten, halbgeometrischen Symbole, die in Wirklichkeit bestimmten Silben entsprechen, dürften in der Tat Verderben bringend ausgesehen haben.

Der berühmteste mykenische Palast befindet sich in Mykene selbst, in der Antike weniger als eine Tagesreise von Nafplio entfernt. Das Gelände ist nur von Westen her zugänglich, und die Menschen, die hier lebten, erfreuten sich eines atemberaubenden Anblicks über ihr felsiges Königreich in der Region Argolis. Wie Tiryns wurde Mykene auf einer Akropolis gebaut, der Festung, die von massiven »kyklopischen Mauern« umgeben war, und ein beschreibendes Beiwort bei Homer lautet »wohlerrichtet«. Doch die sagenhaften Schätze, die der Archäologe Heinrich Schliemann in seinen Gräbern entdeckte und die heute im Archäologischen Museum von Athen zu sehen sind, erklärte das zweite homerische Beiwort für Mykene: »reich an Golde«. Schliemann führte in den 1870er Jahren die ersten systematischen Ausgrabungen bei Mykene durch, wobei nach den sensationellen Funden bei Troja fast die ganze Welt gespannt auf ihn blickte. Einige Bilder aus Mykene haben mittlerweile die allgemeine Vorstellung vom griechischen Bronzezeitalter geprägt, wie das Löwentor, die größte erhaltene mykenische Skulptur. Das Tor selbst war schon vor Schliemanns Arbeit für Touristen sichtbar gewesen, aber erst sein öffentlichkeitswirksames Auftreten rückte es in den Mittelpunkt der Aufmerksamkeit. Noch berühmter sind die goldenen Totenmasken, die Schliemann entdeckte, von denen eine, wie er glaubte, die Konturen des »Antlitzes von Agamemnon« enthüllt.

Leider ist noch nicht das entsprechende »Antlitz des Ödipus« in Theben gefunden worden, der Kulisse einiger der berühmtesten griechischen Tragödien, obwohl auch dort ein mykenischer Palast freigelegt wurde. Im Jahr 1906 veränderte sich unser heutiges Bild von Theben durch die Entdeckung eines Palastgebäudes, das reich mit Wandgemälden und Artefakten aus Gold, Achat und Quarz ausgestattet war. Erstaunlicherweise enthielt der Bau auch Gefäße von einer Form, die für den Transport auf Karren oder Schiffen gedacht und mit administrativen Vermerken in Linear B versehen waren. Die klassische griechische Literatur hatte das Theben im heldenhaften Zeitalter der Sagenwelt, dem Theben von Tiresias und Antigone, stets als hoch entwickelte und mächtige Zivilisation dargestellt, aber dieses poetische Bild wurde plötzlich als historische Realität materiell greifbar. Der Archäologe Antonios Keramopoullos identifizierte vielsagend das hoheitsvolle Gebäude als Haus des Kadmos, den Wohnsitz des legendären Gründers von Theben und Großvaters von Pentheus in den *Bakchen* des Euripides und Ururgroßvaters von Ödipus selbst.

In der Einleitung habe ich die Eigenschaften skizziert, die später die griechische Mentalität bestimmten und uns das Verständnis erleichtern, weshalb die Griechen zwischen 800 und 300 v. Chr. so rasch intellektuelle Fortschritte machten. Etliche Merkmale galten eindeutig bereits für die frühen Griechen, die in mykenischen Palästen ihre Listen auf Lehmtafeln schrieben. Die eigenen Stimmen der Mykener teilen uns mit, dass sie Seefahrer waren; ihr Forscherdrang war ein Faktor bei den langen Strecken, die sie zu griechischen und nichtgriechischen Ländern zurücklegten, um Handel zu treiben und Sklaven zu erwerben. Der Wein- und Parfümverbrauch bei Pylos lässt vermuten, dass sie das Vergnügen liebten. Dass sie, emotional ebenso aufrichtig, redegewandt und geistreich wie die späteren Griechen waren, lässt sich unmöglich nachweisen, auch wenn die Namen, die sie ihrem Vieh gaben, eine Liebe zum Wort und einen Sinn für Humor andeuten: Ein Gespann im Joch bei Knossos hieß *Aiolos* und *Kelainos*, also Glänzend oder Flink und Schwarzblau; andere wurden, möglicherweise mit einer mykenischen Ironie, *Xouthos* (Rasch), *Stomargos* (Schwatzhaft) und *Oinops* (Weinrot oder Weingesicht) genannt, wie das homerische Meer.

Die hierarchische Palastkultur deutet nicht darauf hin, dass sich das griechische Misstrauen gegenüber Autoritäten bereits entwickelt hatte, obwohl es auch in dieser Beziehung gelegentlich vielsagende Szenarien gibt, etwa die Ruderer, die »sich ohne Erlaubnis« aus Pylos verabschiedeten, und der Landarbeiter bei Knossos, den man angewiesen hatte, von einem anderen den Ochsen zu konfiszieren. Wir werden wohl nie erfahren, was für ein emotionales Trauma alle importierten Sklavinnen durchmachten, deren Söhne in die Flotte eingezogen wurden (und deren Väter oftmals vermutlich ihre mykenischen Besitzer waren). Doch die Bewunderung für Vortrefflichkeit und Konkurrenzdenken werden sehr schön von dem Fresko aus Thera illustriert, das zwei Jungen zeigt, kaum älter als zwölf, die sich gegenseitig heftig boxen.

Die Mykener, von denen so wenige Wörter überliefert sind, bleiben ein Rätsel. Der Mangel an Festungen impliziert nicht unbedingt ein Gefühl der Verwundbarkeit oder Zerbrechlichkeit – genau genommen schafft dies eine Atmosphäre des Friedens und der Ordnung. Die gemauerten Paläste und Tongefäße erhärten den Eindruck einer gewissenhaften Organisation und der Anordnung der Gegenstände im Raum. Die Fresken und die Zeugnisse der parfümierten Ölindustrie, insbesondere in Pylos, lassen Sinnlichkeit und die Liebe zu physischer Schönheit vermuten sowie eine Vorliebe für eine Übertreibung des Unterschieds zwischen den Geschlechtern und für helle Farben. Doch die standardisierten Stimmen, die aus den Lehmtafeln zu uns sprechen, führen uns möglicherweise in die Irre: Sie lassen ein gemächliches, zielstrebiges Leben und einen Mangel an Vitalität und Emotion vermuten. Es kann durchaus sein, dass diese Griechisch-Sprecher nicht schnell und laut redeten und nicht rasch in Streit gerieten. Es ist möglich, dass sie keinen Sarkasmus einsetzten und ihre Leidenschaften nicht zur Schau stellten. Aber wenn dem so ist, dann unterschieden sie sich von jeder anderen Gemeinschaft aus Griechisch-Sprechern, die ihnen in der überlieferten Geschichte folgten.

Aktuelle Entdeckungen stellen allmählich die Vorstellung infrage, dass auf die mykenische Ära in der griechischen Geschichte
ein »Dunkles Zeitalter« folgte. Diese Bezeichnung wird üblicherweise seit den ersten Ausgrabungen der mykenischen Palastkultur
auf Mykene und Knossos für die mehrere hundert Jahre dauernde
Zeit zwischen deren Zusammenbruch und dem 8. Jahrhundert
v. Chr. verwendet, als das griechische »Wunder« begann. Einige
griechische Gemeinschaften blühten jedoch im 10. und 9. Jahrhundert weiterhin auf, wenngleich ohne schriftliche Zeugnisse –
zum Beispiel auf Euböa. Diese lange, schmale Insel liegt so nahe
an der Ostküste des Festlands, das sie einem gar nicht wie eine Insel
vorkommt. In der Antike wie in der Historiographie litt Euböa
unter dem Ruf einer bäuerlichen Provinz. Sogar der Name ist
harmlos und spielt auf die hervorragende Qualität der Rinder an.
Doch die Euböer des sogenannten Dunklen Zeitalters wurden vor
kurzem in ein etwas ruhmreicheres Licht getaucht. Die Ausgrabungen der athenischen British School bei Xeropolis, das möglicherweise der ursprüngliche Standort Eretrias war, haben nach-
gewiesen, dass der Ort von der mykenischen Phase bis zum
8. Jahrhundert und darüber hinaus kontinuierlich bewohnt war,
auch in der »dunklen« Epoche von 1100 bis ca. 750 v. Chr. Viele
andere Gemeinschaften, deren Stätten nie wieder aufgebaut wurden, lösten sich indessen völlig auf. Deshalb wirft Xeropolis wichtige Fragen über die Übertragung der Kultur – insbesondere der
Heldengedichte und Götter, die sie verehrten – aus der Zeit von
Nestors Palast und der mykenischen Übernahme von Kreta bis zur
Einführung des phönizischen Alphabets auf.

Nicht weit von Xeropolis, auf einem Hügel mit Blick auf das
Fischerdorf Lefkandi, ermöglichte es der bemerkenswerte Friedhof
Toumba, mit einzigartiger Anschaulichkeit in die Welt des 10. Jahrhunderts einzutauchen. Ein Grabmal mit drei Kammern, dessen
strohgedecktes Dach von Holzsäulen getragen wurde, wurde zu Ehren von zwei Menschen errichtet. Eine wurde bestattet, die zweite

verbrannt. In den Schachtgräbern in der mittleren Kammer befanden sich phönizische Luxusgüter, Töpferware und Bronzeurnen. Diese Euböer trieben Handel und waren wohlhabend. Die verbrannten Überreste, Bronzewaren und geopferten Pferde erinnern an die Kultur, die in der *Ilias* geschildert wird.

Das Gebäude wurde von einem Erdhügel überdeckt. Andere Beisetzungen, möglicherweise für Angehörige der gleichen Familie, wurden auf dem benachbarten Friedhof durchgeführt. Das faszinierendste Fundstück, das uns diese kultivierten Menschen hinterließen, ist die über dreißig Zentimeter hohe Tonstatue eines Zentauren, der sehr fein mit einem geometrischen Hahnentrittmuster verziert ist. Kopf und Rumpf des Zentauren wurden in separaten Gräbern gefunden, was die Vermutung nahelegt, dass die Figur von zwei Angehörigen der gleichen Familie so sehr geschätzt wurde, dass die Trauernden die zerbrochenen Teile mit den jeweiligen Leichnamen bestatteten. Diese Menschen mochten sich. Der Zentaur ist hohl, wurde auf einer Töpferscheibe hergestellt und stammt aus dem 10. Jahrhundert v. Chr. Auf Zypern wurden zwar bereits Bildnisse von Zentauren aus dem 10. Jahrhundert entdeckt, aber kein einziges kann sich in der Qualität der Fertigung und der Gestaltung damit messen. Mit diesem Zentauren betrachten wir ein Objekt, das von einer euböischen Familie des 10. Jahrhunderts sehr geschätzt wurde, die gewiss nicht das Gefühl hatte, in einem Dunklen Zeitalter zu leben. Ich vermute, dass sie aus ihren eigenen Gedichten bereits wussten, dass der erste Arzt Cheiron halb Mensch, halb Pferd war, »der rechtlichste von den Kentauren, der Achilleus lehrte«, wie es in der *Ilias* heißt.

Im sogenannten Dunklen Zeitalter beteten Griechen weiterhin den mykenischen Meeresgott Poseidon an. Sein Heiligtum bei Isthmia, das übers Meer leicht erreicht werden kann und zugleich der Platz ist, wo Griechen über Land auf die Peloponnes reisen können, wurde bereits 1050 v. Chr. errichtet. Die Bewohner der Dörfer, die sich später zur Hafenstadt Korinth vereinen sollten, konnten sich alle bei Isthmia treffen, um Poseidon zu opfern und um sich von 582 an in den Panhellenischen Spielen zu messen. Der archaische Tempel hatte einen knapp dreißig Meter langen Altar, der einen unwillkürlich an das üppige Opfer erinnert, das Nestor in der *Odyssee* bei Pylos dem Gott darbringt. Allerdings sind uns keine schriftlichen Zeugnisse der Worte aus dem 10. Jahrhundert überliefert, die von den Anbetern des Poseidons auf dem Isthmus oder den gebildeten Bewohnern Euböas gesprochen wurden. Wie viele hatten die Ruinen der Paläste gesehen, die vor nur neun oder zehn Generationen anderswo in Griechenland noch bewohnt gewesen waren? Wir können sie nicht fragen, ob sie jemals ein mykenisches Fresko oder ein Exemplar der mykenischen Schrift zu Gesicht bekommen haben. Aber mit Sicherheit erzählten sie Geschichten über ihre Vorfahren, deren Reisen und Kriege und schmückten dabei die seit Generationen überlieferten Erinnerungen mit der eigenen Fantasie aus.

Die Entdeckung der Euböer des 10. und 9. Jahrhunderts erinnert an die Verbindung zwischen Euböa und Hesiod, dem Autor früher Gedichte im gleichen Versmaß wie die *Ilias* und die *Odyssee*. In *Werke und Tage* erzählt uns Hesiod, dass er einmal nach Euböa gesegelt und nach Chalkis gegangen sei (neben Eretria die zweite große Stadt auf Euböa), wo zu Ehren des verstorbenen Führers Amphidamas Wettkämpfe veranstaltet wurden. Laut Hesiod gewann er den Wettstreit unter den Sängern und bekam als Preis einen Dreifuß mit Haltegriffen. Wie lange veranstalteten die Euböer wohl schon solche Wettkämpfe? Womöglich maßen sich die Barden auf Euböa all die Jahrhunderte hindurch seit den Mykenern. Zumindest Teile der Gedichte sowohl von Homer als auch von Hesiod datieren eventuell bis in die Vorgeschichte zurück. Die Menschen, deren Gräber auf dem Friedhof bei Lefkandi gefunden wurden, hörten vielleicht ganz entrückt zu, wie ein Dichter von Odysseus' Abenteuern, von Achilleus und dem Zentauren Cheiron sang.

Und in dem angeblich Dunklen Zeitalter zwischen dem 12. und 8. Jahrhundert wurden auch mehrere Städte an der kleinasiatischen Küste gegründet, im Westen der heutigen Türkei. Eine Welle von Siedlern kam über das Meer aus Regionen des griechischen Hauptsiedlungsgebiets wie Euböa, Phokis, Theben, Athen und von der Peloponnes. Diese Ostbewegung wird für gewöhnlich als Phase der griechischen »Migrationen« bezeichnet – um sie von der »Kolonisierung« zu unterscheiden, der umfassenderen Ausdehnung über das ganze Mittelmeer und das Schwarze Meer, die im späten 8. Jahrhundert folgte. Die meisten frühen Migranten waren ionische Griechen, die sich von den Mitgliedern anderer griechischer Stämme, den Dorern und Äolern, durch ihren Dialekt und bis zu einem gewissen Grad durch ihre Lebensweise unterschieden. Zu den neuen ionischen Siedlungen zählten Phokaia, Priene, Milet, Ephesos, Kolophon und Klazomenai, und selbstverständlich standen sie untereinander in Kontakt, wie auch mit den östlichsten Inseln der Ägäis Chios und Samos. Zwölf Städte schlossen sich zum Ionischen oder Panionischen Bund zusammen. Der Gott, der ihre gemeinsamen Vorfahren und ihre Identität symbolisierte, war Poseidon, der das Element beherrschte, das es ihnen gestattete, auf Schiffen zu fahren, um neue Städte zu gründen und sich an seinem Heiligtum zu versammeln, dem Panionion. Es wurde auf der felsigen Halbinsel Mykale errichtet, die sich nordwestlich von Priene in einem Bogen in Richtung Samos erstreckte. Archäologische Funde von dort stammen möglicherweise aus dem 6. Jahrhundert v. Chr., aber der Kult muss schon Jahrhunderte früher bestanden haben.

Wenn wir mehr über das Leben in den ionischen Städten Asiens im 10. bis 9. Jahrhundert v. Chr. wüssten, könnten wir uns besser erklären, warum sich ausgerechnet unter den Griechen nicht lange danach das intellektuelle »Wunder« in der »archaischen« Phase zwischen dem 8. und dem 6. Jahrhundert ereignete. Die kulturelle Interaktion mit den Völkern des Altertums, denen sie im Osten begegneten, muss maßgeblich daran Anteil gehabt haben. Da keine schriftlichen Zeugnisse von ihren Erlebnissen überliefert sind, können wir nur spekulieren. Doch die Beziehungen zu den Karern, den Bewohnern der Gegend um Milet und Sprechern einer indoeuropäischen Sprache, waren kooperativ und umfassten auch Mischehen. Laut Herodot sprachen die Bewohner von Milet Griechisch mit einem deutlich karischen Akzent. Die Lykier waren mit Sicherheit ein beeindruckendes Volk, wenn man bedenkt, welchen Kampf sie später den Persern lieferten, als diese ihre Stadt Xanthos um 540 v. Chr. angriffen; Sarpedon, ein lykischer Führer in der *Ilias*, war bekanntlich sehr kriegerisch. Die Griechen lernten vermutlich von Lykiern, Apollon anzubeten, wie das homerische Beiwort »lykisch« für den Gott nahelegt. Die beiden einzigen Persönlichkeiten, die in der *Ilias* Apollon verehren, unterstützen Troja: der Priester Chryses und der lykische Held Glaukos, der sagt, die »Heimat« des Gottes sei die reiche Landschaft Lykiens. Von der phrygischen Göttermutter Matar, die in Verbindung mit einer noch älteren hethitischen Göttin stand, übernahmen die Griechen einige Eigenschaften der Göttin, die sie unter dem Namen Mater oder Kybele kannten – ihre Löwen und *tympana* (Handtrommeln). Von den Luwiern übernahmen sie die Anbetung von Steinen, die Götter (*baetyls*) darstellten – häufig waren es Fragmente von Asteroiden.

Aber von den Griechen des 10. und 9. Jahrhunderts sind keine schriftlichen Zeugnisse über ihre Begegnungen mit den Nachbarn überliefert. Dieses Schweigen beeinträchtigt unser Wissen über deren Ahnen in der mykenischen Ära. Wenn sich die Lage bei den verfügbaren Quellen nicht dramatisch ändert, werden wir nie in das Innere der mykenischen Köpfe blicken können, geschweige denn individuellen Persönlichkeiten näher begegnen. Wenn wir die alten Griechen kennenlernen wollen, liegt ihre Bedeutung in dem, was sie ihrerseits für die Griechen waren, deren Reden wir seit der Zeit der Dichter im 8. Jahrhundert *imstande sind* zu hören. Für die Griechen der Antike seit Homer und Hesiod waren die Mykener eine ferne Erinnerung.

Die Griechen wussten immer, dass ihre Vorfahren auf der Peloponnes, in Theben und auf Kreta ein Leben als Seefahrer geführt hatten, das ihr eigenes Dasein ahnen ließ und sich doch in wichtigen Dingen grundlegend von ihrem unterschied. Möglicherweise haben sie Stichproben von Linear B gesehen, denn sie wussten, dass ihre Ahnen merkwürdige Zeichen benutzt haben, um wichtige Informationen zu dokumentieren. Aber kein archaischer Grieche konnte die mykenische Schrift lesen. Sie wussten, dass die Mykener in großen Palästen gelebt hatten, häufig mit vielen Zimmern, dass sie reichhaltige Vorräte hatten. Sie wussten, dass diese Menschen von früher Königreiche und Schätze gehabt hatten, um die hungernde Bauern des 8. und 7. Jahrhunderts sie häufig nur beneiden konnten. Im nächsten Kapitel geht es um die Frage, wie die Griechen diese halbvergessene Vergangenheit für ihre eigene Selbstbestimmung nutzten, zu einer Zeit, als Erbmonarchien von ihnen mit ihrem unabhängigen Geist, aber weit bescheideneren Mitteln immer weniger geduldet wurden.

2
DIE GRÜNDUNG GRIECHENLANDS

Das Leben änderte sich schnell für die Griechen des 8. Jahrhunderts. Sie erkundeten ferne Regionen, handelten mit fremden Völkern und erschlossen sich immer weiter entfernte Horizonte. In ihrer Heimat führten die wenigen und verstreuten Küsten- und Inselsiedlungen, die seit dem Zusammenbruch der mykenischen Kultur dort existiert hatten, gegeneinander Krieg. Gleichzeitig begannen sie, sich sukzessive zu Stadtstaaten zu zentralisieren und regelmäßige Versammlungen an gemeinsamen religiösen Kultstätten abzuhalten, wie dem Heiligtum ihres höchsten Gottes Zeus in Olympia. Aber zugleich gab es eine weitere wichtige Entwicklung, die mit der angeborenen Skepsis der Griechen gegenüber Autorität zusammenhing. In manchen griechischen Stadtstaaten kam die gänzlich neue Auffassung von dem freien Mann auf, der seinem Status nach im Grunde den anderen Freien gleichgestellt war, wenngleich er keine vererbten Schätze oder eine wie auch immer geartete, aristokratische Identität besaß. Der freie griechische Mann konnte außerdem Männer vom selben Status auffordern, sich mit ihm bei der Verteidigung seiner Rechte und Privilegien solidarisch zu zeigen. Nach erbitterten Kämpfen sollte diese Vision des idealen Bürgers der Polis (des Stadtstaats) im späten 6. Jahrhundert zur Demokratie führen.

Diese Tendenzen – Expansion im Ausland, Zentralisierung im Inland, Konflikte zwischen gesellschaftlichen und wirtschaftlichen Klassen – waren in gewisser Weise widersprüchlich. Aber sie bewirkten zusammengenommen das Entstehen einer ethnischen Identität, basierend auf jenen grundlegenden Aspekten des Lebens, die jeder Griechisch-Sprecher intuitiv mit allen anderen teilt, wie abgelegen der Wohnsitz oder wie ungleich Vermögen und Status auch sein mochten. Dazu zählte das gepriesene Ideal der individuellen Autarkie, häufig indem man sich mit einem kleinen Hof seinen Lebensunterhalt verdiente. Das ging wiederum mit einem Konkurrenzdenken und einem ausgeprägten Stolz auf die Unabhängigkeit des freien Individuums einher. Menschen, die so dachten, machten sich keine Illusionen über die Unvermeidbarkeit eines Konflikts zwischen Reich und Arm, zwischen den durch ihr Vermächtnis Privilegierten und jenen, die sich Wohlstand und Respekt schlicht dadurch verdienen mussten, dass sie zu Könnern ihres Fachs wurden. Dieses Wertesystem war wiederum mit dem Ideal der politischen Autonomie für Individuen und Gemeinschaften verknüpft, die sich jedoch einigen gemeinsamen Praktiken verschrieben hatten, auf die sich Griechen überall einigten. Im 5. Jahrhundert wurden diese Praktiken von den Athenern Herodots definiert als eine gemeinsame Abstammung, Sprache, rituelle Opfer und *nomoi* – Gesetze oder Bräuche, vereinbarte Verhaltensregeln, Tabus und Imperative, wie der Schutz verwundbarer Menschen, die Gesandtschaften anführten, und das Recht der Toten auf eine Beerdigung.

Die Weltanschauung der Griechen jener Zeit kristallisiert sich in der frühesten griechischen Literatur, in vier langen Versepen, heraus. Es handelt sich um die *Ilias* und die *Odyssee*, epische Werke, die uns unter dem Namen Homers überliefert sind, sowie Hesiods *Werke und Tage* und *Theogonie*. Grundlegend für alle vier ist das rebellische, autonome Element des griechischen Charakters. Es ist der schwelende Zorn von Achilleus, welcher die *Ilias* antreibt – der Widerspruch zwischen herkömmlichen Werten, verkörpert in Agamemnons beharrlicher Forderung, dass ihm aus dem Trojanischen Krieg die größte Belohnung gebühre, da er nach der Blutlinie der höchste König war, und den rebellischen, meritokratischen Werten, die Achilleus verkörpert, ein geringerer König nach seiner Geburt, aber ein weit stärkerer Krieger. Die meritokratische und egalitäre

Tendenz war möglicherweise eine unweigerliche Folge davon, dass ein großer Teil des archaischen Griechenlands de facto Subsistenzwirtschaft betrieb, die keinen so gewaltigen Reichtum schaffen konnte, wie die Griechen ihn bei den nahöstlichen Nachbarn, insbesondere den Lydiern und Ägyptern, beobachteten und den sie beneideten. In der *Odyssee* etwa belief sich der Besitz selbst des Königs von Ithaka auf lediglich 59 Herden Vieh und eine Schatzkammer.

Im folgenden Kapitel werden anhand dieser vier frühen Dichtungen sowohl die inneren politischen Spannungen als auch das aufkommende, kollektive ethnische Selbstbewusstsein dieser stolzen, selbstbestimmenden Griechen erörtert, die sich selbst Hellenen nannten. Die Epen enthalten eine fiktive Vorgeschichte (verwoben mit einigen Fakten) für die zeitgenössische Situation im 8. Jahrhundert. Die homerischen Versepen erzählen die Geschichte des Trojanischen Krieges und werfen die Frage auf, wo Troja lag und ob der Krieg wirklich stattfand. Hesiods *Theogonie* verfolgt die Geschichte der Griechen viel weiter zurück, bis zu den Ursprüngen der Menschheit nach der Schaffung des physischen und moralischen Universums. Aber alle vier Dichtungen bieten unvergessliche Szenen von Schlachten, Seefahrten und Ackerbau – den drei Tätigkeiten, die für die archaische Wirtschaft und für die Lebenserfahrung der alten griechischen Männer von zentraler Bedeutung waren. Sie wurden bei Festlichkeiten vorgeführt, wo sich autonome Griechen aus verschiedenen Gemeinden ebenbürtig an gemeinsamen, heiligen Orten trafen, um ihre Götter anzubeten. Dabei erfanden sie auch die Sportwettkämpfe, deren Nachfahre die heutigen Olympischen Spiele sind. Die Gedichte, die bei diesen Zusammenkünften rezitiert wurden, waren das kollektive kulturelle Eigentum der unabhängig gesinnten, kriegerischen Bauern, wo immer sie hinsegelten, und sie waren grundlegend für die Weitergabe ihrer Werte. Das blieben sie auch bis zum Ende der heidnischen Antike.

Die Kernbestandteile der Epen – Heldengeschichte und Weisheitsliteratur – entstanden durch mündliche Überlieferung und hatten sich im Laufe von Jahrzehnten und (teilweise) Jahrhunderten durch Erinnerung, Wiederholung, Ergänzung und Anpassung weiterentwickelt. Aber zwischen 800 und 750 v. Chr. veränderte sich die griechische Kultur für immer. Einige einfallsreiche Sprecher des Griechischen, vermutlich Händler, entlehnten die Zeichen, die von den erfinderischen Phöniziern genutzt wurden, um die Laute der Konsonanten darzustellen, übernahmen andere Zeichen für die Vokale und verwendeten sie, um auf Griechisch die bereits kanonischen Autoren niederzuschreiben. Bei diesem Vorgang nahmen die Dichter-Schreiber (womöglich Personen, die wirklich Homer oder Hesiod hießen) zweifellos Veränderungen vor, die die Sprache ausschmückten und die Struktur der Dichtung verbesserten. Die klassischen Griechen wussten, dass die *Ilias* ästhetisch gesehen anderen epischen Gedichten überlegen war, weil sie nicht aus lose aneinandergereihten Episoden bestand: Sie wird durch einen Vorfall während des Trojanischen Krieges zusammengehalten, einer Phase von ein paar Wochen, in denen Achilleus auf Agamemnon ebenso wie auf Hektor wütend war, doch sie blickt in der Zeit außerdem zurück wie voraus, um den Zuhörer mit der Vorgeschichte des Krieges und den Konsequenzen zu ergötzen. Älteres überliefertes Material – Balladen über Helden, Tierfabeln, Sprichwörter und Maximen oder astronomische Kunde – wurde damals ebenfalls schriftlich festgehalten, um die Sorgen der selbständigen Griechen des 8. Jahrhunderts sowie (wie in Hesiods Fall) persönliche Nachrichten auszudrücken. Indem sie diese Verse niederschrieben, erfanden die freiheitsliebenden Griechen, angespornt durch die phönizische Technologie, gewissermaßen sich selbst und ihre kollektive Vergangenheit und zementierten diese.

Hesiod und Homer komponierten in einem speziellen Versmaß, dem daktylischen Hexameter, der aus Verszeilen mit sechs Füßen oder Hebungen besteht. Diese langen Zeilen erzeugen einen rollenden, eingängigen Rhythmus: »Welcher der Götter brachte die beiden im Streit aneinander?« Jede Zeile ist im gleichen Versmaß verfasst, und es gibt keine Unterteilungen in Gruppen von Versen oder Strophen. Aber der Rhythmus ist nicht starr, denn die Hälfte jedes einzelnen Versfußes kann entweder aus kurzen oder langen Vokalen bestehen. Homerische und hesiodische Daktylen tänzeln und glänzen teils mit einem leichten, tippelnden Rhythmus aus insgesamt siebzehn Silben pro Zeile, meist kurzen oder ächzend nachhallend in nur dreizehn überwiegend langen. Dichtung, die ursprünglich schriftlos geschaffen wurde, unterscheidet sich qualitativ vom Werk literarischer Dichter, und die spezifischen Merkmale des homerischen und hesiodischen Verses gehen auf dessen mündlichen Charakter zurück: Listen, Wiederholungen, Spiegelszenen und die Verwendung von Formeln. Der Begriff »Formel« klingt abschreckend sachlich, doch bezeichnet er nur das Verbinden zweier oder mehrerer Wörter zu einem wiederkehrenden, rhythmischen Muster, etwa »rosenfingrige Eos« oder »so sprach der schnelle Achilleus«.

Die *Ilias*, das »Gedicht über Ilion (Troja)«, schuf für die Gesamtheit der ägäischen Griechen ein Bild ihrer aufsässigen, kriegerischen Ahnen. Sie bot ihnen einen detaillierten Reisebericht der Griechisch sprechenden Männer der Heldenära über die Ägäis nach Asien, die empört über die Kränkung ihres Rufs waren, als eine ihrer Frauen – Helena – mit dem Trojaner Paris davonlief. Das Epos setzt im griechischen Lager nach zehn Jahren Krieg ein, der an einem Patt angelangt war. Helena lebt immer noch mit Paris in Troja, und weder Griechen noch Trojaner haben bislang auf dem Schlachtfeld einen durchschlagenden Erfolg errungen. Aber Agamemnon, der Feldherr der Griechen, gerät mit seinem besten Krieger Achilleus in Streit, der seine Unterstützung zurückzieht und sich weigert, überhaupt zu kämpfen. Das gestattet es Hektor, dem Sohn des trojanischen Königs Priamos, die Trojaner zu einigen wichtigen militärischen Erfolgen zu führen. Achilleus kehrt erst auf das Schlachtfeld zurück, als er über den Tod seines besten Freundes

Patroklos ganz verzweifelt ist, der im Zweikampf mit Hektor fiel. Auf dem Höhepunkt des Epos tötet Achilleus Hektor und schändet seinen Leichnam, indem er ihn an seinen Streitwagen bindet und um die trojanischen Mauern schleift. Auch wenn er später den Leichnam den Trojanern zur Bestattung übergibt, markiert Hektors Tod den entscheidenden Moment des Krieges, nach dem der Sieg der Griechen unvermeidlich wird.

Die *Ilias* nennt die Griechen nicht »Hellenen«, sondern verwendet die alten, archaisch klingenden Stammesnamen Achaier, Argeier und Danaer. Damals bezeichnete der Name Hellas nur einen kleinen Bezirk in Thessalien. Das Wort »Hellenen« kommt nur einmal vor und verweist möglicherweise lediglich auf die Bevölkerung des nordwestlichen Griechenlands, nicht auf die Peloponnes. Die *Ilias* lieferte jedoch mindestens zwölf Jahrhunderte lang die verbriefte Legende griechischer Ethnizität. Der Katalog achaiischer Schiffe in dem Epos dient als Anwesenheitsappell der 28 griechischen Kontingente mit über tausend Schiffen, die am Trojanischen Krieg teilgenommen hatten, Jahrhunderte bevor das Epos niedergeschrieben wurde. Den Zuhörern des 8. Jahrhunderts soll so das Verständnis erleichtert werden. Diese Griechen kamen aus den Hochburgen auf dem Festland wie Pylos, Lakedaimon, Mykene, Argos, Athen und Böotien (allerdings aus keinen nördlichen Bezirken) und von mehreren Inseln wie Ithaka, Rhodos und Kreta.

Die Liste wurde von Historikern sorgfältig analysiert, die nach einer unmittelbaren Schilderung der mykenisch-griechischen Bevölkerungen suchten, aber dieses Vorgehen kann nicht erfolgreich sein. Der Katalog könnte zwar einen großen Teil älteres, ererbtes mykenisches Material enthalten, erhielt seine jetzige Form jedoch *nach* den griechischen Migrationen nach Asien, und das wirkt sich zwangsläufig auf die Art und Weise aus, wie er die ferne Vergangenheit darstellt. Man stelle sich einen Drehbuchautor und einen Filmregisseur vor, die einen Film beispielsweise über die Herrschaft des englischen Königs Alfred der Große im 9. Jahrhundert drehen wollen. Sie möchten eine spektakuläre Szene an seinem Hof in Wessex drehen, wo die Kamera über Delegationen aus Mercia, Anglia, Wales, Kent und so weiter schwenkt, die zu einem Rat einberufen wurden, um die Verteidigung gegen die Wikinger zu organisieren. Die Filmemacher wären imstande, sich auf historische Quellen zu stützen, etwa die Angelsächsische Chronik. Aber sie würden sie zumindest bis zu einem gewissen Grad interpretieren, im Licht des Wissens eines Betrachters aus dem 21. Jahrhundert ihres Landes, dem Namen seiner Grafschaften und den regionalen Grenzen. Die Gründung Großbritanniens im Jahr 1707 nach den Bestimmungen des Unionsgesetzes würde die Rekonstruktion der Welt von Artus ebenfalls beeinflussen.

Ganz ähnlich lebten im 8. Jahrhundert v. Chr. viele Griechen in neuen Siedlungen an der asiatischen Küste, und an diesem Punkt wird die Beziehung zwischen der sozialen Geographie der *Ilias* und jener der Dichter im 8. Jahrhundert undurchsichtig. In der Liste der in der *Ilias* aufgezählten Kräfte zur Verteidigung Trojas sind Bewohner aus der Bronzezeit der Gegenden in Kleinasien enthalten, in denen die Griechen später Städte bauten, aber das Epos beschreibt sie, als würden sie im 8. Jahrhundert rückblickend visualisiert. Das bei weitem größte Kontingent stellen die Trojaner und ihre unmittelbaren Nachbarn die Dardaner, die beide die gleiche Sprache, Kultur, Religion und die gleichen Bräuche wie die Griechen hatten. Die Phryger, Lydier und Thraker, die weiter entfernt, aber ebenfalls im nördlichen Teil Kleinasiens und jenseits des Hellesponts lebten, kämpften für Troja. Aber der Dichter der *Ilias* nimmt sorgsam Verbündete auf, die »alle mit anderer Sprache« reden aus Regionen, die entlang der Küste südlich von Troja lagen – Mysien, Karien und Lykien –, die in ihren Tagen inzwischen dicht von Griechen bevölkert waren, wie seine Zuhörer wussten. Wenn sie die *Ilias* hörten, kamen sie nicht umhin, sich an Asien vor der Ankunft der Griechen zu erinnern beziehungsweise es sich vorzustellen. Womöglich repräsentierte für sie die griechische Eroberung Trojas, unabhängig von ihrer historischen Realität, symbolisch die Ankunft der ionischen Ahnen an der asiatischen Küste vom griechischen Festland und den Inseln in den angeblich Dunklen Jahrhunderten. Die zweifelhafte Herkunft der Trojaner in der *Ilias* selbst könnte ganz ähnlich die Funktion gehabt haben, die *Verschmelzung* der griechischen und asiatischen Kulturen zu repräsentieren, die zwangsläufig daraus hervorging.

Damit taucht das Problem auf, wo Troja genau lag und ob der Trojanische Krieg wirklich stattfand. Es gibt keine zeitgenössische Dokumentation der homerischen Trojaner, außer einigen widersprüchlichen Verweisen auf Tafeln, die von den Hethitern beschrieben wurden. Vom 18. bis zum 12. Jahrhundert beherrschten die Hethiter ein riesiges Reich, das in etwa die gleiche Ausdehnung wie die heutige Türkei hatte. Hethitische Tafeln verweisen auf Orte namens Wilusa und Taruisa, bei denen es sich möglicherweise um Ilion und Troja handelt. Ein unschätzbarer Text, der sogenannte Tawagalawa-Brief, erwähnt möglicherweise sogar den Trojanischen Krieg. Die vermutlich im 13. Jahrhundert von einem hethitischen König geschriebene Quelle ist an den König von Achijawa gerichtet (eventuell die Achaier, eine Bezeichnung der Griechen in der *Ilias*) und spielt auf einen mittlerweile geklärten Vorfall der Vergangenheit an, als Achijawa in feindliche militärische Operationen verwickelt war. Ein Bündnispartner Trojas war Eurypylos, der nach der poetischen Überlieferung der *Odyssee* Führer der Keteier war, die identisch mit den Hethitern sein könnten.

Der archäologische Befund stellt uns vor Rätsel. Der persische König Xerxes, der Grieche Alexander der Große und der Römer Julius Cäsar suchten später alle Troja auf. Sie setzten die Stadt mit den Ruinen der verlassenen Siedlung gleich, die sie an dem Ort in der Nähe der Dardanellen sahen, der heute Hisarlık heißt. Aber die Archäologen unterscheiden zwischen den unzähligen Ebenen der Besiedlung an diesem Ort. Die beiden Ebenen, die am häufigsten mit dem Troja der *Ilias* identifiziert werden, sind als Troja VIh

(15.–14. Jahrhundert v. Chr.) und Troja VIIa (13.–12. Jahrhundert) bekannt. Troja VIh, das eindrucksvolle Bastionen und Festungsmauern hatte, wurde Mitte des 13. Jahrhunderts zerstört. Das lässt sich mit dem vermuteten Zeitraum des Trojanischen Krieges in Einklang bringen. Doch der Versuch, die in der *Ilias* erzählte Version, in die Geschichte des 13. Jahrhunderts einzupassen, ist ungeeignet, um sie auch zu verstehen. Die im Epos erzählte Geschichte gibt wieder, wie sich die fünf Jahrhunderte später lebenden Griechen gerne ihre Vergangenheit *vorstellten*. Sie hätten die Ruinen bei Troja besichtigen können, und zweifellos hätten haltbare Gegenstände – etwa Rüstungen oder Tonscherben – ihnen geholfen, die Geschichte auszuschmücken. Aber die Sorgen, die in den homerischen Epen angesprochen werden, sind eben jene, die die Griechen des 8. Jahrhunderts beschäftigten und die sie in ihre fiktionalisierte Vorgeschichte transponierten.

Wie haben wir uns das Publikum dieser Gedichte vorzustellen, als sie erstmals niedergeschrieben wurden? Die Epen selbst enthalten mehrere Szenen mit Barden in Aktion. In der *Odyssee* singt Phemios, Odysseus' Hofsänger in Ithaka, bereits vom Trojanischen Krieg und spielt bei Banketten, um die Adligen zu unterhalten, und in Phäakien tritt Demodokos als Höhepunkt eines Tages voller Sportwettkämpfe auf. In der *Ilias* vertreibt sich Achilleus die Zeit seines selbgewählten Exils vom Schlachtfeld, indem er die Saiten einer Leier streicht und von den »Ruhmestaten der Männer« singt. Doch das Bild der epischen Vorführung, das der Erfahrung der meisten Griechen vom 8. bis zum 6. Jahrhundert entspricht, kommt in einem ebenfalls Homer zugeschriebenen Text vor. Es ist ein Hymnus an Apollon von Delos, jene winzige Insel inmitten der Ägäis, wo der Gott Apollon, zusammen mit seiner Mutter Leto und der Zwillingsschwester Artemis, angebetet wurde und die wohl größte Verehrung erfuhr. Die Insel, die ungefähr in der Mitte des »Kreises« der Kykladen liegt (*kyklos* = Kreis), war der Sage nach die Geburtsstätte des Gottes.

Schon seit dem 9. Jahrhundert trafen sich dort ionische Griechen, um Apollon und seiner Schwester in dem berühmten Heiligtum Opfer zu bringen. In dem homerischen Hymnus beschreibt der auktoriale Erzähler das Publikum bei einem Fest für Apollon auf Delos, wo sich Ionier versammelt hatten, nachdem sie in ihren »hurtigen Schiffen« eingetroffen waren:

Aber an Delos erfreust du das Herz, o Phöbos, am meisten,
Wo in den langen Gewanden die Jonier kommen zusammen
Dir, mit den Kindern zugleich und den züchtigen Ehegemahlen,
Welche mit Faustkampf dich und mit Reihntanz und mit Gesängen
Feiernd ergötzen allda, wann Wettstreit ihnen bestellt ist.
Ja für Unsterbliche hielte, für stets Unalternde diese,
Wer hinkäme zur Zeit, wo die Jonier wären versammelt:
Denn er erblickte von allem den Reiz und ergötzte die Seele,
Schauend die Männer zumal und die schönumgürteten Frauen
So wie die hurtigen Schiff' und die vielerlei Schätze derselben.

Anschließend beschreibt der Dichter die berühmten delischen Jungfrauen – mysteriöse Frauen, die Lieder für Apollon singen und ein »Lied auf Männer und Frauen aus alter Zeit anstimmen« und damit »die versammelten Menschen« entzücken. Aber schließlich erzählt uns der Dichter, möglicherweise weil er den Gesangswettbewerb bei den Feierlichkeiten selbst gewinnen will, mehr über die Hymnen, die Solisten auf der Insel vortrugen. Zuerst erzählt er, dass die Deliaden, wenn man sie nach dem süßesten Sänger fragen würde, der jemals auf die Insel kam und ihr Liebling war, darauf antworten würden: »Blind ist dieser und wohnt in dem Felseilande von Chios, dessen Gesänge die ersten genannt sind unter den Menschen.« Da Chios der überlieferte Geburtsort Homers und eine der wichtigsten ionischen Inseln ist, belegt dieser Text, dass die Teilnehmer an ionischen Feierlichkeiten auf Delos überzeugt waren, Homer habe für sie oder ihre Ahnen dort gesungen. Die Stimme, die den Hymnus vorträgt, fügt hinzu, dass er sein Leben lang den Ruhm von Delos und den des »Fernhintreffers Apollon, den mit dem Silbergeschoss, den Leto geboren« preisen und von Heiligtum zu Heiligtum reisen und die panhellenischen Götter verehren werde.

Das Heiligtum von Delos wurde zu einem der reichsten der Antike, das nicht nur von den Ioniern, sondern von allen Griechen aufgesucht wurde. Es entwickelte sich später zu einem wichtigen Handelsposten, wo Menschen aller Herkunft aus dem Mittelmeerraum zusammenkamen. Dieser homerische Hymnus zeigt jedoch, dass die griechische Identität in der archaischen Zeit in den gemeinsamen Heiligtümern gefestigt wurde, zu denen die Griechen reisten, um sich miteinander zu treffen. Aus dem 8. Jahrhundert wiederum stammt ein großer Teil der frühesten Hinweise auf die Anbetung griechischer Götter an vielen anderen Heiligtümern, ausnahmslos offene Plätze, die als heilig gekennzeichnet waren, mit niedrigen Mauern oder Reihen von Steinen und einem Altar, auf dem Opfergaben verbrannt wurden. Viele Heiligtümer bekamen alsbald einen Tempel dazu und einen Speisesaal. Heiligtümer konnten mitten in Städten liegen und einen Brennpunkt für das Gemeinschaftsleben bilden (Athene und Apollon waren beliebte Götter zum Schutz von Städten). Oder sie lagen außerhalb, wurden etwa von einer Stadt zur Verhandlung der Grenzen ihres Gebietes genutzt oder dienten als Orte für formale Zusammenkünfte mit Mitgliedern anderer Staaten. Einige Heiligtümer waren insofern wirklich panhellenisch, als sie – auf neutralem Boden gelegen – allen Hellenen gehörten. Zeus, der höchste Gott des griechischen Pantheons, residierte über mehrere zentrale Heiligtümer »aller Griechen«. In Dodona wurden beispielsweise seine Prophezeiungen anhand des Raschelns der Blätter der heiligen Eichenbäume gedeutet. Unter den vier großen panhellenischen Zentren in Griechenland, die von Anfang an die Schauplätze großer Sportwettkämpfe waren, finden sich wiederum zwei Heiligtümer des Zeus: Olympia und Nemea.

Die Nemeischen Spiele im Norden der Peloponnes wurden als letzte gegründet, im frühen 6. Jahrhundert, Olympia jedoch wurde bereits im 9. oder gar 10. Jahrhundert als Heiligtum des Zeus genutzt. Laut einer antiken Überlieferung wurden die berühmten Olympischen Spiele 776 v. Chr. eingeführt. Archäologische Befunde beweisen hingegen, dass bereits 800 v. Chr. die Führer der Gemeinschaften auf der Peloponnes bei Olympia zusammenkamen, um das Orakel des Zeus zu befragen und sich in Wettkämpfen zu messen. Beeindruckende Weihopfer unterschiedlicher Herkunft, insbesondere Dreifüße aus Bronze, belegen, dass Olympia und seine Spiele nach und nach auch Griechen aus ferneren Gegenden anlockten. Ein ähnliches Muster gilt für Delphi, wo die frühesten Wettkämpfe zu Ehren Apollons im musikalischen Vortrag abgehalten wurden, nicht im Sport. Wenn Griechen aus verschiedenen Stämmen etwas gemeinsam leisteten, begannen sie dies als »hellenische« Errungenschaft zu bezeichnen. Im 7. Jahrhundert v. Chr. gelangten östliche Griechen und Männer aus Ägina zu dem damaligen Haupthafen im Nildelta, den sie Naukratis (Schiffskraft) nannten; sie boten dem Pharao ihre Dienste als Kaufleute an, tauschten Silber, Öl und Wein für ägyptisches Getreide, Leinen und Papyrus und schufen einen maßgeblichen Ort der gegenseitigen Befruchtung zwischen der ägyptischen und griechischen Kultur. Einige Griechen dort bauten einen gemeinsamen Tempel, den sie naturgemäß Hellenion nannten, und definierten auf diese Weise ihre gemeinsame griechische Identität, obwohl sie aus neun verschiedenen Städten kamen.

Die panhellenischen Kultstätten wurden errichtet, um zwei Funktionen zu erfüllen. Über die Orakel, die sie verkündeten, vermittelten sie Beziehungen zwischen den entstehenden Staaten Griechenlands, die ebenso großen Wert darauf legten, ihre Unabhängigkeit voneinander zu wahren, wie die einzelnen Griechen unbedingt autonom sein wollten und keinem zu Dank verpflichtet. Aber sie boten auch eine Arena für Aristokraten und tyrannische Emporkömmlinge, wo sie bei Sportwettkämpfen ihren Reichtum zur

Schau stellen und den Göttern sagenhafte Opfergaben widmen konnten – ihre Form eines Wettstreits. In ihren Heimatgemeinden standen mächtige Familien womöglich unter Druck, sich nicht allzu prahlerisch zu präsentieren; an den panhellenischen Kultstätten konnten sie sich mit ihresgleichen in anderen Stadtstaaten messen und damit ihre gemeinsame Mitgliedschaft in einer panhellenischen Elite bekunden. Die Spiele in Olympia, die nur alle vier Jahre stattfanden, befriedigten nicht die Sehnsucht nach derartigen Gelegenheiten, also wurden im frühen 6. Jahrhundert weitere Spiele bei Delphi eingeführt (die Pythischen Spiele) und bei Nemea und am Isthmus. Die Spiele wurden so organisiert, dass sie nacheinander abgehalten wurden, so dass jedes Jahr eine panhellenische Zusammenkunft stattfand.

Die Gründungslegende aller vier Feierlichkeiten mit größeren Spielen behauptete, dass sie mit Begräbnissen assoziiert wurden, und die Sportereignisse im alten Griechenland wurden allesamt aus militärischen Übungen entwickelt. Im 23. Gesang der *Ilias* veranstaltet Achilleus Spiele zu Ehren des Begräbnisses seines Freundes Patroklos. Diese historischen Spiele dürften den Zuhörern geradezu panhellenisch erschienen sein, weil die Wettkämpfer in dem Gedicht genau wie sie aus vielen griechischen Regionen kamen. Spiele, Panhellenismus, militärische Begräbnisse und Krieg bildeten im Denken der alten Griechen ein zusammengehörendes Assoziationsmuster. Die Epen boten ihnen eine Möglichkeit, über die aufregenden Aspekte des Krieges, die Aufstellung von Heeren und das Klirren der Rüstungen nachzudenken, doch dem Publikum ist es nie gestattet zu vergessen, dass diese Erregung einen furchtbaren Preis hat. Nacheinander artikulieren starke, mitfühlende Charaktere ihren emotionalen Schmerz. Die *Ilias* zeigt junge Männer, die auf dem Schlachtfeld sterben und von den Eltern und Witwen betrauert werden. Sie zeigt den letzten Abschied Hektors von seiner Frau Andromache und seinem kleinen Sohn. Sie zeigt den betagten Priamos und seinen mutmaßlichen Feind Achilleus, wie sie gemeinsam ihre jeweiligen Verluste beweinen. Sie lässt die extremen Situationen und moralischen Krisen der athenischen Tragödie in dem Dilemma des Achilleus erahnen, der sich entscheiden muss, ob er jung, aber ruhmreich, oder alt und in Vergessenheit sterben will. Sie deutet die harten metaphysischen Bedingungen an, unter denen Sterbliche in den Tragödien leben, die den trügerischen Launen der rachsüchtigen und kindischen Götter ausgesetzt sind.

Vermittelte die *Ilias* den Griechen das Gefühl einer kollektiven Vergangenheit als Krieger, so schenkte die *Odyssee* ihnen ihre archetypischen Beschreibungen der Seefahrt und setzte den rastlosen Helden weiteren unterschiedlichsten Herausforderungen aus. Ein freier, griechischer Mann um die Mitte des 8. Jahrhunderts dürfte sich gut mit dem seefahrenden und findigen Odysseus und seinen Abenteuern identifiziert haben. Odysseus mag ein König sein, aber er ist zugleich der typische autarke Bauer, dessen kleine Insel alles hervorbringt, was sein eigener Haushalt braucht, und der folglich auch sein Recht auf Autonomie behauptet. Odysseus ist zudem ein aufregender Gefährte, aber keineswegs vollkommen. Zu seinen Fehlern zählt, dass er unbedingt vor dem Kyklopen prahlen muss, dass er einschläft, als er auf den Schlauch der Winde aufpassen soll, und dass er während des blutigen Gemetzels unter den Freiern seiner Frau den Kopf verliert. Wie Aristoteles einmal richtig bemerkte, identifizieren wir uns jedoch viel leichter mit einem Helden, der weder zu tugendhaft noch zu verrucht ist – mit einem Helden, der uns gleicht.

Die Besetzung der *Odyssee* ist insofern ein Ausdruck des egalitären Zuges im griechischen Charakter, als die Figuren nicht auf eine adlige Elite beschränkt sind. Neben den wichtigen Bediensteten (Eurykleia, Eurynome, Melantho und Eumaios) enthält das Epos auch einen gewöhnlichen Ruderer (Elpenor) und den Bettler Iros. Den Männern und Frauen, ob reich, ob arm, alt oder jung, werden sympathische Protagonisten geboten, mit denen sie sich identifizieren können. Das Epos enthält ferner Geschichten über zwielichtige Händler und Piraten und über viel schwere Bauernarbeit auf den Feldern, in den Obstplantagen und am Webstuhl.

In dem praktisch veranlagten und einfallsreichen Odysseus konnten sich archaische Griechen an einem Helden erfreuen, der eine glorifizierte Version ihres eigenen Selbstbilds war. Als tüchtiger Allrounder, der über ebenso viel Hirn- wie Muskelschmalz verfügt, besitzt er die nötigen Fertigkeiten, alle Abenteuer zu überstehen, die das Leben auf Land oder auf See ihm in den Weg wirft. Er ist ein begnadeter Redner und erstklassiger Krieger, der in den Gesängen 22 und 24 der *Odyssee* im Kampf und im 9. Gesang als geschickter Plünderer von Städten gezeigt wird. Odysseus ist ein ausgezeichneter Navigator und Schwimmer, der ideale Pionier, Grenzbewohner und Siedler. Neben seinen moralischen Vorzügen wie diplomatischem Geschick, Mut, Selbstbeherrschung, Geduld und Selbständigkeit verfügt Odysseus über erstaunliche Fähigkeiten, die auf der Lebenserfahrung der seefahrenden archaischen Griechen basieren: Er ist ein Schiffszimmermann, der binnen vier Tagen ein ansehnliches Floß baut, vom Baumfällen bis zum Segelmachen. Sein Geschick als Zimmermann wird auch exemplarisch im Schlafzimmer gezeigt, mit dem eingebauten Bett, das er einst selbst für seine Braut Penelope und sich anfertigte. Odysseus steht auch als Bauer seinen Mann; hinter dem Pflug ist er ein Experte, und sein Vater versprach ihm schon als Junge eigene Bäume und Rebstöcke, die er hegen und pflegen musste (dreizehn Birnbäume, zehn Apfelbäume, vierzig Feigenbäume und fünfzig Weinreben). Doch die *Odyssee* rühmt darüber hinaus seinen Heldenrang als preisgekrönter Sportler. Er gewinnt nicht nur den Wettkampf im Diskuswurf bei den Spielen der Phäaker, sondern ist auch ein tüchtiger Ringer, Speerwerfer und natürlich Bogenschütze. Sein Meisterschuss mit dem eigenen Bogen bei einem von Penelope organisierten Wettkampf, durch den sie angeblich einen neuen Ehemann finden wollte, kündigt bereits die Rückkehr auf den Thron Ithakas an.

Mit seinem Erfolg bei den Frauen dürfte Odysseus ebenfalls viele archaische Griechen für sich gewonnen haben. Er hatte den Vorzug einer treuen Frau, Penelope, deren Findigkeit sich durchaus mit seiner eigenen messen konnte. Aber er hatte Affären mit zwei wunderschönen, übermenschlichen Frauen, Kalypso und Kirke, und übt auf die viel jüngere phäakische Prinzessin Nausikaa eine starke Anziehung aus; sogar die Göttin Athene flirtet mit ihm, als er an einem Strand auf Ithaka erwacht. Die *Ilias* bot den alten Griechen in der Beziehung zwischen Achilleus und Patroklos das Modell einer idealisierten Liebe zwischen Männern, aber Odysseus zählt zu den wenigen ausschließlich heterosexuellen Helden der Antike. Das ist Teil der anthropologischen Dimension, die unter anderem die patriarchale Gesellschaftsstruktur der archaischen griechischen Gemeinschaften definiert, indem Odysseus der Begegnung mit weiblicher Kraft ausgesetzt wird, aus der er unweigerlich als Sieger hervorgeht. Die *Odyssee* definiert die männliche Psyche, die mit dem Patriarchat einherging, indem sie unterschiedliche Formen des femininen Charakters präsentiert: wünschenswert und anziehend (Nausikaa), sexuell verführerisch und matriarchalisch (Kalypso, Kirke), politisch mächtig (Arete, Königin der Phäaker), alle überragend (der König der Lästrygonen Antiphates hat eine riesige Tochter und Frau »so groß wie ein Bergesgipfel«), monströs und alles verschlingend (Skylla, Charybdis), verführerisch und tödlich (Sirenen), aber auch treu, häuslich und mütterlich (Penelope). In der »realen« Welt des griechischen Bauernlebens auf der Insel schützt eine gute Frau wie Penelope die Interessen ihres Mannes und verkneift sich in seiner Abwesenheit zwanzig Jahre lang jedes sexuelle Vergnügen. Die Unterscheidung zwischen der übernatürlichen Welt, durch die Odysseus reist, und der Realität Ithakas bietet einen Einblick in andere Aspekte des Lebens der archaischen Griechen. Auf Ithaka rackern sich die Menschen für ihr tägliches Brot ab, während die Phäaker auf wundersame Weise von der Natur versorgt werden. Die Kyklopen trinken Milch, die Griechen aber Wein. Griechen schreckte die Vorstellung ab, Menschenfleisch zu essen, im Gegensatz zu den kannibalischen Bräuchen sowohl der Kyklopen als auch der Lästrygonier. Doch den wohl krassesten Gegensatz zu den Griechen bietet das mysteriöse Volk, das Odysseus nach der Prophezeiung des Teiresias in einer weiteren Reise aufsuchen muss. Sie leben so weit im Landesinneren, dass sie noch nie vom Meer gehört haben, kein Salz benutzen und nichts von Schiffen oder Rudern wissen. Dort soll Odysseus sein Ruder in die Erde stecken und Poseidon ein Opfer bringen, ehe er zurückkehrt, um einen sanften Tod zu empfangen, der sich auf mysteriöse Weise »ferne dem Meere« ihm nahen werde. Es dürfte schwerfallen, sich eine Geschichte auszudenken, die in ihrer Symbolik noch griechischer ist.

Die andere Schilderung des um jeden Preis unabhängigen Bauern in der frühesten griechischen Dichtung ist Hesiods Selbstporträt in seiner landwirtschaftlichen Dichtung *Werke und Tage*. Hesiod ist der erste Autor in der Weltliteratur, von dem wir den Eindruck haben, dass wir ihn als Individuum verstehen können. Er steht exemplarisch für mehrere der zehn Eigenschaften, die zusammengenommen die besondere Mentalität der alten Griechen bilden, vor allem seine starke auktoriale »Ich«-Stimme, die emotionale Direktheit und der beißende Humor seiner Ratschläge: »Lass dich von keinem Weib mit üppigem Hintern betören, gleisnerisch schwätzend und doch nur deinen Speicher durchwühlend!« Er verachtet seinen müßigen Bruder Perses und schlägt gehässig vor, dass er aufhören möge, sich über Rechtsstreitigkeiten den Kopf zu zerbrechen, und lieber etwas arbeite: »Bleibt ja nur wenig Zeit noch übrig für Zank und für Händel, wenn nicht drinnen fürs Jahr ausreichend bereitliegt die Ernte, üppig und reif, wie die Erde sie trägt, die Frucht der Demeter.«

Hesiod war ein Bauer in Askra, einem Dorf in Böotien, das er als »arg im Winter, im Sommer voll Not, und niemals erquicklich«

beschreibt. Askra lag am Fuß des Berges Helikon, ein Name, der später stets mit poetischer Inspiration und idyllischen Heimsuchungen durch die Musen assoziiert wurde, weil eben hier Hesiod seine dichterische Berufung entdeckte. Hesiods Vater stammte aus der kleinasiatischen Handelsstadt Kymai, musste sich aber wegen Armut eine neue Heimat suchen. Somit war Hesiod ein archetypischer alter Grieche: Seine Familie hatte Seereisen unternommen, Entwurzelung und Verpflanzung erfahren, und er war Bauer. Das Leitmotiv von *Werke und Tage*, aus dem wir etwas über seine persönliche Lage erfahren und das die Griechen mit den grundlegenden Aspekten ihrer kollektiven Identität ausstattete, war der allgegenwärtige Hunger.

Über drei Viertel der Bürger in so gut wie allen griechischen Gemeinwesen, zumindest in den archaischen und klassischen Epochen, schlugen sich recht und schlecht mit dem durch, was die eigene Scholle hergab (Sparta, wo die herrschende Klasse Sklaven zwang, die Landarbeit zu übernehmen, bildete in dieser wie auch in anderer Hinsicht eine Ausnahme). Die drei wichtigsten Produkte waren Getreide, Weintrauben und Oliven – die Pflanzen, die der Demeter, dem Dionysos beziehungsweise der Athene geweiht waren und die allesamt bereits in der Linear-B-Schrift auftauchten. Hesiod gab dem griechischen Bauern folgenden denkwürdigen Rat mit: »dass man nackt die Aussaat, nackt das Mähen, nackt das Pflügen vollzieht, wenn du alle Werke Demeters jeweils zur rechten Zeit willst besorgen.« Das oberste Gebot für einen Bauern lautete: »Also: zuerst ein Gehöft, eine Frau, einen Ochsen zum Pflügen – eine gekaufte Frau, fähig, die Ochsen zu treiben, kein Eheweib.« Das Bild des mürrischen, alten, böotischen Dichters, der seine Unabhängigkeit behauptet, indem er mit nacktem Oberkörper schweißüberströmt dem eigenen Pflug folgt, spricht Bände über die Realität des Lebens für weniger gut betuchte Griechen – und deren Sklavinnen – in ganz Griechenland. Wenn arme Griechen nicht verhungern und frei bleiben wollten, dann mussten sie sich an die Ratschläge von Hesiod halten und »die Arbeit wie folgt nacheinander« verrichten. Die frühen Griechen kannten kaum Unterstützung durch mechanische Geräte oder andere Arbeitskraft, als die unmittelbar von Menschen und Tieren gelieferte. Erst im hellenistischen Ägypten wurden raffinierte Mechanismen entwickelt, die Wasser nach oben beförderten, um die Bewässerung zu verbessern, und zwar unter dem Einfluss des *Handbuchs der Mechanik* von Philon von Byzanz. Auch die Wassermühle stammt aus dieser späteren Epoche.

Der Kalender des Bauern begann im Spätherbst mit dem Pflügen eines brachliegenden Ackers. Hesiod rät, den Boden dreimal zu pflügen. Das Pflügen musste wiederholt werden, weil der Pflug der Antike die Erde nicht brach, sondern lediglich mit einer Pflugschar aus Bronze oder Eisen eine Furche zog. Weizen, Gerste, Korn und andere Getreidesorten wurden von Hand und mit der Hacke gesät, und das Feld musste den ganzen Winter und Frühling über gejätet werden. Im Mai oder Juni begann die unaufhörliche Plackerei der Ernte. Der Schnitter stellte sich mit dem Rücken zum Wind und sichelte jedes Büschel und jeden Halm knapp über der Wurzel ab, ehe er sie zu handlichen Garben zusammenband. Diese wurden zum Dreschplatz gebracht und von Ochsen zertrampelt, bis sich die kostbaren Samenkörner herausgelöst hatten. Dann musste noch mühsam die Spreu vom Weizen getrennt werden, mit einem Korb und einem Wedel oder einer Schaufel, um auch den letzten Rest der Spreu zu entfernen.

Seit 3000 v. Chr. wurden im östlichen Mittelmeerraum Oliven angebaut. Auf dem griechischen Festland war die Olive das Herz der Wirtschaft, weil sie in einem Klima mit langen, sommerlichen Trockenperioden gedieh. Oliven bedeuten harte Arbeit und erfordern Planung und Intelligenz. Es dauert Jahre, bis die Bäume Früchte tragen, deshalb erwartete ein Mann, der sie pflanzte, womöglich gar nicht, dass er selbst von ihnen Nutzen hat, sondern sein Sohn oder Enkel. Man muss die Bäume sorgsam beschneiden, wässern und düngen und kann nur jedes zweite Jahr Oliven ernten. Die Herstellung von Öl ist arbeitsintensiv. Für die Ernte waren mehrere Arbeiter nötig, die gemeinsam den Baum schüttelten und schlugen, wobei einer bis in die Spitze kletterte, um die höchsten Früchte zu ernten, bevor die Oliven eingesammelt wurden, die auf den Boden fielen. Anschließend wurden diese in der Nähe der Haine weiterverarbeitet, von der Frucht bis zum versiegelten Ölkrug. Ein reicher Haushalt mochte zwischen 200 und 300 Olivenbäume besessen haben. Oliven waren nicht nur ein Nahrungsmittel, ihr Öl war auch ein Luxusartikel, als Würzmittel ebenso wie als Kosmetikprodukt. Es wurde für die Reinigung kostbarer Holzstatuen und Marmorfliesen benutzt. Bis zur hellenistischen Epoche wurde es in der Regel in kleinen Mengen für den häuslichen Gebrauch hergestellt, von den Bauernfamilien selbst mithilfe einfacher Pressen.

Die zweite Frucht, zentral für die griechische Identität, war die Weintraube. Wie der Olivenanbau erfordert auch der Weinbau kluge Planung, um die intensive Arbeit zu bewältigen. Die Griechen pflanzten überall, wo sie siedelten, Rebstöcke an – außer wenn das Klima sich nicht eignete. Weinberge wurden im Frühjahr umgegraben, und Reben wurden aus Ablegern gezogen, die man in sorgfältig vorbereitete Löcher pflanzte. Gerste oder Hülsenfrüchte (Gemüse) wurden zwischen den Rebstöcken angebaut, um den Ertrag in Relation zur Größe des verfügbaren Grundstücks zu maximieren, vor allem während man darauf wartete, dass die Trauben reif wurden. Sobald die Reben gut Wurzeln geschlagen hatten – was drei Jahre dauern konnte –, mussten sie jeden Herbst stark beschnitten und auf Stöcke gezogen werden. Die neuen Blätter und Triebe wurden von Hand ausgedünnt. Die reifenden Trauben wurden mit Staub bedeckt, um den Reifeprozess zu verzögern und so den Zuckergehalt zu erhöhen. Der Boden musste regelmäßig gehackt und das Unkraut entfernt werden. Wenn die Trauben reif waren, pflückte der Winzer sie und legte sie ihn Körbe. Der Saft wurde ausgepresst, indem die Trauben in einem geflochtenen

Trog über eine Planke zerstampft wurden oder in einem Bottich mit einem Ausguss, über den der Saft in Gefäße floss. Die Griechen tranken nicht als Einzige Wein. Die mesopotamische Elite importierte Wein aus dem Norden, und ägyptische Könige wurden schon in der vierten Dynastie (ca. 2613–2494 v. Chr.) mit Weinkrügen bestattet. Aber für die alten Griechen war Wein kein Luxusartikel: Er war überall fester Bestandteil ihrer Religion und ihrer ethnischen Identität.

In *Werke und Tage* ist das Leben des griechischen Bauern im 8. Jahrhundert ein einziger Kampf ums Überleben, dem ein mythisches Zeitalter vor langer Zeit gegenübergestellt wird, als die Männer des »goldenen Geschlechts« in ursprünglicher Glückseligkeit lebten, bis Pandora – die erste Frau – ihren Fall herbeiführte. Bis zu diesem Ereignis starben die Männer zwar, aber schmerzlos und ohne zuvor zu altern. Sie lebten wie die Götter, brauchten nicht zu arbeiten und feierten unablässig Feste. Aber nach dem Fall ersetzten die Götter sie durch das zweite, das silberne Geschlecht. Bei den Menschen des silbernen Geschlechts dauerte es hundert Jahre, bis sie erwachsen wurden, und dann lebten sie nicht lange, weil sie sich unablässig gegenseitig unrecht taten und die Götter nicht mit Opfern ehrten. Das dritte Geschlecht aus Bronze war unheimlich stark, aber so sehr auf Krieg und Gewalt aus, dass sie sich gegenseitig auslöschten. Die vierte Generation war tatsächlich eine Verbesserung. Sie waren die Helden der Sage: Kadmos und Ödipus bei Theben, die Helden des Trojanischen Krieges. Doch das fünfte Geschlecht, dem Hesiod und sein Publikum angehörten, das eiserne Geschlecht, kennt nichts als Arbeit, Kummer und Tod. Und in der Zukunft erwartet das eiserne Geschlecht laut Hesiod nur weiterer Niedergang. Sie würden, allesamt unfähig zur Einigung, ihren Eltern Schande machen, Schwüre brechen und falsches Zeugnis ablegen. Männer würden voreinander keine Scham mehr empfinden, noch Empörung über Übeltäter. Sie würden sittlich völlig verkommen. Hesiod schenkt mit seiner Sichtweise des menschlichen

Daseins im Lauf der Zeit den Göttern bemerkenswert wenig Aufmerksamkeit und macht die Menschen im Wesentlichen selbst für ihren endgültigen sittlichen Verfall verantwortlich.

Dieser Mythos vom Sündenfall schildert die Vergangenheit der Menschheit auf eine Weise, die bereits die griechischen Historiker anklingen lässt. Hesiod interessiert sich deshalb für die früheren Geschlechter der Menschheit, weil sie eventuell helfen, die Welt, die er selbst bewohnt, zu erklären. Später unterstrichen sowohl Herodot als auch Thukydides, dass sie nicht nur die Ereignisse niederschreiben, sondern das Wesen der Gegenwart erklären und dazu beitragen wollen, die Zukunft zu erhellen. Aber Hesiods Mythos vom Fall deutet darüber hinaus die griechische rationale Philosophie an. Seine Vision der Geschlechter der Menschheit hat universalen Charakter. Sie hat eine säkulare Tendenz – die menschlichen Entscheidungen bestimmen ebenso, was mit ihnen passiert, wie die göttliche Fügung. Die in diesem Mythos übermittelte Information wird außerdem durch die übergreifende moralische Lehre geeint: die Bedeutung von sittlichem Anstand und dem Führen eines aufrechten Lebens.

Hesiods Geschichtsvorstellung erklärte Aspekte der ethnischen Identität der Griechen. In einem Gedicht über berühmte Heldinnen, das leider nur fragmentarisch überliefert ist, erzählt Hesiod, wie Helden häufig von den sexuellen Kontakten männlicher Götter mit sterblichen Frauen abstammten. Er verfolgte die Heldenstammbäume bis zu ihren drei Stammesvätern zurück: Doros (die Dorer), Xuthos (die Ionier) und Aeolos (die Aioler). Sie waren alle Söhne Hellens, des ursprünglichen Griechen und Sohns des einzigen Paares, das die griechische Version der Sintflut überlebte: Deukalion und Pyrrha. Dabei tritt die menschliche Rasse in der griechischen Version der Schöpfung selbst in die Weltgeschichte ein, die in Hesiods *Theogonie* erzählt wird.

Am Anfang herrschte ein einziges Chaos (das Wort bedeutet eher etwas wie »Leere« als das, was »Chaos« heute impliziert). Auf das Chaos folgten fünf ursprüngliche Einheiten: Erde, die den Tartaros enthielt (die unterste Region des Kosmos), in ihr wiederum Eros (Liebe), Erebos (Schattenreich) und Nacht. Aus Nacht und Erde gingen die anderen Bewohner und Elemente des Universums hervor: Die Nacht vermählte sich mit Erebos und zeugte Aither (Luft) und Hemera (Tag). Aber es war Gaia, die Erde, die zur Mutter der allerersten Lebewesen wurde. Durch Jungferngeburt schuf sie einen Sohn, Uranos (Himmel), die Berge (Ourea) und Pontos (das Meer). Aber dann vereinte sie sich mit ihrem Sohn Uranos und zeugte mehrere Kinder, Repräsentanten beider elementarer Grundsätze und eher ethische als kulturelle Kinder.

Also werden in diesem Stadium männliche und weibliche Bestandteile des Universums auf sexuellem Weg zusammengeführt, und die Welt ist bereits physisch und materiell ausgestattet: Erde, Luft, Berge, Meer. Die Erde bringt wunderschöne Töchter hervor, darunter die Personifizierungen der drei immateriellen Konzepte, welche (nach dem Glauben der Griechen) die menschliche Erfahrung von jener der Tiere unterscheiden: Glaube an Götter (Theia), Sittlichkeit (Themis) und eine Fähigkeit, mental das Hier und Jetzt der physischen Erfahrung zu überschreiten und sich in der Zeit zu bewegen (Mnemosyne, die Erinnerung). Doch der erste schockierende Konflikt wird in Kürze diese elementare, überwiegend feminine und gebärmutterähnliche Welt der Berggipfel, wässrigen Wesen und aufkeimenden Bewusstseins erschüttern. Das nächste Kind, das Gaia von Uranos zur Welt bringt, ist der »gefährlichste« Knabe namens Kronos, der völlig grundlos seinen Vater hasst. Ohne irgendeine Rechtfertigung, lange bevor Freud den Ödipus-Komplex erfand, löst dieser Knabe den ersten Generationenkonflikt in der ersten Kernfamilie aus.

Kronos wartet seine Zeit ab, ehe er den verhassten Vater angreift, von dem Gaia inzwischen sechs weitere männliche Nachkommen bekommen hat: Auf drei mächtige einäugige Kyklopen folgten drei unbesiegbare Ungeheuer mit jeweils fünfzig Köpfen und hundert Armen (Hekatoncheiren). Diese sechs abscheulichen Nachkommen sind allesamt »furchterregend« und waren laut Hesiod »verhasst dem eigenen Vater, schon von Beginn«. Gaias und Uranos' riesige Brut hat nunmehr die Bühne bereitet für den ethischen Konflikt, der zum Stoff der griechischen Mythen wurde. Kronos empfindet für seinen Vater den ersten *unmotivierten* Hass, der die friedliche Koexistenz stört, der die frühere Welt ausgezeichnet hat. Ebenso mögen die Kyklopen und ihre hundertarmigen Brüder ein unschöner Anblick gewesen sein, aber die Abneigung ihres Vaters hatten sie nicht verdient.

Damit nicht genug: Uranos wirft die letzten sechs Kinder noch in derselben Minute, in der jedes zur Welt kommt, zurück ins Innere der Erde und freut sich gar an der »scheußlichen Untat«, wie Hesiod es nennt. Die unglückliche Mutter seiner Kinder, das Herz zum Zerreißen betrübt, beschließt, dass es nun genug ist. Uranos misshandelt sie fortan ebenso wie die sechs ihrer Kinder, die »sich streckten«, um ihren Leib zu verlassen, denn genau das bedeutet ihr griechischer Name *titaino*. Hier erleben wir, wie der Konflikt zwischen Eltern in die Weltgeschichte einzieht. Gaia erfindet den Feuerstein, erschafft eine Sichel und fordert ihre Söhne auf, den Vater zu bestrafen. Das alles überragende Prinzip der Rache kommt damit auf. Uranos hat eine schlimme Tat begangen, und eines der Opfer (Gaia) will Vergeltung. Doch selbst bei diesem ersten gewalttätigen Racheakt geht es nicht einfach darum, dass ein Opfer den eigenen Verfolger bestraft. Der einzige Sohn, der ihr Hilfe anbietet, zählt *nicht* zur Gruppe der Verletzten: Es ist Uranos' Sohn und älterer Bruder der Opfer. Kronos' Motiv war, wie gesagt, ein *unerklärlicher* Hass auf seinen Vater, den er von Geburt an empfand.

Hesiod zeigt durch den kosmischen Ursprung von Konflikt und Rache, dass es Nuancen gibt. Hass kann irrational sein, wie der des Kronos auf seinen Vater. In manchen Fällen ist Hass zwar unfair, aber verständlich – wie bei der Abneigung des Uranos für seine sechs monströsen Söhne. Manche Grausamkeit ist willkürlich und verschafft – schlimmer noch – unter Umständen dem Grausamen ein Vergnügen, wie das Begraben seiner Kinder im Innern der Erde dem Uranos Vergnügen bereitete. Manche Opfer trachten nicht nach Rache: Die Kyklopen und die Hundertarmigen wagten es nicht, ihrem Vater zu trotzen. Andere Opfer verwenden eventuell Stellvertreter, die selbst keine Opfer sind, um Rache zu üben – wie Gaia Kronos benutzt, um Uranos zu bestrafen.

Sie lässt Uranos noch einmal an sich heran, damit Kronos ihn in einen Hinterhalt locken kann. Er schneidet mit einem Hieb die Genitalien seines Vaters ab und wirft sie hinter sich. Das Blut, das von ihnen tropft, lässt neue Wesen entstehen. Tropfen, die auf die Erde fallen, bringen die Erinnyen (Rachegöttinnen oder Furien), die Giganten und die melischen Nymphen hervor. Tropfen, die ins Meer fallen, erzeugen einen Schaum, aus dem Aphrodite – die Begierde – in der Nähe der Insel Zypern geboren wird. Für die Griechen war Aphrodite nicht nur die erste olympische Göttin, die erschaffen wurde, sondern sie ist aus dem gleichen Samen wie ihre Halbschwestern (die Erinnyen) entstanden, die Personifizierungen der Rache – der finstere Trieb, der im menschlichen Leben häufig mit sexueller Leidenschaft einhergeht.

Nach dieser verhängnisvollen Zuspitzung – der Grausamkeit des Vaters und Gatten, der Rache des hasserfüllten Sohns, der Erschaffung von Rache und Lust – kommt die kosmische Schöpfung in Fahrt. Die Nacht gründet eine Dynastie niederträchtiger Wesen, darunter Ker (Verderben), Moiren (Schicksalsgöttinnen) und Tod (*Thanatos*). Meerwasser ist der Schöpfer der Wassergottheiten. Ungeheuer (von denen es vielen bestimmt war, von Herakles getötet zu werden) sind die Nachkommen von Kallirhoe, der Tochter des Okeanos. Eine Tochter der Erde zeugt die Sonne, den Mond und die Dämmerung; die Dämmerung wiederum bringt die Winde und Sterne hervor. Okeanos gebiert die Flüsse, sowohl jene in Griechenland wie auch die in der übrigen Welt wie Neilos (Nil), Istros (Donau), Phasis (Rioni in Georgien) und mehrere in der heutigen Türkei: Grenikos, Parthenios und Skamandros bei Troja. Kronos zeugt mit Gaias Tochter Rhea sechs große Olympier: Hestia, die Göttin des Herdes, Demeter, Hera, Hades, Poseidon und Zeus. Zu gegebener Zeit besiegt Zeus seinen Vater Kronos, übernimmt die Herrschaft im Universum, teilt Hades und Poseidon ihre Herrschaftsbereiche zu und legt bei Delphi den Nabelstein (Omphalos) unter die Erde.

Hesiod führt die Menschen recht abrupt ein. Das dritte Göttergeschlecht ist bereits geboren, darunter der Tod, obwohl zu der Zeit nicht klar ist, wer dieser furchterregenden Gottheit unterworfen sein soll. Die Beziehungen zwischen den Unsterblichen sind gespannt: Zeus hat Kronos entmachtet und bei Delphi die erste Kultstätte geschaffen; außerdem ist das Verhältnis zwischen den Titanen (den Kindern Gaias) und den ätherischen Olympiern massiv belastet. Die Überlegenheit der Götter über andere übernatürliche Wesen (Giganten und Ungeheuer) ist ebenfalls noch ungeklärt.

Götter brauchen Menschen, die sie anbeten. Also präsentiert Hesiod inmitten dieser politisch instabilen Welt auf einmal Menschen. Insbesondere stellt er uns das Geschlecht der »sterblichen Menschen« vor – Wesen, die anfällig für den Tod sind –, die sich später allesamt als Männer entpuppen. Die historische Entwicklung, die Hesiod im Begriff ist zu erklären, ist das Opfer – also das Schlachten von Tieren, um den Göttern Brandopfer darzubringen, jenes Ritual, das heidnische Religionen in der ganzen Antike prägte. »Als sich einst zu Mekone die Götter und sterblichen Menschen schieden, zerteilte und trug er [Prometheus] auf einen mächtigen Ochsen, so vorsätzlich gewillt, den Sinn des Zeus zu betrügen.« Mekone liegt im Herzen Griechenlands, in der Nähe des Golfs von Korinth. Hierher wird der Schauplatz des ursprünglichen Opferfestes verlegt. Aber bevor das Fleisch zerteilt wird, *wetteifern* Götter und Sterbliche bereits miteinander. Das hier gebrauchte Verb *krinein*, das mit den heutigen Begriffen *Krise* und *kritisch* verwandt ist, verblüfft und ist problematisch zugleich. Seine Schwierigkeit besteht darin, dass es im Deutschen zahlreiche Bedeutungen hat. Es könnte ebenso mit »unterschieden sich voneinander« übersetzt werden wie mit »waren im Begriff, eine gesetzliche Einigung zu finden«. Wie feindselig waren also die Verhandlungen bei Mekone? Götter und Sterbliche sind *gleichermaßen* im Begriff, ihre jeweilige Position zu bestimmen; sie sind beide Akteure des gleichen Verbs. Die Beziehung zwischen göttlichen und sterblichen Bewohnern des Universums scheint erstaunlich ausgewogen. Sie ist also unbestreitbar politisiert.

Das Problem wird behandelt, indem Prometheus das Tieropfer erfindet und den Brauch einführt, das Fleisch unter den Teilnehmern aufzuteilen – allerdings wird die Angelegenheit keineswegs glücklich gelöst. Manche Teile des Tieres sind begehrter als andere. Prometheus versucht, Zeus dazu zu verleiten, dass er einen Anteil akzeptiert, der kein Fleisch, sondern raffiniert in Fett gehüllte Knochen enthält. Hesiod bietet auf diese Weise eine Ätiologie (eine mythische Erklärung) für einen überlieferten Brauch: Das Fleisch wurde stets den Menschen zugeteilt, während der Geruch brennender Knochen und zischenden Fetts von den Altären zu den Göttern aufstieg. Zeus kämpft nicht um das Fleisch, aber er ist zornig und lehnt es ab, den Sterblichen das Feuer zu geben (das sie unter anderem brauchen, um weitere Opfer darzubringen). Doch diesmal täuscht der ursprüngliche Rebell Prometheus Zeus erfolgreich, als er das Feuer in einem »Nartexstengel« (einem Riesenfenchel) stiehlt und den Menschen bringt. In der Mythologie der Griechen, die von jeher gegenüber etablierter Macht misstrauisch waren, hängt folglich der Ursprung des menschlichen Fortschritts von einer urtümlichen Missachtung der Autorität ab.

Als Zeus merkt, dass die Sterblichen das Feuer haben, straft er sie, indem er die Pandora erschafft, wunderschön, aber trügerisch, die Ahnin des Geschlechts der Frauen, die der Menschheit das Leid brachten, insbesondere Armut und Arbeit. Ungeachtet der offenkundigen Parallele zu Eva bestehen große Unterschiede zwischen diesem Schöpfungsbericht und der Geschichte, die in der jüdisch-christlichen Tradition erzählt wird. Die Menschen, zumindest die Männer, befinden sich auf dem kosmischen Schauplatz und verhandeln bereits mit den Göttern, bevor auf deren Ebene die Machtpolitik vollends geklärt ist. Wenigstens ein Unsterblicher begünstigt die Sterblichen, der Titan Prometheus: Er gewährt ihnen nicht nur die bessere Portion beim Opfer, sondern auch das Feuer, den Inbegriff des mentalen und technischen Fortschritts. In Mekone gibt es keine Versuchung durch Schlangen, keine Sünde der Frau, indem sie in den Apfel der Erkenntnis beißt, geschweige denn Scham noch Vertreibung aus dem Paradies. Es gibt die bereits bestehenden Machtkämpfe, in welche die Menschen verwickelt sind; als Folge von Mekone erhalten sie Mittel und Wege, über die sie mit den Unsterblichen kommunizieren (Opfer) und die Technologie weiterentwickeln können (Feuer), aber sie lernen auch Heirat und das Erdulden von Mühsal und Leid kennen. Im Gegensatz zu Eva wird mit Pandora kaum Mitleid bekundet: Eva wird, wie es in der Schöpfungsgeschichte heißt, bei der Geburt ihr eigenes Leid erfahren; Pandora ist eigens dazu da, um die Männer zu belästigen. Doch auch die Schilderung der Beziehung der Menschen zu Zeus und den anderen Göttern nach Hesiod unterscheidet sich grundlegend: Sie ist *politisiert*. Die Sterblichen, die sich bereits mit den Unsterblichen »messen«, sind die Ahnen all jener Philosophen, Wissenschaftler und Demokraten, die in der Folge in die griechische Gesellschaft die charakteristische, forschende und häufig rebellische Dynamik einbringen.

Am Ende des 8. Jahrhunderts v. Chr. wussten die Griechen, wer sie als Gruppe waren und was sie über ihre Geschichte miteinander gemein hatten. Sie schätzten ihre individuelle Unabhängigkeit wie die der Stadtstaaten, trafen sich aber an gemeinsamen Heiligtümern, um über Opfergaben und sportliche wie musikalische Wettkämpfe ihre Verbindungen zu bekräftigen. In ihren epischen

Gedichten, die sie als geschriebene Texte über das Meer transportierten, besaßen sie eine tragbare Bibliothek von Bildern, die ihre Identität bestätigten. Die *Ilias* schenkte den griechischen Männern Bilder von ikonischen Kriegern, Schlachten und militärischen Bestattungen, die sie in ihren unablässigen Kämpfen aufrecht hielten. Aber sie bot ihnen auch eine poetische Beschreibung von Melancholie und Größe, ein Abbild ihrer gemeinsamen heldenhaften Vergangenheit und ein Gefühl, dass sie in Asien große Eroberungen gemacht hatten – sosehr es auch über Mythen und Fantasie vermittelt wurde. Die *Odyssee* wiederum schenkte ihnen Szenen der Seefahrt und eines charismatischen Helden. Er verkörperte eine idealisierte Version des autarken, vielseitigen Bauern-Seefahrers der archaischen Epoche, der sich auf sich selbst verließ und mit höheren geistigen, praktischen und sozialen Fähigkeiten ausgestattet war. Hesiods psychologisch scharfsinnige Gedichte skizzierten den gemeinsamen Stammbaum der Griechen bis zu Hellen zurück, zeigten aber auch ihre Beziehung zu den Göttern, ihre ethische Anschauung, die Macht von Hass, Rache und Begierde, ihre Identität als Bauern, die unter Umständen wegen Armut weiterziehen mussten, ihren Witz und ihren wetteifernden Charakterzug. Vor allem stellte die archaische Epoche die *menschliche* Erfahrung – von Meer und Land, Krieg und Reisen, Lust und Arbeit, Essen und Trinken – in den Mittelpunkt der kulturellen Erzeugnisse. Menschliche Gestalten nehmen auf den Bildern, die auf attische Tongefäße gemalt sind, um die Mitte des 8. Jahrhunderts eine immer dominantere Stellung ein, werden aber auch überhöht, als strengten sich die Künstler bewusst an, typische Szenen zu schaffen, die der menschlichen Aktivität ein gewisses Ansehen und Heldentum verleihen. Mit der Selbsterfindung der streitbaren Griechen im 8. Jahrhundert war der Weg endlich frei für ihre Expansion über den ganzen Mittelmeerraum und das Schwarze Meer.

3
FRÖSCHE UND DELPHINE UM DEN TEICH

Der Seefahrer Odysseus ist eine mythische Verkörperung aller echten Griechen, die in der archaischen Epoche auf der Suche nach neuem Land und Abenteuern ihre Schiffe in unbekannte Gewässer im Mittelmeer und im Schwarzen Meer lenkten. Als er die Insel der Kyklopen beschreibt, spricht er mit dem kritischen Blick des Siedlers:

> Diese [Männer] könnten die Insel wohl auch zur wohlkultivierten machen; denn schlecht ist sie nicht und trüge alles beizeiten; denn es sind Wiesen auf ihr an des Meeres Gestaden, wohlbewässert und weich; da könnten auch Reben gedeihen, unvergänglich; und ebenes Feld, um hohes Getreide abzumähen zur Zeit; denn fett ist der Boden darunter. Drauf ist ein guter Hafen …

Die Pioniersmentalität, die in der *Odyssee* zum Ausdruck kommt, ist verwandt mit archäologisch bestimmbarer griechischer Siedlungstätigkeit, welche die Anschauung der »proto-kolonialen« griechischen Händler widerspiegelt. Ehe sie jedoch eine Expedition mit dem Ziel starten konnten, eine ganz neue Siedlung zu gründen, mussten sie sich allerdings Geld und Einfluss verschaffen. Viele Griechen des 8. bis 6. Jahrhunderts waren ruhelos und ständig in Bewegung. Furchtlose Einzelgänger verließen die bereits etablierten Gemeinwesen auf dem griechischen Festland und an der Westküste Asiens, um in der Ferne neue Siedlungen zu gründen. Auf diese Weise schufen sie die unverwechselbare Karte des alten Griechenlands, jenes miteinander verbundene Netz aus Gemeinden, das sich über so viele Küsten und Inseln des Mittelmeers und des Schwarzen Meeres erstreckte.

Die griechische Siedlungstätigkeit verstärkte sich im 7. und 6. Jahrhundert v. Chr. und lässt sich nicht von den bereits skizzierten Entwicklungen trennen, vor allem von der wachsenden Entschlossenheit der weniger reichen Griechen, in einer Zeit karger Ressourcen die eigene wirtschaftliche Unabhängigkeit und politische Selbstbestimmung zu bewahren. In diesem Kapitel wird ausgeführt, wie die Griechen ihre spezifische Lebensweise – ihre Götter, Lieder, Weine und Trinkgelage – in so gut wie jeden Winkel des Mittelmeerraums übertrugen. Wir begegnen zahlreichen Griechen mit ausgeprägten Persönlichkeiten und definierten Zielen, die sich nicht nur als Mitglieder einer Kolonie oder Schicht betrachteten, sondern als wichtige eigenständige Einheiten. Einige gehören einem neuen Führertypus an, etwa die Gründer von Kolonien und die »Tyrannen«, aber andere unter den übrigen bunt gemischten Individuen, die ihren Namen der Nachwelt hinterlassen wollten, waren Dichter, Athleten, Söldner, Priesterinnen, Unternehmer, Vasenmaler und Forscher. Manche Geschichten sind miteinander verknüpft, weil Personen, die es nach Ruhm gelüstet, einen berühmten Dichter wie Pindar damit beauftragten, ihr Ansehen zu fördern. Teils sollte er sogar für sie einen Stammbaum erfinden, der ihre Abstammung von einem der mächtigen Individuen der Mythologie wie Herakles oder einem anderen Argonauten belegte. Das Zeitalter der Kolonisierung ist auch ein Zeitalter des griechischen Individualismus.

Die Ausbreitung eigenständiger griechischer Gemeinschaften kann die Erforschung dieser Epoche erschweren. Die Verwirrung wird zusätzlich noch durch die Gewohnheit der alten Griechen verstärkt, alte Namen für die neu gegründeten Siedlungen wieder zu verwenden: Heraklea, Megara, Naxos. Aber gerade wegen der Ausbreitung ist diese Epoche auch so wichtig. Die Griechen steigerten

geradezu exponentiell die Zahl der Gemeinwesen, in denen sie lebten, und der ethnischen Gruppen, mit denen sie in Berührung kamen. Sie erweiterten ihre gemeinsamen Horizonte grundlegend.
Als zu Beginn des 4. Jahrhunderts Platon über die physische Natur
der Umgebung philosophierte, unterschied sich das Verständnis der
Griechen von ihrer georäumlichen Beziehung zur Welt dramatisch
von derjenigen Vorstellung, welche die Landkarte implizierte, die
anhand des Schiffskatalogs in der *Ilias* erstellt worden, jedoch auf
die Ägäis fixiert war. In Platons *Phaidon* sagt Sokrates einmal, dass
die Erde »sehr groß sei, und dass wir, die von Phasis [Rioni im
heutigen Georgien] bis an die Säulen des Herakles reichen, nur in
einem sehr kleinen Teile, wie Ameisen oder Frösche um einen
Teich, um das Meer herum wohnen«.

Einige der ersten kühnen Seefahrer rings um den Teich stammten aus Euböa, das in den sogenannten Dunklen Jahrhunderten
eine Blütezeit erlebt hatte (wie in Kapitel 1 gezeigt). Zu den ersten
Orten, an denen die Euböer Handel trieben, zählte Al Mina im
Mündungsgebiet des Orontes in der Nähe der heutigen türkisch-
syrischen Grenze. In Al Mina fand man euböische Töpferwaren und
Beispiele des Griechischen in phönizischer Schrift, die aus einer
noch früheren Zeit als dem 8. Jahrhundert stammen könnten. Die
Griechen machten an dieser wichtigen Kreuzung zwischen den Welten der Ägäis, der Levante und den unzähligen Völkern des asiatischen Landesinneren den Syrern und Phöniziern beim Handel
Konkurrenz. Andere Griechen jedoch fuhren schon bald ebenso un-
aufhaltsam nach Süden, Westen und Norden, um Städte im heutigen Libyen, Frankreich und auf der Krim zu gründen, Seite an Seite
mit Afrikanern, Galliern, Iberern, Thrakern und Skythen. Die milesischen Griechen befuhren das Schwarze Meer bis zur Mündung des
Don, um mit Stämmen Handel zu treiben, die ihrerseits wiederum
Kontakte bis nach Südostasien hatten. Wo immer sich die Griechen
niederließen, blieben sie in der Nähe des Meeres, ihre bevorzugte
Reisemethode und ihre Fluchtroute. Wenn sie gelegentlich einmal

im Landesinneren siedelten, so gab es stets eine feste Verbindung zu einer bestehenden Küstenstadt.

Thukydides fasst diesen Prozess aus seiner Sicht im späten 5. Jahrhundert wie folgt zusammen: »Ionien wie auch die meisten Inseln wurden von Athen aus, Italien und Sizilien meist vom Peloponnes und der oder jenen andern Hellenenstadt besiedelt. Alle diese Gründungen sind später als der Troische Krieg.« Die Herkunft der Siedler spielte durchaus eine Rolle, obwohl die Mutterstadt keine politische Kontrolle über die neuen Siedlungen behielt (Korinth versuchte zwar, dies durchzusetzen, aber mit geringem Erfolg). Sämtliche neuen Kolonien, die größtenteils von unternehmungslustigen Männern aus einer einzigen Stadt gegründet wurden, nahmen ihre Stammesidentität, ererbten Loyalitäten und Feindseligkeiten, den Dialekt, bevorzugte Stile bei der Kleidung und Architektur, musikalische Eigentümlichkeiten und sogar das Genre der Lieder mit. In ihren neuen Siedlungen beteten sie weiterhin dieselben Götter zu den gleichen Feierlichkeiten an und benutzten dieselben Monatsnamen wie in ihrer Mutterstadt. Süditalien und Sizilien (zusammen bekannt als Magna Graecia) waren überwiegend dorisch, wie Thukydides anmerkte, auch wenn Achaier aus der nördlichen Peloponnes drei Städte an der Sohle des italienischen »Stiefels« gründeten: Kroton, Sybaris und Metapontum. Da der Kalender der Dorer um die Feierlichkeiten zu Ehren Apollons organisiert war und sie Herakles eine besondere Wertschätzung entgegenbrachten, wurden beide auch von den neuen Städten in Italien verehrt. Kroton besaß einen Apollontempel, einen zweiten für seine Begleiter, die Musen, und prägte auf seine Münzen den Dreifuß, das Symbol des Orakels zu Delphi. Sybaris behauptete, es bewahre den Originalbogen und die Pfeile des Herakles auf, aber den gleichen Anspruch erhob auch Metapontum, das im 6. Jahrhundert ebenfalls zwei Apollontempel baute.

Für alle Griechen, nicht nur für die Dorer, war Apollon an dem Projekt der Expansion beteiligt – als Gott des Orakels von

Delphi auf dem griechischen Festland, am »Nabel« oder Epizentrum der Welt rings um den Teich. In der *Odyssee* befragt dem Vernehmen nach Agamemnon den Gott, ob es ratsam sei, gegen Troja in den Krieg zu ziehen. Die griechische Mythologie verlegte die Gründung der Kultstätte in die früheste Vorgeschichte, sogar noch bevor die männlichen Götter des Olymps die Herrschaft über das Universum übernommen hatten, Zeus und Apollon eingeschlossen. Von Apollon glaubte man, er habe die vorigen Besitzer des Orakels gestürzt: Mutter Erde (Gaia) und/oder ihre Tochter, eine riesige Schlange oder ein Drachen namens Python. Das heißt, dass die Griechen glaubten, ob zu Recht oder nicht, dass das Orakel schon sehr alt war und bereits in der Bronzezeit weissagte. Mit Sicherheit befragten die Spartaner in der archaischen Epoche das Orakel, und der ursprüngliche Tempel wurde im 7. Jahrhundert gebaut. Als hier 582 v. Chr. die Pythischen Spiele eingeführt wurden, war die griechische Kolonisierung schon seit Jahrzehnten in vollem Gange, und jeder Siedler wollte die Bestätigung des pythischen Apollons.

Schon allein einen Rat von seiner Priesterin zu bekommen war keine leichte Aufgabe. Das Orakel war nur an bestimmten Tagen im Jahr zugänglich, und deshalb musste man im Voraus planen. Der Aufstieg über den felsigen Hang zum Heiligtum Apollons ist mühsam. Kam man endlich in Delphi an, würde die Priesterin, sofern sie kein günstiges Zeichen von einer Ziege erhielt, indem diese zuckte, sobald sie mit Wasser besprenkelt wurde, auch keinen Orakelspruch verkünden. Bei günstigem Ausgang jedoch erwartete die Priesterin die Besucher nach einem rituellen Bad in einer Felskammer unter dem Tempel, in die sie hinabstiegen. Sie saß auf einem Dreifuß, möglicherweise über einem Spalt im Boden oder über einer Anlage auf einem falschen Boden, mit der man Rauch oder Dampf aufsteigen lassen konnte. Mit Lorbeerzweigen in der Hand und von Apollon inspiriert verkündete sie theatralisch ihre Orakelsprüche. Es ist nicht ganz klar, ob sie den Fragestellern direkt antwortete oder ob ihre Weissagungen von einem der männlichen Priester in Verse »übersetzt« wurden. Bislang hat kein überzeugender Hinweis einen der rationalen Erklärungsversuche für ihren tranceähnlichen Zustand bestätigt.

Es mag uns erstaunen, dass die Griechen Entscheidungen über so wichtige Angelegenheiten wie die Besiedlung von den Sprüchen einer in Trance versetzten Frau abhängig machten. Aber die Genauigkeit des Orakels bei der Vorhersage der Zukunft war bemerkenswert. Eine Erklärung dafür ist, dass die Zweideutigkeit der Prophezeiungen mehr oder weniger die Gewähr bot, dass sich der größte Teil von ihnen rückblickend als korrekt erwies, und das gilt insbesondere für Prophezeiungen zur Wahl des Ortes einer neuen Kolonie. Beispielsweise erhielten die Siedler aus Chalkis in Euböa, die an der Südspitze Italiens Rhegium gründeten, von der Pythia den Rat, dort eine Stadt zu bauen, wo sie entdeckten, dass »das Weib dem Manne sich vermählt«: Was sie tatsächlich vorfanden, war ein Rebstock (der in der altgriechischen Sprache maskulin ist), der von einem wilden Feigenbaum (grammatikalisch feminin) umrankt war. In einem anderen Fall wies das Orakel die Spartaner, die Taras (das heutige Tarent) in Apulien gründeten, an, nach einem Ort Ausschau zu halten, wo eine Ziege ihren Bart ins Meer steckte. Da das Wort für den »Trieb« eines Rebstocks ähnlich klang wie das Wort für »Ziege«, beschlossen die Spartaner, als sie eine Rebe entdeckten, die mit dem Meer in Berührung kam, dass die Weissagung des Orakels erfüllt sei, und gründeten dort eine Kolonie.

Sobald eine Gruppe Siedler vom delphischen Orakel einen Rat bekommen hatte, schickten sie sich an, ihre Abreise aus der Heimatstadt zu organisieren. Im Vergleich zu den Küsten Süditaliens und des Schwarzen Meeres gründeten die Griechen nicht allzu viele Kolonien an der afrikanischen Küste, aber zufälligerweise betrifft der detaillierteste Bericht über die Vorgehensweise ausgerechnet die Gründung einer Kolonie in Libyen. Der Ort wurde von Migranten aus Thera (Santorin) besiedelt, der bereits im ersten Kapitel erwähnten mittelägäischen Insel zwischen den Kykladen und Kreta. Die Schilderung macht uns darüber hinaus mit Battos bekannt, einem bemerkenswerten Mann, der sicherlich außerordentlich mutig war. Er führte eine Gruppe Theraner an, die in Afrika eine Siedlung gründen wollten, weiter westlich, als es sich die meisten Griechen vorstellen konnten. Wir schreiben das Jahr 630 v. Chr., und der Ort der neuen Kolonie war Kyrene an der nordöstlichen Küste Libyens (heute Shahhat). Herodot überliefert die Ereignisse, die zur Gründung Kyrenes führten, in zwei Varianten: wie sie von der Mutterstadt beziehungsweise der Kolonie wiedergegeben wurden. Den Bewohnern von Thera zu Herodots Zeit (um 440 v. Chr.) zufolge, also den Nachfahren der Inselbewohner, die zwei Jahrhunderte zuvor beschlossen hatten, die Kolonie zu gründen, war der eigentliche Grund für die Auswanderung eine siebenjährige Dürre gewesen. Das Ziel wurde vom Delphischen Orakel (zweideutig) angegeben. Der Mann, der zum neuen König auserwählt wurde – Battos –, war ein junger Hofbeamter des Königs von Thera. Die Siedler wurden aus allen sieben Bezirken Theras ausgewählt, und die Brüder in jeder Familie zogen das Los, um zu entscheiden, wer gehen sollte. Sie legten auf nur zwei Pentekonteren ab, Schiffen, die von je fünfzig Mann gerudert wurden.

Aber laut Herodot erzählen die Bewohner von Kyrene eine ganz andere Geschichte. Demnach war Battos als Sohn einer ausgewanderten kretischen Prinzessin eine Art Außenseiter, und er machte sich bei den Theranern unbeliebt. Sie gaben ihm die Schuld an der Hungersnot, wollten ihn nicht länger auf Thera dulden und verbannten ihn deshalb von der Insel. Somit gibt es zwei widersprüchliche Darstellungen, und es zählt zu den großen Tugenden Herodots, dass er, wenn er zwei Fassungen der gleichen Geschichte kannte, in der Regel auch beide erzählte und es dem Leser gestattete, sie zu vergleichen.

Die beiden Fassungen enthalten möglicherweise beide ein Körnchen Wahrheit. Sie illustrieren, wie vielfältig die Gründe für die griechische Siedlungstätigkeit waren. Manche Kolonien wurden wohl gegründet, weil die Umstände jenen glichen, von denen Theraner berichten: Die Bewohner lange bestehender Städte litten unter einem Mangel an Ressourcen oder waren von einer Naturkatastrophe betroffen. Anderen Siedlern blieb hingegen womöglich keine andere Wahl als die Abreise – wie die Leute von Kyrene glaubten, dass Battos gezwungen worden sei, Thera zu verlassen, entweder weil sie politisch unbeliebt waren oder weil man sie irgendwelcher Verbrechen verdächtigte. Aber oftmals wurden politische Unruhen durch Mangel an Land beziehungsweise Nahrung ausgelöst oder verschärft. Seit dem späten 9. Jahrhundert war ein Wachstum sowohl bei der Bevölkerung als auch bei der Produktion zu beobachten, das sich im 8. Jahrhundert beschleunigte und bis ins 5. Jahrhundert v. Chr. anhielt. Die Zunahme war ebenso mit einer Expansion in dörfliche Regionen auf dem griechischen Festland wie mit der überseeischen Expansion verbunden. Manchen Regionen, die die Griechen früh besiedelten, eilte der Ruf voraus, reiches, fruchtbares Land zu bieten. Das Paradebeispiel ist Sizilien. Aktuelle Forschungen haben gezeigt, dass das antike Klima und die Bodenqualität tatsächlich die üppigen Ernten hervorbrachten, die man wegen der literarischen Quellen und der Bedeutung des Demeter-Kultes auf dieser Insel seit langem vermutet hatte. Aber im Fall von Battos und der Gründung seiner libyschen Kolonie verfügen wir über ein weiteres Zeugnis. Mitte der 1920er Jahre wurde von den Ausgräbern bei Kyrene eine außergewöhnliche Inschrift gefunden, die nach eigener Aussage den Eid zitierte, den die ursprünglichen Siedler abgelegt hatten. Ungeachtet der großen wissenschaftlichen Skepsis überwiegt derzeit die Ansicht, dass die Information auf dem beschrifteten Stein authentisch ist. Der Eid bestätigt nicht nur die grobe Linie der Version der Theraner, wie sie von Herodot überliefert wurde, sondern ergänzt faszinierende Details.

Laut der Inschrift schworen die »Theraier«, wie es dort heißt, als Battos' »Gefährten« zu segeln, also nicht als seine Untertanen oder Diener. Sie schworen, »zu völlig gleichen Bedingungen sollen sie ziehen«, nicht unterteilt in Adel und Gemeine. Ein erwachsener Sohn sollte aus jeder Familie gestellt werden, ferner: »Soweit sie Freie sind, soll ziehen, wer will«. Man hat sich große Mühe gemacht, eine Gemeinschaft zueinanderpassender Erwachsener zu bilden, die sich für das Unternehmen einsetzten. Allerdings besteht die Sorge, dass möglicherweise Zwang angewandt werden muss, wenn die Brüder das Los entscheiden lassen: Falls sich jemand weigert abzureisen oder jemanden versteckt, der nicht fahren will, so droht ihm die Todesstrafe und sein Besitz wird konfisziert. Der Eid umfasst auch vorsorgliche Maßnahmen gegen künftige Probleme, die aufkommen könnten. Gedeiht die Kolonie, kann jeder neue Siedler, der sich der Gruppe anschließt, den Bürgerstatus und den gebührenden Anteil an den Privilegien und jedem Stück Land erwerben, das nicht bereits der öffentlichen Nutzung oder anderen Siedlern zugeteilt ist. Falls es sich jedoch als unmöglich erweist, dass die Kolonie gesichert überlebt und in Libyen feste Wurzeln schlägt, und falls es fünf Jahre lang Probleme geben sollte, ist es den Siedlern ausdrücklich gestattet, nach Thera zurückzukehren und ihren Besitz und Bürgerstatus zurückzufordern. Der Eid wurde durch ein ungewöhnliches Ritual bekräftigt, an dem alle Theraner beteiligt waren, die abreisenden ebenso wie die bleibenden: »nachdem alle zusammengekommen waren, Männer, Frauen, Jungen und Mädchen«. Wachsbilder wurden verbrannt, während all jene, die sich nicht an die Bestimmungen des Vertrags hielten, von dieser generationenübergreifenden Vollversammlung mit Flüchen bedacht wurden. Das Schmelzen des Wachsbilds stand symbolisch für die Person, denn wer »nicht bei diesen Eidbestimmungen bleibe, sondern sie übertrete, solle so zerschmelzen und zerrinnen wie die Figuren, er selbst, sein Geschlecht und sein Vermögen«.

Die Erfahrung, neue Gemeinschaften zu gründen, hatte einen bleibenden Einfluss auf die griechische Mythologie und das Denken. Jede neue Gemeinschaft musste Beziehungen zu den ethnischen Gruppen aufbauen, mit denen sie bei ihrer Ankunft in Berührung kamen, ob sie nun überwiegend feindselig oder kooperativ waren. Die Griechen lernten dabei neue Sprachen und Fertigkeiten. An manchen Orten eigneten sie sich die Kultur der lokalen Lebensweise stärker an als an anderen – Herodot beschreibt die *meixoellenes*, die »gemischt-griechischen« Stämme des nördlichen Schwarzen Meeres. Die Griechen wurden Experten darin, indigene ausländische Götter mit denen ihres eigenen Pantheons zu identifizieren, zum Beispiel Kriegsgötter mit Ares und Göttinnen, die sich um Tiere kümmerten, mit Artemis. Jede neue Gemeinschaft brauchte außerdem eine Gründungsgeschichte, die ihren Ursprung, die Identität ihrer Schutzgötter sowie die Verbindungen mit dem narrativen Sammelsurium erklärte, das die griechische Mythologie bildet. Die Kolonisierung schuf viele lieb gewonnene Sagen, und sie sind häufig fröhlicher als jene, die uns von Homer und der griechischen Tragödie hinterlassen wurden. Städte wurden etwa gegründet, weil sich griechische Götter in einheimische Jungfrauen verliebten (deren Persönlichkeitsmerkmale eigens so gestaltet wurden, dass sie den Charakter der neuen Kolonie wiedergaben) oder sie über das Meer von ihren ursprünglichen Schlupfwinkeln in Griechenland verfolgten. Arethusa etwa, die Nymphe mit den unbändigen Haaren und Herrin der großen sizilianischen Stadt Syrakus, die deren spektakuläre Münzen ziert, wurde aus dem alten Griechenland von dem Flussgott Alpheios dorthin gejagt.

Die westlichste griechische Siedlung von Bedeutung war Massalia, wo Griechen aus Kleinasien die Weintraube importierten und so die inzwischen weltberühmte, französische Weinindustrie ins Leben riefen. Eine ganze Reihe schöner Legenden rankt sich um seine Gründung. Um das Jahr 650 v. Chr. wurde ein Bewohner der Insel Samos namens Kolaios auf dem Weg nach Ägypten durch einen Sturm vom Kurs abgebracht. Als er zurückkehrte, war er mit Silber beladen, das er in Ländern jenseits der Säulen des Herakles und der phönizischen Kolonie bei Cádiz erworben hatte. Kolaios hatte das heutige Spanien aufgesucht. Kühne Seefahrer aus Phokaia in Kleinasien nahmen sich ihn zum Vorbild, segelten nach Westen und gründeten Handelsniederlassungen an der spanischen Küste. Da sie auf dem Weg einen natürlichen Hafen mitten in fruchtbaren Ebenen entdeckten, gespeist von den Flussläufen, die ins Rhone-Delta flossen, näherten sie sich dem einheimischen, barbarischen König Nanus der Ligurer. Zufällig bereitete dieser gerade ein Fest vor, auf dem sich seine Tochter Gyptis einen Gatten wählen sollte. Zum Glück für die Griechen fand sie Gefallen an einem von ihnen, dessen Name als Protis oder Euxenes angegeben wird. Die Heirat des tapferen, griechischen Seefahrers mit der keltischen Prinzessin stand somit symbolisch für die glückliche Vereinigung von griechischer und indigener Kultur. Das Paar gründete in der Folge die Stadt Massalia und regierte sie.

Die beste Quelle für die Siedlungslegenden ist häufig der Thebaner Pindar, den Griechen aus der reichen Herrscherschicht beauftragten, Lobgedichte zu schreiben. Sie wurden bei feierlichen Anlässen vorgetragen, häufig bei der Heimkehr eines Siegers von einem Sportwettkampf oder Liederwettbewerb. Wunderschöne Legenden über die Gründung Kyrenes werden in den *Epinikia* (Siegesoden) erzählt, die Pindar zu Ehren der Siege griechischer Libyer komponierte. Ein Mann namens Telesikrates gewann den »Hoplitodromos« bei Olympia 476 v. Chr. Bei diesem Wettlauf trugen die Teilnehmer den Bronzehelm und die Beinschienen der Hopliten (griechische Fußsoldaten mit Schild und Speer bewaffnet) und einen runden Schild. Pindars Lied zu Ehren des Telesikrates schildert, wie sich Apollon in Kyrene verliebte, eine thessalische Jungfrau. Als echter Wildfang zog sie die Jagd dem Webstuhl vor, und als Apollon sie zum ersten Mal sah, rang sie gar mit einem Löwen. Der redegewandte Gott lockte sie zu sich in seinen goldenen

Streitwagen und brachte sie nach Libyen, wo er sie zur Herrin über das nach ihr benannte Land machte, »dem's an Frucht nie gebricht, an Herden nie; dritten Festlandpfeiler, schönen, blüh'nden, gab er ihr zur Wohnstatt«. Die Athleten Kyrenes erhalten somit Apollon als göttlichen Erzeuger und eine lebensfrohe Urahnin, die für ihren Wagemut bekannt war. Als König Arkesilaos von Kyrene einige Jahre später das Wagenrennen bei den Pythischen Spielen gewann, schmückte Pindar die Geschichte der Gründung Kyrenes durch Battos aus, jene Fassung, die Herodot bekannt war. Aber Pindar verknüpft die Geschichte mit der Fahrt der Argonauten. Der Vorfahr des Battos Euphemos war ein Argonaut, und nach Pindars Version hatte Euphemos Nordafrika aufgesucht, bevor er die Blutlinie in Thera schuf, die eines Tages zurückkehren und Kyrene gründen würde.

Arkesilaos IV. von Kyrene war ein konstitutioneller Monarch, der direkte Nachfahr in der achten Generation von Battos I., dem Gründungsvater der Stadt. Die kyrenischen Siedler mögen ursprünglich eine egalitäre Gesinnung verfochten haben, aber die Königsfamilie erwarb schon nach kurzer Zeit einen Sonderstatus. Im 5. Jahrhundert v. Chr. befand sich Arkesilaos in einer für die griechische Welt außergewöhnlichen Lage. Die meisten Kunden Pindars waren eher Emporkömmlinge, die Söhne oder Enkelsöhne der neureichen Tyrannen, welche im 7. und 6. Jahrhundert die Erbmonarchen abgelöst hatten. Der Begriff *tyrannos* hatte stets negative Konnotationen, doch die ursprüngliche Bedeutung war ein Herrscher, der die Macht, in der Regel mit der Unterstützung des Volkes, an sich gerissen hatte, statt sie zu erben. Aristoteles entwickelte später eine plausible Theorie, dass diese Tyrannen »entartete Könige« seien, Diktatoren, die auf der Welle der Unzufriedenheit armer Menschen mit ihrem König in Zeiten wirtschaftlicher Unruhen am Ende des sogenannten Dunklen Zeitalters ritten. Wenn die Massen einen wortgewandten Führer brauchten, der ihre Sache verfocht und die Könige absetzte, so nutzten aristokratische Rivalen und neureiche Kaufleute die Instabilität der politischen Lage aus. Ein weiterer Faktor war der Aufstieg der Hopliten in der Kriegführung, wo der *demos* (das »Volk« oder die Masse an Nichtadligen) zunehmend unmittelbar an den Kämpfen teilnahm. Von den freien Männern der Stadt wurde nunmehr erwartet, dass sie ein Heer aus Hopliten aufstellten und bereit waren, mit Schild und Speer gegen jeden gemeinsamen Feind zu kämpfen. Das nährte wiederum ein neues Gefühl eines Anrechts unter den einfachen Männern, die allerdings noch nicht selbstsicher genug oder ausreichend organisiert waren, um die souveräne Macht für sich zu beanspruchen. Das Bild wurde durch die wirtschaftlichen Veränderungen verkompliziert, die letztlich zur Einführung des Münzwesens führten; manche Historiker argumentieren, dass eine neue Schicht erfolgreicher Händler und Produzenten den landbesitzenden Adel herausforderte und dass die Tyrannen aus diesem Machtkampf hervorgingen. Die aufstrebende, kommerzielle »Mittelschicht« brauchte demnach einen Alleinherrscher, den sie unter Druck setzen konnte, ihre Interessen gegen Könige oder die oligarchischen Gruppen der erblichen Grundbesitzer zu vertreten. Es ist auch möglich, dass manche Tyrannen, vor allem jene in ionischen Städten, ihre Stammesidentität hervorhoben und sich so ethnische Spannungen zwischen verschiedenen Stadtstaaten auf eine Weise zunutze machten, die die Entthronung aristokratischer Dynastien möglicherweise erleichterte, häufig im Zuge blutiger und aufsehenerregender Staatsstreiche.

Gelegentlich war die Siedlungstätigkeit selbst eine Folge der inneren Grabenkämpfe, die in den griechischen Stadtstaaten im 7. und 6. Jahrhundert tobten. Aber sie kann auch eine Ursache gewesen sein. Sie hatte neuen Reichtum und Mobilität zwischen Städten und ihren Kolonien geschaffen, samt den damit einhergehenden Störungen des Kräftegleichgewichts. Unter den Schiffsladungen voller Griechen, die im Mittelmeerraum und im Schwarzen Meer unterwegs waren, fanden sich häufig Adlige auf der Flucht aus der

Heimat ihrer Vorväter, wie auch hungrige oder unzufriedene Angehörige der unteren Klassen. Aber die Tyrannen waren nicht nur Repräsentanten der neu an die Macht gelangten Bürgergruppen. Sie waren extravagante, prahlerische, egoistische und materialistische Individuen, die bei der Zurschaustellung von Macht und Reichtum untereinander wetteiferten. Sie kannten kaum herkömmliche Bedenken bezüglich Übermaß und Selbstbeweihräucherung, die einst die gottesfürchtigeren Erbkönige und grundbesitzenden Adligen bisweilen zurückgehalten hatten. Folglich übten die Tyrannen einen sehr starken Einfluss auf das kulturelle und soziale Leben der Griechen aus. Sie liebten es, wenn sie geehrt und ihr Ansehen gefeiert wurde – ihr Motiv wurde gemeinhin als *philotimia* oder Ehrsucht aufgefasst. Vor allem wollten sie persönlichen Ruhm bei Wettkämpfen erringen.

Die außergewöhnlichen Tyrannen von Korinth etwa ergriffen 655 v. Chr. die Macht, als der erste von ihnen, Kypselos, einen gewaltsamen Staatsstreich inszenierte und die Familie der Bakchiaden stürzte. Es ist nicht ausgeschlossen, dass Kypselos selbst ein armer Verwandter der Königsfamilie war, aber wahrscheinlich wurde diese Herkunft erfunden, um seine niedere (möglicherweise nicht einmal korinthische) Abstammung zu verschleiern. Von Kypselos heißt es, er habe für die Bakchiaden als Feldherr (*Polemarch*) gedient. Indem er die Bürgerwehr als Verbündeten gewann, erlangte er absolute Macht. Kaum war er zum Tyrann aufgestiegen, da holte er sich einen eigenen Leibwächter zum Schutz. Tatsächlich sollten der Leibwächter und die Paranoia, die diesen erst erforderlich machte, zu charakteristischen Merkmalen dieser Herrscherkategorie im griechischen Denken und Theater werden. Die Neigung erfolgreicher Militärs, nach der Alleinherrschaft zu streben, ist auch in Sikyon nordwestlich von Korinth bezeugt, wo Orthagoras, ein weiterer *Polemarch*, die Erbdynastie absetzte. Auf diese beiden peloponnesischen Tyrannen, Kypselos und Orthagoras, folgte Theagenes in Megara 640 v. Chr., der anschließend seinen Schwiegersohn Kylon bei dem erfolglosen Versuch unterstützte, Tyrann von Athen zu werden. Kylon war seinerseits ein olympischer Sieger, was ihm die öffentliche Bekanntheit verschaffte, die beim Griff nach der Alleinherrschaft stets hilfreich war. Doch Kylons Staatsstreich scheiterte. Er selbst entkam zwar den Athenern, aber seine Anhänger wurden hingerichtet.

Die tyrannische Herrschaft war die unschönste Regierungsform, die die Griechen von Nichtgriechen übernahmen. Kypselos und die übrigen Tyrannen folgten anscheinend bewusst einem Vorbild, das der unternehmungslustige Herrscher ihres nächsten Nachbarn im Osten vorgegeben hatte: der fast schon legendäre Gyges von Lydien. Um 685 v. Chr. hatte dieser unbekannte (und möglicherweise alles andere als adlige) Mann den Erbmonarchen Kandaules gestürzt und einen Großteil Kleinasiens erobert. Gyges erwarb Reichtum wie internationale Bekanntheit, die er förderte, indem er ausländische Gäste in Lydien willkommen hieß und Geschenke ins Ausland verschickte. Viele weit hergeholte Geschichten kursierten um seinen Staatsstreich, darunter die berühmte Legende, dass König Kandaules Gyges einmal gezwungen habe, die Königin nackt zu betrachten, und dass diese daraufhin verlangt habe, dass Gyges den König töte oder selbst sterbe. Das Wort *tyrannos* stammte aus der Sprache, die von den Lydiern oder einem Volk weiter südlich an der asiatischen Küste gesprochen wurde, den Lykiern oder den Karern, und Gyges zählte zu den ersten Herrschern, der von den Griechen Tyrann genannt wurde. Sie waren von seinem sagenhaften Reichtum beeindruckt, der sich in den kostbaren Gold- und Silberkunstwerken zeigte, die er dem Heiligtum in Delphi schenkte, samt Inschriften mit den Namen der Götter, denen sie geweiht waren.

Selbst unter den brutalen und hochtrabenden Tyrannen des alten Griechenlands sind die Tyrannen der griechischen Städte auf Sizilien wohl die berüchtigtsten. Die Neigung der Insel zur Herrschaft durch mächtige Einzelpersonen äußerte sich schon früh. Im Jahr 734 vertrieben die Korinther die indigenen Sikeler von der

Insel Ortygia. Diese kleine Insel liegt unmittelbar vor der sizilianischen Ostküste an genau dem Punkt, wo später die Kolonisten in Scharen nach Sizilien kommen und die Stadt Syrakus bauen sollten. Doch ein paar Jahrzehnte später wurde die Familie der sogenannten Myletiden vertrieben; allerdings spielten sie dann eine wichtige Rolle bei der Gründung von Himera an der Nordküste Siziliens. 610 v. Chr. wurde Leontinoi südlich von Syrakus von einem Tyrannen übernommen. Etwas weiter südwestlich wurde das an der Küste gelegene Akragas in der ersten Hälfte des 6. Jahrhunderts von Phalaris »tyrannisiert«, dem verhasstesten Despoten der altgriechischen Geschichte. Angeblich röstete er seine Feinde bei lebendigem Leib in einem riesigen Ofen in der Form eines Bronzestiers, der eigens für ihre Hinrichtung gebaut wurde. Er genoss es, so zu tun, als wären die Schmerzensschreie lediglich die Tierlaute. Auf Phalaris folgten zwei weitere Tyrannen, bevor das Volk von Akragas Mitte des 5. Jahrhunderts endlich eine Demokratie etablierte.

In Selinus, der westlichsten griechischen Stadt auf der Insel, riss ein Tyrann namens Peithagoras um 510 v. Chr. die Macht an sich, nur um von einem Spartaner namens Euryleon abgesetzt zu werden. Die offensichtliche Toleranz, die Griechen auf Sizilien den Tyrannen entgegenbrachten, wurde als eine Reaktion auf die ständige Bedrohung durch die Karthager (die ihren Einfluss auf Sardinien nie verloren), durch kriegerische, indigene Stämme und durch die Etrusker erklärt, die Korsika kontrollierten und die Griechen in Südwestitalien bedrängten. Aber eben diesen Machthabern verdanken wir die eindrucksvolle griechische Architektur, die noch heute auf Sizilien und in Süditalien zu sehen ist. Die Tyrannen von Akragas fingen an, außergewöhnliche Tempel zu bauen, die sich über den Kamm zwischen der Stadt und dem Meer erstreckten. Die prächtigen Tempel der Hera und vermutlich des Poseidon aus dem frühen 6. Jahrhundert wurden von reichen Griechen bei Poseidonia (Paestum) finanziert, genau wie die Tempel des Zeus, Apollons und der Athene bei Syrakus.

Ein wohlklingenderer Name für die Zeit der Tyrannen im 7. und 6. Jahrhundert ist das »lyrische Zeitalter Griechenlands«, denn in diesen Jahrhunderten komponierten die Begründer der westlichen persönlichen und Gelegenheitsdichtung ihre Lieder. Sie wurden zur Leier gesungen (in der Regel kleiner als die große Kithara) oder in manchen Fällen zu Pfeifen. Diese Gedichte, die kürzer als Homers Epen waren und sich in einer Vielzahl von Rhythmen zum Tanz, Gesang oder beidem eigneten, zeichnen sich durch eine erstaunliche Vielfalt und Reife aus. Obwohl die meisten Autoren die Schrift verwendeten, um ihre Stücke zu verbessern, merkt man diesen Liedern immer noch stark ihre Entstehung in einer mündlichen Kultur an, wo die Menschen zu jeder Gelegenheit sangen: Hochzeiten, Beerdigungen, Ernten. Jeder Grieche kannte damals bestimmt mehr als hundert Lieder auswendig. Die Dichter nutzten zwar einen gemeinsamen, von Homer geprägten Wortschatz, aber sie komponierten nach ihrer eigenen Tradition in verschiedenen griechischen Dialekten. Die Unabhängigkeit der westlichen Griechen in Magna Graecia wird um 600 v. Chr. durch den lyrischen Dichter Stesichoros aus Himera demonstriert, der das dorische Genre der lyrischen, mythischen Erzählung für die Aufführung durch tanzende Chöre aufblühen ließ. Stesichoros komponierte auch ein bekanntes Gedicht, in dem er schelmisch behauptet, Helena sei überhaupt nicht nach Troja gefahren – und dieser neckische Ton ist nicht untypisch für die Gedichte der Zeit. Viele ergötzen sich daran, die Individualität ihres Autors zu präsentieren, und die Haltung ist häufig selbstbewusst, ja sogar eigensinnig.

Die Gedichte des 7. und 6. Jahrhunderts v. Chr. sind die herausragenden, altgriechischen Texte für die Behauptung der Lebensfreude, für die Feier von Liebe und Vergnügen, Lachen und Luxus. Viele loten die physischen und emotionalen Wirkungen von Wein und sexueller Begierde aus und eignen sich für Symposien; manche sind gehoben im Ton und sinnieren darüber, wie vergänglich das Leben doch ist, während andere bodenständiger sind. Satirische

Tiraden greifen persönliche Feinde an und machen sich über die Männer an der Macht lustig. Es gibt Lieder für Jungfrauen, bevor sie sich verheiraten, Klagelieder, die bei Begräbnissen vorgetragen wurden, und Hymnen, die man in den Tempeln der Götter sang. Heute ist die Erforschung der griechischen Lyrik ein sich rasch ausweitendes Feld. In den vergangenen hundert Jahren wurden viele bislang unbekannte Gedichte auf Papyrus entziffert, Texte, die einst von Griechen im römischen Ägypten kopiert wurden und zufällig erhalten blieben. Die größte Zahl an Papyri kommt aus einer antiken Müllhalde bei Oxyrhynchos, einer griechischen Stadt an einem Nebenfluss des Nils, die nach ihrem Totemfisch, dem Spitznasennilhecht, benannt ist.

Viele Dichter der archaischen Zeit, gut hundert Jahre vor der lyrischen Phase, waren ägäische Inselbewohner. Der früheste und wohl beste war Archilochos, der bissige Soldat von Paros, der sich selbst ebenso als Gefährte des Ares wie als Begnadeter der Musen beschrieb. Seiner Heimatinsel gegenüber empfindet er alles andere als sentimentale Gefühle und macht sich in einer berühmten Zeile über sie lustig: »Denk nicht an Paros, seine Feigen und das Leben am Meer«. Über Thasos äußerte er sich ebenso grob, wo er an der Gründung einer Kolonie und dem Kampf gegen thrakische Stämme beteiligt war. Er bevorzugte ein Leben auf hoher See, auf einem guten Schiff und mit einem »umsichtigen Steuermann«. Von sich selbst sagte er, er habe kein Interesse daran, Reichtümer oder Macht zu erwerben: »Nichts bedeutet mir der Reichtum des Gyges [...] und ich wünsche mir keine große Herrschaft«. Aber Archilochos wusste, wie man bei einem Trinkgelage den Dithyrambos anstimmte, das Loblied auf Dionysos, »wenn der Wein wie ein Blitz meine Sinne betäubt hat«. Er zeigte sich außerdem ganz offen und verkündete kühn seine Philosophie, dass er handeln werde, wie man mit ihm umgesprungen sei: »Eines aber beherrsche ich wirklich: Wenn mir jemand Böses antut, es mit mächtig Bösem zu vergelten.« Ein kürzlich veröffentlichtes Fragment enthüllt seinen sarkastischen Umgang mit den epischen Mythen: Er sagt, sein Heer habe unlängst im Kampf weichen müssen, doch er empfinde das nicht als Schande. Man sehe sich nur die Griechen an, die einen Fehler begangen hätten, als sie Mysien in Kleinasien statt Troja angriffen, so Archilochos, und sich ihrerseits gezwungen sahen, den Rückzug anzutreten. In einem berühmten kurzen Gedicht versichert Archilochos, es mache ihm nichts aus, dass er seinen Schild auf dem Schlachtfeld zurückgelassen habe, und wenn manche Barbaren nunmehr darüber spotteten: »Mich selbst aber habe ich gerettet.«

Archilochos änderte den Kurs der Poesiegeschichte, indem er seine eigene respektlose Subjektivität ins Herz seiner Lieder legte. In einem jambischen Gedicht, von dem man Ende des 20. Jahrhunderts verblüffende Fragmente fand, zieht er über einen Gegner namens Lykambes her. Lykambes hat offenbar das Versprechen gebrochen, Archilochos später die Hand seiner Tochter Neobule zu geben. Aus diesem Grund greift Archilochos Neobule an, macht sich über ihre Attraktivität lustig und wirft ihr gar Promiskuität vor. Er überredet eine andere Frau, eine Jungfrau, vielleicht Neobules Schwester, zu sexuellen Handlungen. Er berichtet, dass es ihm gelungen sei, eine gewisse Intimität mit seiner neuen Geliebten herzustellen; indem er in ihren »grasreichen Garten zielen« werde, ejakulierte er weißen Samen auf ihr goldenes Haar. Das ist die expliziteste Erwähnung sexueller Aktivität in der archaischen Literatur. Dem Vernehmen der alten Griechen nach trieb Archilochos mit seinen gehässigen Äußerungen die ganze Familie des Lykambes in den Selbstmord.

Auf Lesbos sang im frühen 6. Jahrhundert Alkaios, ein weiterer Soldatendichter, leidenschaftlich und mit Verve von den lokalen Tyrannen, vom Trinken und Leben auf dem Schlachtfeld und auf See. Ein bekannter Hymnus von ihm ehrt Kastor und Polydeukes (Pollux), die Schutzgötter der Seefahrer, ein anderes Gedicht rühmt Schönheitswettbewerbe unter Frauen, die auf seiner Heimatinsel stattfanden. Diese Rivalität in der weiblichen Attraktivität erinnert an Sappho, damals die berühmteste griechische Lyrikerin, die wie Alkaios mit Mytilene auf Lesbos in Verbindung gebracht wurde. Ihre Gedichte spiegeln die Nähe der Insel zur reichen, barbarischen Kultur Lydiens wider, die nur zehn Seemeilen entfernt lag: Ihr Kind sei, so teilt sie uns mit, ein liebenswürdiges Mädchen namens Kleïs, das sie nicht gegen ganz Lydien eintauschen würde. Zu den fragmentarischen Gedichten, die Sappho zugeschrieben werden, zählen brillante Hymnen an Aphrodite, Hochzeitslieder und einige persönliche Gedichte unbestimmten Genres, aber mit einer verblüffenden, emotionalen Direktheit und voll sinnlichem Reiz. Als sie die Frau, die sie liebt, mit einem Mann lachen sieht, analysiert sie ihre eigenen physischen Reaktionen: »Denn wie ich auf dich blick, kurz nur, ist zum Sprechen kein Raum mehr, nein: gebrochen ist die Zunge, ein feines Feuer ist gleich unter die Haut gelaufen, mit den Augen sehe ich nichts, es dröhnen die Ohren, kalter Schweiß rinnt an mir herab, ein Zittern erfasst mich ganz.« Als sie gezwungen ist, sich von einer Geliebten zu trennen, ist sie ganz verzweifelt: »Tot sein – ehrlich, das möchte ich.« Ihre Gedanken stecken voller erotischer Erinnerungen: »Viele Kränze ja aus Veilchen und Rosen [...] hast du dir bei mir umgelegt, und viele Blumengewinde, geflochtene, um den zarten Hals, aus Blüten [von …] gemacht; und mit [...] Salben aus Brenthon hast du dir [den Körper] gesalbt und aus Basiléion auch, und auf weichem Polster [gelagert] [...] hast du die Sehnsucht gestillt«. In einem erst vor kurzem entdeckten Gedicht spielt sie mit dem Geschlecht des Liebhabers und Geliebten, indem sie nie enthüllt, ob der Sprecher nun ein Mann oder eine Frau ist, während sie gleichzeitig an die Schönheit des jungen Mannes Tithonos erinnert, der von der liebeskranken Göttin der Morgenröte ans Ende der Welt entführt wurde.

Sappho ist zwar insofern ungewöhnlich, weil sie eine Dichterin ist, doch die Homoerotik einiger ihrer Werke ist nichts Außergewöhnliches. Diese ist auch anderswo in Frauenliedern im Zusammenhang mit den Kulten für Göttinnen anzutreffen, insbesondere jener Göttinnen, die über die biologischen und sexuellen Aspekte ihres Lebens wachten: Artemis und Aphrodite beispielsweise in den spartanischen Chorliedern für Mädchen von Alkman. Das Zeitalter der Tyrannen und lyrischen Dichtung war die Zeit, als die Mode der Symposien die ganze griechische Welt erfasste, vermutlich in Anlehnung an eine Praxis in östlichen Palästen. Frauen veranstalteten bei festlichen Anlässen Bankette, von denen wiederum die Männer ausgeschlossen waren, und man kann wohl davon ausgehen, dass Sapphos Lieder bei diesen Anlässen und auf anderen Festen gesungen wurden. Das typische Symposion war jedoch ein ritualisiertes, männliches Trinkgelage, von dem angesehene Frauen ausgeschlossen waren, Musikantinnen und Sexarbeiterinnen hingegen nicht. Indem ein Gastgeber andere Männer als Gäste zu einem Symposion einlud, konnte er signalisieren, dass er wie sie ein müßiges und schönes Leben führte. Die Reichen fingen an, besondere Säle zu bauen, die dafür gedacht waren, zwanzig Männer paarweise, parfümiert, mit Blumen geschmückt und einander gegenüber auf Liegen unterzubringen. Sie sprachen über die aktuelle Politik, sangen, lauschten der Musik von Pfeifen und Leier und erzählten sich Geschichten. Hunderte antike Vasen bilden solche Trinkgelage ab, sowie Kelche und Krüge, die eigens dafür angefertigt wurden. Die schönste visuelle Darstellung findet sich in dem Grab des Tauchers bei Paestum (Poseidonia): Die Gäste singen zu einer Pfeife, umarmen ihre Partner leidenschaftlich und spielen *kottabos,* ein ausgelassenes Gesellschaftsspiel, bei dem man die letzten Tropfen des Weins auf Ziele schleuderte.

Es gab auch unbeschwerte und erotisierte, generationenübergreifende Anleitungen: Ein Lied von Alkaios zu einem Symposion beginnt schlicht: »Wein, lieber Knabe, und Wahrheit!« Die kollektive Erregung und physische Nähe wurden durch ständigen Weinkonsum gefördert. Die jungen Männer wurden in der Offenheit, im Humor und Benehmen unterrichtet, das sich für eine Clique der müßigen Klasse gebührte. In diesem Kontext sollten wir den eigentlichen Grund dafür erkennen, weshalb sich viele Gedichte zu Symposien mit der Stimme eines älteren Liebhabers oder Bewunderers an viel jüngere Männer richten. Die unbeschwerte Atmosphäre des Symposions wird am besten in den erotischen Liedern Anakreons ausgedrückt, eines ostgriechischen Dichters, der unter der Schirmherrschaft des Tyrannen Polykrates von Samos stand und Hofdichter auf dieser Insel war. Die sexuelle Begierde, die er ausdrückt, ist hier und da heterosexuell: Er sagt einem »thrakischen Fohlen«, dass sie einen Mann brauche, der ihr »auf den Hals den Zügel« werfe und sie reite. Aber in erster Linie wurde Anakreon mit schönen jungen Männern assoziiert. Seine Gedichte erzählen von stattlichen Jungen, die in Hyazinthenbeeten herumtollen, von einem Knaben »mit dem Mädchenblick«, der »die Zügel« seiner Seele hält. Er erzählt uns, dass er vor Liebe zu Kleobulos »wie toll« sei; Megistes ist, erfahren wir, mit Weiden bekränzt und hat ein zehnmonatiges Trinkgelage hinter sich. In solchen Gedichten hat die kokette Homoerotik einen politischen Aspekt. Bewunderung für physische Schönheit und das Schmücken der eigenen Person mit schönen Kleidern und Blumen werden beide in unfruchtbaren, sexuellen Beziehungen und privatem Vergnügen kanalisiert, den Privilegien einer untätigen Elite. Homoerotik steht in einem Zusammenhang mit dem Kult der Schönheit und der körperlichen Höchstleistung, die zentraler Bestandteil der athletischen Wettkämpfe sind; tatsächlich fanden bei den panathenaischen Spielen auch offizielle Schönheitswettbewerbe unter Männern statt. Der Verzehr von Luxuswaren in der privaten und exklusiven Umgebung eines Symposions lässt auf einen gemeinsamen erlesenen Geschmack und Sinnesfreude schließen.

Das Symposion fand zum ersten Mal in griechischen Städten als eine Institution aristokratischer Lebensweise statt; es bot reichen Familien die Gelegenheit, private Beziehungen zu anderen Haushalten zu pflegen, die über die Grenzen der eigenen Stadtstaaten hinausreichten. Damit schufen sie ein alternatives Netz von Allianzen angesichts der zivilen Unruhen um Ressourcen und Macht, die zum Aufstieg der Tyrannen geführt hatten. In der Dichtung des Theognis von Megara, die an seinen Liebhaber Kyrnos gerichtet ist, vernehmen wir die zynische Stimme eines mürrischen Adligen des 6. Jahrhunderts, der sein Land bei sozialen Unruhen verloren hat und den Verfall dessen befürchtet, was er mit seiner konservativen Ansicht für traditionelle Moralvorstellungen hält. Doch das Symposion blieb nicht ausschließlich dem Adel vorbehalten. Der Tenor der Dichtung von Archilochos und einiger anderer Dichter, insbesondere die Schimpfverse des Hipponax oder Semonides, ähnelt häufig dem des missmutigen Bauern Hesiod. Sie legen das Hauptgewicht nicht auf homoerotische Beziehungen, sondern auf die vorübergehende Erholung vom Krieg oder von den alltäglichen Sorgen, die ein Trinkgelage bietet. In der Vielfalt der Haltungen, die sich in der Dichtung für Symposien im Zeitalter der Tyrannen ausdrückt, spiegelt sich folglich die zugrunde liegende Auseinandersetzung zwischen den Klassen.

Die altgriechische Metapher des Symposions als einer Reise auf einem seetüchtigen Schiff kam durch die kulturelle Verbindung zwischen dem Symposion und der Kolonisierung zustande. Wie könnte man den Korpsgeist einer neuen Gemeinschaft besser zementieren als durch ein konstruktives Trinkgelage? Die Panik bei einem Sturm auf See, die eine Besatzung empfindet, dient als Metapher für die kollektive psychologische Erfahrung der Teilnehmer. In der Tragödie *Alkestis* von Euripides sieht der trinkfreudige Herakles, ein Lieblingsheld der Siedlungslegenden, eine Verbindung zwischen dem rhythmischen Heben und Senken eines Kelches beim Trinken und dem stetigen Rhythmus des Ruderns. Die Metapher wurde beinahe Realität, als in der sizilianischen Stadt Akragas ein Haus tatsächlich nach einem Gelage in Trireme umbenannt wurde. Die jungen Teilnehmer des Symposions wurden so berauscht, dass sie sich einbildeten, sie würden auf hoher See von einem Sturm hin und her geworfen, wie Athenaios berichtet:

Am Ende verloren sie völlig den Verstand und warfen alle Möbel und Betten aus dem Haus, als wären sie auf dem Meer, überzeugt, dass der Kapitän ihnen befohlen habe, das Schiff wegen des tosenden Sturms zu erleichtern. Nun, eine große Menge versammelte sich und fing an, das Strandgut wegzuschaffen, aber selbst da ließen die jungen Männer nicht von ihrem Wahn ab.

Als die Trunkenbolde zur Vernunft gebracht wurden, erklärten sie, dass sie zeitweilig geblendet gewesen seien. Man verzieh ihnen unter der Bedingung, dass sie nie wieder übermäßig tranken. Das legt wiederum nahe, dass bei einem Symposion ein paar ältere Männer nötig waren, die den jungen ein »verantwortungsvolles« Trinken beibrachten. In dem vorübergehenden Wahn des Symposions tranken die griechischen Siedler-Seefahrer des lyrischen Zeitalters in Gegenwart des seefahrenden Weingotts Dionysos, samt seinem munteren Gefolge springender, Musik liebender Delphine, bis sie »halb ertrunken« waren und ihr kollektives »Schiff anlegte« (William J. Slater).

Welche Bedeutung das Symposion in den neu gegründeten Kolonien hatte, geht aus der großen Zahl an Kelchen und Krügen für Wein hervor, die von Archäologen bei Ausgrabungen in den weit verstreuten Siedlungen gefunden wurden. In Poseidonia, wo das Grab des Tauchers ein stilvolles Symposion in vollem Gange zeigt, fingen Töpfer an, charakteristische lokale Keramikwaren für Symposien anzufertigen, statt sie zu importieren. Dionysos, der dem Symposion vorsitzt, wird auf vielen Gefäßen dargestellt, zusammen mit seinem Gefolge aus Satyrn und Mänaden. Nach der Mythologie ist Dionysos der Gott der Erleuchtung. Er kommt vom Meer auf das Land. Manchmal kommt er auf einem Schiff, begleitet von Delphinen, wie auf der wunderschönen, schwarzfigurigen Trinkschale, die stolz den Namen des unvergleichlichen Töpfers Exekias trägt. Das Schiff mit weißen Segeln gleitet dort über die glatte, korallenrote Oberfläche, umgeben von glänzenden, schwarzen Delphinen. In manchen Quellen reitet Dionysos gar selbst auf einem Delphin. In dem archaischen *Hymnus an Dionysos* wird er von tyrrhenischen (etruskischen) Piraten gefangen genommen und entkommt nur, indem er sie in Delphine verwandelt. Das seltsame Bild der Delphinmenschen oder Männer, die sich in Delphine verwandeln, das auch in der Vasenmalerei auftaucht, lässt darauf schließen, dass sich die Griechen, wenn sie in einem maritimen Kontext an Dionysos dachten, selbst als Delphine in seinem Gefolge vorstellten, und nicht als bodenständige Satyrn. Immerhin schufen sie eine visuelle Verbindung zwischen Delphin und Satyr, indem sie beide mit dem Kosenamen *simos*, »stupsnasig«, bezeichneten und malten.

Platon verglich die Bewohner der Städte rings um das Mittelmeer und das Schwarze Meer mit Gemeinschaften aus Fröschen und Ameisen rings um einen Teich, aber das Tier, das die Erfahrung der Siedler übergreifend symbolisierte, war der Delphin. In Taras wurde der Gründungsheld Phalanthos von einem Delphin vor dem Ertrinken gerettet, und so wird er auch auf den Münzen der Stadt abgebildet, zusammen mit dem gleichnamigen Helden Taras, einem Sohn Poseidons. Reiter auf Delphinen schmückten die Münzen vieler Städte sowohl auf dem griechischen Festland wie auch auf den Inseln und in den Kolonien. Der berühmteste war Arion, ein Dichter, der die Kithara (das Instrument Apollons) spielte, aber den Dithyrambos erfand, den Hymnus an Dionysos. In einer Geschichte, die alle Kernelemente des Zeitalters der Tyrannen, der lyrischen Dichtung und Kolonisierung enthält, erzählt Herodot, dass Arion ein Musikant von der Insel Lesbos gewesen sei, wo er am Hof des korinthischen Tyrannen Periander gelebt habe. Arion segelte ins italienische Taras, um an einem Gesangswettbewerb teilzunehmen. Nachdem er den Wettbewerb gewonnen hatte, wurde er auf dem Rückweg von der Besatzung über Bord geworfen. Aber ein Delphin trug ihn, aus Anerkennung der Schönheit von Arions Liedern, bei Taenarum auf der Peloponnes an die Küste, wo sich ein Heiligtum Poseidons befand.

Die psychologische Verbindung zwischen Dichtung und Delphin wird von Pindar betont. Er lobt das Werk eines anderen sizilianischen Dichters, weil seine Verse ihm das Gefühl »eines Delphins geben, den in des wogenlosen Meeres Tiefe der liebliche Gesang der Flöten beschwingt«. Die altgriechischen Seefahrer beschäftigten Musikanten, damit sie beim Rudern im Rhythmus blieben, und bevorzugten dafür den durchdringenden, widerhallenden Klang der *auloi*. Diese Rohrpfeifen dienten dazu, Delphine anzulocken, so dass sie im Schwarm entlang der Schiffe sprangen, eine Szene, die wunderschön von einem Chor in der *Elektra* des Euripides beschrieben wird. Deshalb wurden Delphine mit den Tanzchören im Dionysoskult assoziiert, die ebenso vom Genuss des Weins wie von den *auloi* eingeleitet wurden, dem zentralen Instrument für seine Kulthandlungen.

Der Delphin wurde mit zwei weiteren hohen olympischen Göttern in Verbindung gebracht, die während der griechischen Migrationen wichtig waren: Poseidon, der in der Kunst häufig mit einem Delphin dargestellt wird, war der Großvater von Theseus, und Delphine halfen Theseus bei einem Abenteuer auf dem Weg nach Kreta, vom Meeresgrund zurückzukehren. Poseidon wirkte auch an einer Delphin-Geschichte mit, an der Dionysos auf dem griechischen Festland bei Megara und Korinth beteiligt war, zwei griechischen Städten, die großen Anteil an der Kolonisierung hatten. Eine griechische Prinzessin namens Ino stürzte sich und ihren Sohn von dem Molurischen Felsen. Dionysos verwandelte Ino in eine bedeutende Meeresgöttin namens Leukothea, ein Delphin hingegen brachte den Leichnam ihres Sohnes zum Isthmus, wo für ihn neben einer heiligen Kiefer ein Altar errichtet wurde. Im benachbarten Korinth wurden Leukothea und ihr Sohn zusammen mit Poseidon angebetet. In dieser Meeresgeschichte von einem Helden und einem Delphin erhaschen wir einen seltenen Eindruck von einem phönizischen Element (was angesichts des Handels zwischen den Phöniziern und Korinth nicht ungewöhnlich ist). In manchen

Fassungen der Geschichte heißt Inos Sohn Palaemon, aber in anderen wird er Melikertes genannt, eine direkte Hellenisierung des phönizischen Heldennamens Melkart.

Die Griechen hatten furchtbare Angst vor schrecklichen Ungeheuern, die im Ozean lauerten, um unglückliche Seefahrer zu verschlingen. Sie empfanden eine Nähe zu Delphinen und stellten sich vor, sie seien die Opfer der gleichen Seeungeheuer. In der *Odyssee* schnappt sich die sechsköpfige Skylla mit zwölf Beinen einige Gefährten aus den Schiffen, aber für gewöhnlich reißt sie Delphine. Wie die Menschen sind auch die Delphine intelligente Säugetiere mit starken sozialen und verwandtschaftlichen Bindungen. Sie strahlen etwas aus, das menschlichen Augen wie Freude vorkommt, wenn sie im Wasser herumtollen. Sie greifen keine Menschen an. Das sind einige Gründe, weshalb viele seefahrende Gesellschaften psychologische und rituelle Bande zu den Delphinen herausgebildet haben. Bei keiner Kultur waren sie so ausgeprägt wie bei den Griechen. Sie malten Delphine auf ihre Mauern, schmückten mit ihnen ihre Schilde und schnitzten sie auf ihren Schmuck. Nicht weniger als vierzig griechische Städte bildeten auf ihren Münzen einen Delphin ab. In der antiken Kunst und Literatur tauchen unzählige Delphine auf, von den Fresken in Thera und Knossos bis hin zu der byzantinisch-christlichen Legende, dass der gemarterte Leichnam des Heiligen Lukian von Antiochia von einem Delphin für seine Schüler geborgen wurde. Die Griechen glaubten, diese Nähe beruhe auf Gegenseitigkeit: Eine Fabel von Äsop erzählt, wie ein Delphin einem Affen einen Ritt auf seinem Rücken gewährt, weil er ihn irrtümlich für einen Menschen hält. Indem er die Intelligenz seines Passagiers durch Fragen auf die Probe stellt, entdeckt der Delphin jedoch, dass dieser viel zu dumm für einen Menschen ist, und lässt ihn deshalb ertrinken.

Die wahrgenommene Verbindung des Delphins mit der Kolonisierung geht über Stammeszugehörigkeiten hinaus. Der Kult des Apollon als Delphin (Apollon Delphinios) war ursprünglich ionisch, und ionische Männer erhielten gelegentlich den Vornamen Delphinios. Aber der Kult und der Name wurden auch von den Dorern übernommen, etwa in Sparta und auf Ägina. Die von den Griechen verwendete Legende, um diesen Titel zu erklären, verwob Motive der Seefahrt, Kolonisierung, Dichtung und Prophezeiung in Apollons Sitz in Delphi miteinander. Ein archaischer Hymnus an Apollon erklärt, dass der Gott, als er nach Priestern für sein Heiligtum Ausschau hielt, ein Handelsschiff aus Knossos erblickte, das nach Pylos segelte. Apollon verwandelte sich in einen Delphin, sprang auf das Schiff der Kreter und verhinderte, dass sie ihn wieder über Bord warfen. Ein sanfter Wind, den der Gott sandte, führte sie um die Peloponnes an die Küste bei Krisa in der Nähe von Delphi. Nachdem er das Feuer in seiner Kultstätte entzündet und sich wieder in menschliche Gestalt verwandelt hatte, sagte Apollon den Kretern, dass es ihnen bestimmt sei, an seinem Orakel zu dienen. Er wies sie an, am Strand einen Altar zu errichten, ein Feuer anzuzünden, ein Opfer darzubringen und zu ihm als Apollon Delphinios zu beten, weil er sie in der Gestalt eines Delphins hierher geführt hatte. Anschließend sollten sie einen besonderen Lobgesang für Apollon singen, den Päan, und zu seinem Orakel weitergehen. Der Anführer der Kreter sprach die Frage des Lebensunterhalts an; wie jeder vernünftige Siedler hatte er das Gelände begutachtet und erkannt, dass man hier weder Wein anbauen noch Vieh halten konnte. Aber Apollon versprach, dass sie keinen Hunger leiden würden, und die kretischen Einwanderer, die Apollon Delphinios über das Meer geführt hatte, wurden zu den Ahnen der Priester des pythischen Apollon.

Der Apollon der Delphine wurde in Tempeln oberhalb von Häfen angebetet, an den entferntesten Punkten der griechischen Kolonisation. Weit im Westen, bei Massalia, wo die ionischen Führer aus Phokaia die einheimische Prinzessin geheiratet hatten, standen auf einer felsigen Landzunge Zwillingstempel für Apollon Delphinios und seine Schwester Artemis. Wenn die Griechen

Geschichten von männlichen Göttern und Delphinen auf ihre Siedlungsfahrten mitnahmen, brachten sie in manchen Fällen auch Statuen von Artemis mit. Diese wurden häufig mit einer anderen Apollonlegende verknüpft – mit der Geschichte, dass Orestes und seine Schwester Iphigenie das antike Kultbild der Artemis von den Taurern nördlich des Schwarzen Meeres gestohlen hätten, um es zu einem neuen Zuhause in einen Tempel zu bringen, wo die Griechen die Götter anbeteten. Mehrere süditalienische Gemeinden waren der Überlieferung zufolge die Empfänger des heiligen Bildes der taurischen Artemis, vor allem Gemeinden um die Wasserstraßen, die das Festland und Sizilien voneinander trennen. Aber in Massalia hieß es ausdrücklich, die Artemis sei die Artemis aus Ephesos; als die Phokäer nach Westen aufbrachen, riet ein Orakel ihnen, unterwegs bei Ephesos (eine weitere ruhmreiche ionische Stadt an der kleinasiatischen Küste) haltzumachen. In Ephesos wiederum träumte die Einheimische Aristarcha, dass Artemis ihr befahl, sich der Fahrt der Phokäer anzuschließen und ein aus Holz geschnitztes Abbild der Göttin mitzunehmen. Aristarcha gehorchte ihr und wurde zur ersten Priesterin der Artemis in der neuen Kolonie bei Massalia. Sie hatte die Aufsicht über den Tempel neben ihrem Delphin-Bruder, der den Siedlern den Weg über das Meer zu ihrer neuen Heimat weist.

In Milet war ein ganzer Verband heiliger Sänger, die Molpoi, dem Apollon Delphinios geweiht. Die Verbindung der Delphine zu Musik und die Dichtung transzendierte damit den Unterschied zwischen den Göttern Dionysos (zuständig für die Dithyramben, die Pfeifen und Dichtung für Symposien) und Apollon (mit der epischen Dichtung, der Kithara und den Musen assoziiert). Es bestand ein Zusammenhang zwischen den Initiationsriten zum erwachsenen Mann und dem Singen von Päanen an Apollon in seiner Verkleidung als Apollon Delphinios. Möglicherweise gehörte zur Anbetung auch, dass junge Männer auf ritualisierte Reisen an ferne Orte und zurück geschickt wurden, um ihre Aufnahme in die

Gemeinde der Erwachsenen zu markieren. Wenn die Milesier rings um das Meer Kolonien gründeten, spürten sie intuitiv, dass Apollon ihnen bei der Reise geholfen hatte, und sie errichteten zu seinen Ehren Kultstätten. Apollon Delphinios wurde in den milesischen Kolonien am Schwarzen Meer Sinope, Gorgippia und Olbia verehrt. In letzterer diente Apollon Delphinios ein Chor mit dem gleichen Namen (Molpoi) wie ihr Gegenstück in der Mutterstadt Milet. Eine Besonderheit Olbias waren seine Münzen, die nicht einfach Delphine abbildeten wie die Münzen vieler Städte, sondern die tatsächlich in der dreidimensionalen Form der Delphine geprägt wurden, mit geschwungenem Rücken.

Unter den Hunderten griechischen Kolonien, die in dieser Zeit gegründet wurden, ist Olbia jene, die am besten die Fähigkeit der Griechen demonstriert, sich an neue Umgebungen anzupassen. Olbia wurde von den Milesiern an der Mündung des Flusses Hypanis (heute der südliche Bug) an der Nordküste des Schwarzen Meeres gegründet, westlich der Halbinsel Krim. Schon im 7. Jahrhundert trieben Milesier Handel auf der Insel Beresan vor der ukrainischen Küste; im frühen 6. Jahrhundert übersiedelten sie bereits aufs Festland und teilten Parzellen als Felder auf. Die Errichtung eines Bezirks, der Apollon Delphinios geweiht war, beweist ihren Eifer für den Aufbau einer dauerhaften Siedlung. Nicht lange danach entstanden ein Marktplatz sowie Heiligtümer, ein Raum für die politische Versammlung, ein Theater und ein System aus Wasserkanälen, die Brunnen im zivilen Zentrum ständig mit Wasser versorgten. Aber es gab ein Problem. Den Olbianern gelang es nicht, Wein anzubauen. Erst in der späteren, hellenistischen Zeit entwickelten sie ein System des Weinanbaus, das auch in dem ungünstigen lokalen Klima Weintrauben gedeihen ließ. Generell erwies sich der Aufbau einer Agrarwirtschaft als große Herausforderung, weil sie nicht einfach ihre Fähigkeiten beim Anbau von Oliven, Getreide, Obst und Gemüse übertragen konnten, die sie unter den Bedingungen in der Ägäis entwickelt hatten.

Sie ließen sich nicht abschrecken, importierten ihren Wein und gründeten einen ungewöhnlich enthusiastischen Dionysoskult, als wollten sie auf diese Weise für dessen anhaltende Zustimmung in ihrer weinlosen Provinz sorgen. Die einheimischen Skythen in ihrem Umfeld tranken keinen Wein, was bei den Olbianern zweifellos noch die Überzeugung stärkte, dass sie als griechische Gemeinde den Gott Dionysos in den Mittelpunkt rücken mussten. Die bei Olbia gefundenen Töpferwaren beweisen, dass sie genau wie jede andere griechische Kolonie Symposien feierten. Ein schönes Fragment eines attischen rotfigurigen Weinkrugs, das mit maskierten Schauspielern, Künstlern und Musikanten verziert ist, feiert nicht nur die Macht des Dionysos, sondern auch die des Theaters. Mit Dionysos verknüpfte Eigennamen waren beliebt: Ein gewisser Dionysodoros (»Geschenk des Dionysos«) wird in einer Widmung zu Ehren des olbischen Apollon Delphinios um 450 v. Chr. erwähnt. Womöglich gefiel den Bewohnern von Olbia jener Strang der Dionysos-Legende, die ihn als Seefahrer darstellte, der mit köstlichen Waren aus Übersee eintrifft, obwohl wir wissen, dass sie häufig die Qualität solcher Importwaren sehr kritisch beurteilten.

Wir verlassen das Zeitalter der Kolonisierung mit den Olbianern, die sich über den Geschmack ihres importierten Weins beschwerten, während sie Dionsysos anbeteten, und mit Individuen wie Dionsysodoros, der stolz seinen Namen auf ein Geschenk schrieb, das er dem Apollon von den Delphinen weihte. Das Zeitalter der Kolonisierung, der Tyrannen, der Gründung von Magna Graecia und der mysteriösen neuen Welt des hellenisierten Schwarzen Meeres war zugleich das Zeitalter der lyrischen Dichtung, der markanten Stimmen von den Inseln und der Symposien. Es ist das Zeitalter, das vom Delphin symbolisiert wird, der so eng mit Poseidon, Apollon und Dionysos verbunden ist, den Göttern des Meeres, der Siedlungsfahrten und der Trinkgelage, derer sich Seefahrer, Händler und Migranten gleichermaßen erfreuten. Die Literatur und Kunst der Griechen dieser Zeit stellt alle ihre Eigenschaften in ungewöhnlicher Fülle zur Schau: Vergnügen, Witz, verbale Schärfe, Unabhängigkeit des Geistes, Konkurrenzdenken und vor allem Individualität. Die mentale Findigkeit, die aus den ständigen Seereisen erwuchs und diese Diaspora schuf, sollte in Kürze etwas noch Bemerkenswerteres hervorbringen: die griechische Wissenschaft und Philosophie.

4
WISSBEGIERIGE
IONIER

Wer sich die Geburt der griechischen Naturwissenschaft und Philosophie in der kleinasiatischen Stadt Milet im 6. Jahrhundert v. Chr. vorstellen möchte, muss sich zuerst vor Augen führen, dass sich das Aussehen der Landschaft dramatisch verändert hat. Einen großen Teil der heutigen westlichen Türkei, ungefähr das ganze mittlere Drittel, das sich von der heutigen Küste über sechzig Kilometer landeinwärts erstreckt, gab es noch gar nicht. Milet war im 6. Jahrhundert v. Chr. eine Hafenstadt, die von drei Seiten (Westen, Norden, Osten) vom Meer umgeben war. Heute stehen die staubigen Ruinen von Milet in der Nähe der Kleinstadt Balat jedoch in jeder Richtung kilometerweit vom Meer entfernt.

Die milesischen Denker, die anfingen, über die unsichtbaren Ursprünge der Welt zu diskutieren, konnten fast täglich beobachten, wie sich die Welt veränderte. Um 1000 v. Chr. fing ihr Hafen an zu verlanden, weil der sich schlängelnde (mäandernde) Fluss Mäander nordwestlich von ihrer Stadt in die Bucht strömte und sich das Schwemmland, die Partikel von Fels und Boden, am Grund der Mündung absetzten. Jahr für Jahr verschob der Schwemmlandboden die Küstenlinie in Richtung Milet. In christlicher Zeit war Milet selbst bereits von Land umgeben. Der Prozess war zu Lebzeiten der ersten Philosophen vermutlich bereits zur Hälfte abgeschlossen. Sie dürften der unweigerlichen Annektierung ihres geliebten Meeres durch die Gesteine des asiatischen Kontinents noch nachgetrauert haben. Sie hatten Schiffe im Blut und eine Gründungsseereise in ihrer Geschichte, da ihre Stadt von Siedlern von der Peloponnes gegründet worden war. Und eben weil die Griechen so

147

unersättlich neugierig waren – die dritte der zehn prägenden Eigenschaften –, gingen sie unweigerlich den Ursachen auf den Grund. Sie beobachteten, wie das frische Süßwasser und feine Kiesel auf Salzwasser und Sand trafen, wobei praktisch täglich neues Land entstand. So wurden sie zu den ersten Menschen der dokumentierten Geschichte, die ausschließlich aufgrund von natürlichen Ursachen nach dem Ursprung der Welt forschten.

Wo die frühen Griechen noch annahmen, das Universum sei zuerst aus dem Chaos entstanden und dann von Göttern geschaffen worden, die Menschen ähnlich sahen, stellten die ersten vorderasiatischen Wissenschaftler, eben diese Ionier, die These auf, dass die Hauptbestandteile des Universums materielle Substanzen seien. Der erste von ihnen, der in den 620er Jahren v. Chr. geborene Thales, dachte, das erste kosmische Prinzip oder Element – dasjenige, das von neuem Land zurückgedrängt wurde – sei das Wasser. Er untermauerte diese These mit dem Argument, dass unbelebte Dinge Wasser verlieren und austrocknen. Sein Schüler Anaximander zeichnete eine Karte der ganzen materiellen Welt, die den Milesiern bekannt war, und deutete an, dass alles, was sie wahrnahmen – das Land ebenso wie das Meer, die sich sichtlich gegenseitig begrenzten – von etwas anderem umgeben sein müsse, das unbegrenzt und nicht messbar war: dem *apeiron* oder Unendlichen. Anaximenes, der dritte milesische Denker jener Zeit, beobachtete, wie sich das Land ausdehnte und das Meer schrumpfte, und argumentierte, dass *sämtliche* Bestandteile der Welt, die der Mensch wahrnehme, also Feuer, Wind, Wolken, Wasser, Erde, Steine, durch Prozesse der Kondensation oder Sublimation aus der Luft erschaffen würden. Die Unterschiede zwischen den Elementen würden sich durch ihre jeweilige Dichte erklären. In Ephesos, einer anderen Stadt unweit von Milet, die ebenfalls langsam, aber sicher vom Meer abgeschnitten wurde, postulierte ein vierter Denker, Heraklit, das Prinzip, dass sich das Materielle unablässig durch die Wirkung eines kosmischen Feuers verändere: *Panta rhei*, wie er sagte, »Alles fließt.« Es ist laut Heraklit nicht möglich, dass derselbe Mann zweimal in denselben Fluss eintaucht, denn das Wasser, das den Fluss bildet, ändert sich fortlaufend, und auch der Mensch bleibt nie im gleichen Zustand.

Die intellektuelle Revolution, die im frühen 6. Jahrhundert v. Chr. an der Mündung des Mäanders begann, wanderte mit Menschen aus diesem Teil der griechischen Welt zuerst in die süditalienischen Kolonien und im 5. Jahrhundert nach dem rasanten Aufstieg des Persischen Reiches ins klassische Athen. Viele Gedanken, welche die Ionier angestoßen hatten, wurden in den 440er Jahren mit der experimentellen Gründung einer völlig neuen Stadt mit neuen Gesetzen durch Griechen unter athenischer Anleitung vollendet. In diesem Kapitel gehen wir der Frage nach: Wie und warum machten sich die geistigen Nachfolger des Thales in Ionien, Italien und Athen seinen Geist einer nichtreligiösen Erforschung unsichtbarer Strukturen und Ursachen des Wandels nicht nur auf dem Land, im Wasser und am Himmel, sondern auch in der menschlichen Erfahrung und Tätigkeit zunutze? Sie fragten nach den verborgenen, inneren Funktionsweisen unserer Körper; sie erforschten die Beziehung zwischen den Welten, die wir mit den Augen unseres Verstands wahrnehmen und deren materielle Existenz uns unsere Sinne mitteilen. Sie wollten wissen, wie wir Entscheidungen zu Richtig und Falsch treffen, wie wir Informationen speichern, warum verschiedene Völker unterschiedliche Sprachen sprechen und andere Götter anbeten, warum wir einander bekämpfen oder in Städten versammeln und wie die Vergangenheit zur Gegenwart wurde – wie die Weltreiche entstanden. Weil sie jetzt das phonetische Alphabet besaßen, waren sie erstmals imstande, die Ergebnisse ihrer Forschungen aufzuschreiben.

Zu diesen Intellektuellen zählten Männer wie Hippokrates, Pythagoras und Herodot, deren Namen noch heute berühmt sind, sowie bahnbrechende Persönlichkeiten, die heute weniger bekannt sind, doch war etwa Xenophanes von Kolophon einer der einflussreichsten Denker aller Zeiten, wie wir sehen werden. Sie hatten die revolutionäre Technologie der Schrift, die sie von den Phöniziern übernommen hatten, nicht nur dafür genutzt, die empirische Naturwissenschaft zu erfinden und sowohl in Versen als auch in Prosa darüber zu schreiben; sie entwickelten außerdem die rationale Medizin, Philosophie, Mathematik, politische Theorie, Ethnographie, Geographie und Geschichtsschreibung. Ehe wir diese Ehrfurcht gebietenden Errungenschaften und die Männer, die sie hervorbrachten, genauer analysieren, ist es zunächst unerlässlich, die komplexen Gegebenheiten an der Mündung des Mäanders näher zu betrachten, die sie ermöglichten.

Die beiden wichtigsten Faktoren – die seefahrerische Lebensweise der Griechen und ihre Offenheit für nichtgriechische Fertigkeiten – werden in diesem Fall in den Überlieferungen zu Thales und seinen Nachfolgern angedeutet. Der römische Denker Seneca zeichnet dafür verantwortlich, dass Thales Erdbeben mit dem Schwanken eines Schiffes erklärte. Laut Thales ruht die Welt, die wir bewohnen, auf der Wasseroberfläche, wie ein Schiff auf dem Meer. Sein Schüler Anaximander führte die maritime Metapher fort, indem er argumentierte, dass das unendliche, unvergängliche Phänomen *apeiron*, das die sichtbare Welt umgibt, sie zugleich »steuert« (das griechische Verb lautet *kubernan*, was so viel wie »ein Schiff steuern« heißt). Von Thales wird überdies angenommen, dass er eine Abhandlung über die Navigation mithilfe des Sternenhimmels geschrieben habe, eine Fertigkeit, die die Griechen als Kolonisten weiterentwickelten und die ihnen zu der Erkenntnis verhalf, dass im Universum Kräfte am Werk waren, die Gegenstände bewegten und die keine willkürlichen Launen der Götter brauchten, um sie zu erklären.

Nach der antiken Überlieferung war Thales entweder ein gebürtiger Phönizier oder der Sohn eines Phöniziers, der in Milet lebte. Möglicherweise entspricht diese Überlieferung nicht wortwörtlich der Wahrheit, aber sie spiegelt die Intuition wider, dass die griechische Wissenschaft und Philosophie anderen antiken, nahöstlichen Kulturen viel verdanken. Es ist keineswegs ausgeschlossen, dass ein Seefahrer-Astronom, der in Milet lebte, phönizische Wurzeln hatte – geschweige denn, dass ein Phönizier schon vor Thales und Anaximander angedeutet hatte, dass die sichtbare Welt ein gewaltiges, auf dem Meer treibendes Schiff sei. Doch die Phönizier waren längst nicht die einzigen Nichtgriechen, mit denen die Milesier in engem Kontakt standen. Im 7. Jahrhundert, gegen dessen Ende Thales geboren wurde, hatte Milet zusammen mit anderen kleinasiatischen griechischen Stadtstaaten ein Bündnis gebildet, den Ionischen Bund. Unter einem umstrittenen Tyrannen namens Thrasybulos hatten sie einen langwierigen Krieg gegen Lydien geführt und sich die Unabhängigkeit von diesem reichen Land bewahrt. Die friedlichen Beziehungen, die aus diesem Krieg hervorgingen, brachten eine unablässige gegenseitige Befruchtung zwischen den benachbarten barbarischen und griechisch-anatolischen Kulturen mit sich. Die Milesier waren außerdem die reichsten Griechen der Region, möglicherweise sogar der Welt geworden. Sie verfügten über eine starke Flotte und bauten ein maritimes Reich auf; sie schickten mehr Siedler aus als jede andere Polis und gründeten Dutzende von Kolonien, vor allem am Schwarzen Meer, wo sie von den nördlichen Königreichen Skythiens mehr lernten, als Historiker zugeben wollen. Mitte des 6. Jahrhunderts gerieten die Milesier dann unter den Einfluss der Perser, als Kyros das lydische Reich des Kroisos (Krösus) eroberte. Für mehrere Jahrzehnte war Milet, das von den barbarischen Königreichen Asiens umgeben war, jedoch eine beeindruckende Macht in der Kultur der Griechisch sprechenden Welt gewesen.

Die überlieferte Expertise des Thales in der Navigation nach den Sternen hängt möglicherweise mit den milesischen Ahnenkulten zusammen sowie mit seinem angeborenen Talent für Naturwissenschaften. In den letzten drei Jahrzehnten wurden neue archäologische Entdeckungen gemacht, die den dortigen Kult der

Aphrodite erhellen. Die Göttin wurde in einem archaischen Tempel außerhalb der Stadtmauern angebetet. Viele Terrakottastatuetten der Aphrodite aus dem 7. und 6. Jahrhundert wurden gefunden sowie Wandmalereien, wertvolle Gegenstände und Kunstwerke, die bezeugen, welche die Milesier ihrem Tempel weihten. Milet exportierte seine ionischen Kulte und Kalender an die gut fünfzig Kolonien und Umschlagplätze im Norden und am Schwarzen Meer, wo Aphrodite eine wichtige Göttin war. In Istria und Olbia hatte sie zum Beispiel den Beinamen *Euploia* (glückliche Fahrt), in Pantikapaion wurde sie *Naukratis* oder Seemacht genannt, und in Kyzikos lautete ihr Beiname *Pontike* (von der Hohen See). In Milet wurde sie gemäß ihrer hesiodischen Entstehungsgeschichte auch als *Aphrogeneia* oder Schaumgeborene angebetet. Aber sowohl in Phanagoria als auch in Milet hatte sie noch einen zweiten Beinamen: *Urania* oder Himmlische – eine Variante, nach der die Göttin die Navigation nach den Sternen überwachte. Thales dürfte der Sprung von der Theologie der olympischen Götter zu seiner auf das Wasser gestützten, kosmischen Theorie längst nicht so unvermittelt wie uns vorgekommen sein.

Kapitel 3 hob die Bedeutung des Apollon-Delphinios-Kultes für alle ionischen Griechen während der kolonialen Expansion hervor. Die historische Bedeutung der ionischen Identität wird insbesondere belegt durch die linguistische Ableitung des Wortes *Yavan* für »Grieche« und »Griechisch« – gerade im modernen Arabisch, Hebräisch, Türkisch und in mehreren indischen Sprachen – von dem antiken Namen *Ionier* über die alten Perser, die *Ionier* als *Yauna* aussprachen. Die Mehrheit der Griechen, die mit Nichtgriechen in Kontakt kamen, waren in der Tat Ionier. Vermutlich kam es ihnen so vor, als würden sich die Nichtgriechen endlos nach Asien hinein ausbreiten. Die Ionier blickten instinktiv nach Osten und fühlten sich anders als weitere griechische Stämme, insbesondere die kriegerischen Dorer, welche die südlichen ägäischen Inseln und den Süden der Peloponnes sowie Sparta dominierten. Die Ionier glaubten, dass einer ihrer Stammesväter Ion persönlich sei, ein Sohn des Gottes Apollon. In der *Ilias* wird Apollon, trotz seiner unbestritten griechischen Referenzen, mit Troja assoziiert, einer fortschrittlichen Zivilisation in Kleinasien. Apollon wurde seit frühester Zeit mit der Gabe der Prophezeiung in Verbindung gebracht, mit dem Trachten, das Unsichtbare und das Unverständliche zu begreifen, mit Musik und den Musen, Weisheitsdichtung und Heilkunde. Es ist kein Wunder, dass seine menschlichen Nachfahren, die Ionier, die rationale Philosophie, Wissenschaft, Geschichte und Medizin erfanden.

Somit waren physische Veränderungen im Mündungsgebiet des Mäanders, seefahrerisches Geschick samt der Navigation nach den Sternen, der intensive Kontakt zu älteren Zivilisationen und das Wesen mindestens zweier Kulte allesamt Faktoren bei der intellektuellen Revolution der Ionier, und folglich wurde die medizinische Wissenschaft von dem Gott Apollon überwacht. Mediziner legen noch heute den Eid ab, der dem antiken griechischen Arzt Hippokrates zugeschrieben wird und der uns zusammen mit einer Gruppe von rund siebzig Traktaten erhalten blieb, die unter seinem Namen überliefert wurden. Einige davon wurden mit Sicherheit bereits Mitte des 5. Jahrhunderts v. Chr. geschrieben, etwa die Schrift *Über die Frauenkrankheiten*. Es gab zu der Zeit, als Platon sein *Phaidros* im frühen 4. Jahrhundert schrieb, mit Sicherheit eine etablierte Denkschule, die sich »hippokratische Medizin« nannte, denn er berichtet, dass Hippokrates sagte, das Wesen des Körpers könne nicht erfasst werden, wenn man nicht an die Natur »des Ganzen« denke – womöglich des ganzen natürlichen Universums.

Hippokrates selbst stammte vermutlich von der Insel Kos. Seine Schriften bündelten eine langjährige Tradition der medizinischen Forschung. Seine Gilde medizinischer Fachleute wurde mit anderen auf dem Festland bei Knidos in Verbindung gebracht, das sich ebenfalls einer hervorragenden Schule der Medizin rühmte. Hippokrates' herausragende Bedeutung muss als Vollendung vieler Jahrzehnte oder gar Jahrhunderte der medizinischen Praxis und des gesammelten Wissens aufgefasst werden. Kos war vom Stamm her eigentlich nicht ionisch, sondern eine dorische Kolonie, die von Epidauros auf der Peloponnes ausgesandt worden war. In historischer Zeit und womöglich sogar noch früher war Epidauros der Schauplatz eines wichtigen Asklepios-Kults, des Meisters der Heilkunst. Manche Gelehrten glaubten in der Antike ebenso wie heutzutage, Hippokrates sei Mitglied eines Erbpriestertums gewesen, der Asklepiadaie, die sich dem Kult dieses Helden widmeten. Kos zählte zu der Gruppe aus sechs dorischen Stadtstaaten, die an oder in der Nähe der Südwestecke der Türkei gegründet wurden. Die anderen beiden auf dem Festland waren Halikarnassos und Knidos, drei weitere lagen auf Rhodos. Obwohl diese dorischen Ostgriechen untereinander Stammesloyalitäten hatten, brachte ihre geographische Lage in »Ionien« es mit sich, dass sie auch das kulturelle Milieu der Städte des Ionischen Bundes teilten. Die Entscheidung für den ionischen Dialekt beim Abfassen ihrer Traktate lässt darauf schließen, dass ihre beruflichen Erkenntnisse ihrem eigenen Empfinden nach einer ionischen intellektuellen Tradition zugehörten, obwohl sie selbst Dorer waren.

Die Methoden der Ärzte und der milesischen Naturwissenschaftler ähnelten sich. Sie suchten alle nach physischen anstelle von übernatürlichen Erklärungen für Naturphänomene, ob sie nun mit Geologie, Wetter, Krankheiten oder Verletzungen zu tun hatten. Die rationale Medizin der Griechen ist desto eindrucksvoller, wenn man sie beispielsweise mit der babylonischen Überzeugung vergleicht, dass Krankheit von zornigen Göttern und eindringenden Dämonen ausgelöst werde, und mit den Zaubersprüchen und Bannen, die sich in den meisten ägyptischen Papyri mit Rezepten für Medikamente abwechseln. Aber die Griechen lernten so viel von anderen Kulturen, dass das Bild kompliziert ist. Ein ägyptischer Papyrus aus dem 15. Jahrhundert v. Chr., der nach dem Amerikaner Edwin Smith benannt ist, der ihn 1862 in Luxor kaufte, beinhaltet eine systematische Herangehensweise an Verletzungen und enthält Beschreibungen des Aussehens eines jeden Wundtypus samt geeigneter Untersuchungsverfahren, Behandlungen und Prognosen. Allerdings geht es um Verletzungen, deren äußere Ursachen in der Regel beobachtet worden sind, nicht um mysteriöse Krankheiten, die anscheinend von innen entstehen und bei denen man damals möglicherweise das Gefühl hatte, eine eher religiöse Erklärung sei erforderlich.

Wissenschaftler streiten darüber, inwieweit die Griechen ihr fortschrittliches medizinisches Wissen den Ägyptern verdanken. Griechische Ärzte bewunderten die ägyptischen pharmazeutischen Fähigkeiten, wussten, dass die persischen Könige Ärzte aus Ägypten anstellten und eine der zentralen medizinischen Behandlungen aus Ägypten übernahmen, nämlich die Inkubation oder der »Traumschlaf« in der Kultstätte eines Heilgotts. Doch diese wichtige Quelle der Erfahrung wurde mit dem forschenden Ansatz der Griechen verschmolzen, der sich auf den Menschen und seinen Lebensprobleme konzentrierte, sodass daraus der rationale, wissenschaftliche Ton und die Methode des Hippokrates und seiner Schule hervorgingen. Unter anderem entwickelten Mediziner das Konzept der Wahrscheinlichkeit. Bei einer bestimmten Reihe von Symptomen konnten sie insofern eine Diagnose stellen, als sie sagten, es sei *wahrscheinlich*, dass ein Patient einen bestimmten bekannten Zustand habe. Darüber hinaus konnten sie vorhersagen, was *wahrscheinlich* mit dem Patienten in der Zukunft passieren würde, also eine *Prognose* abgeben. Hippokrates hielt das für die eigentliche Aufgabe eines Arztes. Um diese Zeit fingen die Griechen auch an, in anderen Zusammenhängen mit der Wahrscheinlichkeit zu argumentieren, etwa bei Gerichtsprozessen. Figuren der *Ilias* und der *Odyssee* argumentieren noch nicht mit der Wahrscheinlichkeit. Das früheste Beispiel findet sich in dem *Hymnus an Hermes*, der vermutlich aus dem 6. Jahrhundert v. Chr. stammt. Hermes ist in dem Gedicht noch ein kleines Kind, hat aber bereits eine Viehherde gestohlen, die seinem älteren Bruder Apollon gehörte. Hermes wird vor

Gericht gestellt. Er verteidigt sich vor seinem Vater Zeus verlogen gegen den Vorwurf, er habe Apollon Vieh gestohlen (was er wirklich getan hat), indem er darauf verweist, dass es doch *unwahrscheinlich* sei, dass er als Kind über so große physische Kraft verfüge, um Rinder zu treiben. Hippokrates setzte die Wahrscheinlichkeitslogik konstruktiver ein: Es war die Aufgabe eines Arztes, die aus empirischer Erfahrung gewonnenen Hinweise zu nutzen, um herauszufinden, was mit dem Patienten *wahrscheinlich* passieren würde; »um imstande zu sein, die Vorläufer zu nennen, die Gegenwart zu kennen und die Zukunft vorauszusagen«; um auf diese Weise all jenen »zu nutzen und nicht zu schaden«; »jene, die von ihrer Verfassung her fettleibig sind, sterben *mit einer größeren Wahrscheinlichkeit* rasch als jene, die schlanker sind«.

Der Austausch zwischen den Hippokratikern und anderen ionischen Intellektuellen erfolgte in beide Richtungen. Aus neuen archäologischen Befunden geht hervor, dass Mitte des 7. Jahrhunderts v. Chr. eine fortschrittliche Operation am Schädel einer dreißigjährigen Frau in Abdera durchgeführt wurde, einer Stadt des ursprünglichen Ionischen Bundes in einer Kolonie von Klazomenai. Der Eingriff war erfolgreich; die Frau lebte danach noch zwanzig Jahre. Wie die Entdeckung der Überreste dieser Patientin während der Ausgrabungen bei Abdera zeigt, wurden schon zwei Jahrhunderte vor der ausgereiften hippokratischen Abhandlung *Über die Kopfwunden* (um 400 v. Chr.) komplizierte chirurgische Eingriffe an Schädelknochen vorgenommen, sogar eine Trepanation (das Entfernen einer Knochenplatte, damit gefährliche Knochensplitter beseitigt werden können). Daraus folgt wiederum, dass die Wissenschaft und die medizinische Praxis schon vor Thales und den anderen ionischen Philosophen weiter entwickelt waren, als bislang angenommen. Aristoteles, Wissenschaftler und Philosoph zugleich, war seinerseits der Sohn eines bekannten Arztes, und er hatte nicht die geringsten Zweifel, dass sich die beiden Felder gegenseitig befruchteten:

Sich über Gesundheit und Krankheit zu äußern, ist nicht nur die Sache des Arztes, sondern auch des Naturphilosophen, insofern von Ursachen die Rede ist […] denn alle Ärzte, die ihren Beruf ernst nehmen, äußern sich auch über die Natur und nehmen für sich in Anspruch, von dort ihre Prinzipien zu holen, und von den Naturforschern landen die ausgezeichnetsten geradewegs bei den Prinzipien der Medizin.

Die hippokratischen Abhandlungen sind praktische Handbücher, die sich mit der tagtäglichen Realität befassen, keine Werke abstrakter Spekulation. Die Forschung akzeptiert mittlerweile, dass sie eine maßgebliche Rolle bei der ionischen geistigen Revolution gespielt haben, gerade weil sie so großen Wert auf Folgerungen, Symptome und Ursache und Wirkung legen sowie aufgrund der fehlenden Rückgriffe auf übernatürliche Erklärungen.

Aber wie verwandelten sich die Interessen der ersten Ärzte und Physiker zu etwas, das wir »Philosophie« nennen? Der erste alte Grieche, der den Begriff *philosophos* (»Weisheitsfreund«) verwendete, war Heraklit, ein Denker aus dem späten 6. Jahrhundert, der vom Wandel ganz besessen war. Der Bewohner der nach und nach verlandenden Stadt Ephesos erklärte, dass ein Strom niemals derselbe bleiben könne. Er stellte das Feuer ins Zentrum der kosmischen Ordnung und verkündete, dass alles im Fluss sei. Wie bei Thales nahmen spätere Griechen an, Heraklit habe von der »barbarischen Philosophie« gelernt. Womöglich hatte ihn die Unantastbarkeit des Feuers in der persischen Religion des Zoroastrismus angeregt. Aber unabhängig von den Quellen seiner Ideen verdient er es, der erste Philosoph im modernen Sinn genannt zu werden, weil er neben der These, dass Feuer das zentrale Prinzip der materiellen Welt sei, auch abstrakte Kräfte über die physischen hinaus (das Metaphysische) sowie Aspekte der Wahrnehmung und Grundsätze des menschlichen Verhaltens untersuchte. Die schwierige Aufgabe, eine geeignete Sprache zu finden, um seine neuen Ideen auszudrücken, brachte es mit sich, dass seine Bücher alles andere als leichte Lesekost sind. Der erste Philosoph verlieh der Philosophie auch prompt ihren Ruf, sie sei abgehoben und verworren. Seine Fragmente sind in manchen Fällen unerträglich unergründlich; das geht so weit, dass die Griechen eine Anekdote erzählen, nach der einmal der Tragödiendichter Euripides Sokrates ein Exemplar von Heraklits Buch zum Lesen gab, das etliche Jahrzehnte früher geschrieben wurde. Nach seiner Meinung gefragt erwiderte Sokrates dem Vernehmen nach: »Der Teil, den ich verstehe, ist vortrefflich, und das ist wohl auch, wage ich zu behaupten, der Teil, den ich nicht verstehe; aber man braucht einen delischen Taucher, um bis zum Grund zu gelangen.« Doch Heraklit war, ob verständlich oder nicht, der erste Mann, der intensiv über das nachdachte, was die Philosophie umfasste: ein selbstbewusstes Nachforschen nach der Natur des Daseins.

Die wachsende Breite seiner Interessen ging auf seine Theorie des ständigen Wandels zurück, die es ihm ermöglichte, die verwirrende Spannung zwischen Gleichheit und Andersartigkeit im Universum und in der Gesellschaft zu erklären. Dinge, die zu einem Zeitpunkt Gegensätze sind, können ein andermal oder unter anderen Umständen eine Einheit werden: »Es ist eigentlich dasselbe, was darin ist: Lebendes und Totes und das Wachen und das Schlafen, und Junges und Altes; denn dieses, wenn es sich ändert, ist jenes, und umgekehrt jenes, wenn es sich ändert, dieses.« Darüber hinaus hat der ständige Fluss Implikationen für die Attribute der Dinge und wirkt sich darauf aus, wie verschiedene Akteure diese Attribute wahrnehmen: Das Meer enthält Wasser, das zugleich rein und vergiftet ist. Für Fische ist es trinkbar und dient ihrer Gesundheit, aber für Menschen ist es ungenießbar und schadet ihnen. Laut Heraklit verändert sich jede Materie, indem sie unablässig zu Feuer und wieder zurück verwandelt wird. Aber in einem bedeutenden Fragment, das einen weiteren wichtigen Hinweis enthält, weshalb die Griechen imstande waren, die Philosophie zu erfinden, vergleicht er diesen

Prozess mit dem unendlichen »Austausch« von Gold gegen Waren und umgekehrt. Das Universum war im Fluss. Es konnte gemessen werden, aber nur als Äquivalent einer kosmischen Währung.

Die Milesier und die Epheser lebten in der Nachbarschaft Lydiens, wo im 7. Jahrhundert v. Chr. die ersten Münzen der Menschheitsgeschichte geprägt wurden. Leere Metallscheiben mit dem erforderlichen Gewicht wurden erhitzt und zwischen zwei Gussformen gelegt, in jene konkaven Formen aus Bronze, welche die Negativform zur späteren Gestalt der Münze hatten. Der Schmied legte die Formen flach hin und schlug kräftig mit dem Hammer auf die obere Form, um die geschnitzten Bilder auf die Scheibe zu prägen und so eine Münze zu schaffen. Dieser gewaltige technologische Fortschritt war ein Ansporn, der sich hinter dem innovativen Denken der Ionier verbarg, insbesondere hinter dem abstrakten Konzept Anaximanders vom Unendlichen, dass die Dinge im Universum womöglich unendlich waren und überhaupt keine Grenzen besaßen. Die Fabel von dem phrygischen König Midas, der verhungerte, weil alles, was er berührte, zu Gold wurde, stammt aus dieser Zeit und Region, denn Phrygien grenzt ebenfalls an Lydien. Oder nehmen wir den Mythos von Charon, dem Fährmann in die Unterwelt. In Aristophanes' Komödie *Frösche*, die 405 v. Chr. uraufgeführt wurde, machen der Gott Dionysos und sein Sklave einen Ausflug in die Unterwelt. Ihnen begegnet ein Leichnam auf seiner Reise und sie bitten ihn, ihr Gepäck auf seiner Bahre mit nach unten zu nehmen. Aber er verlangt zwei Drachmen dafür, den Lohn für vier Tage Arbeit. Die Summe war außerdem zwölfmal so hoch wie die einzelne Münze, welche die Griechen in den Mund der Toten legten, um den Fährmann zu bezahlen: die Obole. Der Tote hatte nichts von seinem Feilschen, denn im Hades konnte er sich mit Geld nichts kaufen. Ein beliebtes altes Trinklied lautete: »Midas war gesegnet, aber wer hat schon jemals mehr als eine Obole in den Hades mitgenommen?« Der Dialog des Aristophanes auf dem Weg in die Unterwelt stellt deshalb die Frage, ob man sich mit Geld einen leichteren Tod erkaufen kann. Gibt es eine Form von Wert, die auch über den Tod hinaus Bestand hat? Kann man ihn mit sich nehmen, wenn man stirbt? Kann es einen unsterblich machen? In Rom hätte der Gott, dem man die Erfindung des Münzwesens zuschrieb, eigentlich Vulkanus sein müssen, der Gott der Metallarbeiter und Schmiede, aber stattdessen war es Janus, der zweiköpfige Gott, der das neue Jahr hervorbringt und bis in alle Ewigkeit gleichzeitig nach vorn und nach hinten blickt.

Münzen repräsentieren einen zeitlosen Wert, der in Bruchteile von winzigem Nennwert unterteilt, aber auch endlos angehäuft werden kann. Münzen ermöglichen es, sich eine so große Menge an Geld vorzustellen, dass man sie in seinem ganzen Leben nicht ausgeben kann. Darin liegt die Verbindung des Geldes zur Philosophie. Münzen unterscheiden sich von tragbaren Rohbarren. Der Wert, den sie repräsentieren, muss nicht zwangsläufig genau so hoch sein, wie der Wert des Metalls als Ware. Im Extremfall können Münzen gefälscht werden. In vielen antiken Städten wurden Münzen von kleinem Wert in Bronze ausgegeben. Ihr Nennwert hatte wenig mit dem inhärenten Metallwert zu tun. Diese Diskrepanz zwischen den beiden Werten – dem nominellen und dem tatsächlichen – begann in derselben Minute, in der im archaischen Lydien die erste Münze geprägt wurde. Karl Marx beschreibt diesen Prozess im ersten Band des *Kapitals*. Der Kreislauf der Münzen reduziert sie stets zu einem Abbild des Wertes, den sie symbolisieren. Was am Anfang tatsächlich aus Gold gemacht ist und den numerischen Wert hat, den man aufgeprägt hat, wird am Ende stets durch Münzen oder Banknoten ersetzt, die symbolisch für einen numerischen Wert stehen, aus materieller Sicht aber wertlos sind. Marx spricht im Zusammenhang mit dieser Verwandlung des Geldes vom »Goldsein« zum »Goldschein«. Münzen sind etwas Konkretes, bestehen aus Materie, aber sie bezeichnen eine Menge in der in sich geschlossenen Welt des rein abstrakten symbolischen

Wertes. Die gesamte menschliche Arbeit und alle Gegenstände der realen Welt können mit Geld gemessen und in es umgewandelt werden. Diese neue Welt, die nur im Kopf existiert, gestattete es mit einem Mal den Griechen, in der Nachbarschaft des lydischen Reiches zu diskutieren und nicht greifbare Ideen konzeptionell zu erfassen. Abstrakte Vorstellungen von Wert, Zeit und Existenz wurden zum ersten Mal in der Geistesgeschichte von der realen Welt der Arbeit, der körperlichen Bedürfnisse und der materiellen Umgebung losgelöst.

Der wohl unterschätzteste antike Philosoph war der brillante Xenophanes, der das lydische Königreich selbst erlebt hatte und die Einführung des Münzwesens für eine gewaltige Sache hielt. Wie Heraklit interessierte auch er sich für den Wandel und für die Beziehung zwischen Gleichheit und Unterschied, aber er konzentrierte sich darauf, wie sich der Wandel in menschlichen Gemeinschaften statt in der materiellen Verfassung des Universums äußerte, und legte damit den Grundstein für die Erfindung der politischen Theorie. Seine Stadt Kolophon nördlich von Ephesos gehörte zum Ionischen Bund. Die von Athenern gegründete Stadt war Mitte des 7. Jahrhunderts von Gyges unterworfen worden, pflegte aber zwischen 613 und 560 v. Chr. freundschaftliche Beziehungen zu dem späteren lydischen König Alyattes. Einer Überlieferung zufolge hatte Alyattes die Kolophoner gefügig gemacht, indem er ihre Reiterei auflöste.

Xenophanes kritisierte seine Landsleute dafür, dass sie die extremen Aspekte der ausschweifenden lydischen Lebensweise zur Schau stellten, insbesondere ihre prächtigen, purpurfarbenen Roben, Parfüms und extravaganten Frisuren. Dieser »aufgeblasene« oder feine Lebensstil, den man den östlichen Barbaren abgeschaut hatte, war in vielen ionischen Städten beliebt, auch in Kolophon. Xenophanes nannte die affektierte Lebensweise »nutzlos«, weil sie der Zivilgesellschaft keinen Vorteil brachte. Seine Ablehnung hing zusammen mit seiner berüchtigten Kritik an ausgefallenen Preisen

(Prämien und kostenlose Mahlzeiten), die Athleten von ihren Heimatstädten nach einem Sieg bei den Olympischen Spielen verliehen wurden. Er wandte ein, dass der Nutzen, den die Athleten für die Gemeinschaft leisteten, kurzlebig sei und dass ihr Sieg weder die Verwaltung der Stadt noch deren Wohlstand verbessere. Mit dieser Kritik erhob Xenophanes zugleich den Anspruch, dass er selbst als erfahrener und aufgeklärter Dichter eine Belohnung verdient habe. Er war kein Asket, denn er komponierte auch ein Lied darüber, wie man auf einem Symposion am besten trank. Aber weil sportliche Wettkämpfe das Vorrecht der Elite waren, hat seine Kritik einen scharfen, protodemokratischen, politischen Unterton.

Der politisch desillusionierte Xenophanes wanderte aus Kolophon nach Süditalien aus und ist deshalb die Übergangsfigur zwischen den ostgriechischen Erfindern des rationalen Denkens und der zweiten Gruppe früher Philosophen, die ganz im Westen der griechischen Welt tätig waren. Xenophanes war ein Gründungsvater. Er war der erste Philosoph, der den Spott als formales Mittel für die Kritik an der Position anderer Denker einsetzte. Er war außerdem der erste altgriechische Autor, der ganz klar eine relativistische Haltung verfocht. Das heißt: Er bestritt, dass eine Behauptung absolut wahr sein konnte, weil es von der subjektiven Anschauung des Individuums, das sie beurteilte, abhing, ob sie für wahr oder falsch gehalten wurde – ein wichtiger Grundsatz, mit dem die Verfechter dogmatischer Meinungen noch heute ihre Probleme haben. Xenophanes war so überzeugt von den Schwierigkeiten, die mit der Suche nach der wahren Erkenntnis verbunden waren, dass man ihn den ersten Skeptiker genannt hat. Er argumentierte als Erster systematisch, dass ein Unterschied zwischen Glauben und Wissen besteht. Er behauptete, das Streben nach gesichertem Wissen im Falle von Dingen, die nicht offensichtlich waren, sei riskant – und selbst wenn die Menschen zufällig auf die Wahrheit in solchen Dingen stießen, so hätten sie keine Möglichkeit ganz sicher zu wissen, dass sie wirklich zutreffe. Allerdings bestreitet er nicht, dass es sich lohnt *zu versuchen*, durch unablässiges Nachforschen, das menschliche Wissen zu erweitern.

Xenophanes bediente sich der Dichtung, um die Epen zu kritisieren, die die Quelle der griechischen Weisheit bildeten: die Homers und Hesiods. Er nahm jene Geschichten aufs Korn, die diese Dichter über die Götter erzählten, die alles Mögliche taten, was die Menschen für schändlich hielten: Ehebruch, Diebstahl und Betrug. Mit Xenophanes können wir einen radikalen Schritt in Richtung eines distanzierteren und desinteressierteren Pantheons der Gottheiten beobachten. Diese neuen Gottheiten hatten wenig mit den gehässigen, kindischen olympischen Göttern gemein. Xenophanes hatte außerdem als Grieche gelernt, der in engem Kontakt zu unzähligen ethnischen Gruppen lebte, dass Menschen dazu neigen, sich die Götter exakt nach ihrem Ebenbild vorzustellen: »Die Äthiopier [malen] ihre Götter schwarz und stumpfnasig, die Thraker rötlich und blauäugig.« Die folgende Anspielung auf das Tierreich zeigt, wie Xenophanes absurden Humor einsetzt, um tiefblickende intellektuelle Thesen aufzustellen: Wenn Ochsen, Pferde und Löwen imstande wären, Bilder von Göttern zu erschaffen, so würden sie diese in der Gestalt von Ochsen und Pferden beziehungsweise Löwen darstellen.

Das heißt nicht, dass Xenophanes keine Götter hatte, oder genauer keinen Gott. Sein oberster Gott sollte mit dem gesamten Universum identifiziert werden, eine einzige, bewegungslose Einheit. Dieser Gott hat weder menschliche Gestalt noch menschlichen Verstand. Er spricht nicht direkt zu den Menschen und erscheint auch nicht in ihren Kreisen. Das führt zu der wohl profundesten Folgerung des Xenophanes. Er verachtete ein Ritual, demzufolge Häuser mit Kiefernzweigen geschmückt wurden, weil sie angeblich numinose, also göttliche Macht hatten. Er machte sich über Propheten und Wundertäter lustig und glaubte nicht an Prophezeiungen. Dieser kompromisslose Skeptizismus mit Blick auf religiöse Kulthandlungen resultierte aus seiner Auffassung der physischen Eigenschaften des Universums. Manche aufsehenerregende Ereignisse, die in der Natur auftraten und gemeinhin für göttliche Zeichen gehalten wurden, seien alles andere als das, spottete er. Scheinbare physische Wunder müssten, betonte Xenophanes nachdrücklich, nichtwundersame Ursachen haben, die mit bloßem Auge nicht zu sehen seien. Der Regenbogen, den die Griechen als Göttin Iris kannten, war nur eine Wolke mit bunten Streifen. Wenn Seefahrer violette Lichter an den Spitzen ihrer Masten aufleuchten sahen (das Sankt-Elms-Feuer, das von elektrischen Ladungen erzeugt wird, häufig nach einem Blitz), so waren dies nicht die Dioskuren, die ihnen Schutz versprachen, sondern Wolken, die Licht erzeugten, während sie sich bewegten. Gott kommunizierte nicht mit dem Menschen.

Pythagoras, der zweite Philosoph, der mit einem Schiff von Ionien nach Italien segelte, forschte, welche Geheimnisse die reine Wissenschaft der unsichtbaren Zahlen über die Struktur der sichtbaren Welt enthüllen konnte. Pythagoras wurde auf der ionischen Insel Samos geboren, verließ sie aber, möglicherweise auf der Flucht vor der Tyrannei des Polykrates, und ließ sich in Kroton am Ballen des italienischen Stiefels nieder. Wie so viele antike Philosophen wurde er mit der »Weisheit der Barbaren« assoziiert. Manche im Altertum glaubten sogar, Pythagoras habe »in Babylon« mit Zoroaster (Zarathustra) persönlich studiert, dem Gründer des Zoroastrismus; andere sagten, sein Lehrer sei eine delphische Priesterin gewesen. Seine Lehren waren mystischer als die anderer Ionier, und die Sekte, die er leitete, war esoterisch, ernährte sich vegetarisch und lebte asketisch. Er fühlte sich zu den Ideen der Seelenwanderung und Reinkarnation hingezogen. Ihm gelangen wichtige Fortschritte in der Beziehung zwischen Musik und Mathematik; Harmonie war in seinen kosmischen Theorien von konzeptioneller Bedeutung. Am bekanntesten ist er natürlich für den Satz, der seinen Namen trägt: In einem rechteckigen Dreieck ist das Quadrat der Hypotenuse gleich der Summe der Quadrate der beiden anderen Seiten. Und in diesem Fall besteht kein Zweifel daran, dass sich der griechische Denker in der Tat auf »barbarisches Wissen« stützte, denn die Babylonier hatten die elementare Beziehung der »pythagoreischen« Dreiecke schon 1800 v. Chr. gelöst.

Kaum trugen Xenophanes und Pythagoras die Philosophie westwärts, da brachten Italien und Sizilien schon ihre eigenen Denker hervor. Pythagoras beeinflusste Empedokles von Akragas, den wohl berühmtesten antiken Sizilianer und eine schillernde Figur. Wie Pythagoras glaubte auch er an die Reinkarnation und stürzte sich dem Vernehmen nach in den Krater des Ätna, um der Welt durch sein Verschwinden einzureden, er sei zu einem Gott geworden (dummerweise wurde seine Sandale wieder ausgespuckt, so dass seine These unterminiert wurde). Wo die Milesier noch diskutiert hatten, welche Substanz die ursprüngliche war, da erklärte Empedokles, dass alle vier klassischen Elemente (Wasser, Erde, Feuer und Luft) *gemeinsam* das Universum bildeten. Diese Elemente wurden unablässig durch die rivalisierenden Kräfte der Liebe und des Streits zusammengeführt und wieder auseinandergerissen, was die sich verändernde Natur der Welt, Pflanzen und Tiere im Laufe der Evolution erklärt.

Auf dem italienischen Festland waren die Eleaten die wichtigsten Philosophen, die nach der Stadt Elea (dem römischen Velia und heutigen Ascea) im italienischen Südwesten benannt wurden. Mit ihnen ging die Erforschung der Philosophie verstärkt in Richtung der Abstraktion. Ihr Vordenker war Parmenides, der um 510 v. Chr. in Elea als einheimischer italienischer Grieche geboren wurde. Die Fragmente seines Gedichts *Über die Natur* zählen zu den wohl umstrittensten Texten der Philosophiegeschichte. Aber sie belegen seine Bedeutung als Gründer der Erforschung des Wesens der Existenz selbst, des Seins (Ontologie) als ein definierter und eigener Gegenstand der ernsthaften Debatte. Parmenides lehnte die heraklitische Vorstellung ab, dass alles im Fluss sei. Er bestand vielmehr darauf, dass die Existenz unveränderlich sei und ein einziges Ganzes bilde.

Und deshalb war sie auch erfassbar. Dinge können nicht aus dem Nichts entstehen und wieder vergehen. Es gibt keine Veränderung oder Pluralität, was bedeutet, dass jede Bewegung Illusion ist. Das Dasein hat keine Vergangenheit und keine Zukunft. Es *ist* einfach nur. Moderne Philosophen behaupten gelegentlich, dass Parmenides *eigentlich* der Vater der westlichen Philosophie sei, weil er systematisch argumentierte. Seine Lehre war allumfassend und bot eine kohärente Erklärung dafür, wie alles im Universum als Ganzes funktionierte. Sie erkannte und stützte sich auf einige zentrale Bausteine des rationalen Denkens, Konzepte wie Wahrheit und Kontinuität. Parmenides setzte ferner Argumentationsmethoden ein, die Sokrates später umfassend weiterentwickelte, wie das Aufzeigen eines Widerspruchs.

Parmenides' These, dass jede Bewegung Illusion sei, wurde von dem jüngeren Eleaten Zenon in einer Reihe bunter Paradoxe verteidigt. Sie sind deshalb faszinierend, weil sie zeigen, welchen Unterricht ein junger Philosoph möglicherweise in der parmenidischen Schule genossen hatte. Noch heute sind sie häufig die ersten philosophischen Nüsse, die junge Studenten knacken dürfen. Der Begriff *paradoxon* bedeutet eigentlich: »Nachweis, dass scheinbar vernünftige Annahmen absurde Konsequenzen haben können« (Charles A. Kahn). Das berühmteste Paradoxon ist unter dem Namen »Achilleus und die Schildkröte« bekannt. Die Mehrheit der Menschen geht davon aus, dass Achilleus, weil er schneller läuft als die Schildkröte, sie überholen wird, wenn er ihr nachläuft. Aber laut Zenon hat die Schildkröte jedes Mal, wenn der Held kurz davor ist, sie einzuholen, noch Gelegenheit, sich wieder ein Stück weiter zu bewegen. Setzt man dies endlos fort, heißt es, dass Achilleus niemals den Ort erreichen wird, an dem die Schildkröte sich befindet, ehe sie ihn wieder verlassen hat. Ein zweites berühmtes Paradoxon argumentierte, ein fliegender Pfeil sei nicht in Bewegung, auch wenn die meisten Menschen dies glaubten, weil er sich zu jedem einzelnen Moment an einem bestimmten Ort befindet und deshalb stillsteht. Diese und andere Paradoxa Zenons sind in der Tat viel schwerer zu widerlegen, als es scheinen mag.

Im 5. Jahrhundert hatten die wissbegierigen Griechen aus Ionien und Italien im Wesentlichen bereits die großen Fragen formuliert, die der antiken und einem großen Teil der modernen Wissenschaft und Philosophie zugrunde liegen: Was ist das Wesen der Welt und des Daseins? Wie erfahren wir Dinge und wissen, dass sie auch zutreffen? Wie erklären wir menschliches Verhalten? Sie hatten die Wirksamkeit traditioneller Riten und die Existenz der olympischen Götter infrage gestellt, zumindest die Art und Weise, wie Homer und Hesiod sie porträtiert hatten; sie hatten die Naturwissenschaft erfunden und das Verständnis der Mathematik vorangebracht. Eine faszinierende Verquickung von Umständen ließ im 6. Jahrhundert die ionische Kultur Männer hervorbringen, die diese Fragen direkt stellten, ohne darauf zu warten, dass ihnen ein Gott die Antwort gab: ihre Beobachtungen des Wandels in der Landschaft; die Fortschritte in der Medizin in benachbarten Städten und auf Inseln; ihre Nähe zu Apollon, dem Gott des Intellekts; das Selbstvertrauen und geistige Rüstzeug, das sie als Seefahrer erworben hatten; ihre nach Osten gerichtete Anschauung; ihr enger Kontakt und kultureller Austausch mit anderen Völkern, insbesondere den Phöniziern, Lydern und Persern; und ihre Reaktion auf die Erfindung des abstrakten Wertes in Form von geprägten Münzen.

Der dritte und letzte Akt der ionischen Aufklärung fiel zeitlich mit dem erstaunlichen Aufstieg des Perserreiches zusammen und verlagerte letztlich das Zentrum der geistigen Bemühungen ins klassische Athen, wo wiederum die politische Theorie des Protagoras und Herodots *Historien* entstanden. Bis zum 7. Jahrhundert waren die Neoassyrer mit ihrem Sitz in Babylon und die Ägypter die Großmächte des antiken Nahen Ostens. Doch nachdem die Dynastie der Mermnaden das Lydische Reich so weit ausgedehnt hatte, dass es sich über einen großen Teil der Westküste Asiens erstreckte, rissen im späten 7. Jahrhundert die Meder, ein iranisches Volk im Binnen-land, sukzessive immer mehr Land und Macht an sich. Um 600 beherrschten die Meder ein Gebiet, das einen großen Teil des heuti-gen Irans, Afghanistans und der Osttürkei umfasste. Doch ihre ira-nischen Rivalen, die Perser, die zuvor ein medischer Vasallenstaat gewesen waren, bekamen unter Kyros II. dem Großen 549 v. Chr. die Oberhand. Eben dieser Kyros wurde (und wird) deshalb als Gründer des achaimenidisch-medisch-persischen Reiches angese-hen, das sich über Jahrhunderte als zentral für die Geschichte der alten Griechen und ihr Selbstbild erweisen sollte.

Für die Griechen in Kleinasien muss es furchtbar gewesen sein zu verfolgen, mit welcher Geschwindigkeit sich die Achaimeniden die Welt einverleibten. Allein zu Lebzeiten des Kyros eroberten sie Lydien, Lykien, die griechischen Städte Anatoliens, Phönizien, Kilikien und Babylonien und schufen auf diese Weise ein gigan-tisches Reich, das sich vom heutigen Iran bis in den Westen der Türkei und auf den östlichen Balkan erstreckte. Kyros' Sohn Kam-byses II. regierte nur acht Jahre lang, von 530 bis 522, eroberte aber sogar Ägypten. Dareios I. gelang anschließend die Konsolidierung des Reiches, die symbolisch durch den Bau riesiger könig-licher Palastkomplexe in Susa und Persepolis repräsentiert wurde. 499 v. Chr. lehnten sich viele griechische Städte in Ionien gegen die persische Herrschaft auf, die in ihren Gemeinschaften in erster Linie durch handverlesene, griechische Tyrannen aufrechterhalten wurde, die im Namen des persischen Königs regierten. Die Auf-ständischen wurden von Schiffen und Soldaten aus Athen und Eretria unterstützt, ionischen Städten auf dem griechischen Fest-land. Aber das Perserreich schlug den Aufstand erfolgreich nieder. Die Rebellion endete schließlich damit, dass die Perser die ionische Stadt Milet im Jahr 494 verwüsteten und ihre Bewohner ermorde-ten oder versklavten. Wie sehr sich Dareios über die griechische Sorglosigkeit geärgert hatte, zeigte sich vor allem vier Jahre später an seiner Entscheidung, in Griechenland selbst einzumarschieren, im ersten der beiden gewaltigen Perserkriege, die von den Griechen glorreich gewonnen wurden. Das persische Heer wurde in der Schlacht von Marathon besiegt und zog sich zurück. Dareios' Sohn Xerxes versuchte es zehn Jahre später erneut, nur um in den Schlachten von Salamis und Plataiai geschlagen zu werden.

Nach dem Abzug der Perser vom griechischen Festland im Jahr 479 verschob sich das Zentrum der geistigen Innovation weiter westwärts nach Athen (seinerseits eine ionische Stadt), das sich nachdrücklich auf der Landkarte als einer der beiden führenden Stadtstaaten der freien griechischen Welt hervorgetan hatte. Aber wir sehen anhand von Persönlichkeiten wie Anaxagoras, Demokrit und Protagoras, die Athen aufsuchten oder dorthin zogen, dass die Verbindung zur älteren ionischen Tradition erhalten blieb. Anaxagoras aus Klazomenai, einer asiatischen Stadt des Ionischen Bundes, galt als Begründer der Philosophie in Athen nach den Perserkriegen. Wie die Milesier vor ihm behauptete auch Anaxagoras, dass die Welt aus einer materiellen Substanz bestehe, die sich in seinem Fall aus unendlichen und unzerstörbaren Primärelementen zusammensetzte. Diese Primärelemente wiederum konnten sich weder vervielfältigen noch verschwinden, sondern lediglich vermischen und trennen. Das materielle Universum des Anaxagoras wurde jedoch vom Prinzip des Verstandes oder der göttlichen Vernunft regiert, die er *nous* (Geist beziehungsweise Sinn) nannte.

Demokrit hatte Verbindungen zu Milet, stammte aber aus einer bemerkenswerten Kolonie von Klazomenai, aus Abdera im Norden der Ägäis an der thrakischen Küste, wo wir bereits der Patientin mit der Schädeloperation begegneten. Demokrits Vorstellungen waren für die antike Wissenschaft und für die philosophische Schule der Epikureer von unschätzbarer Bedeutung. Im Gegensatz zu Anaxagoras löste er sich von der Idee, dass das Universum einen Zweck oder ein beherrschendes Prinzip habe, dem die materiellen Bestandteile untergeordnet waren. Er war der erste bekannte Wissenschaftler, der argumentierte, dass alles aus winzigen unteilbaren und unzerstörbaren materiellen Teilchen bestehe (die er Atome nannte), die sich in einer unendlichen Leere bewegen. Die Veränderungen, die Menschen wahrnehmen, werden von Atomen verursacht, die sich ewig miteinander verbinden, trennen, zusammenstoßen und neu platzieren. Die Bewegungen werden alle mechanisch durch vorherige Bewegungen ausgelöst und sind unvermeidlich wie willkürlich. Alle Welten, einschließlich der, die Menschen erleben, werden durch Atome erschaffen, die einander umkreisen und Bündel bilden. Welten werden zerstört, wenn sich die Bündel zu gegebener Zeit unweigerlich trennen.

Vor der Abreise aus Abdera nach Athen begegnete Demokrit der Überlieferung nach einem Mann, der als Träger arbeitete. Verblüfft über die geometrische Perfektion, mit der der Träger die Holzklötze in dem Bündel, das er trug, verschnürt hatte, verkündete Demokrit, er sei ein mathematisches Genie. Er lud ihn ein, sich seinem Haushalt anzuschließen, und brachte ihm Philosophie bei. Der Name des Arbeiters war Protagoras, und er folgte Demokrit alsbald nach Athen. Dort stieg er zum wichtigsten politischen Denker in der Demokratie auf, wie es sich für einen Arbeiter gehört, der aufgrund der Stärke seiner intellektuellen Fähigkeiten bekannt wurde. Es gibt viele verlorene antike Texte, die Althistoriker gerne wiederbeschaffen würden, aber die vollständigen Werke des Protagoras ständen auf meiner persönlichen Liste ganz oben. Die beiden bekanntesten Sätze des Protagoras lauteten: »Der Mensch ist das Maß aller Dinge«, und dass die Existenz von Göttern eine unbeweisbare Annahme sei. Er entwickelte das Konzept einer zivilen »Eintracht«, einer Frühform des »Gesellschaftsvertrags«, und seine Ideen sind noch heute aktuell. Doch sind die Texte nur schwer zugänglich. Sie werden in *Protagoras* und *Theaitetos* von Platon diskutiert, der seinerseits grundlegend anderer Meinung als der Abderaner war und Einwände gegen die Idee der Volksherrschaft oder Demokratie hatte. Da Protagoras, der um 490 v. Chr. geboren wurde, viel älter als Sokrates war, stand es Platon vergleichsweise frei, wie stark er Protagoras überzeichnete oder sogar falsch darstellte. Sokrates führte lange Gespräche mit Protagoras, aber als Platon sie dokumentierte, war Protagoras nicht mehr am Leben, um sich über die Worte zu beschweren, die Platon ihm in den Mund legte, oder darüber, was er ausließ. Andererseits behandelte er Protagoras mit viel größerem Respekt, als er ihn den meisten sophistischen Gesprächspartnern des Sokrates erweist.

Protagoras vertrat die relativistische Anschauung, dass es kein absolut richtig oder falsch gebe, sondern dass jede Gemeinschaft für sich selbst herausfinden müsse, was sie für falsch oder richtig hält. Diese Ansicht, dass Gesetze bedingt im Zuge des menschlichen Fortschritts entstehen und deshalb relativ sind, basiert auf dem Geschichtsbild des Protagoras vom menschlichen Fortschritt, als sie von den Höhlenunterkünften zum Stadtstaat wanderten. Neben Platon existieren als weitere glaubwürdige Quellen, an die wir uns auf der Suche nach den Ideen des Protagoras wenden können, einige Tragödien, die während seiner Tätigkeit in Athen entstanden. In dem Aischylos zugeschriebenen *Gefesselten Prometheus* wurde den Menschen von dem philanthropischen Titan nicht nur der Gebrauch des Feuers beigebracht, sondern auch ihre grundlegenden Künste und Handwerke, wie er selbst stolz verkündet. Dem mitfühlenden Chor der Töchter des Okeanos beschreibt Prometheus sein Werk:

[Die Menschen] wussten nichts vom Ziegelbau der Häuser, sonnwärts offen, nichts von Zimm'rers Kunst; erdeingegraben wohnten sie den wimmelnden Ameisen gleich, in Höhlenwinkeln sonnenlos.
Von keinem Merkmal wussten sie für Winters Nahn, noch für den blumenduftigen Frühling, für den Herbst, den früchtereichen; sonder Ordnung, sonder Zweck war, was sie taten; bis ich ihnen deutete der Sterne schwer verständlichen Auf- und Niedergang.

Anschließend fügt Prometheus noch Arithmetik, Schrift, Medizin, Weissagung und Metallurgie sowie die Verwendung von Lasttieren und die Seefahrt der beeindruckenden Liste von Gaben hinzu, die er angeblich der Menschheit geschenkt habe. Die Griechen hatten mehrere »technologische« Helden und schreiben an anderer Stelle die Erfindung der Schrift dem Palamedes zu, einem Griechen in Troja. Aber in Prometheus' Worten in dieser Tragödie findet die protagoreische Vision des menschlichen Fortschritts ihre großartigste Äußerung.

Die Erfahrung, immer wieder neue Gemeinschaften zu gründen, beschleunigte die Entwicklung der politischen Theorie. Tausende neue Gruppen von Griechen errichteten Hunderte neue Städte in den Jahrhunderten, als Ionier die neuen Wege des Denkens bereiteten. Mehrere Philosophen zogen mindestens einmal in ihrem Leben ihrerseits aus einer älteren in eine neuere Stadt, häufig weil erstere von den barbarischen Königreichen im Osten bedrängt wurde. Einige der herausragendsten Griechen aller Zeiten waren an der Gründung von Thurii 444 v. Chr. beteiligt. Es war eine ungewöhnliche Kolonie, die als panhellenisches Projekt gedacht war, der Versuch, eine beispielhafte, demokratische griechische Polis zu gründen, an dem Migranten aus mehreren Städten unter der Federführung Athens teilnahmen. Zu den ungewöhnlichen Aspekten zählte, dass sowohl ionische als auch dorische Griechen beteiligt waren. Der Anlass für das Projekt ist nicht ganz klar, wenngleich die Athener, angeführt von Perikles, ihren Einfluss im Westen stärken wollten und auch von reichen Holzvorräten in der Region angelockt wurden. Doch dem Unternehmen lag ein ernsthafter intellektueller Idealismus zugrunde, eine Anschauung, die zudem von der antiken Überzeugung erhärtet wird, dass der Mann, der mit dem Verfassen der Gesetze von Thurii beauftragt wurde, niemand anderes als Protagoras war und dass selbst der Sizilianer Empedokles der Kolonie einen Besuch abstattete.

Das außergewöhnliche Experiment, das in der neuen Modellstadt Thurii durchgeführt wurde, lockte außerdem keinen geringeren als Herodot an, den Vater einer revolutionären Forschungsvariante, der Geschichte. In der Tat ist das Wort für deren Praktiker, die Historiker, vom griechischen Wort *historie* (»Erkundung«) abgeleitet. Die Form der Metaerkundung, die Herodot erfand, suchte erstmals zu erklären, wie die gesamte zeitgenössische Welt aus vergangenen Umständen und realen Ereignissen hervorgegangen war, in seinem Fall aus den Perserkriegen, von denen er leidenschaftlich überzeugt war, dass sie es verdienten, niedergeschrieben und von künftigen Generationen erinnert zu werden. Wir müssen Herodot dafür danken, dass er das Konzept entwickelte, dass wir, um die Gegenwart zu verstehen, unsere Vergangenheit und die Vergangenheit aller anderen Völker der Welt dazu verstehen müssen. Sein bahnbrechendes Manifest formuliert er gleich im ersten Satz: Er hat seine Nachforschung (*historie*) durchgeführt, »damit bei der Nachwelt nicht in Vergessenheit gerate, was unter Menschen einst geschehen ist; auch soll das Andenken an große und wunderbare Taten nicht erlöschen, die die Hellenen und die Barbaren getan haben, besonders aber soll man die Ursachen wissen, weshalb sie gegeneinander Kriege führten«. Er beeinflusste sämtliche Historiker, die das Altertum in der Folge noch hervorbrachte. Da man erst Mitte des 15. Jahrhunderts wieder anfing, seine Schriften zu lesen, ist er weltweit die Hauptquelle für klassische griechische und persische Geschichte und für einen großen Teil der Informationen über die Ägypter sowie für die Barbaren auf dem Balkan und am Schwarzen Meer in Thrakien und Skythien.

Herodots Werk zeigt, wie intensiv die Griechen vor ihm und zu seiner Zeit, vor allem diejenigen, die in Kleinasien geboren wurden und aufwuchsen, mit »barbarischen« Kulturen im Dialog standen. Ein wichtiger Vorläufer des Herodot, Hekataios von Milet, hatte sich bereits der systematischen Erforschung der Lebensweisen verschiedener Völker gewidmet. Hekataios erweiterte die Karte des Anaximander, indem er die Ländereien hinzufügte, die Ende des 6. Jahrhunderts das Perserreich bildeten, insbesondere Ägypten. Außerdem nahm er Details über Skythien und das westliche Mittelmeer auf, das die Kolonisierung den Griechen erschlossen hatte und das die Neugier ihrer Denker angeregt hatte. Seine große Leistung war teils kartographischer Natur, aber was ihn wirklich faszinierte, war die Untersuchung des individuellen Charakters der verschiedenen ethnischen Gruppen, die Ethnologie. Anders ausgedrückt leistete Hekataios Pionierarbeit auf dem Feld der vergleichenden Anthropologie. Um ein Volk wie beispielsweise die Libyer zu verstehen, war es natürlich notwendig, etwas über ihre Vergangenheit, ihre physische Umgebung sowie über ihre Sitten zu wissen. Somit flossen sowohl historisches als auch geographisches Material in sein großes Werk *Periegesis* (»Umriss«) ein. Es liest sich wie das Handbuch eines Seefahrers und zählt detailliert verschiedene Orte und ihre Bewohner in der Reihenfolge auf, in der ein Schiff an ihnen vorbeikam, wenn es an der Küste entlangsegelte.

Herodot führte Hekataios' Interesse an der Anthropologie fort, sammelte aber auf seinen Reisen Augenzeugenberichte und mündlich überlieferte Geschichten und zog Unterlagen zurate, welche die von ihm untersuchten Barbaren führten. Seine Schilderung der ägyptischen Religion basierte auf ägyptischen Fassungen ihrer eigenen Tempelgeschichte; die achaimenidischen Perser nutzten griechische Vermittler, um etwas über die griechische Mythologie und Tradition zu erfahren, die sie anschließend in ihre eigenen Versionen der Geschichte integrierten und die Herodot wiederum dokumentierte.

Herodot lässt uns nie vergessen, dass wir griechische Schriften über den Orient lediglich als eine Seite der Medaille betrachten sollten – denn beide Seiten standen unablässig in einem lebendigen Austausch miteinander: Griechische Eliten in und um die nordwestlichen Regionen des Persischen Reiches pflegten enge Beziehungen zu den Höfen des persischen Königs und seiner Satrapen, den Statthaltern einer Provinz. Es gab viele Individuen, die in ethnisch komplexen zivilen Gemeinschaften lebten, vor allem rings um das Schwarze Meer und in Kleinasien. Die verschiedenen ägäischen und nahöstlichen Sphären muss man sich »als ein Mosaik höchst individueller und markanter Kulturen« vorstellen, »das sich im Laufe von mehreren tausend Jahren mehr oder weniger überschnitt oder miteinander interagierte« (Amélie Kuhrt).

Wie mehrere aufgeklärte östliche Griechen, denen wir in diesem Kapitel begegneten, wanderte auch Herodot aus einer griechischen Stadt in Asien nach Westen, zuerst nach Athen (wo er eventuell einen Großteil seiner *Historien* schrieb) und dann in die neue Modellkolonie in Thurii, wo er vielleicht noch an seinem bahnbrechenden Werk feilte und dann starb. Obwohl er in Halikarnassos geboren wurde, einer dorischen Stadt im Süden Anatoliens, schrieb er die *Historien* im ionischen Dialekt und enthüllt damit die intellektuelle Tradition, der er wie auch die hippokratischen Autoren angehört. Bei aller Originalität seines Projekts hätte Herodot das Genre der Geschichtsschreibung nicht erfinden können ohne die Ergebnisse der östlichen Intellektuellen, die ihm vorausgegangen waren: ohne die Karte des Anaximander, den skeptischen Relativismus des Xenophanes, die Anthropologie des Hekataios und die Systeme der Hypothese, Indiz und Beweis und die auf der Wahrscheinlichkeit basierende Logik, die für medizinische Zwecke verfeinert wurde. Aber er entdeckte mit der Geschichte in der Tat ein neues Genre, das jede Verästelung des Denkens umfassen konnte, die von Thales und seinen Nachfolgern entwickelt worden war: Herodot untersuchte mit dem gleichen Eifer auch das physische Verhalten des Nils oder die Gründe, weshalb verschiedene Stämme andere Götter anbeten, oder die Ursachen der Expansion des Persischen Reiches. Herodot nutzte auch die Vorbilder, die jene ionischen Dichter abgaben, die über die Geschichte ihrer eigenen Gemeinschaften nachdachten, etwa Mimnermos von Kolophon, dessen Gedichte die Kriege der Ionier mit Gyges nacherzählten.

Aber am meisten profitierte Herodot zweifellos von der *Ilias*, die in seinen *Historien* allgegenwärtig ist. Sie dient sowohl als sein Modell (da er sie als Vorbild beim Versuch ansieht, über einen großen Krieg zwischen Europa und Asien zu erzählen) wie als ältere Autorität, deren historische Wahrheit er häufig infrage stellt. Zum Beispiel betont er eindringlich, dass Homer tatsächlich wusste, was Herodot als historische Wahrheit über Helena von Troja ansieht – dass sie nämlich nie in Troja war, sondern die Kriegsjahre in Ägypten verbracht hat. Herodot meint, Homer habe diese Wahrheit einfach deshalb ignoriert, weil es nicht zu seinen eigenen Zielen passte, die poetischer Natur waren.

Möglicherweise begann Herodot ein ethnographisches Projekt, das dem seines Vorläufers Hekataios ähnelte. Sein Buch enthält lange Abschnitte, in denen er die Völker beschreibt, die bestimmte Regionen bewohnen, etwa die Ägypter in Buch 2 und die Skythen in Buch 4. Aber ab einem bestimmten Punkt integriert er die ethnographischen Passagen in eine Schilderung der Perserkriege, die einen breiten zeitlichen wie räumlichen Rahmen abdecken; dazu gehörte auch der Aufstieg des Persischen Reiches. Eben dieser erzählerische Rahmen in Herodots *Historien* über Zeiten hinweg hat der Geschichtsschreibung wie der wissenschaftlichen Disziplin ihren Namen gegeben. Herodot hat seinen Beinamen »Vater der Geschichte« verdient. Sein Ansehen litt in der frühen Neuzeit und im 18. Jahrhundert, als er von ernsten Denkern wie David Hume mit Thukydides, dem Vater der »echten« Geschichte, verglichen und als schwächer eingestuft wurde. Die spätere Rehabilitierung Herodots als ernster Denker im 19. Jahrhundert hing mit dem Aufstieg der Anthropologie im Verbund mit der imperialen Ethnographie zusammen. Im 20. Jahrhundert illustrierten die vereinten Anstrengungen von Arnaldo Momigliano und Isaiah Berlin, was für eine unvergleichliche Rolle Herodot in der Philosophie ebenso wie in der Praxis der Geschichte spielte, während die Wiedereinführung mündlicher Quellen in den Kern der historischen Disziplin erheblich dazu beitrug, das Interesse an seiner Art, über die Vergangenheit zu schreiben, wiederzubeleben.

Doch der Streit um Herodots Rang als Historiker hat seine monumentale *literarische* Leistung getrübt; seine Schriften sind eine wahre Freude. Wenngleich ihn antike Schriftsteller regelmäßig scharf angriffen sowohl wegen seiner Tendenz, Mythos und Realität zu verwechseln, als auch wegen der Neigung, unpatriotisch positive Dinge über Barbaren zu äußern, wurde er doch allgemein für seine literarischen Qualitäten bewundert. Herodot war der Vater der europäischen Prosa. Fast im Alleingang führte er das Schreiben, ohne das Hilfsmittel eines Versmaßes, von den schwerfälligen Strängen einzelner Sätze zur hohen Kunst; sein Genie bei Wortstellung und Variationen der Satzlänge sind unübertroffen. Er war von der Dichtung geprägt und erkannte allem Anschein nach, dass die Prosa ein Medium mit ebenso großem Potenzial war. Es gibt bei Herodot Sätze von atemberaubender Schönheit, verfasst mithilfe einer überraschenden Wortstellung (*hyperbaton*), die den Inhalt im akustischen Eindruck spiegelt (wenn beispielsweise der Nil steigt), und die Verwendung abstrakter Nomina, um das Eintreten einer Emotion zu bezeichnen, wie bei der Angst, die jemanden »befällt«. Manche Erzählungen sind so anschaulich, dass sie dazu beitrugen, dass die alten Perser und Griechen noch heute in unserer Kultur präsent und lebendig sind: Xerxes, wie er befiehlt, die Gewässer des Hellesponts zu peitschen, oder die letzte Bastion der Spartaner bei den Thermophylen. Seine Anschauung gewährt uns einen einzigartigen Zugang zu den »großen und wunderbaren Taten« sowohl der Hellenen als auch der Barbaren. Für jeden, der sich für das klassische Griechenland interessiert, ist Herodot – die Vollendung der ganzen, ionischen, geistigen Revolution – der ideale Begleiter.

5
DIE OFFENE GESELLSCHAFT ATHENS

Im demokratischen Athen des 5. und 4. Jahrhunderts v. Chr. erreichte die griechische Zivilisation ihren kreativen Höhepunkt. Vielleicht als einzige der griechischen Gemeinschaften, die in diesem Buch vorgestellt werden, bewies das klassische Athen, dass es mit jeder einzelnen der zehn Eigenschaften, die die griechische Mentalität prägten, reichlich ausgestattet war. Die Athener waren ausgezeichnete Seefahrer, unersättlich wissbegierig und ungewöhnlich misstrauisch gegenüber allen Einzelpersonen mit einer gewissen Macht. Sie waren extrem wetteifernd, Meister des gesprochenen Wortes, hatten so viel Spaß an der Freude, dass sie das komische Theater institutionalisierten, und gaben sich gerne angenehmen Zeitvertreiben hin. Doch die Charaktereigenschaft der Athener, die jedem Aspekt ihrer kollektiven Errungenschaft zugrunde liegt, ist zweifellos ihre *Offenheit* – für Innovation, für die Übernahme von Ideen von außen und für Selbstdarstellung.

Die athenische Demokratie, für die der Staatsmann Solon die konstitutionelle Grundlage bereits im frühen 6. Jahrhundert vorbereitet hatte, die aber erst 507 v. Chr. eingeführt wurde, war ihrerseits ein völlig neuartiges Gemeinwesen. »Sie [die Athener] sind Neuerer, leidenschaftlich, Pläne auszudenken und Beschlossenes wirklich auszuführen«, sagte ein korinthischer Diplomat laut dem Soldaten und Historiker Thukydides aus Athen. Sie waren auch stolz auf ihre kulturelle Offenheit. In einer Lobrede für die athenischen Soldaten, die im Sommer 431 v. Chr. in der Schlacht gestorben waren, pries Perikles seine Mitbürger mit folgenden Worten: »Unsere Stadt verwehren wir keinem, und durch keine Fremdenvertreibungen missgönnen wir jemandem eine Kenntnis oder einen Anblick, dessen unversteckte Schau einem Feind vielleicht nützen könnte.« Dieser entscheidende Satz zeigt, dass die Offenheit der Athener keine simple Einbahnstraße war. Athener hießen Nichtathener auf jeden Fall in ihrer Stadt willkommen und waren durchweg empfänglich für neue Ideen von außen. Aber sie scheuten sich auch nicht, anderen die Möglichkeit zu geben, ihre Lebensweise von innen zu prüfen, und diese soziale und psychische Aufrichtigkeit hing wiederum eng mit ihrer Begabung für die ehrliche Analyse der Emotionen und des menschlichen Verhaltens im Theater und in der Philosophie zusammen.

Die Offenheit für neue Ideen bedeutete, dass die Athener sehr schnell zu hervorragenden Seefahrern wurden, allerdings vergleichsweise spät, erst als sie von den Persern bedroht wurden. Sie erschlossen mit den Silberminen bei Laurion im Süden von Attika (dem Gebiet, das ihren ganzen Stadtstaat ausmachte) eine neue Einkommensquelle, und ihr findiger Feldherr Themistokles überredete sie, eine Flotte aus Triremen (Dreiruderern) mit 200 Mann zu bauen, die einer ägäischen Großmacht würdig war. Sie lebten auf einer Halbinsel mit ausgezeichneten natürlichen Häfen und Küsten in so gut wie alle Himmelsrichtungen, und deshalb kamen sie über das Meer ständig mit anderen Kulturen in Berührung. Selbst die schärfsten Kritiker Athens waren von der kosmopolitischen Stimmung beeindruckt: Ein antidemokratischer Schreiber, der unter dem Namen »der alte Oligarch« (oder Pseudo-Xenophon) bekannt ist, beobachtete, dass die athenische Seemacht viele Luxusgegenstände verfügbar machte, sei es aus Sizilien, Zypern, Ägypten, Lydien oder vom Schwarzen Meer. Der athenische Instinkt, sich »unter andere Leute an anderem Ort« zu mischen, merkt er an, habe sogar ihre Rede zu einem Sammelsurium von Elementen gemacht: »Ferner, sie hörten jede Art von Sprache und haben sich das eine aus der, das andere aus jener ausgewählt; und die Griechen gebrauchen eher ihre eigene Sprache, Lebensweise und Kleidungsstil, die Athener hingegen eine Mischung aus allen Griechen und Barbaren.«

Die Athener hießen Einwanderer willkommen. Das Archäologische Museum in Athen bewahrt einen zweisprachigen Grabstein mit griechischen und phönizischen Inschriften auf, der aus dem 4. Jahrhundert stammt und im athenischen Kerameikos-Viertel gefunden wurde, einem blühenden Gewerbebezirk nordwestlich von der Akropolis. Der Vater des Toten wurde nach der phönizischen Göttin Astarte (Abdashtart) benannt, aber auf Griechisch wurde daraus Aphrodisios nach der griechischen Göttin Aphrodite. Die Skulptur auf dem Grabstein zeigt Männer im Kampf mit einem Löwen und einen Schiffsbug, eine eher phönizische als griechische Symbolik. Doch beweist das eingehauene griechische Gedicht, das den Griechen den Symbolgehalt des Bildes erklärt, dass die ursprünglichen Trauernden eine wahrhaft bikulturelle Gemeinschaft bildeten. Athenische Bürger waren stolz darauf, dass sie transnationale »Vermischer« waren. Sie forderten andere Völker ihrerseits auf, von ihnen zu lernen. Athenische Händler mit Töpferwaren überfluteten den etruskischen Töpfermarkt in Italien mit athenischen Vasen, wobei sie Bilder aus der griechischen Mythologie mit Formen kombinierten, die dem indigenen etruskischen Geschmack entsprachen. In die Mysterien von Eleusis eingeweihte Athener beteten dort an der Seite ihrer ausländischen Sklaven, die gerne daran teilnehmen durften, vorausgesetzt sie hatten Griechisch gelernt. Kritiker der Demokratie beschwerten sich sogar, dass die Sklaven in Athen so liberal behandelt würden und sich so dreist benähmen, dass es schwerfalle, auf der Straße zwischen versklavten und freien Männern und Frauen zu unterscheiden.

Die Athener stritten sich darum, inwieweit sie Außenstehenden und sogar würdigen Sklaven die Bürgerrechte gewähren sollten. Im Jahr 404, nachdem bekannte Demokratiegegner den Bürgerstatus erhalten hatten, verloren die Athener ihre demokratische Regierung und erduldeten ein Jahr lang die schreckliche Herrschaft der Dreißig. Fünf Jahre danach verurteilte die wiederhergestellte Demokratie Sokrates zum Tode, weil er zu viele Fragen zur Führung der städtischen Angelegenheiten stellte und philosophische Gedanken erörterte, die den Regierenden zu gefährlich erschienen. Somit stellte sich der athenischen Demokratie mit ihrem Grundsatz, dass jeder Bürger das Recht auf freie Meinungsäußerung hatte, die Frage, wo man die Grenze ziehen musste zwischen der Mitgliedschaft in der Gesamtheit der Bürger und dem subversiven Potenzial der Meinungen, deren Äußerung gestattet wurde. Die Geschichte vom Aufstieg und Fall des athenischen Reiches im 5. Jahrhundert ist zugleich die Geschichte des Ringens mit dem Ideal der Offenheit.

Aber sie ist auch die Geschichte von schier unglaublichen Heldentaten. Eine Bevölkerung von vielleicht 30 000 oder 40 000 freien Bürgern brachte innerhalb von drei Generationen den herausragenden Tragödiendichter Sophokles (geboren 496 v. Chr.), den Staatsmann Perikles (495), den Tragödiendichter Euripides und den Bildhauer Pheidias (beide um 480), den Philosophen Sokrates (um 469), den Historiker Thukydides (um 460), den Komödienschreiber Aristophanes (um 448), den Historiker und Moralisten Xenophon (um 430) und den Philosophen Platon (um 427) hervor. Als ob diese Geistesgrößen nicht genug wären, hieß Athen auch angesiedelte Fremde willkommen, die sogenannten Metoiken, und lockte aus dem Ausland so bedeutende Persönlichkeiten wie den Historiker Herodot an, den Rhetoriker Gorgias, den Wissenschaftler Anaxagoras, den politischen Theoretiker Protagoras, den Mathematiker Theodoros aus Kyrene und den Redner Lysias (ein dauerhafter Bewohner, dessen Familie aus Sizilien stammte). Ihre Gespräche zählten zu den lebendigsten, die die Welt je erlebt hatte. Es ist kein Wunder, dass der thebanische Dichter Pindar meinte, in Athen herrsche »des Volkes Ungestüm«; immerhin wurde in der Sradt endlos diskutiert.

Dieses Kapitel stellt die Leistungen der klassischen Athener, während sie mit ihrem eigenen Ideal der Offenheit rangen, in den

Kontext ihrer demokratischen Revolution von 507 und der Kriege, mit denen sie den Höhepunkt ihrer Macht erreichten. Die ersten waren die beiden Perserkriege in den Jahren 490 und 480 und sodann der lange Peloponnesische Krieg von 431 bis 404 gegen die Spartaner, die Rivalen Athens um die Herrschaft über die griechische Welt. Der beste Augenzeuge des früheren Zeitraums ist der Dramatiker Aischylos, der selbst gegen die Perser kämpfte und das älteste erhaltene Theaterstück schrieb, *Die Perser* von 472 v. Chr., zur Feier des griechischen Sieges. Er starb in den 450er Jahren auf dem Zenit der athenischen Macht, als sich die zentralen politischen Institutionen (Versammlung, Rat und Gerichte) voll entfalteten. Für die ersten beiden Jahrzehnte des Peloponnesischen Krieges öffnen uns Thukydides und die athenischen Festspiele ein zeitgenössisches Fenster auf die Stimmung der Athener. Das Kapitel schließt mit dem rätselhaften Philosophen Sokrates. Er hatte eng mit jenen drei Athenern zu tun, deren Stimmen den katastrophalen Pfad, den ihre Stadt in den letzten Jahren des Krieges, zwischen 413 und 404 eingeschlagen hatte, ebenso dokumentieren wie die anschließende teilweise Erholung: der Soldat Xenopohon, der Komödiendichter Aristophanes und der Philosoph Platon.

Das Fundament der kosmopolitischen, innovativen Kultur, die die offene Einstellung der Athener förderte, wurde mit der Revolution von 507 v. Chr. gelegt, gefolgt vom erfolgreichen Widerstand gegen eine imperiale Invasion in den Jahren 490 und 480/79. Neben Herodots *Historien* ist die beste Quelle für diese Kriege Aischylos' Tragödie *Die Perser* aus dem Jahr 472 v. Chr., dem weltweit ältesten überlieferten dramatischen Text. Der 525 v. Chr. geborene Aischylos war zur Zeit der demokratischen Revolution ein beeinflussbarer junger Mann von achtzehn Jahren. Er stammte aus einer Adelsfamilie, die gut zwanzig Kilometer westlich von Athen in der Küstengegend Eleusis lebte, bekannt für ihren alten Demeterkult. Aischylos kam zwei Jahre nach dem Tod des athenischen Tyrannen

Peisistratos zur Welt, während der Herrschaft seiner despotischen Söhne Hippias und Hipparchos. Als Aischylos etwa elf war, wurde 514 v. Chr. Hipparchos ermordet – ein Ereignis, das in der athenischen Propaganda die Befreiung des Volkes von der Tyrannenherrschaft symbolisieren sollte. Die Tyrannenmörder Harmodios und Aristogeiton wurden in demokratischen Trinkliedern und mit einer berühmten Statuengruppe geehrt, die weithin sichtbar auf der Agora (dem Marktplatz) aufgestellt wurde. Aber der Konflikt zwischen den Peisistratiden und dem athenischen Volk dauerte weitere sieben Jahre an.

Die führenden Gegner der Peisistratos-Söhne waren die Alkmaioniden, eine Familie, die traditionell Bürger der unteren Schichten unterstützte und mit denen sich Aischylos politisch verbündete. Sie führten ihre Abstammung auf einen gewissen Alkmaion zurück, einen Urenkel Nestors von Pylos. Der führende Alkmaionide war zu der Zeit Kleisthenes; er wurde um 570 von dem Alkmaioniden und Staatsmann Megakles gezeugt. Doch war seine mütterliche Linie noch wichtiger: Der Großvater war Kleisthenes von Sikyon, ein bedeutender Tyrann. Aischylos hatte deshalb unter den Vorfahren sowohl tüchtige Führer wie auch Freunde des Volkes vorzuweisen.

Aischylos dürfte als junger Mann mit angehaltenem Atem verfolgt haben, wie Kleisthenes im Jahr 510 die Absetzung von Hippias inszenierte, ehe er einen langwierigen Kampf mit seinem Hauptrivalen aufnahm, einem weiteren adligen Athener namens Isagoras. Kleisthenes hatte unter den niederen Schichten mehr Rückhalt, Isagoras aber einen starken Trumpf in der Hand: Die Mitglieder der Alkmaioniden wurden weithin als vergiftet angesehen – sie galten als unberührbar, und viele glaubten, sie könnten sogar andere anstecken. Angeblich war diese Vergiftung mehrere Generationen vor Kleisthenes erfolgt; seine Vorfahren hatten demnach das heilige Gesetz gebrochen, indem sie einige Gegner töteten, die als Bittsteller an einem Altar religiöses Asyl gesucht hatten.

Kleisthenes ging ins Exil, und Isagoras bat den spartanischen König Kleomenes, einen Freund der Familie, ihm bei der Errichtung einer oligarchischen Herrschaft von nur 300 Männern zu helfen. Doch widersetzte sich der athenische Rat dem Staatsstreich, wobei er von der Bevölkerung unterstützt wurde. Isagoras und seine spartanischen Verbündeten suchten auf der Akropolis Zuflucht, wo das Volk sie zwei Tage lang belagerte. Am dritten gestatteten sie den Spartanern den Abzug und forderten Kleisthenes auf, als ihr populärer Führer nach Athen zurückzukehren. Erst nach diesem überwältigenden Mandat, nach so heftigen Kämpfen im Herzen der Stadt konnte Kleisthenes jene Reformen einführen, aus denen die athenische Demokratie hervorging. Möglicherweise hat er in dem Zusammenhang den Begriff *isonomia* oder »Gleichheit aller Bürger vor dem Gesetz« verwendet.

Aischylos' Mitbürger erinnern sich gerne an den großartigen Tag, als Kleomenes auf ihre Akropolis stieg und eine Athenerin sich ihm in den Weg stellte. Herodot berichtet, dass die Priesterin, als die Spartaner versuchten, in den Tempel der Athene einzudringen, von ihrem Sitz aufstand, um sie daran zu hindern, und erklärte: »Fremdling aus Sparta, zurück! Tritt nicht ins Heiligtum! Kein Dorer darf hier herein.« Die Offenheit des allerheiligsten Tempels der Athener hatte ihre Grenzen. In diesem Fall war Kleomenes gezwungen, den Rückzug anzutreten. Das Priesteramt der Athena Polias – Athene in ihrer Rolle als Beschützerin der Stadt – war ein angesehenes öffentliches Amt, das auf Lebzeiten vergeben wurde, und die Inhaber stammten aus einer alten Kultgenossenschaft, den Eteobutadai. Die Priesterin, die nicht heiraten durfte, war die mächtigste Frau in Athen. Aber diese besondere Priesterin, zur Zeit der demokratischen Revolution, war auch außerordentlich mutig. Athenes eigenes Sprachrohr in Athen hatte die Antidemokraten abgewiesen.

Aischylos dürfte wohl sehr bald den Unterschied im öffentlichen Leben bemerkt haben, den die Reformen des Kleisthenes mit Blick auf die Neuorganisation der Gruppenloyalitäten in ganz Attika bewirkten. Vor Kleisthenes hatten die adligen Familien (auch die des Aischylos) die Macht über die Mitgliedschaft in einem der vier alten Stämme (*phylai*) Attikas bewahrt. Kleisthenes schaffte diese verwandtschaftlichen Bindungen ab und ersetzte sie durch die Zugehörigkeit zu einer Gruppe, die auf der Wohngegend oder dem *demos* basierte. Es gab 139 Demen. Aber das löste nicht das Problem, eine zivilgesellschaftliche Identität zu schaffen, um die Bürger Attikas zu vereinen, die in verschiedenen Umgebungen der Stadt, an der Küste und in Dörfern im Hinterland lebten. Kleisthenes ordnete die Demen drei Großregionen namens *trittyes* (Drittel) zu, doch zu jeder Großregion gehörten je ein Demos an der Küste, einer aus dem Hinterland und einer der Stadt. Die völlig neuartigen Stämme (*phyles*), die er einführte und von denen es zehn gab, erhielten aufgrund dieser Dreiteilung ihre Form. So war gewährleistet, dass Identitäten nicht auf die Lage oder die Art des Wohnsitzes beschränkt blieben.

Aischylos' Demos war Eleusis, das an der Küste lag. Aber er wurde mit dem landwirtschaftlichen Demos Dekeleia und – das war entscheidend – der Hafendeme Piräus zusammengelegt. Alle drei Demen gehörten der neuen Phyle an, die nach dem Helden Hippothoon benannt war, einem Sohn Poseidons und legendärer König von Eleusis. Folglich musste die Familie des Aischylos Beziehungen zu den arbeitenden Seefahrern und den Kleinhändlern des Hafenviertels knüpfen, die durch regelmäßige Versammlungen gefestigt wurden. Darüber hinaus entschied künftig anstelle der Abstammung das Los darüber, wer für den gesetzgebenden Rat ausgewählt wurde, der stets 500 Mitglieder haben sollte, fünfzig aus jeder transregionalen Phyle. Der Patrizier Aischylos wurde im Rat häufig durch Bauern und Hafenarbeiter vertreten. Diese Maßnahmen waren zwangsläufig verwirrend, kamen aber einer Meisterleistung gleich. Sie schufen ein attisches Identitätsgefühl, das von Männern aller Klassen und Erwerbsquellen geteilt wurde und ihnen erstmals Gleichheit vor dem Gesetz gewährte.

Neun Jahre nach der Revolution bestimmte jedoch die persische Bedrohung das Bewusstsein eines jeden jungen Atheners ebenso stark wie die reorganisierten Demen. Aischylos' Mitbürger waren seit 498 v. Chr. an Militäroperationen gegen die Perser beteiligt: Sie schickten Schiffe nach Ionien, um den Aufstand zu unterstützen, der allerdings mit der Unterwerfung von Milet ein schreckliches Ende nahm – ein Ereignis, das die Athener schockiert haben muss. Der Dichter befand sich mit etwa 35 auf der Höhe seiner Kraft, als der Perser Dareios schließlich auf dem griechischen Festland einmarschierte. Aischylos kämpfte 490 an der Seite seines Bruders in der Schlacht von Marathon, einem Demos Athens; sein Bruder wurde im Gefecht tödlich verwundet. Das folgende Jahrzehnt zwischen den beiden persischen Invasionen wurde von innenpolitischen Unruhen in Athen gekennzeichnet, in denen die Bürger häufig von ihrem Recht Gebrauch machten, einen aus ihrer Gruppe für zehn Jahre zu verbannen, der über ein Verfahren namens Ostrakismos (Scherbengericht) ausgewählt wurde; oft richtete es sich gegen Adlige, die propersischer Neigungen verdächtigt wurden. Als 480 die zweite persische Offensive begann, wurde der mittlerweile 45-jährige Aischylos Augenzeuge der Zerstörung der griechischen Verteidigung in Böotien, des furchtbaren Marsches von Xerxes gegen Athen, der Evakuierung der Stadt und ihrer anschließenden Plünderung. Die Perser raubten und brandschatzten hemmungslos. Doch der Terror wurde in einen Triumph verwandelt, mit den griechischen Siegen in der Seeschlacht von Salamis (einer Insel in der Nähe von Athen) und mit dem finalen Aufeinandertreffen der Infanterie in der Schlacht von Plataiai, einen Tagesmarsch nordwestlich von Athen. Danach lebte Aischylos in den Ruinen seiner Stadt, entwarf einen Plan für ein Stück, das den Sieg über die Barbaren unsterblich machen sollte. Als es 472 v. Chr. endlich zur Aufführung gelangte, wurden *Die Perser* von dem jungen Perikles finanziell gefördert, einem ehrgeizigen Alkmaioniden und Großneffen von Kleisthenes.

Auf dem Höhepunkt des Stücks erhebt sich der Geist des toten persischen Königs Dareios aus dem Grab und warnt seine vom Krieg traumatisierten Landsleute: »Gedenkt an Hellas, an Athen, hütet euch.« Diese furchteinflößende Szene soll sich an dem Tag ereignet haben, als König Xerxes entehrt von der demütigenden Niederlage durch die athenische Flotte in der Schlacht von Salamis heimkehrte. Es ist typisch für die flexible, offene Einstellung der Athener, dass Aischylos keine schwülstige patriotische Eloge auf die athenischen Kriegshelden schrieb, sondern sich vorstellte, wie die Kriege aus persischer Sicht ausgesehen haben mochten.

Vermutlich übertreibt er ihre Verzweiflung. Die Perser waren ganz gewiss verärgert darüber, dass die Eroberung des griechischen Festlandes gescheitert war, aber der Fehlschlag gefährdete keineswegs die Sicherheit ihres riesigen asiatischen Reiches. Diejenigen, die wirklich der Athener und der Perserkriege gedenken wollten, waren die Athener und ihre Verbündeten selbst. In den *Persern* erhielten die Athener ein theatralisches Erlebnis und einen auf Anhieb kanonischen Text, der die elementaren Bausteine ihrer Identität ausdrückte. Sie waren stolz, dass sie die aufkeimende demokratische Verfassung bewahrt hatten, denn Dareios hatte die Absicht gehabt, Hippias, den überlebenden Sohn des Tyrannen Peisistratos, wieder an die Macht zu bringen, der sogar an dem Feldzug von 490 v. Chr. teilgenommen hatte. Das Publikum der Uraufführung dürfte es sehr begrüßt haben, als die persische Königin auf die Frage nach dem Namen des athenischen Herrschers in dem Stück voller Staunen über die Athener vernahm: »Kein Mensch heißt sie Knechte, niemand sind sie Untertan«.

Aischylos' Stück bestätigt auch den zweiten Baustein der athenischen demokratischen Identität: dass Athen eine Seemacht war, deren Wohlergehen von ihren Ruderern abhing. Diese stammten aus den untersten Schichten (sie waren *Theten*), und deshalb stand für sie bei der Verteidigung der Demokratie am meisten auf dem Spiel: Viele lebten in Piräus, dem städtischen Demos, den man mit

Aischylos' Heimatdemos zusammengelegt hatte. Vermutlich kannte er viele sogar persönlich. Das Stück entwirft eine (nicht ganz korrekte) Fassung der jüngsten Geschichte, in der die Verteidigung Griechenlands weniger von der Landschlacht von Plataiai im Jahr 479 abhing, bei der sich die Spartaner hervorgetan hatten, als von der Seeschlacht von Salamis. In dem Stück wird der Eindruck erweckt, die athenische Demokratie und die Freiheit Griechenlands hingen vom seefahrerischen Geschick, strategischen Denken und furchtlosen Mut der Athener ab. Hatten sie nicht den mächtigsten Mann der Welt bezwungen, den König von Persien, der seinerseits ein einzigartiges Heer und die prächtigen Kriegsschiffe Phöniziens kommandierte? Das Stück legt nahe, dass die Perser deshalb scheiterten, weil sie versuchten, die Herrschaft über das Meer zu erlangen – ein Element, in dem sich die Athener mittlerweile absolut überlegen fühlten.

Die Identität der Athener als Demokraten, die die Freiheit mit der Hand am Ruder verteidigten, wurde mit ihrem Anspruch verflochten, die anderen Griechen anzuführen und schon bald zu ihren Herrschern aufzusteigen. Ihr Sieg über die Perser gestattete es ihnen, ihre eigene Macht über die ganze Ägäis auszudehnen. Die Athener bauten das Bündnis der Stadtstaaten auf, angeblich zur »Verteidigung« Griechenlands, das sich zu einem mächtigen seegestützten eigenen Reich entwickelte. Jeglicher Anschein, dass der »Bund« kein Reich sei, ließ sich allerdings nicht länger aufrechterhalten, nachdem die Inselbewohner von Naxos im Jahr 468 austraten. Athen schlug sie vernichtend, und Naxos verlor seine Unabhängigkeit. Die persischen Niederlagen bei Marathon und Salamis wurden zum Gründungsmythos der klassischen, athenischen *imperialen* Demokratie. Die Mythologie wurde in diesem Licht neu interpretiert: Die Schlachten, welche die Athener gegen die Amazonen geführt hatten, galten als Vorläufer der Perserkriege und wurden beispielsweise in der Kunst zur Massenware; in der Vasenmalerei und auf Statuen trugen Amazonen von nun an persische Kleidung und Waffen. Theseus, der legendäre König von Athen wird in Posen gezeichnet, die an die berühmte Statue der Tyrannenmörder erinnert. *Die Perser* von Aischylos war Teil eines Programms der kulturellen Produktion, die durch die neue »Story« der Perserkriege stimuliert worden war. Maßgeblichen Anteil an dem neuen Narrativ hatten die Feldherren und Kriegshelden Themistokles (geboren um 524) und der etwas jüngere Kimon (geboren um 510).

Die Großartigkeit des patriotischen Stückes von Aischylos ist der Größe der Ereignisse durchaus angemessen, die sich zu seinen Lebzeiten ereigneten. Das galt für alle seine Stücke. Er war ein bahnbrechender Neuerer, der das Genre entscheidend veränderte; seine antike Biographie dokumentiert, dass er der erste Tragödiendichter war, »der durch kraftvollere Leidenschaften der Tragödie mehr Gewicht und Ansehen [gab]; die Bühne gestaltete er aus, setzte die Augen der Zuschauer in Staunen durch Glanz und Pracht, durch gemalte Dekorationen und Theatermaschinen, durch Altäre und Grabstätten, durch Trompeten, durch Geistererscheinungen, Erinnyen«. Die historische Begegnung mit den riesigen Heeren der Perser prägte sein Werk zutiefst, nicht nur in seiner Vorstellung des persischen Hofes oder der Mitglieder der ägyptischen Königsfamilie (in dem Stück *Die Schutzflehenden*), sondern in dem »anderen Land«, das von der Vergangenheit gebildet wird. Die Größe des archaischen und aristokratischen Argos in seinem Zyklus *Orestie* wird von der Begegnung der Athener mit barbarischen Monarchien im 5. Jahrhundert angeregt. Aischylos' Sprache ist experimentell und steckt voller neu geschaffener Komposita; der Komödiendichter Aristophanes behauptete später, dass diese Ausdrucksweise des Dichters die Zuhörer bis zur Bewusstlosigkeit verblüffen könne!

Die Bedeutung der theatralischen Effekte und Dichtung spiegelte sich in der Größe seiner Auffassung von Geschichte und dem Universum. Allen Stücken des Aischylos liegt die Philosophie zugrunde, dass der Fortschritt der Zivilisation, wenngleich er von Gott befohlen, notwendig und großartig war, immer auf Kosten schrecklichen Leides erkauft werde. Dieses Leid kann die Trauer des gesamten persischen Volkes als Folge der imperialen Strategie des Xerxes sein oder die abgründige Gefühlsblockade, von der in der *Orestie* mehrere aufeinanderfolgende Generationen der Familie der Atriden betroffen waren. Doch es wird stets von einem Gefühl der Unvermeidlichkeit gestützt sowie von der Hoffnung, dass der göttliche Beweggrund für das Leiden irgendwann enthüllt werde: In der *Orestie* entwickelt sich die Zivilisation von der archaischen Monarchie, die durch Blutfehden verdorben war, zur hellen neuen Dämmerung der athenischen Demokratie, wo die Herrschaft des Gesetzes gilt. Im ersten Stück der dreiteiligen *Orestie* kehrt Agamemnon aus Troja zurück, um von seiner Frau Klytaimnestra mit dem Tod dafür bestraft zu werden, dass er vor der Expedition einst ihre Tochter geopfert hatte. Weil es damals noch keine Gerichte gab, blieb Klytaimnestra nichts anderes übrig, wenn Agamemnon überhaupt zur Rechenschaft gezogen werden sollte. Im zweiten Stück regieren Klytaimnestra und ihr Geliebter als Tyrannen mit eiserner Faust die Stadt Argos, doch Klytaimnestras Sohn Orestes kehrt nach Argos zurück, um sie zu ermorden und den Thron für sich zu beanspruchen. Im dritten Stück wird Orestes als Mörder von den Erinnyen heimgesucht, die der Geist seiner Mutter gerufen hatte. Erst nachdem er in Athen vor Gericht gestellt wird, dem ersten demokratischen Schiedsgericht der Welt, und von der Stimme der Athene persönlich freigesprochen wird, kann seine Familie – und per Implikation die Welt – von dem endlosen Zyklus der gegenseitigen Rachemorde erlöst werden.

Als die *Orestie* 458 v. Chr. aufgeführt wurde, erholte sich Athen gerade von zerstörerischen Gewalttaten in einer Art Urform des Klassenkampfs, der letztlich dadurch ausgelöst worden war, dass den untersten Klassen der Bürger im Zuge der kleisthenischen Reformen Rechte gewährt wurden. Die Theten waren von der beträchtlichen Macht ausgeschlossen, die der antike Rat des Areopags ausübte. Die aristokratischen Ratsmitglieder trafen sich auf dem

Areshügel, von dem auch der Name Areopag abgeleitet ist. Doch ein radikaler Demokrat namens Ephialtes hatte dafür geworben, die Befugnisse des aristokratischen Gremiums auf die drei Institutionen der Stadt aufzuteilen, die *allen* männlichen Bürgern offenstanden: der Versammlung, dem Rat, der sie beriet, und den Gerichten. Diese Maßnahmen zogen Blutbäder auf den Straßen nach sich sowie einen oligarchischen Staatsstreich, um die Demokratie zu destabilisieren. Der Revolutionär Ephialtes wurde 461 v. Chr. ermordet. Aber die Zuständigkeit des Areopags wurde tatsächlich sodann auf die Rechtsprechung in bestimmten Fällen des Mordes und der Gotteslästerung beschränkt. Der Prozess des Orestes wegen des Mordes an seiner Mutter wird in den *Eumeniden*, der letzten Tragödie der *Orestie*, als erster Prozess der Institution dargestellt. Der Tod des Ephialtes und anderer verlieh Athenes Verbot jeglicher parteiinterner Gewalt am Ende der *Orestie* nur drei Jahre danach große Bedeutung.

Die Reform des Areopags legte schließlich die gesamte souveräne Gewalt (*kratos*) in die Hände der ganzen Bürgerschaft (*demos*). Die neun städtischen Magistrate (*archone*) wurden jährlich aus der Bürgerschaft ausgelost, um Korruption vorzubeugen; die zehn Feldherren (Strategen) wurden jährlich gewählt, konnten aber mehrmals wiedergewählt werden. Alle Amtsträger wurden am Ende ihrer Amtszeit einer kritischen Prüfung unterzogen. Die Feldherren waren nicht nur für militärische Angelegenheiten zuständig. Allerdings spielten militärische Dinge im Leben aller Athener eine wichtige Rolle, weil sämtliche Bürger und einige Metoiken zum Wehrdienst verpflichtet waren und die Athener fast immer irgendwo in ihrem Reich Kämpfe austrugen.

Auf ihrem Höhepunkt verschaffte die Demokratie selbst dem ärmsten Bürger eine beneidenswerte Vielzahl von Rechten und einen gewissen Lebensstandard. Bis 451 konnten diese Privilegien von einem Vater mit Bürgerstatus an seine legitimen Söhne weitervererbt werden, unabhängig von der Herkunft seiner Frau. Es war üblich, eine Frau aus einer nichtathenischen Familie einzuführen. Perikles sah voraus, dass die Bürgerschaft zu schnell wachsen könnte, um ihre Privilegien beizubehalten. 451 setzte er deshalb ein Gesetz in der Versammlung durch, das die Bürgerschaft auf jene beschränkte, deren Eltern beide aus Bürgerfamilien stammten. Die Offenheit Athens, die durch die Demokratie geschaffen worden war, drohte nunmehr, die Demokratie selbst zu destabilisieren. Es ist eine Ironie der athenischen Geschichte, dass Perikles selbst von dieser Gesetzgebung betroffen war. Mit seiner Frau hatte er zwei Söhne, bekam aber, als er sich von ihr Mitte der 440er Jahre scheiden ließ, von seiner geliebten Mätresse Aspasia einen dritten Sohn, ebenfalls Perikles genannt. Leider stammte Aspasia aus Milet, und deshalb hatte der Junge keinen Anspruch auf die Bürgerrechte. Als Perikles und seine legitimen Söhne knapp zwei Jahrzehnte später während der Pest starben, griffen die Athener zu der ungewöhnlichen Maßnahme, seinem überlebenden Sohn den Bürgerstatus zu verleihen.

Alle erwachsenen männlichen Bürger hatten das Recht, an der Versammlung, dem Exekutivorgan der Stadt, teilzunehmen und direkt über die Staatspolitik abzustimmen. Für eine gültige Abstimmung musste ein Quorum von 6000 Männern anwesend sein. Die Versammlung trat jährlich ungefähr vierzigmal zusammen und stimmte über alle wichtigen Themen ab: den Umgang mit Bündnispartnern, die Verwaltung des Reiches und eine Kriegserklärung. Außerdem wählte sie die Beamten und die zehn Heerführer. Alle Mitglieder der Versammlung hatten das Rederecht, vorausgesetzt sie hatten zwei Jahre Militärdienst absolviert, doch in der Praxis wurde das Gremium von Männern der Elite und Berufspolitikern dominiert. Es galt für junge Männer als ungehörig, zu lange zu sprechen. Während der Tagungen kamen die Bürger auf dem Marktplatz zusammen und zogen in Richtung des Pnyx-Hügels, westlich der Akropolis, wo die Versammlung zusammentrat, aber sie benötigten zusätzlich ein Bataillon aus staatlichen Sklaven, skythischen Bogenschützen, um die Menge mit Seilen dorthin zu leiten und während der Sitzung für Ordnung zu sorgen. Beispielsweise entfernten sie Männer, die betrunken waren oder sich rauften oder die andere mit ihren Reden verunglimpften. Zeitgenössische Quellen heben den ohrenbetäubenden Lärm hervor: Redner brauchten ein gewaltiges Stimmvolumen, und Anhänger wie Gegner klatschten um die Wette, um die anderen zu übertönen. In Aristophanes' Komödie *Die Ritter* besteht die Parodie zweier Politiker, die um die Unterstützung des Volkes in der Versammlung wetteifern, aus zwei rivalisierenden Tiraden von Obszönitäten, Parolen, Bestechungsversuchen und Drohungen, die von den Schauspielern herausgebrüllt werden.

Die Tagesordnung der Versammlung wurde gewöhnlich vom Rat festgelegt, der aus der Sicht unseres eigenen, arg verwässerten Repräsentationsmodells bemerkenswert demokratisch erscheint. Der Rat wurde die *boule* (oder *bule*) genannt, was »Ort der Entscheidung« heißt. Seine Bedeutung wird durch die Geschwindigkeit unterstrichen, mit der die Oligarchen, die 411 die Macht an sich rissen, die demokratisch gewählten Ratsmitglieder absetzten und ihr Gebäude, das *bouleterion*, konfiszierten, weil es als ihr Machtzentrum dienen sollte. Die *boule* erforderte für ihre Tätigkeit nicht weniger als 500 Bürger, die proportional aus jedem Demos ausgewählt wurden, und jährlich wurden sie durch das Los (zumindest seit Mitte des 5. Jahrhunderts) abgelöst: Der Rat »konnte somit einen angemessenen Querschnitt der Bürgerschaft enthalten« (Peter J. Rhodes). Da kein Mann in seinem Leben öfter als zwei Mal dienen durfte, standen die Chancen gut, dass jeder einzelne Bürger irgendwann in seinem Leben einmal ausgewählt wurde, insbesondere nachdem im späten 5. Jahrhundert eine Bezahlung eingeführt wurde, offenbar um arme Bürger zum Amtsantritt zu ermuntern. Ursprünglich konnten nur die obersten drei Besitzklassen dienen, die Theten waren ausgeschlossen, doch wurde die Qualifikation für die Wählbarkeit abgeschafft oder nicht durchgesetzt. Der Rat kam fast täglich zusammen und befasste sich mit Angelegenheiten, die nicht nur mit den staatlichen Finanzen und der Überwachung der Beamten zu tun hatten, sondern auch mit den athenischen Festen, der Flotte, dem Wohnungsbau und der Sorge um die Kranken, Versehrten und Verwaisten. Die Arbeit als Ratsmitglied erforderte das Sammeln von Informationen, die Einschätzung vergangener Aktionen und die Erwägung künftiger, und das fast den ganzen Tag lang, täglich. Die Intensität der Aufmerksamkeit, die für den Dienst im Rat erforderlich ist, scheint atemberaubend verglichen mit dem, was heute von Politikern verlangt wird, von einfachen Bürgern ganz zu schweigen.

Die dritte Institution, in die alle Bürger gewählt werden konnten, war das System der athenischen *dikasteria* oder Volksgerichte. Diese Tagungsorte waren meist Gebäude rings um die Agora; unterschiedliche Kategorien von Verbrechen wurden jeweils bestimmten Gerichten zugeordnet. Die Athener stellten ihre eigene Strafverfolgungsbehörde: Einzelpersonen leiteten die Verfolgung sowohl privater als auch politischer Vergehen ein, und Einzelpersonen trugen persönlich die Gründe sowohl für die Anklage als auch für die Verteidigung vor. Sie mochten rhetorisch geschulte Redenschreiber anstellen, um eine plausible Argumentation aufzubauen, aber sie mussten sie selbst vortragen. Die erhaltenen Gerichtsreden aus Prozessen, die von Streitigkeiten um die Bewässerung von Ackerland bis hin zu Mord und Verschwörung gegen die Demokratie reichten, zeigen, dass die Redenschreiber die stimmlichen Fähigkeiten ihrer Kunden berücksichtigten. Beispielsweise enthielten Reden, die für nicht ganz so selbstsichere Redner geschrieben wurden, kürzere Sätze. Die Geschworenen setzten sich aus einer großen Zahl von Bürgern zusammen, häufig ältere und aus den untersten Gesellschaftsschichten, vor allem nachdem Mitte des 5. Jahrhunderts eine Bezahlung für den Dienst eingeführt wurde. Aus jährlich 6000 Freiwilligen konnten die Geschworenen berufen werden, möglicherweise 600 aus jeder der zehn Phylen seit Kleisthenes. Dahinter verbarg sich der Grundsatz, dass eine große

Gruppe von Geschworenen eine fairen Prozess garantierte und Bestechung vermied. Schwurgerichte, die Fälle geringfügiger Vergehen anhörten, bestanden aus »nur« 201 Geschworenen, während an Fällen, die die Stadt betrafen, mindestens 501 Mitglieder teilnahmen.

Der sogenannte alte Oligarch, unser antidemokratischer Polemiker, hielt es für bedauerlich, dass die Athener nur an manchen Tagen im Jahr öffentliche Angelegenheiten erörtern konnten, weil sie »so viele Feste feiern müssen, wie keine von den griechischen Städten (während derer ist es weniger möglich, von den Angelegenheiten der Stadt etwas zu erledigen)«. Er erklärt, dass das athenische Volk, so arm jeder Einzelne auch sei, sehr geschickt bei der Entdeckung gewesen sei, wie man zu »Opfern, Heiligtümern, Festen und Götterbezirken« kommt. »Sie opfern also auf öffentliche Kosten – nämlich die Stadt – viele Opfertiere, aber es ist das Volk, das schlemmt und die Opfertiere durch das Los erlangt.« Die Festkultur bestand aus zahlreichen öffentlichen Feiern, die teils für jeden in der Stadt zugänglich waren, insbesondere die prunkvollen Straßenprozessionen. Wenn wir verstehen wollen, wie eine Stadt innerhalb weniger Generationen so viele große Männer hervorbringen konnte, ist es erhellend, auf ihre kollektive Erfahrung zu blicken, da sie in einer reichen Festkultur aufwuchsen. Wie wichtig die Feierlichkeiten für die Ausbildung der athenischen Identität waren, lässt sich an einer Passage bei Xenophon ablesen. Im späten 5. Jahrhundert v. Chr. erduldete Athen gegen Ende des Peloponnesischen Krieges das Schreckensregime der »Herrschaft der Dreißig«. Die prominenten Demokraten waren im Exil, stellten ein Heer auf und errangen einen Sieg, nach dem sich ihr Wortführer Kleokritos mit einer bewegenden Rede an die besiegten Aristokraten wandte:

Mitbürger, warum verjagt ihr uns? Warum wollt ihr uns töten? Wir haben euch doch niemals ein Leid getan, sondern wir haben zusammen mit euch an den ehrwürdigsten Kulthandlungen und Opfern und an den schönsten Festen teilgenommen, wir sind Gefährten im Reigentanz und Schulgefährten und Kampfgefährten gewesen.

Kleokritos deutet an, dass die von den Feierlichkeiten und den Theaterchören gepflegte Identität Bande schuf, die sogar noch enger als jene waren, die entstanden, indem man zusammen lernte oder kämpfte.

Wie fühlte es sich also an, als junger Athener den vollgepackten Festkalender zu erleben und sich zugleich regelmäßig auf einen Krieg vorzubereiten? Neben den wichtigen größeren Reisen zu den panhellenischen Feierlichkeiten fanden in Athen monatlich große Feste statt, für jeden der zwölf olympischen Götter außer Ares. Und selbst er wurde in einem lokalen Kult an dem größten attischen Demos Acharnai angebetet. Weitere Götter und Helden wie Kronos und Rhea, Gaia, Herakles, Theseus und Adonis wurden auf eigenen Festen oder im Rahmen von Festen für die großen Götter verehrt. Die wichtigsten Götter hatten mehrere Feierlichkeiten, jeweils mit einem anderen Akzent: Apollon wurde zu Beginn der Schifffahrtssaison im Frühjahr als Delphinios verehrt, und im Spätsommer feierte man ihn auf dem Boedromion, dem »unter Schlachtruf Herbeieilenden«, das mit der militärischen Ausbildung zusammenhing. Von einigen Festen waren Männer ausgeschlossen (etwa von den Thesmophorien, ein Fest für Demeter und Persephone), von anderen die Frauen (von den mit Herakles verbundenen Feierlichkeiten). Zu so gut wie allen gehörten Chöre, welche die gemeinsame Identität stärkten. Einige wurden an zentralen Heiligtümern in den Städten aufgeführt; andere umfassten Prozessionen zu fernen attischen Heiligtümern. Zwei der letzteren waren das Fest der Artemis in Brauron, welches das Heranreifen junger Mädchen zu Frauen feierte, und die Mysterien bei Eleusis, achtzehn Kilometer nördlich der Kultstätte für Demeter namens Eleusinion unterhalb der Akropolis.

Das größte athenische Fest waren die Panathenaia, die am Ende des ersten Monats des neuen Jahres stattfanden, der dem Juli entsprach. Neun Monate zuvor wurden zwei heranwachsende Mädchen von hoher Herkunft ausgewählt, die auf der Akropolis leben sollten. Unter der Anleitung der Priesterin der Athene woben sie ein neues Gewand für die Statue von Athena Polias – einen wundervollen Stoff, der die Göttin bei ihren berühmten Taten zeigte. Elf jüngere Mädchen halfen ihnen dabei. Der Höhepunkt des Festes basierte auf dem antiken Kern zentraler Riten und begann am Abend des 28. des Monats mit einem Fackellauf, der den Sommerhimmel erhellte, und den rituellen Liedern und Tänzen der Priesterin der Athene. Diese dauerten die ganze Nacht hindurch und kulminierten am frühen Morgen, ergänzt durch die Chöre von Männern und Knaben, in einer prächtigen Prozession und den Opfergaben.

Die Prozession zeigte zahlreiche Gruppen, welche die herrscherliche Identität der Athener bildeten, und deren Beziehungen. Zu den Teilnehmern zählten die Sieger in den Wettkämpfen, die Heerführer, angesehene Ältere, die Olivenzweige trugen, Reiter und vermutlich die jungen Soldaten in der Ausbildung (*ephebes*) sowie viele Athenerinnen, die Körbe trugen. Die Athener feierten ihre offene, multiethnische Gemeinschaft, indem sie auch Nichtathener in die Prozession integrierten, nicht nur Metoiken, die Schalen mit Brot und Kuchen dabeihatten, samt ihren Frauen und Töchtern, die ihnen mit tragbaren Stühlen folgten, sondern auch Repräsentanten aus den verbündeten Staaten und Kolonien. Die Masse der Athener bildete die Nachhut, in Kontingenten nach Demen geordnet. Den Höhepunkt der Prozession bildete das neue Gewand für die alte Statue, das an Stangen hing, wie ein Segel am Mast, auf einem Festwagen, der möglicherweise einem Schiff ähnelte. Nach der Aufstellung an der Stadtmauer schlängelte sich der Zug über die Agora zur Akropolis. Hundert Rinderköpfe wurden auf dem öffentlichen Altar der Athena Polias geopfert, und das gebratene Fleisch wurde gleichmäßig unter den Repräsentanten jedes Demos aufgeteilt.

Alle vier Jahre wurden die Panathenaia zu einem großen Ereignis, das Besuchern aus der ganzen griechischen Welt offenstand. Das Fest dauerte zwölf lange Tage und umfasste musikalische wie sportliche Wettkämpfe und Bootsrennen an der Küste. Aber eine kleinere Feier, die vielleicht nur zwei Tage dauerte, fand in allen dazwischenliegenden Jahren statt. Die kleinen Panathenaia, die stärker auf die Athener ausgerichtet waren, umfassten einige Wettkämpfe, auch den sogenannten Pyrrhischen Tanz in voller Rüstung und die merkwürdigen Schönheitswettbewerbe für Männer, die bekanntlich nur Athenern offenstanden.

Der Rahmen der Panathenaia änderte sich durch den Umbau der Akropolis im Zuge des perikleischen Bauprogramms. Der große Redner Perikles war, wie gesagt, der alkmaionidische Großneffe von Kleisthenes. Er hatte sich einen Namen gemacht, als er 472 die Uraufführung von Aischylos' *Persern* gefördert hatte. Seit 461 hatte Perikles die politische Bühne Athens dominiert und wurde mehrfach zum Heerführer gewählt. Er hatte konsequent politische Maßnahmen unterstützt, die es Athen gestatteten, strategisch von seinen »Verbündeten« zu profitieren, die zunehmend wie unterworfene, abgabenpflichtige Staaten behandelt wurden. Die Überführung des Schatzes der athenischen Verbündeten von der Insel Delos in die Stadt hatte er selbst überwacht, im griechischen Norden erfolgreich Feldzüge angeführt und in Thrakien Kolonien gegründet. Er hatte heikle Verhandlungen mit den Spartanern geleitet, obwohl es immer unvermeidlicher wurde, dass die beiden griechischen Großmächte erneut miteinander in Streit gerieten. Aufstände in Samos und Byzantion hatte er niedergeschlagen und die athenischen Interessen am Schwarzen Meer gefördert. Aber seine bleibende Errungenschaft war der Plan aus dem Jahr 447 v. Chr., mit einem Teil des Vermögens, das die Athener angehäuft hatten, eine architektonische Veränderung der Akropolis zu finanzieren, wo die Götter und der Schatz der Stadt untergebracht waren. Die Perser hatten bei ihrer Invasion 480 die Tempel der

Akropolis dem Erdboden gleichgemacht. Bis Perikles kam, waren sie nicht wiederaufgebaut worden.

432 v. Chr. wurde der atemberaubende neue Parthenon, der Tempel der Athene mit seinen dorischen Säulen, Friesen und Skulpturen am Giebel, unter der Aufsicht des Bildhauers Pheidias vollendet, der auch die monumentale neue Statue von Athena Parthenos aus Gold und Elfenbein selbst geschaffen hatte. Die über zwölf Meter aufragende, Helm und Brustpanzer tragende Athena Parthenos des Pheidias, samt Schild und einer Statue von Nike (Siegesgöttin), die mit über tausend Kilo Blattgold bedeckt war, zählt zu den mächtigsten Statuen, die die Griechen je zu sehen bekamen. Der Parthenon-Fries, der um die äußere Oberfläche des inneren Tempelgebäudes läuft, stellt Szenen dar, die an eine Prozession zu Ehren der im Innern wohnenden Göttin erinnern: Pferde und Reiter, Streitwagen, Männer mit Musikinstrumenten, Wasserkrügen und Tabletts, Opfertiere, eine Gruppe von zehn wichtigen Männern (vielleicht Helden), Göttern auf ihren Sitzplätzen und eine Szene, an der ein männlicher und ein weiblicher Würdenträger, drei Kinder und ein zusammengelegtes Stück Stoff teilnehmen. Für die Athener bestand kein Zweifel daran, dass der Fries die Prozession während der Panathenaia wiedergab.

Die Dionysien waren das einzige athenische Fest, das in seinem Umfang mit den Panathenaia vergleichbar war. Sie fanden im Frühlingsmonat Elaphebolion (in etwa der März) statt, wenn nach den winterlichen Unwettern die Seefahrt gefahrlos wieder aufgenommen werden konnte. Athen öffnete sich von neuem der seefahrenden Welt und wimmelte nur so von Besuchern. Viele Monate vor dem Fest unterbreiteten Bühnenautoren dem obersten Stadtbeamten, dem *archon eponimos*, Vorschläge. Jeder Tragödienschreiber musste eine Folge von vier Werken einreichen, eine Tetralogie, die drei Tragödien und ein ausgelassenes Satyrspiel umfasste, welche an einem Festtag nacheinander aufgeführt wurden. 458 v. Chr. etwa reichte Aischylos seine Tetralogie *Orestie* ein, die aus *Agamemnon*,

Choephoren, *Eumeniden* und einem Satyrspiel namens *Proteus* bestand. Über das Verfahren, nach dem der Archon entschied, welche drei Tragödiendichter auf dem nächsten Fest gegeneinander antreten sollten, ist kaum etwas bekannt. Das gilt auch für die Zuteilung der Schauspieler und des *choregos*. Der Choregos war ein reicher Förderer des Unterhalts, der Kostüme und der Proben des Bürgerchors, der jedem Tragödienschreiber an die Seite gestellt wurde, wie etwa Perikles im Jahr 472 Aischylos unterstützt hatte. Die Finanzierung eines Chors war kostspielig, und weil jeder unbedingt gewinnen wollte, entwickelten sich auch die Ausgaben der drei *choregoi* ihrerseits zu einem Wettbewerb.

Der Theaterwettbewerb bei den städtischen Dionysien wurde mit einer Veranstaltung namens *Proagon* (»Vor dem Wettbewerb«) eröffnet. Nach etwa 440 v. Chr. fand der Proagon im neuen *Odeon* (Liederhalle) des Perikles statt. Die ausgewählten Dramatiker betraten zusammen mit ihren unmaskierten Schauspielern und Chorsängern ein Podium und beschrieben ihre Dichtungen. Am nächsten Tag begannen die religiösen Riten mit der Prozession namens *eisagoge* (Einführung), die jedes Jahr von neuem Dionysos' Einzug in sein Theater im städtischen Heiligtum nachspielte. Nach der Legende erinnerte dies an seine ursprüngliche Reise von Eleutherae an der böotischen Grenze nach Attika. Es wurde nicht die ganze Reise nachgespielt; vielmehr wurde das Symbol des Dionysos, das aus einer hölzernen Stange mit einer Maske an einem Ende bestand, mit einem Kostüm und Efeu geschmückt und aus seinem Heiligtum zu einem der Athene geweihten Olivenhain außerhalb der Stadt namens Akademie getragen, an der Straße nach Eleutherae. Einen oder zwei Tage später wurde Dionysos, nach Hymnen und Opfern, bei Fackellicht wieder in das Theater in seinem Heiligtum zurückgebracht.

Das Fest begann offiziell am nächsten Morgen mit der *pompe*, der »Prozession«. Jetzt war die ganze Stadt gespannt: Die Versammlung durfte nicht tagen, es durften keine gerichtlichen Verfahren eingeleitet werden, und sogar Häftlinge konnten vorübergehend gegen Kaution freigelassen werden. Die dionysische Prozession, die an den Stadtmauern begann, machte auf dem Weg zum Heiligtum an mehreren Kultstätten halt, um zu Ehren der Götter zu singen und zu tanzen. Gleichzeitig bestimmte sie durch eine symbolische Inszenierung die Beziehungen unter den Gruppen, welche die athenische Gesellschaft bildeten. Sie wurde von einer Jungfrau aus einer adligen Familie angeführt, mit dem zeremoniellen goldenen Korb auf dem Arm, der die köstlichsten Fleischstücke vom Opfer enthielt. Die *choregoi*, die die Inszenierungen finanziert hatten, trugen teure Kostüme, gelegentlich sogar aus Gold. Für das öffentliche Fest wurden Esswaren besorgt, und die Tausenden Festteilnehmer brauchten eine ganze Menge zu essen. Der Stier, den man zum Hauptopfertier als »der Götter würdig« auserwählt hatte, wurde von jüngeren Bürgern in der militärischen Ausbildung begleitet. Es gab darüber hinaus Hunderte kleinerer Opfer; das Dionysosheiligtum muss einem riesigen, von der Sonne beschienenen Schlachthof unmittelbar neben einem Grill geglichen haben. Vermutlich hallte es nur so wider von dem Bellen und Blöken verängstigter Tiere, überall war Blut, und es stank nach Kadavern und verbranntem Fleisch.

Zum Festmahl trugen die Bürger außerdem gewaltige Brotlaibe auf Spießen und Wein in Lederhäuten, während die Metoiken Schalen zum Mischen des Weins mit Wasser brachten, das von ihren Töchtern in Krügen angeboten wurde. Noch mehr Männer bildeten die Nachhut und trugen die rituellen Phallussymbole des Dionysos. Es gab Wettbewerbe unter fünfzigköpfigen Bürgerchören. Das Theater selbst wurde für den Höhepunkt der Feierlichkeiten vorbereitet: die Aufführung der Stücke. Die Zeremonien begannen mit einem Reinigungsritus, nach dem die zehn Heerführer den Göttern Trankopfer aus Wein darbrachten. Ein öffentlicher Herold verkündete die Wohltäter der Stadt. Wenn das Theater belegt war, wurde Silbergeld (Talente) zur Schau gestellt, die Gelder, die Athen in diesem Jahr an Tribut eingenommen hatte. Der prunkvolle Charakter wurde noch dadurch gesteigert, dass alle Söhne im Wehrdienstalter von athenischen Kriegsopfern öffentlich eine Rüstung geschenkt bekamen.

Ein Herold mit einer Trompete kündigte jede Inszenierung an. Das Festprogramm wurde zwar während des 5. Jahrhunderts geändert, insbesondere mit Blick auf die Aufführungen der Komödien, doch blieb die Vorgabe für die Tragödie gleich: Jeder der drei angetretenen Dichter ließ seine Tetralogie in einem Durchgang an einem Tag vorführen, vermutlich begann die Inszenierung schon am frühen Morgen. Am Ende des Wettbewerbs entschieden die Juroren, einfache Bürger, die man in letzter Minute aus einem Querschnitt aller Stämme auserwählt, aber nicht gewählt hatte, um Korruption zu verhindern. Die Preisrichter standen jedoch unter Druck, im Einklang mit der öffentlichen Meinung abzustimmen, die am Applaus während der Vorführung abzulesen war. Der siegreiche Tragödiendichter wurde mit Efeu bekränzt und wie ein siegreicher Athlet, der von den Olympischen Spielen zurückkehrte, in einem Zug zum Haus eines reichen Freundes geführt. Die allgemeine Stimmung des Festes – mit Trinkwettbewerben, einer sexuellen Grundierung und Mädchen mit Pfeifen, während man auf den Straßen bis in die frühen Morgenstunden zechte – wird sehr gut in der Feier nach der Aufführung wiedergegeben, die Platon in seinem *Symposion* schilderte.

431 v. Chr. fand selbst nach athenischen Maßstäben ein packender Wettstreit unter den Tragödiendichtern statt. Es traten Dramatiker aus allen drei großen Dynastien an, welche die Stadt hervorgebracht hatte. Den ersten Preis gewann Aischylos' Sohn Euphorion, möglicherweise mit einer Neubearbeitung eines der berühmten Stücke seines Vaters. Auf den dritten und letzten Platz kam der umstrittene Euripides mit der Tetralogie, der sein äußerst schockierendes und noch heute berühmtestes Stück *Medea* angehört. Es ist nicht bekannt, für welches Stück Sophokles den zweiten Platz erhielt, aber möglicherweise gehörte zu der Tetralogie sein undatiertes

Meisterwerk *König Ödipus*, von dem man weiß, dass es einmal den zweiten Platz belegte. Das würde bedeuten, dass nicht nur eines, sondern *zwei* Meisterwerke der Theaterliteratur binnen weniger Tage uraufgeführt – und nicht voll wertgeschätzt – wurden, im Frühjahr jenes verhängnisvollen Jahres 431, als der Peloponnesische Krieg ausbrach.

Unschwer ist zu erkennen, weshalb ein klassischer Athener von *Medea* womöglich überfordert war. Medea verkörpert den schlimmsten Albtraum eines athenischen Gatten: Sie ist die nichtbürgerliche Mutter von Jasons Kindern, und sie bringt seine politischen Ambitionen in Korinth in Gefahr. Als er sie verlässt, um stattdessen die Tochter des Königs zu heiraten, ermordet Medea die Prinzessin, den König und massakriert danach auch ihre eigenen Kinder. Auf dem Höhepunkt wird enthüllt, dass sie unsterblich ist, denn sie fliegt in dem Luftstreitwagen an einen sicheren Ort, den ihr Großvater, die Sonne (Helios), ihr leiht. Das eigentliche Problem für das athenische Publikum war womöglich, dass ihr Ziel ausgerechnet Athen war. Es ist ihr gelungen, von König Aigeus Asyl zugesagt zu bekommen, im Gegenzug für einen Ratschlag, der seine Unfruchtbarkeit heilen sollte. Es ist verständlich, dass die Athener Bürger nicht gerade begeistert zusahen, wie einer ihrer Lieblingsvorfahren von einer barbarischen Hexe an der Nase herumgeführt wird, die aus Korinth stammte und noch dazu eine Kindsmörderin war. Aber da die Griechen waren, wie sie nun einmal waren, wurde *Medea* nahezu unmittelbar zu einem Klassiker, obwohl es bei der Uraufführung nicht gewann, gerade weil es sich einem andauernden Problem so aufrichtig und glühend widmet: Es ist nicht nur ein Stück über gescheiterte Ehen und Elternschaft, sondern eine intensive, psychologische Studie, wie Menschen, unabhängig von ihrem Geschlecht, sich selbst bis an einen Punkt bringen können, wo sie imstande sind, ihre Liebsten zu töten.

Die Schwierigkeiten, welche die Korinther derzeit machten, beschäftigten das ganze Publikum der Dionysien von 431. Athen hatte einige griechische Stadtstaaten während umstrittener militärischer Operationen gegen sich aufgebracht, darunter die Korinther. 432 v. Chr. beriefen die Spartaner eine Versammlung des Peloponnesischen Bundes ein, um die Beschwerden gegen die Athener anzuhören. Als Folge erklärten die Spartaner de facto den Krieg, indem sie für den Antrag stimmten, dass die Athener die Bedingungen des zerbrechlichen Friedensvertrags zwischen ihnen gebrochen hatten. Tatsächlich hatte eine große Zahl athenischer Hopliten und Ruderer bereits die langwierige Belagerung der korinthischen Kolonie Potidaia in Nordgriechenland begonnen, wo Sokrates im Kampf für seine Stadt seinen Schüler Alkibiades rettete. Allerdings sollte sich das Leben in Athen in Kürze zum Schlechten wenden. Nicht lange nach den Dionysien marschierten die Thebaner in die Stadt Plataiai ein, die nur zwölf Kilometer von Theben entfernt lag, aber mit Athen verbündet war. Das Unterfangen endete mehr oder weniger mit einem Sieg der Plataier, doch richteten die Sieger kurzerhand 180 Angreifer hin und gaben damit den Ton für die Gräueltaten und grausamen Vergeltungsmaßnahmen vor, die dem ganzen Peloponnesischen Krieg einen hässlichen Stempel aufdrücken sollten.

Unmittelbar danach marschierte der Spartanerkönig Archidamos II. in Attika ein und besetzte Ackerland. Obwohl die Spartaner nur wenige Wochen blieben, genügte die Bedrohung, die von ihnen ausging, um viele auf dem Land lebende Athener dazu zu bewegen, den Rat von Perikles zu befolgen: Sie zogen mit ihren Familien und sogar samt ihren Möbeln von den Gehöften ihrer Vorfahren hinter die lange Stadtmauer, die sich bis zum Hafen bei Piräus erstreckte. Ihr Vieh schickten sie auf befreundete Inseln. Aber dass sie ihrer alten Wurzeln beraubt waren und innerhalb der Stadtmauer festsaßen, löste bei den freiheitsliebenden Athenern, die seit Jahrhunderten auf den attischen Ebenen Landwirtschaft betrieben hatten, gravierende emotionale Probleme aus. Viele mussten sich vorübergehend ein völlig überfülltes Zuhause in den Türmen der Stadtmauer errichten.

Mitte des Sommers verwüsteten die Spartaner Land bei Acharnai, einige Kilometer von Athen entfernt, und die Athener mussten darauf reagieren. Die jungen Männer verloren allmählich die Geduld mit der perikleischen Politik, die eigenen Bürger hinter der Stadtmauer in Sicherheit zu wissen. Die Athener schickten Flotten aus, die in den Gewässern um die Peloponnes kreuzen und Euböa bewachen sollten. Außerdem schlossen oder bekräftigten sie Bündnisse mit den Herrschern von Thrakien und Makedonien. Im Spätsommer, nachdem die Spartaner über den Winter nach Hause zurückgekehrt waren, führte Perikles schließlich eine Streitmacht in das Gebiet von Megara; das Selbstbewusstsein der Athener war noch nie so groß gewesen. Thukydides berichtet:

> Dies wurde das größte Heerlager, das Athen je auf einmal im Feld hatte, als die Stadt auf ihrer vollen Höhe war, noch vor der Seuche. Denn die Athener allein waren nicht weniger als 10 000 Gepanzerte (wozu noch die 3000 vor Potidaia zu rechnen waren), und von den Beisassen [Metoiken] machten den Einmarsch nicht weniger als 3000 Gepanzerte mit, abgesehen von dem übrigen Haufen der leichten Truppen, der auch nicht klein war.

Es sollte der letzte Winter von Perikles' Ruhm sein. Er wurde auserwählt, die Grabrede bei der alljährlichen öffentlichen Bestattungszeremonie für die Kriegstoten zu halten. Drei Tage lang erwiesen in einem besonderen Zelt Freunde und Verwandte den Gebeinen ihrer Geliebten die letzte Ehre. Der Leichenzug bestand aus Trauernden, auch Frauen, die die Zypressenholzsärge begleiteten, einen für jeden Stamm, mit einer zusätzlichen leeren Totenbahre für jene, die seit dem Kampf vermisst wurden. Der Zug schlängelte sich zum öffentlichen Grab in Kerameikos, wo Perikles auf ein Podium stieg und die einflussreichste Rede in der westlichen Geschichte hielt; seine Lobrede auf die demokratischen Werte und die Liebe zur Freiheit, für die die Kriegstoten dieses Jahres ihr Leben gelassen hatten, hat seither unzählige Reden geprägt, auch Abraham Lincolns Ansprache in Gettysburg:

»Mit Namen heißt sie [die Verfassung]«, sagte Perikles zu den Hinterbliebenen aus allen Bevölkerungsschichten, »weil der Staat nicht auf wenige Bürger, sondern auf eine größere Zahl gestellt ist, Volksherrschaft. Nach dem Gesetz haben in den Streitigkeiten der Bürger alle ihr gleiches Teil, der Geltung nach aber hat im öffentlichen Wesen den Vorzug, wer sich irgendwie Ansehen erworben hat, nicht nach irgendeiner Zugehörigkeit, sondern nach seinem Verdienst; und ebenso wird keiner aus Armut, wenn er für die Stadt etwas leisten könnte, durch die Unscheinbarkeit seines Namens verhindert.«

Doch der Stolz der Athener auf sich, ihre Stadt und ihr Reich sollte in Kürze auf die härteste Probe ihrer Geschichte gestellt werden. Als im kommenden Frühjahr die Spartaner erneut in Attika einfielen, starben die ersten Athener an einer furchtbaren Seuche, an der sie sich über die Wasserversorgung ansteckten, verschärft noch durch die Enge, in der sie hinter den Mauern hausten. Weder Ärzte noch Gebete an die Götter konnten die Pest lindern. An dieser Seuche starben Perikles und seine legitimen Söhne. Thukydides, der zu den wenigen zählte, die sich infizierten und dennoch überlebten, bietet eine beängstigende Beschreibung der Symptome:

Wer schon vorher ein Leiden hatte, dem ging es immer über in dieses, die andern aber befiel ohne irgendeinen Grund plötzlich aus heiler Haut zuerst eine starke Hitze im Kopf und Rötung und Entzündung der Augen, und innen war sogleich alles, Schlund und Zunge, blutigrot, und der Atem, der herauskam, war sonderbar und übelriechend. Dann entwickelte sich daraus ein Niesen und Heiserkeit, und ziemlich rasch stieg danach das Leiden in die Brust nieder mit starkem Husten. Wenn es sich sodann auf den Magen warf, drehte es ihn um, und es folgten Entleerungen der Galle auf all die Arten, für die die Ärzte Namen haben, und zwar unter großen Qualen, und die meisten bekamen dann einen leeren Schlucken, verbunden mit einem heftigen Krampf, der bei einigen alsbald nachließ, bei andern auch erst viel später. Wenn man von außen anfasste, war der Körper nicht besonders heiß, noch auch bleich, sondern leicht gerötet, blutunterlaufen und bedeckt von einem dichten Flor kleiner Blasen und Geschwüre; aber innerlich war die Glut so stark, dass man selbst die allerdünnsten Kleider und Musselindecken abwarf und es nicht anders aushielt als nackt und sich am liebsten in kaltes Wasser gestürzt hätte. Viele von denen, die keine Pflege hatten, taten das auch, in die Brunnen, vor dem unstillbaren Durst. Es war kein Unterschied, ob man viel oder weniger trank. Und die ganze Zeit quälte man sich in der hilflosen Unrast und Schlaflosigkeit.

Thukydides' sachliche Beschreibung erhält durch die Information, dass er selbst diese Qualen erlitten hatte, einen anderen Charakter, aber das macht sie keineswegs leidenschaftslos. Wir wissen, wie es war, in der Hitze des folgenden Sommers in Athen unter der Pest zu leiden, weil Thukydides die Ereignisse im zweiten großen Geschichtswerk des griechischen Altertums beschrieb, in seiner analytischen *Geschichte des Peloponnesischen Krieges*. Er kannte das Beispiel, das Herodot mit dem Schreiben einer einheitlichen Geschichte eines Krieges vorgegeben hatte, aber seine Haltung gegenüber der Geschichte war eine andere. Er nahm mehrere Jahre nach der Pest persönlich als Heerführer an dem Krieg teil und dürfte einen großen Teil seines Buches in dem Haus in Thrakien geschrieben haben, in das er sich nach seinem Exil 424 v. Chr. zurückzog. Irgendetwas muss im Jahr 411 geschehen sein, denn in jenem Jahr brach seine Erzählung ab.

Thukydides sucht nach Ursachen und Folgen in der Geschichte. Aber sein größtes Vermächtnis ist der tragische Gehalt seines Werks. Er äußert sich unverblümt über die Gräueltaten, zu denen Menschen auf beiden Seiten fähig waren, sowie über die Realpolitik: Ganz offen geht er davon aus, dass sich die griechischen Stadtstaaten ausnahmslos von Berechnung und Eigennutz leiten ließen. Er weiß, dass reiche und mächtige Staaten reich und mächtig bleiben wollen. Und er spricht freimütig die Tatsache an, dass Menschen einander furchtbare Dinge antun, wenn der Wettbewerb um knappe Ressourcen unerträglich wird. Aus eben diesem Grund hat Nietzsche auch so große Stücke auf ihn gehalten:

> Von der jämmerlichen Schönfärberei der Griechen in's Ideal, die der »klassisch gebildete« Jüngling als Lohn für seine Gymnasial-Dressur in's Leben davonträgt, kurirt Nichts so gründlich als Thukydides [...] Thukydides als die große Summe, die letzte Offenbarung jener starken, strengen, harten Thatsächlichkeit, die dem älteren Hellenen im Instinkte lag.

Doch der pragmatische Realist Thukydides vermochte auch das Leid besser darzustellen als jeder Dichter. Was sein Werk so tragisch macht und so unheimlich modern klingen lässt, ist sein hartnäckiges Festhalten daran, dass menschliches Handeln nicht aus übernatürlichen Ursachen, sondern aus der menschlichen Psychologie und Natur heraus erklärt werden muss, aus »dem menschlichen Wesen«, das er *to anthropinon* nennt. Menschen sind bei Thukydides zwar gelegentlich von der Angst oder Liebe zu den Göttern oder dem Glauben an Prophezeiungen motiviert, aber der Dichter akzeptiert lediglich rationale Erklärungen für historische Ereignisse. Er legt Wert darauf, Beweise vorzulegen, und unterwirft sie einer sorgfältigen Prüfung. In Thukydides erreichte die griechische Aufklärung des 6. und 5. Jahrhunderts ihren Höhepunkt und bekam aus historischer Sicht ihren einflussreichsten Wortführer.

Nach dem Tod des Perikles ereilte die Athener während des ganzen letzten Viertels des 5. Jahrhunderts eine Katastrophe nach der anderen. Die Niederlage gegen die Spartaner, der vorübergehende Verlust der demokratischen Regierung und der dauerhafte Verlust des größten Teils ihres Reiches waren die Folge. Wie wir sehen werden, kostete dies auch viele Menschen schrecklicherweise das Leben, weil zwischen 411 und Sokrates' Hinrichtung im Jahr 399 Hunderte der tüchtigsten Athener im besten Alter von ihren Mitbürgern zum Tode verurteilt wurden. Nachdem sich die Athener von der Pest erholt hatten, schlossen sie sich noch einmal zusammen und behielten in der Schlacht von Sphakteria 425 v. Chr. unter dem beliebten Heerführer Kleon die Oberhand. Aber die Spartaner setzten ihnen in Thrakien arg zu und errangen sieben Jahre später in der Schlacht von Mantineia, mitten auf der Peloponnes, einen glorreichen Sieg über Athen und seine peloponnesischen Verbündeten, zu denen hauptsächlich die Argiver zählten. Die Spartaner verloren 300 Mann, die Verbündeten Athens über tausend. Das Ende ihrer Ambitionen auf der Peloponnes verbarg sich hinter der Entscheidung der Athener, den Blick nach Westen zu richten und die Eroberung Siziliens anzustreben. Sizilien wäre ein außergewöhnliches Kleinod gewesen: Die Athener hatten es schon immer begehrt, unter anderem weil es überwiegend dorisch war und deshalb tendenziell Sparta unterstützte. Aber fruchtbares Ackerland und das kulturelle Leben Siziliens, vor allem in der größten Stadt Syrakus, machten es noch attraktiver.

Zum Leidwesen der Athener endete ihr Plan, die Herrschaft über Sizilien zu erringen, 413 v. Chr. mit einer vernichtenden Niederlage. Der Sokrates-Schüler Alkibiades sollte die Expedition anführen, aber nach einem skandalösen Vorfall, bei dem es zur Schändung von Statuen des Götterboten Hermes kam, lief er zu den Spartanern über. Daraufhin begingen die athenischen Heerführer mehrere verhängnisvolle Fehler. In Sizilien kamen Zehntausende athenische und verbündete Hopliten und Ruderer um, und

ihre Heerführer wurden hingerichtet. Die letzten 7000 Gefangenen verloren vor Durst in Steinbrüchen nicht weit von Syrakus
den Verstand, und so gut wie alle starben an Hunger und Krankheit. Wie Thukydides schreibt:

> Man kann wohl sagen, dass dies Ereignis von allen in diesem
> Kriege das bedeutendste war, meines Erachtens sogar von allen,
> die wir aus der Überlieferung der Hellenen kennen, für die
> Sieger der größte Ruhm, für die Untergegangenen das größte
> Unglück: auf der ganzen Linie besiegt und unter Leiden, von
> denen keines etwa klein war, hatten sie in buchstäblicher Ver-
> nichtung Fußvolk und Schiffe und überhaupt alles verloren,
> und nur wenige von so vielen kehrten nach Hause zurück.

Die Vernichtung fast der gesamten männlichen Bevölkerung im
kampffähigen Alter erschütterte Athen bis in die Grundfesten.
Zwei Jahre später wurde die Demokratie durch einen gewaltsamen
oligarchischen Staatsstreich gestürzt, aus dem eine Regierung von
nur 400 Ratsmitgliedern hervorging. Sie wurden jedoch schon bald
abgesetzt, und eine größere Zahl, nämlich 5000, übernahmen die
Zügel der Macht, bevor 410 unter bitterem Leid, Streitigkeiten und
Hinrichtungen die Demokratie wiedereingeführt wurde.

Danach begann der Totentanz der Athener, der in ihrer Kapitu-
lation vor den Spartanern 404 v. Chr. kulminierte. Der Brennpunkt
des Krieges verlagerte sich in die östliche Ägäis, und die Athener
mussten in einer Reihe von Seeschlachten demütigende Niederlagen hinnehmen; selbst der unerwartete Sieg in der Schlacht bei
den Arginusen im Jahr 406 wurde von den hohen Verlusten zunich-
tegemacht. Die Besatzungen vieler beschädigter athenischer Triremen wurden nicht gerettet und ertranken. Daraufhin richteten die
Athener sechs der acht Heerführer hin, befanden sich aber in einer
verzweifelten Lage: Die Hinrichtungen waren zumindest fraglich
und demoralisierten selbst glühende Demokraten, während ihre

Widersacher neue Beweise bekamen, dass Demokratie nichts anderes als die Herrschaft des Pöbels sei. Diese Wahrnehmung wurde durch das veränderte Erscheinen der athenischen Bürger noch verstärkt: Mittlerweile waren die wehrfähigen Männer so knapp, dass die Athener, die immer schon findig und für radikale Lösungen offen gewesen waren, allen Sklaven den Bürgerstatus verliehen, die in der Schlacht gerudert hatten. 405 v. Chr. wurden die Athener in einer weiteren Seeschlacht besiegt, und der Peloponnesische Krieg endete alsbald darauf. Die Herrschaft der Dreißig Tyrannen, die Sparta genehm waren und denen auch der grausame und eigensinnige Kritias angehörte, dauerte nur etwas länger als ein Jahr, ehe es verbannten Athenern gelang, im Jahr 403 ihre Rückkehr zu erzwingen und die Demokratie wiederherzustellen. Athen blieb bis 338 v. Chr. unabhängig, erwarb aber nie wieder den Wohlstand und die Macht, die es unter Perikles genossen hatte.

Die drei bedeutendsten Athener, die im letzten Jahrzehnt des 5. sowie in den ersten beiden Jahrzehnten des 4. Jahrhunderts lebten und von denen unser Wissen über die Ereignisse in jenen Jahren stammt, stehen alle mit Sokrates in Verbindung. Zu ihnen zählt der Komödiendichter Aristophanes, der von Sokrates' Ideen fasziniert war und der gleichen Gesellschaftsschicht angehörte; die anderen beiden, Platon und der Soldat und Historiker Xenophon, waren beide Schüler des Philosophen. Die Erlebnisse des Sokrates zwischen 411 und seinem Tod 399 enthüllen, inwiefern sich in diesen Jahren die Athener selbst in eine Notlage nach der anderen manövrierten. Sokrates' Reaktionen auf die Krise veranschaulichen, inwiefern seine Anwesenheit, sein Auftreten und sein Hinterfragen der öffentlichen Angelegenheiten die Ideale der Offenheit und Meinungs- wie Redefreiheit der Athener bis zum Äußersten auf die Probe stellten.

Sokrates war der Sohn eines Steinmetzes der Mittelschicht, der zum Zeitpunkt der größten Ausdehnung des athenischen Reiches

auf die Welt kam. Er war ein loyaler Bürger Athens und ein hoch-
dekorierter Soldat, der sich in mehreren Schlachten der 430er und
420er Jahren durch seine Tapferkeit auszeichnete. Zu der Zeit war er
auch bereits ein Naturwissenschaftler und Philosoph geworden,
allerdings gab er sein Interesse an der Physik und Kosmologie zugunsten seiner Karriere als nebenberuflicher Philosoph auf. Er nahm
im Gegenzug für seine Lehren kein Geld an. Der mehr als zwanzig
Jahre jüngere Aristophanes war ganz begeistert von Sokrates und
seinen Ideen und verfasste darüber eine Komödie, *Die Wolken*, die
423 v. Chr. uraufgeführt wurde. Obwohl Sokrates später behauptete,
einige Seitenhiebe gegen seine Person in der Komödie hätten maßgeblich dazu beigetragen, dass die Athener ihm gegenüber Vorurteile
gefasst hätten, ist die Kritik des Aristophanes an dem Denker mild
im Vergleich zu seinen Angriffen auf Politiker und Heerführer.
Aristophanes tritt auch als Gast in Platons *Symposion* auf, in dem er
eine erfrischende Rede hält und zu den letzten beiden Trinkern
zählt, die noch wach bleiben, während Sokrates redet. Das lässt darauf schließen, dass Platon die geistigen Fähigkeiten des Aristophanes
anerkannte; immerhin bedienten sich beide der humorvollen Literatur in der Form eines Dialogs, um die Reflexion anzuregen.

Aristophanes teilte sicherlich die sokratischen Einwände gegen
die radikalen Positionen, die überzeugte Demokraten verfochten.
In seinem schönsten Stück *Die Vögel* (414) verarbeitet er satirisch
die Idee, dass man sein Heil finden könne, indem man in fernen
Kolonien neue Gemeinwesen gründet – möglicherweise eine Kritik
an der ganzen sizilianischen Expedition, die zu der Zeit bereits ge-
startet war. Die Opfer der Katastrophe von Syrakus im Jahr 413 sind
der Hintergrund für den Liebesstreik der Frauen und die Besetzung
der Akropolis in *Lysistrata* (411), allerdings meidet *Die Thesmo-
phoriazusen* aus demselben Jahr politische Themen, eventuell mit
Blick auf die in der Stadt herrschenden Spannungen. Aristophanes'
Interesse an Sokrates hielt auch nach dessen Tod an. In der *Weiber-
volksversammlung* (um 392 v. Chr. entstanden) nimmt Aristophanes

Ideen aufs Korn, die in Platons Akademie erörtert wurden, aber von Sokrates stammten, darunter die kommunistische Idee, jeden Besitz zu teilen und zumindest gebildeten Frauen Macht zu geben.

Sokrates brachte unweigerlich viele Männer der Politik gegen sich auf. Als politischer Denker ohne jede Scheuklappen ging er nicht davon aus, dass die Demokratie selbstverständlich die beste Regierungsform war, und er wusste viele positive Dinge über andere Systeme zu sagen, die in Sparta, Kreta und selbst in barbarischen Ländern angewandt wurden. Als Kritiker der Demokratie zu gelten, und sei es nur indirekt, hieß im demokratischen Athen bei aller Toleranz der freien Meinungsäußerung, sich am Rande der Legalität zu bewegen. Doch Sokrates befand sich nicht in größerer Gefahr als andere prominente Athener, bis er 406 im Rat diente. Es war das Jahr der Schlacht bei den Arginusen, als Hunderte von Athenern im Meer umkamen, nachdem die Heerführer sie im Stich gelassen hatten. Sie behaupteten, das Wetter habe jeden Versuch, die Schiffbrüchigen zu retten, undurchführbar gemacht. Sokrates hatte zufällig den Vorsitz in dem Komitee, dem man verfassungswidrig den Vorschlag machte, sechs Generäle zusammen hinzurichten. Er lehnte es prinzipiell ab, eine Verabschiedung des Vorschlags zu dulden, und wurde bedroht. Kaum hatte er nicht mehr den Vorsitz inne, wurden die Generäle verurteilt und standrechtlich hingerichtet.

Die Nebeneffekte der Arginusenschlacht werden in *Die Frösche* von Aristophanes erörtert, im Jahr darauf uraufgeführt. In Athen herrschte ein so akuter Mangel an Männern, dass sie Sklaven als Ruderer gewannen, mit dem Versprechen, sie würden anschließend in die Freiheit entlassen. Eine große Zahl der gerade befreiten Sklaven wurde daraufhin in die athenische Bürgerschaft aufgenommen, und in *Die Frösche* lobt Aristophanes diesen Schritt. Aber er kritisiert zugleich, dass die demokratische Regierung vielen Männern, die mit dem Oligarchenputsch von 411 in Verbindung gebracht wurden, noch nicht das Wahlrecht zurückgegeben hatte. Dem Chor des

Stücks legt er die Bitte an das bürgerliche Publikum in den Mund, dass allen verbannten Oligarchen die Rückkehr erlaubt werden müsse. Das Publikum hörte ihn und nahm in der Realität wirklich die Verbannten wieder auf. Doch das Ergebnis war – wie nicht anders zu erwarten – das prospartanische Regime der Dreißig Tyrannen. Die inkludierende Haltung der Athener schaffte die Demokratie ganz ab, wenn sie zu weit getrieben wurde. Aristophanes, der eine demokratische Verfassung brauchte, wenn er weiterhin bissige, politische Satiren schreiben wollte, hätte es besser wissen müssen.

Sokrates wurde verdächtigt, auf allzu gutem Fuße mit den Dreißig gestanden zu haben, obwohl er sich bekanntlich weigerte, ihnen einen Mann namens Leon zur Hinrichtung auszuliefern. Nach der Wiederherstellung der Demokratie wurde er von politischen Gegnern angegriffen. Wenig hilfreich war, dass er mit dem absolut unbeliebten Tyrannen Kritias assoziiert wurde, der zugleich ein Verwandter seines besten Schülers Platon war. Und Sokrates tat sich auch selbst keinen Gefallen, indem er weiterhin hartnäckig seinen Mitbürgern heikle Fragen stellte und häufig ehrgeizige Staatsmänner in aller Öffentlichkeit bloßstellte. So kam es dazu, dass er strafrechtlich verfolgt wurde, weil er die Götter missachtet, »neue dämonische Wesen« erschaffen und einen verderblichen Einfluss auf die Jugend Athens habe. Er wurde zum Tod durch den Schierlingsbecher verurteilt. Eine stabilere Demokratie wäre eventuell imstande gewesen, ihre Kritik auszuhalten.

Zu Sokrates' eifrigsten Anhängern zählten mehrere junge Männer aus der athenischen Oberschicht, die die demokratische Regierung ablehnten. Einige waren tatsächlich an den Staatsstreichen beteiligt gewesen, durch welche die Demokratie sowohl 411 als auch 404 vorübergehend außer Kraft gesetzt wurde. Ein Mitglied dieser Gruppe von Sokrates-Schülern war Xenophon, dessen politische Anschauungen antidemokratisch waren. Er hatte das Glück, am Leben zu bleiben. Sein Werk *Hellenika* greift die Erzählung des Peloponnesischen Krieges im Jahr 411 auf, wo der Text von Thukydides abbricht. Wie Platon hinterließ auch Xenophon sokratische Dialoge, die zu Lebzeiten des Sokrates spielen, sich aber auf praktische und ethische Fragen anstelle der abgehobenen Philosophie konzentrieren. Wie wir im folgenden Kapitel sehen werden, war Xenophon (wie Kritias und einige andere Antidemokraten) ein Bewunderer der spartanischen Verfassung. Als er gezwungen war, Athen wegen seiner politischen Sympathien zu verlassen, lief er zu Sparta über.

Platon, der zweite herausragende Sokrates-Schüler, verließ Athen ebenfalls zu der Zeit, als sein Lehrer hingerichtet wurde. Als sich die Offenheit der Demokratie jedoch wieder durchsetzte, kehrte er bald zurück und gründete seine Akademie. In Platons Dialogen werden alle verschiedenen Stränge miteinander verwoben, welche die erfinderische, durchmischte, farbenfrohe Stadt des demokratischen Athen bilden. Da Sokrates keine eigenen Aussagen hinterließ, die wir nachlesen können, werden wir nie mit Sicherheit wissen, wie viel der platonische Sokrates, geschweige denn Xenophons Sokrates, dem Schüler verdankt statt Sokrates selbst.

Platon wurde in eine reiche Familie geboren, die es ihm ermöglichte, sich ganz auf die Schulung seines Verstands und Körpers konzentrieren zu können. Bevor er sich dem Kreis um Sokrates anschloss, hatte er bei Kratylos studiert, einem Philosophen der Schule Heraklits. Platon hatte mütter- wie väterlicherseits herausragende Ahnen und zollt einigen Verwandten Respekt, indem er sie in seine Dialoge einführt: seine Brüder Glaukos und Adeimantos in der *Politeia*, in anderen seinen antidemokratischen Onkel Charmides mütterlicherseits und den Großonkel Kritias den Tyrann. Obwohl sich Platon in keinem Dialog selbst als Sprecher darstellt, wird er als ergebener Anhänger des Sokrates bezeichnet und war auch an dem Versuch beteiligt, Geld zu sammeln, um ein Bußgeld anstelle der Todesstrafe für Sokrates anzubieten. Viele Fragen, die Platon aufwirft, hatten bereits Denker gestellt, die vor Sokrates oder zu seinen Zeiten gelebt hatten. Manche Denker, deren Ideen in den

Dialogen diskutiert und erörtert werden, sind zwar Athener (zum Beispiel der Mathematiker Theaitetos von Sunion), aber Platon präsentiert wiederholt den Kosmopoliten Sokrates, der mit Intellektuellen aus anderen Orten spricht, wie dem Rhetoriker Gorgias aus dem sizilianischen Leontinoi und dem aufsehenerregenden politischen Theoretiker Protagoras aus Abdera.

Indem er bestimmte Dialoge spezifischen Fragen zu einer breiten Themenpalette widmete, verschaffte uns Platon die kanonische Textgrundlage für die Hauptzweige der philosophischen Forschung. In der Schrift *Theaitetos* etwa untersucht er die Natur des Wissens, und in der Metaphysik von *Phaidon* definiert er die idealen »Formen«, die nach seiner Überzeugung die letztgültige Realität bildeten. Über dreißig Dialoge von Platon sind erhalten. Sie befassen sich direkt mit der Frage, was Philosophie eigentlich ist. Sie sprechen außerdem furchtlos die großen Fragen an, die von den Griechen gestellt wurden und noch heute den Hauptzweigen der westlichen Philosophie zugrunde liegen: Ontologie und Metaphysik, Epistemologie, Ethik und politische Theorie. Weitere Felder neben diesen drei philosophischen Hauptzweigen der Philosophie verdanken ebenfalls Platon ihre Gründungstexte, etwa die Literaturkritik und Ästhetik in *Ion* und *Politeia*, in den Büchern 2, 3 und 10.

Im Großen und Ganzen dürften Platons Hauptlehren heute jedoch wenig Fürsprecher finden. Die platonische Philosophie ist insofern idealistisch, als sie die Dominanz der materiellen Welt, des physisch mit den Sinnen Wahrnehmbaren leugnete und behauptete, die wahre Realität existiere in einem immateriellen Reich, das er die Welt der »Formen« oder »Ideen« nannte. Materialisten wie Demokrit und die Epikureer waren anderer Meinung und argumentierten, dass die materielle Welt eine *Voraussetzung* des Denkens sei. Heute stellen wir die Berechtigung einer so strengen Trennung zwischen der Welt des Körpers und der Welt des Geistes infrage, ganz zu schweigen von der Vorstellung, dass die Welt der Ideen die höhere sei. Platons Erforschung der Basis des Wissens ist, obgleich sie brillant die Möglichkeit aufzeigt, dass die Wahrheit durch die Rhetorik verzerrt wird, zugleich auch durch seine Annahme kompromittiert, dass die Realität durch das, was wir wissenschaftliche Beobachtung nennen, nicht erfasst werden kann. Möglicherweise war das auch nicht die Anschauung von Sokrates: Aristoteles lässt in seiner *Metaphysik* durchblicken, dass die Formen des Sokrates durchaus über die Erforschung der natürlichen Welt entdeckt werden können, während Platon von Sokrates *abweicht*, indem er erklärt, dass die Formen gänzlich die Fähigkeit des menschlichen Verstands übersteigen, sie zu erfassen. Platons politische Philosophie ist außerdem streng elitär, ungeachtet der egalitären Grundsätze, die seiner Ansicht nach innerhalb der exklusiven Gemeinschaft der »Wächter« in seiner idealen Republik übernommen werden sollten. Platonische Gedanken zu Kunst und Literatur führen unweigerlich zu einer strengen staatlichen Zensur durch aufgeklärte Oligarchen.

Warum ist Platon also immer noch so wichtig? Zum Ersten spielen seine Dialoge in der geheimnisvollen Welt der Unterhaltungen innerhalb der Elite, die überwiegend in privilegierten Privathäusern in einer Phase stattfanden, als sich die Demokratie in der Defensive befand. Zum Zweiten liefert er faszinierende Porträts von überragenden Geistesgrößen, darunter Protagoras, dessen Werke sonst fast vollständig verloren sind. Drittens war er ein brillanter und innovativer Schriftsteller, dessen Werk einem literarischen Parforceritt gleichkommt, auch wenn der Leser sich nicht sonderlich für Philosophie interessiert. Obwohl er, um es nochmals zu betonen, manchmal Ideen wiederverwertet, die schon vorher entworfen worden waren, haben die schönen platonischen Texte unsere kollektive Vorstellungskraft um einen Teil des erlesensten Instrumentariums bereichert. *Timaios* und *Kritias* haben uns Poseidons sagenumwobene, verlorene Stadt Atlantis nähergebracht, die unzählige Faden tief unter den Säulen des Herakles am Meeresgrund liegt. Sein *Phaidros* hat uns das Bild einer Seele als Streitwagenlenker überliefert. Der Lenker versucht, seine beiden geflügelten Pferde in Richtung Aufklärung zu lenken, wobei sich das eine, das irrationale, allen Befehlen wiedersetzt. Platons *Politeia* wiederum hat uns das Gleichnis von der Höhle der Schatten geschenkt, um zu illustrieren, wie schwer es den Menschen fällt, die Welt um sie herum zu begreifen. Die Grenzen der menschlichen Sinneswahrnehmung sind so beschaffen, dass wir wie Gefangene sind, die in einer Höhle angekettet wurden. Wir sind lediglich imstande, die Schatten wahrzunehmen, die von einem Feuer hinter uns auf eine nackte Wand geworfen werden, anstatt die Wesen selbst, die diese Schatten hervorrufen.

Aber das wohl wichtigste Vermächtnis Platons ist die Struktur der philosophischen Argumentation in einer Dialogform mit offenem Ende. Sie zwingt den Leser zur Reaktion, Sokrates beizupflichten oder eben nicht, die Themen selbst zu durchdenken. Platons Texte demonstrieren in der Praxis, dass Denken und Argumentieren ein dialektischer Prozess ist: Menschen, die anderer Meinung sind, können beim Verständnis für die Position des anderen Fortschritte machen, indem sie ihren Dialog endlos fortsetzen und ihn nicht beenden. Der sokratische Dialog, wie er von dem Athener Platon dokumentiert wurde, hat einen unschätzbaren Einfluss gehabt, nicht nur auf die Lehrmethoden, sondern auch auf die Theorie und Praxis der Demokratie.

6

DIE UNERGRÜNDLICHEN SPARTANER

Der selbstaufopfernde Tod von König Leonidas und seinen 300 Kriegern in der Schlacht bei den Thermopylen, der »heißen Pforte«, ist das uns überlieferte Bild von Sparta, das sich hartnäckig hält. Im Spätsommer des Jahres 480 v. Chr. marschierte der persische König Xerxes mit seinem gewaltigen Heer quer durch Griechenland nach Süden und stieß kaum auf Widerstand. Laut Herodot, zu dessen Lebzeiten die Erinnerung noch lebendig war, hatte Leonidas beschlossen, Xerxes bei den Thermopylen zu erwarten, weil er wegen Unterstellungen, die Spartaner hätten heimlich mit den Persern gemeinsame Sache gemacht, gekränkt war und weil er die Entschlossenheit der anderen griechischen Staaten auf die Probe stellen wollte. Möglicherweise rechnete er auch mit dem Eintreffen von Verstärkung aus Sparta, bevor es zur Schlacht kam. Obwohl seine 300 Spartaner tatsächlich von fast 7000 anderen Griechen unterstützt wurden, waren sie zahlenmäßig weit unterlegen. Leonidas hatte Nerven aus Stahl und wartete tagelang ab, in der Hoffnung, die Eindringlinge damit nervös zu machen. Sein tapferster Hoplit Dienekes hielt mithilfe des beißenden spartanischen Humors die Moral der Griechen hoch: Es kursierte ein Gerücht, dass die Perser so viele Bogenschützen hätten, dass ihre Pfeile die Sonne verdunkeln würden. Darauf antwortete Dienekes schlicht: »Wenn die Perser die Sonne verdunkelten, könne man im Schatten kämpfen und leide nicht unter der Sonne.« Anschließend wurde 36 Stunden lang erbittert gekämpft, bis die Perser schließlich Leonidas und Dienekes, samt ihrer ganzen Nachhut, der Elite der spartanischen Hopliten, ausgeschaltet hatten.

Das Bild der spartanischen Krieger, die im Angesicht des Todes noch bittere Witze rissen, gibt das Paradoxon trefflich wieder, für das dieser merkwürdige Stadtstaat steht. Als die militaristischsten und grausamsten alten Griechen waren die Spartaner zugleich diejenigen, die für ihren Witz am bekanntesten waren. In der Tat war Sparta einer von nur zwei griechischen Stadtstaaten, von denen bekannt ist, dass sie einen eigenen Tempel für Gelos bauten, den Gott des Lachens. Ein Name für ihr peloponnesisches Heimatgebiet lautete Lakonien oder Lakedaimon – weshalb auf ihren Schilden auch der Buchstabe L (*lambda*) und kein S prangte. Das ist die Wurzel des klangvollen Fremdworts »lakonisch«, das im 17. Jahrhundert in der Bedeutung »wortkarg, kurz und prägnant« erstmals im Deutschen auftauchte. Plutarch (46–120 n. Chr.) sammelte *Lakonische Denksprüche* und *Denksprüche einiger Spartanerinnen*, die auch in modernen Übersetzungen erschienen sind. Sie werden noch heute von Redenschreibern und Komikern als elementare Beispiele für die knappe Erwiderung studiert, die den wortreichen Gesprächspartner verstummen lässt: »Mit ihm oder auf ihm!«, befahl eine spartanische Mutter und zeigte auf den Schild, als ihr Sohn in den Krieg zog; »Kommt und holt sie!«, antwortete Leonidas, als die Perser die Spartaner aufforderten, ihre Waffen zu übergeben. In der *Ilias* wird die Redeweise des Menelaos von einem Trojaner beschrieben, der ihm einmal begegnet war: »Wahrlich, da sprach Menelaos nur kurz in geläufigen Worten, weniges nur, doch klar und hell, er war ja nicht wortreich und kein nichtiger Schwätzer«. Die Könige der Spartaner wurden bereits als wortkarg angesehen, als im 8. Jahrhundert die *Ilias* geschrieben wurde.

Doch kann kein noch so grimmiger Galgenhumor erklären, weshalb Leonidas die Spartaner in den fast sicheren Tod bei den Thermopylen führte, einem engen Pass im Osten der griechischen Festlandsküste mit unüberwindlichen Bergen auf der landeinwärts gewandten Seite. Herodot glaubt, dass sich Leonidas nach unsterblichem Ruhm für die Spartaner sehnte, aber auch auf ein Orakel hin handelte, das die Spartaner von Delphi erhalten hatten. Die pythische Priesterin hatte gewarnt, dass entweder die Barbaren Sparta erobern würden oder ein König sterben müsse. Leonidas war damals bereits über fünfzig. Er nahm nur Spartaner mit, die bereits Söhne gezeugt hatten. Das sieht ganz nach dem Entschluss eines Mannes aus, der wenig Hoffnung auf eine Rückkehr hatte. Warum Leonidas den nahezu sicheren Tod wählte, wurde viel diskutiert, aber ein Grund wurde dabei übersehen. Leonidas glaubte wirklich, wie alle Spartaner, er sei ein direkter Nachfahre des Herakles. In einem patriotischen Marschlied der Spartaner wird diese Abstammung ausdrücklich betont: »Fasset Mut, denn ihr seid ja des niemals besiegten, des großen Herakles Enkel!« Die Thermopylen werden vom Berg Oita überragt, auf dessen Gipfel sich Herakles der Sage nach gewaltsam das Leben nahm, um zu den Göttern aufzusteigen. Als sich Leonidas und die anderen spartanischen Hopliten dem persischen Heer entgegenstellten, waren sie auf spiritueller Ebene mit ihrem berühmten Stammvater vereint. Sie hätten keinen geeigneteren Ort zum Sterben wählen können.

Die von Niccolò Machiavelli, Samuel Adams und Adolf Hitler bewunderten, sardonischen, autoritären, aber egalitären Männer aus Spartas Herrscherklasse, die in Hollywoods Kassenschlager *300* einträglich verewigt wurden, haben einen dauerhafteren Einfluss ausgeübt als die meisten Griechen. Dabei sind sie diejenigen, über die wohl am wenigsten bekannt ist – zumindest auf *direktem* Weg. Während sich athenische Theaterautoren, Historiker und Philosophen mit ihren eigenen Schriften ganz offen an uns wenden, gibt es kaum spartanische Stimmen, die unmittelbar zu uns sprechen. Ihr Einfluss geht weniger von den realen, historischen Spartanern aus, als von dem geradezu mythischen *Bild* der Spartaner als unbezwingbare Soldaten von grobem Benehmen, wortkarg und mit bissigem Humor. Eben dieses Bild kursierte bereits im klassischen Griechenland.

Der heutige Leser, der sich ein Bild von den Konturen des spartanischen Mythos machen möchte, wie er schon in der Antike bestand und später die Renaissance prägte, studiert am einfachsten Plutarchs mitfühlende Biographie *Leben des Lykurgos*, des ursprünglichen Gesetzgebers Spartas. Allerdings wird darin leider nicht enthüllt, wie viel von dem bunten Bild des Plutarch auf Tatsachen basiert. Plutarch, der nicht einmal von der Peloponnes stammte, arbeitete an dem Werk Jahrhunderte nach Spartas Aufstieg, in einer friedlicheren Zeit, als das klassische Sparta bereits zu einem nostalgischen Freizeitpark für römische Reisende geworden war. Er räumt selbst ein, dass über Lykurg nichts mit Sicherheit bekannt ist. Inwieweit trugen die Spartaner also selbst zu ihrem eigenen Fantasiebild bei, sei es bewusst oder unbewusst? Und wenn wir dieses Trugbild behutsam Stück für Stück zerlegen, führt uns das zumindest in die Nähe der Wahrheit?

Abgesehen vom eigenen Schweigen der Spartaner besteht die größte Schwierigkeit darin, dass Sparta gegen Ende des 5. Jahrhunderts von nichtspartanischen Philosophen bei Diskussionen über das ideale politische System ins Feld geführt wurde. Das gilt auf jeden Fall für den Sokrates-Schüler Xenophon. Der athenische Adlige lief zu den Spartanern über, nachdem er beim Asienfeldzug der Zehntausend, den er in seiner *Anabasis* dokumentierte, an ihrer Seite gekämpft (und sich mit ihnen ins Hinterland zurückgezogen) hatte. Xenophons Schilderung der Stabilität des spartanischen Systems in seiner *Verfassung der Spartaner* ist geradezu bewundernd, dürfte aber dennoch auf ihrem eigenen Selbstbild basieren und deshalb zutreffende Informationen enthalten:

Ich will ebenfalls darlegen, welche Übereinkunft Lykurg zwischen dem König und der Stadt traf, denn dies ist die einzige Herrschaft, die so fortdauert, wie sie zu Beginn festgesetzt wurde; die anderen Verfassungen wird man verändert und auch heute noch im Zustand der Veränderung finden. [...] Jeden Monat schwören sie einander einen Eid, die Ephoren für die Stadt, der König für sich selbst. Der König schwört, dass er gemäß den bestehenden Gesetzen der Stadt herrschen werde, die Stadt, dass man seine Königsherrschaft unerschüttert erhalten werde, wenn er fest bei seinem Schwur verharre. Diese Ehren sind dem König auf Lebenszeit zu Hause [= Sparta] verliehen, Ehren, die um nicht viele die der gewöhnlichen Bürger übertreffen. Lykurg wollte nämlich weder bei den Königen tyrannischen Hochmut hervorrufen noch in den Bürgern Neid auf deren Macht erwecken.

Sparta trat als philosophisches Vorbild eines Staates nach utopischen Vorstellungen auf – also eine Diskursform, in der das Ziel nicht die exakte *Beschreibung*, sondern eine politische *Vorstellung* ist. Das utopische Bild von Sparta wurde von den frühen stoischen Philosophen begeistert übernommen und mag im 3. Jahrhundert auch die spartanische Selbstverwaltung beeinflusst haben.

Von den vorliegenden Quellen erklären sowohl Herodot als auch Thukydides, dass der Charakter der kriegerischen Spartaner mit ihrem beißenden Humor unverwechselbar war. Doch Thukydides benutzt Sparta durchweg im Rahmen der *Selbst*beschreibung der Athener und neigt deshalb womöglich zur Übertreibung oder zu Gegensatzpaaren, wodurch das wahre Bild verzerrt wird. Zum Glück ist eine Quelle aus dem 4. Jahrhundert wohl einigermaßen objektiv, nämlich Aristoteles. Er lebte zwar viele Jahre in Athen, stammte aber aus einer nordgriechischen Stadt im makedonischen Einflussbereich, und seine eigene Identifizierung mit dem Stadtstaat baute sich nicht antithetisch zum spartanischen Stereotyp auf. Obgleich Schüler Platons war er außerdem zu keiner Zeit von dem Utopismus hingerissen, der die Reaktionen von Xenophon und Kritias kennzeichnet; Kritias war ein skrupelloser Athener, den die Spartaner am Ende des Peloponnesischen Krieges als einen der Dreißig Tyrannen einsetzten. Als Wissenschaftler mit einem ausgeprägten Gespür für einen zulässigen Beweis sind Aristoteles' Informationen verlässlicher. In seiner *Politik* beanstandet er mehrere Gesetze im Zusammenhang mit den spartanischen Heloten (Sklaven) sowie mit Frauen, Besitz und dessen Vererbung. Vor allem würden, so Aristoteles, die fünf jährlich gewählten Beamten namens *Ephoren* zur Korruption neigen, was das gesamte Gemeinwesen gefährde.

Das spartanische Bildungssystem, die *agoge*, wurde durch eine Darstellung legitimiert, die seine frühe Geschichte erklärt. Im Gegensatz zu den Athenern, die betonten, dass sie von attischem Boden stammten, stützten die Spartaner ihren Anspruch auf das Königreich auf den Mythos einer gewaltsamen Invasion. Demnach waren sie von Zeus auf die Peloponnes geführt worden und verstanden sich als ständige Besatzungsarmee. Außerdem gefiel ihnen der Gedanke, dass die Gründung der spartanischen Institutionen die notwendige Reaktion auf chaotische Konflikte gewesen sei und dass man sich an ihnen auf keinen Fall zu schaffen machen dürfe. Nach allgemeiner Überzeugung hatte Lykurg, ein Nachkomme des Herakles, der für gewöhnlich in das 8. Jahrhundert verlegt wird, ein Delphisches Orakel erhalten, das seine *rhetra* genannt wurde und die grundlegenden Gesetze der Spartaner enthielt. Eben diese machten sie auch unbesiegbar: Herodot legt Demaratos die an Xerxes gerichteten Worte in den Mund, dass der Herrscher der Spartaner das Gesetz sei; sie seien die besten Soldaten auf der Welt, weil sie ihm bedingungslos gehorchten.

Es gab in der spartanischen Gesellschaft drei angeborene Klassen. Die höchste oder Bürgerklasse waren die Spartiaten. Innerhalb dieser Gruppe gab es keine Statusunterschiede – sie nannten sich selbst die *homoioi*, was die »Gleichen« heißt. Doch waren die *homoioi* in drei Stämme unterteilt. Sie lebten zusammen in der »Stadt«, die aus fünf Dörfern bestand. Der Status eines Spartiaten musste ererbt, durch Teilnahme an der strengen Ausbildung der *agoge* gefestigt sowie durch die Mitgliedschaft in einer Tischgemeinschaft und gebührendes Verhalten im Kampf erhalten werden. Wenn diese Voraussetzungen nicht erfüllt wurden, konnte der Spartiate seinen Status verlieren, öffentlich gedemütigt werden, und sämtliche Verträge mit Spartiaten wurden annulliert. Das Gesellschaftssystem in Sparta war, so speziell es auch war, vermutlich eine Reaktion auf die gleiche Krise wegen der Landverteilung, die in anderen griechischen Städten Tyranneien und spätere Demokratien hervorbrachte, führte aber in eine andere Richtung: das Aufkommen eines Gefühls der Solidarität und der Gruppenzugehörigkeit unter der herrschenden Klasse.

Die Gruppensolidarität wurde durch ein komplexes System der inneren Machtverteilung verstärkt. Es sollte immer zwei Könige geben, also eine Biarchie und keine Monarchie. Auf diese Weise sollte verhindert werden, dass sich bei einem der König zu viele Machtbefugnisse ballten. Die beiden peloponnesischen Könige Menelaos und Agamemnon waren womöglich eine mythische Spiegelung dieser konstitutionellen Besonderheit, auch wenn die realen Biarchen keine Brüder waren. Sie erbten ihre Stellung als Angehörige der beiden unterschiedlichen Dynastien der Agiden und der Eurypontiden, die beide den Anspruch erhoben, direkt von Herakles abzustammen, dem Sohn des Zeus. Herrschte Frieden, war die Hauptaufgabe der Könige eine religiöse: Sie waren beide Priester des Zeus. Sie legten wechselseitig mit den Ephoren, den fünf jährlich gewählten Beamten der spartanischen Stadtversammlung, einen Eid ab und schworen, die Herrschaft des anderen zu respektieren; die Lektion, die man sich nach mehreren Quellen in Sparta am meisten zu Herzen nahm, lautete: »zu regieren und ebenso regiert zu werden«. Die Ephoren ernannten Magistrate und beaufsichtigten deren Arbeit; allerdings entschied die Versammlung, ob die Stadt in den Krieg zog.

Für Außenstehende wie Herodot und Xenophon war jedoch die Macht der älteren Männer das bemerkenswerteste Kennzeichen des klassischen Sparta. Es war eine Gerontokratie. Herodot registrierte verblüfft, dass starke, junge Spartaner älteren Bürgern stets auf der Straße Platz machten, und es gab womöglich sogar eine Vorschrift, nach der junge Spartaner ihre Sitzplätze an ältere abtreten mussten. Der Name des Rates in Sparta, *gerusia*, heißt in etwa »Haus der Älteren«. Nur Männer über sechzig kamen für die Wahl zu einem der 28 *gerontes* infrage (zuzüglich der beiden Könige), die dieses Gremium bildeten. Die *gerontes* waren ferner bei Kapitalverbrechen die Richter.

Die groben Umrisse der spartanischen Geschichte in ihrer Beziehung zu den übrigen Griechen und der nichtgriechischen Welt sind im Grunde recht klar. Im Laufe des 8. Jahrhunderts marschierten die Spartaner in die Region ein, die zu ihrem Herrschaftsgebiet Lakonien werden sollte. Nacheinander unterwarfen sie alle einheimischen Völker, auch die Messenier im Westen, und im 7. Jahrhundert stieg Sparta zur bekanntesten griechischen Militärmacht auf dem Festland auf. Zur Zeit der Perserkriege dominierte sie die Peloponnes und war der anerkannte Führer der griechischen Verteidigung gegen die eindringenden persischen Truppen.

Spartas Führungsanspruch wurde durch die herausragenden Leistungen seines Heeres legitimiert, insbesondere jene in der Schlacht, die tatsächlich die persische Bedrohung für das griechische Festland ein für alle Mal beseitigte: der Schlacht von Plataiai 479 v. Chr. Jahrhunderte später war Plutarch noch immer die Aufregung anzumerken, als er die Heldentaten der spartanischen Phalanx bei Plataiai schilderte, als die durchgehende Vorderreihe aus Schilden und Speeren »den Anblick eines einzigen wuterfüllten Lebewesens bot, das sich mit gesträubten Stacheln zum Angriff wendet«. Danach aber wurde Sparta verwundbar, seit dem Aufstand von Tegea, der von Argos unterstützt wurde und Spartas Einfluss auf der Peloponnes untergrub. 464 wurde es dann von einem schweren Erdbeben erschüttert, gefolgt von einem Massenaufstand der Heloten. Unterdessen dehnte Athen sein Reich aus, und die Spannungen zwischen den beiden griechischen Großmächten entluden sich im Peloponnesischen Krieg. Nach dem Sieg über Athen, dank persischer finanzieller Unterstützung, erfreuten sich die Spartaner unter Agesilaos II. einer kurzen Phase praktisch unumstrittener

Vorherrschaft in der griechischen Welt – bis zu ihrer Niederlage gegen Theben 371 v. Chr. Mitte des Jahrhunderts war die größte Militärmacht in Griechenland bereits »auf den Status eines rein peloponnesischen Streithammels reduziert« (Paul Cartledge) worden. Im Rückblick ist klar, dass die Herrschaft von Agesilaos den Anfang vom Ende der spartanischen Vorherrschaft markierte, auch wenn es ihnen gelang, nominell bis ins 2. Jahrhundert v. Chr. unabhängig zu bleiben, sogar von Makedonien.

Agesilaos wird in der zweitältesten erhaltenen literarischen Biographie behandelt, die von Xenophon stammt; die älteste ist die *Euagoras* eines anderen athenischen Autors namens Isokrates, der ungefähr ein Zeitgenosse Xenophons war. Als Tribut an Agesilaos nach seinem Tod gedacht bietet Xenophons Werk keine objektive, kritische Bewertung seiner Leistungen, die wir an einer rückblickend verfassten Biographie schätzen würden. Aber er liefert eine Schilderung der erfolgreichen Feldzüge des Agesilaos in den 390er Jahren in Kleinasien, als er einen großen Teil des Reichtums anhäufte. Der König überlistete auch, im Kampf wie durch Diplomatie, die beiden tüchtigsten Männer im Perserreich, die Satrapen Tissaphernes und Pharnabazus. Ursprünglich wollte Agesilaos die griechischen Städte in Kleinasien von den Persern befreien, und auch wenn ihn Probleme nahe der Heimat zwangen, diese Politik aufzugeben, so stärkte er doch die Macht und den Reichtum Spartas durch die Plünderungen in den Satrapien Phrygien und Lydien. Xenophons anschauliche Prosa, das Werk eines Augenzeugen, vermittelt die Anspannung, welche das spartanische Heer vor der Schlacht verspürte, als sie bei Ephesos unter der Aufsicht von Agesilaos ihre Vorkehrungen trafen:

Infolgedessen bot sich überall dasselbe Bild: die Sportplätze voll mit Männern, die sich trainierten, die Reitbahn voll mit Leuten, die sich im Reiten übten, ebenso auch die Speerwerfer und Bogenschützen beim Exerzieren. Auch die ganze übrige

Stadt wurde während seines Aufenthaltes eine Sehenswürdigkeit, denn der Marktplatz war voll von Pferden und Waffen aller Art, die zum Kaufe angeboten wurden, die Erzarbeiter, Zimmerleute, Eisenschmiede, Sattler und Maler waren sämtlich damit beschäftigt, Waffen und Kriegsgerät anzufertigen, so dass man wirklich glauben konnte, die Stadt sei eine einzige Kriegswerkstätte. Auch war es ein ermutigender Anblick zu sehen, wie die Soldaten mit Agesilaos an der Spitze bekränzt von den Sportplätzen kamen und dann ihre Kränze der Artemis weihten.

Artemis war die Schutzgöttin von Ephesos, aber sie wurde auch in der spartanischen Religion verehrt, genau wie ihr Zwillingsbruder Apollon.

Die Lücken zwischen den problematischen Quellen und dem rein chronologischen Ablauf werden nur teilweise durch spärliche materielle Befunde gefüllt. Lakonien war fast dreimal so groß wie Attika, doch weite Landstriche waren für eine ergiebige Landwirtschaft zu bergig. Es umfasst einen großen, hufeisenförmigen Teil des peloponnesischen Südostens, wobei der westlichste Vorsprung die Halbinsel Mani war und der östlichste Ausläufer zum Kap Malea führte. Aber der Bogen des Hufeisens erstreckt sich nach Norden ins Landesinnere bis zu den Bergen in der Mitte der Halbinsel, bis hin zum Nachbarstaat Arkadien. Sparta selbst lag im fruchtbaren Tal des Eurotas, das auf beiden Seiten von hohen Gebirgszügen gesäumt wird; die höchsten Gipfel im Westen gehören zum Taygetos. Von allen Seiten durch Berge oder Meer eingeschränkt, mit nur einem leicht erreichbaren Hafen, verspürten die Spartaner nie den Wunsch, Mauern oder eine Akropolis von besonderer Größe zu bauen. Ein Dichter aus dem 5. Jahrhundert namens Ion aus Chios erklärte, woran das lag: »Diese lakonische Stadt hat keine Mauern, aber wann immer ein neuer Krieg ihre Regimenter überfällt, entscheidet der Rat und die Hand führt die Tat aus.« Ihre topographische Isolation förderte die Neigung der Spartaner, für sich zu bleiben, sowie ihre Tendenz zu einem gesellschaftlichen Konservatismus. Sie verspürten auch nie den Drang, ein großes, prächtiges Stadtzentrum mit schöner Architektur, öffentlichen Gebäuden und Tempeln zu bauen, das Besucher beeindrucken würde. Thukydides, der seinerseits Perikles, den Anstifter des athenischen Bauprogramms so sehr bewunderte, machte keinen Hehl aus seiner Verachtung für die Bauten Spartas: »Aber da sie nicht in einer Stadt beisammenwohnen und keine kostbaren Tempel und Bauten haben, sondern nach altgriechischem Brauch dorfweise siedeln, so könnte Sparta eher armselig wirken«.

Die erhaltenen Ruinen Spartas wie das Theater stammen überwiegend aus der späteren, römischen Zeit. Was wir von der klassischen griechischen Epoche wissen, lässt darauf schließen, dass das Hauptmerkmal der spartanischen Bautätigkeit dem Andenken an militärische Siege galt. Es gab einmal einen eindrucksvollen Säulengang mit Beutestücken aus den Perserkriegen, der im 5. Jahrhundert gebaut wurde. Die Heiligtümer Spartas sind aus archäologischer Sicht enttäuschend; lediglich das Fundament ihrer berühmten Athene aus dem »Bronzehaus« ist erhalten. Die Spartaner bedeckten ihre Schutzgöttin mit den Bronzewaffen, die sie geschlagenen Gegnern auf dem Schlachtfeld abgenommen hatten. Der Grundriss des ebenso berühmten Tempels der Artemis Orthia am Westufer des Eurotas enthüllt, dass er zu Leonidas' Lebzeiten aus einem kleinen dorischen Gebäude ohne Säulengang und einem heiligen Ort mit einem Altar bestand, auf dem die jungen spartanischen Soldaten unter der Aufsicht der Priesterin rituell ausgepeitscht wurden.

Der Tempel wurde, wie viele Heiligtümer der Artemis, auf sumpfigem Boden voller Schilfgras errichtet, wo sich das Kleinwild gerne aufhielt, das dieser Jagdgöttin geweiht war. Doch die Ausgrabungen von Orthia haben einige überraschende Funde zutage gebracht, darunter archaische Abbildungen von Artemis mit Vögeln und Tieren aus Elfenbein. Mehr als 600 lebensgroße Masken aus

Terrakotta, die man noch heute aufsetzen kann, wenn man eine Schnur durch die Löcher an der Spitze und an den Seiten fädelt, lassen uns die Vorstellung hinterfragen, dass Sparta in archaischer Zeit ebenso introvertiert war, wie es die antiken Quellen andeuten. Viele oft tief eingefurchte und größtenteils groteske Masken gehören zu einem Typ, der gesichert den Einfluss der Bilderwelt aus kanaanitischen Quellen zeigt. Nach Sparta gelangten diese vermutlich aus Zypern über phönizische Händler. Der Beiname der Göttin Artemis in Sparta – Orthia, was so viel wie »aufrecht stehend« heißen konnte und möglicherweise mit einem nicht zu Artemis passenden phallischen Bild zusammenhängt – ist nie zufriedenstellend erklärt worden und deutet auf einen östlichen Ursprung hin.

Im Artemistempel führten heranwachsende Mädchen aus Sparta auf, was von ihren lyrischen *Partheneia* oder Mädchenchören noch übrig war, die der Dichter Alkman verfasst hatte. Ein wichtiger, fesselnd zu lesender Text ist noch erhalten. Er beginnt mit einer Geschichte über die spartanischen Zwillinge Kastor und Polydeukes, aber im Hauptteil beschreibt der Chor ein Ritual für eine Göttin, die mit der Morgenröte in Verbindung gebracht wird; sie bringen ihrer Statue ein neues Gewand. Die Namen vermitteln uns auf einzigartige Weise eine enge Verbindung zu realen spartanischen Frauen: Nanno, Areta, Thylakis und Philylla. Die beiden führenden Zelebranten sind Hagesichora und Agido, deren Namen bemerkenswerterweise beide etwa »weibliche Führer« bedeuteten, denn es herrscht nicht nur eine homoerotische Atmosphäre, sondern es werden auch humorvolle Streitigkeiten und neckische Wettkämpfe unter den beiden Gruppen ausgetragen, die an dem Ritual beteiligt sind. Die Mädchen werden in ihrer Schönheit außerdem mit Rennpferden verglichen.

Ein anderes Lied von Alkman beschreibt die Trennung der Mädchen von einer der ihren, Astumeloisa, »Sie, die für die Stadt singt«, weil sie sich auf ihre Hochzeit vorbereitet, nach der sie nicht länger mit ihnen singen kann. Sie hat wunderschönes Haar und tanzt vermutlich, während die Mädchen bei ihrer Hochzeit singen. Möglicherweise findet sich auch ein Nachhall von Alkman und anderen frühen Lyrikern in einem brillanten Gedicht von Theokrit, das im 3. Jahrhundert v. Chr. entstand. Es schildert die Heirat von Menelaos und Helena sowie ihr Hochzeitslied, vorgetragen von einem Chor aus zwölf lieblichen jungen spartanischen Frauen. Diese wiederum beschreiben das Ritual, das sie nach der Hochzeitsnacht bei Sonnenaufgang auf einer Wiese aufführen. Sie werden die Blätter wilder Pflanzen an den Zweigen einer Platane aufhängen sowie eine Phiole mit einer Silberspitze, aus der Olivenöl tropft, und Helenas Name im dorischen Dialekt in die Rinde des Baumes ritzen.

Die Spartaner hatten außerhalb ihrer Stadt eindrucksvollere religiöse Gebäude. Das berühmteste lakonische Heiligtum befand sich knapp fünf Kilometer südlich bei Amyklai, und die Überreste des äußeren Hofes und der Mauer sind teilweise im Archäologischen Museum von Sparta zu sehen. Hier feierten die Spartaner zwei wichtige Feste: die Hyakinthien-Spiele zu Ehren Apollons und des jugendlichen Helden Hyakinthos und die Gymnopaidien, auf denen junge Spartiaten, die gerade ausgebildet wurden, nackt Kriegstänze vorführten. Mit dem Entwurf und Bau des Tempelkomplexes, der wie ein riesiger Thron geformt war, beauftragten die Spartaner, ungeachtet ihres Rufes der Fremdenfeindlichkeit, einen berühmten Architekten namens Bathykles aus dem fernen Ionien. Er brachte seine eigenen Baumeister mit, die er am oberen Ende des Stein-»Throns«, der den Tempel bildete, beim Tanz abbildete. Die Kunstfertigkeit dieser Kultstätte, die von dem späteren Reiseschriftsteller Pausanias detailliert beschrieben wird, stellt infrage, dass die Spartaner keinen Sinn für bildende Kunst und Architektur gehabt hätten. Das Heiligtum enthielt Opfergaben schon aus archaischer Zeit, Dreifüße und Statuen, darunter Bilder von den Grazien und Artemis, die Bathykles persönlich gestiftet hatte. Die Säulen des Tempels waren sowohl ionisch als auch dorisch.

Die Reliefskulpturen waren beeindruckend. Pausanias' Liste klingt wie ein Leitfaden der griechischen Mythologie, auch wenn bestimmte von den Spartanern bevorzugte Figuren und Motive überwogen: Menelaos, die Taten des Herakles und erotische Begegnungen zwischen Göttern und Sterblichen. Auf dem Thron wurde ein Podest platziert, das der Legende nach den Leichnam von Hyakinthos enthielt, und auf dem Podest stand das bizarre Kultbild Apollons, das für sehr alt gehalten wurde. Es war ein verlängerter Stab oder Kegel aus Bronze, der durch das Hinzufügen von Kopf, Füßen und Händen ein menschenähnliches Aussehen bekam. Er trug einen Helm und hielt einen Speer und einen Bogen. Apollon in dieser Gestalt zu betrachten war ungefähr so, wie wenn man in das unergründliche, behelmte Gesicht des in Bronze gekleideten, gegnerischen Hopliten starrte.

In Amyklai gab es auch einen Kult zu Ehren Agamemnons und Kassandras, die unter ihrem anderen Namen Alexandra angebetet wurde. Östlich von Amyklai, in den Hügeln von Therapne, die sich über das Tal erhoben, beteten die Spartaner Agamemnons Bruder Menelaos an, zusammen mit Helena. Noch heute sind die Ruinen des rechteckigen Monuments zu sehen. Es liegt eindrucksvoll auf einem erhöhten Platz und stammt aus dem 5. Jahrhundert, löste aber eine ältere Kultstätte ab und wurde möglicherweise wiederaufgebaut, nachdem es beim Erdbeben von 464 beschädigt worden war. Eine kleine Flasche, die vielleicht Parfüm enthielt, wurde dort von einem Mann namens Deinis im 7. Jahrhundert Helena gewidmet; ein anderer Mann namens Euthykrenes brachte einen bronzenen Fleischhaken als Opfergabe für den Helden Menelaos.

Manche Opfergaben sind Figuren von Soldaten, die sich möglicherweise für Männer oder Frauen eigneten, die auf tapfere Söhne hofften; viele sind Tierstatuetten aus Blei oder Terrakotta, die mit Helenas Rolle als Förderin der Fruchtbarkeit zusammenhängen. Die Webgewichte und Halsketten wurden wohl von Frauen dargebracht: Helena wird in der *Ilias* als hervorragende Weberin reich bebilderter Stoffe geschildert. Wichtige schriftliche Quellen belegen, dass Frauen eine starke psychische Verbindung zu Helena von Therapne spürten, die uneingeschränkt feminine, erotische Anziehungskraft verkörperte. Herodot erzählt die Geschichte eines Kindermädchens, das auf ein ungewöhnlich unscheinbares, kleines Mädchen aufpassen musste. Sie wollte Abhilfe schaffen, indem sie das Kleinkind regelmäßig vor die Helenastatue legte. Eines Tages berührte eine mysteriöse Frau – womöglich eine Erscheinung der verehrten Heldin selbst – das Antlitz des unglücklichen Mädchens und verkündete, dass sie die schönste Frau in ganz Sparta werde. Wider Erwarten wuchs sie prächtig heran und heiratete einen spartanischen König.

Nicht zuletzt als Folge von Helenas berühmter erotischer Anziehung zählen die Frauen zu dem wohl meist diskutierten Aspekt des spartanischen Gesellschaftssystems. Für gewöhnlich heißt es, sie hätten weit mehr Freiheit als andere Griechinnen genossen. Sie waren ebenso gewitzt wie ihre Männer, und eine Sammlung ihrer beißenden Sprüche ist in Plutarchs *Denksprüchen einiger Spartanerinnen* erhalten. Sie genossen eine größere wirtschaftliche Unabhängigkeit als Frauen anderer griechischer Städte und hatten auch eigenen Besitz. Da viele Spartaner in den öffentlichen Tischgemeinschaften lebten, wurden ihre Frauen und Töchter nicht so streng beaufsichtigt wie alltäglich andernorts. Dem Vernehmen nach zeigten sie sich häufig in der Öffentlichkeit und machten sogar Leibesübungen, wobei sie wie die Männer ihren Körper entblößten. Möglicherweise spiegelt sich darin eine institutionalisierte Selbstdarstellung weiblicher Schönheit, Stärke, Anziehungskraft und vielleicht ihrer Unabhängigkeit wider. Vermutlich nahmen sie an organisierten Wettkämpfen im Ringen, Laufen, Speer- und Diskuswurf teil, gemäß dem Gebot, dass sie eine möglichst starke Herrscherklasse aus Spartiaten zeugen sollten. Mädchen in Sparta profitierten davon, dass sie später als in anderen griechischen Stadtstaaten verheiratet wurden – wo das übliche Heiratsalter vierzehn oder noch jünger war, denn die Vorschriften des Lykurg aus dem 8. Jahrhundert besagten, dass Heiraten »auf dem Höhepunkt der körperlichen Kraft« geschlossen werden sollten, denn »dies komme der Zeugung gesunder Kinder zugute«. In diesem Punkt richteten sich die Spartaner nach dem gesunden Menschenverstand. Die Zahl der Todesfälle bei der Geburt war unter den Kleinkindern und ihren jungen Müttern unmittelbar nach der Menarche (der ersten Menstruation) damals viel höher als bei Müttern über zwanzig und ist es noch heute.

In Aristophanes' *Lysistrata*, 411 v. Chr. uraufgeführt, tritt das athenische Klischee einer spartanischen Frau in der Gestalt von Lampito (die Scheinende) auf die Bühne. Die Frau ist so stark, dass sie einen Stier erwürgen kann, und zudem mit einem wunderschönen Busen gesegnet. Die spartanische Prinzessin Kyniska gewann in den 390er Jahren als erste Frau selbst einen olympischen Wettkampf als Besitzerin und vermutlich Trainerin der Pferde für Pferderennen. Die Inschrift, auf der sie ihre in Olympia aufgestellte Siegerstatue beschreibt, verkündete stolz: »Mein Vater und meine Brüder sind Könige von Sparta, aber Kyniska, die im Wagenrennen leichtfüßiger Pferde siegte, stellte dieses Bild auf und erklärte sich zur einzigen Frau in ganz Griechenland, die die Krone erhalten hat.«

Die gewitzten, athletischen spartanischen Frauen wurden darauf vorbereitet, die Frauen und Mütter von Spartiaten zu werden, und die Hochzeitszeremonie zählte zu den ausgefalleneren Aspekten des spartanischen Lebens. Heiraten war eine Angelegenheit des Staates; Spartiaten wurden bestraft, wenn sie nicht heirateten, dabei zu alt waren oder nicht angemessen heirateten. Die Zeugung gesunder Söhne wurde hingegen belohnt: Ein Mann, der drei Kinder zeugte, wurde vom Militärdienst freigestellt, und wenn er vier zeugte, wurde er sogar von finanziellen Abgaben an den Staat befreit. Das Verb, das spartanische Bräutigame für den Erwerb ihrer Braut benutzten, heißt so viel wie »erobern«, und es ist unklar, ob die Entführung der Braut ein Ritual oder Realität war. Freiern unter dreißig, die in den öffentlichen Gemeinschaften lebten, war es nur gestattet, ihre Braut heimlich zu besuchen und sich in völliger Dunkelheit mit ihr zu vereinen. Womöglich sollte dies die sexuelle Spannung steigern und mehr Kinder hervorbringen – laut Plutarch steht fest, dass manche Männer bereits Kinder hatten, bevor sie überhaupt entdeckten, wie ihre Frauen bei Tageslicht aussahen.

Lykurgs Vorschriften förderten auch eine hohe Geburtenrate, indem sie einer jungen Gattin eines älteren Mannes erlaubten, Kinder von einem anderen zu bekommen – vorausgesetzt, ihr Mann war einverstanden. Der ältere Mann adoptierte anschließend die Söhne, die sie zur Welt brachte, und steigerte auf diese Weise seinen eigenen Status. Laut Polybios hatten manche Frauen Kinder von drei oder vier Männern, und wenn ein Mann eine ausreichende Zahl an Kindern gezeugt hatte, galt es für ihn als ehrenvoll, wenn er seine Frau einem Freund zur Verfügung stellte. Die patriarchalen Griechen der anderen Stadtstaaten waren verständlicherweise empört über diese, in ihren Augen, gesetzliche Autorisierung der weiblichen sexuellen Freiheit. Aristoteles hielt die spartanischen Frauen für völlig zügellos und entfesselt.

Die sexuellen und emotionalen Bindungen der Spartaner zu verstehen ist wegen der Uneinigkeit der Quellen zum Thema Homosexualität schwierig. Plutarch geht davon aus, sie sei weitverbreitet, aber Xenophon, der in Sparta gelebt hatte, deutet an, dass von jeder offenen Zurschaustellung der Homosexualität abgeraten werde. Die Frage wäre leichter zu beantworten, wenn wir mehr über die Hyakinthien-Spiele wüssten, die zu Ehren von Apollon und Hyakinthos, dem jungen Spartaner und Geliebten des Gottes, gefeiert wurden. Hyakinthos starb durch einen Unfall, als er mit einem Diskus übte, und die Feierlichkeiten spielten rituell Leben und Tod des schönen Jungen sowie seine Vergöttlichung nach. In dem Heiligtum des Apollon in Amyklai kam die ganze Bürgerklasse Spartas zusammen, Frauen ebenso wie Männer, um das Fest mit Wettkämpfen und Opfergaben zu feiern.

Eine starke Kameradschaft unter Spartiaten wird durch die Gedichte des Tyrtaios vermittelt, der einzigen authentischen Stimme neben Alkman, die wir aus dem frühen Sparta gut vernehmen können. Wie Alkman war Tyrtaios vermutlich Spartaner, obwohl es von beiden Männern heißt, sie stammten aus einer anderen griechischen Gegend; vielleicht schien die Vorstellung, dass Sparta Dichter hervorbrachte, unvereinbar mit dessen Militarismus. Tyrtaios verfasste patriotische Lieder in Marschrhythmen, sogenannte *embateria* oder *enoplia*, was so viel heißt wie »zum Marsch gehörig« oder »Lieder zum Singen unter Waffen«. Es hieß, er habe die Lieder für die Spartaner verfasst, um sie im Krieg gegen die Messenier anzuspornen, die sie versklaven wollten. Leonidas soll Tyrtaios als Dichter gerühmt haben, weil er »es versteht, den jungen Gemütern Mut zu geben«. Die Lieder des Tyrtaios feiern den Sieg über die Messenier sowie die Steuerlast, welche die Spartaner ihnen auferlegten. Weithin verkünden sie, dass es der schönste Tod sei, »von Feindes Hand als tapfrer Mann zu fallen im Streit fürs Heimatland«. Das gleiche Gedicht ermahnt anschließend die jungen Spartiaten direkt: »Uns lasst für Land und Kinder mutvoll zum Kampfe gehen, nicht bang besorgt ums Leben feige zur Seite stehn; nein, Jungen, sondern streitet zusammen enggedrängt. Schmach, wen die Furcht befiele! Schmach, wer ans Fliehen denkt!« Ein anderer Refrain von Tyrtaios rechnet mit einem Tag voller Blutvergießen, wenn die Sänger sich gemeinsam »den Speerträgern stellen [sollen], mit einem furchterregenden Getöse, während die Gegner Rundschild gegen Rundschild schlagen; furchtbar werden die Schreie sein, wenn sie übereinander herfallen und Speere durch die Brüste von Männern stoßen«.

Die Lieder des Tyrtaios bereiteten die jungen Männer Spartas emotional auf ihre militärische Zukunft vor. Eine weitere antike Quelle, die Rede eines Atheners, behauptet, das Anhören dieser Lieder sei für die Spartiaten in der Ausbildung Pflicht. Laut Plutarch wurden zumindest Knaben (und vermutlich auch Mädchen) bei der

Geburt von den Ältesten inspiziert. Schwächlinge wurden sofort ausgesetzt. Xenophon nennt in der *Verfassung der Spartaner* weitere Details: Im Alter von sieben Jahren kam ein Spartiatenknabe in das öffentliche Schulsystem und lebte unter anderen Knaben. Er wurde einer strengen Lebensführung und einem harten Training unterzogen, das dafür gedacht war, hervorragende Soldaten mit einem ausgeprägten Sinn für Scham und Gehorsam zu schaffen. Sie unterstanden einem *paidonomos*, einem Spartiaten, der sich auf auserwählte junge Männer verlassen konnte, die Peitschen trugen und bestraften, wenn er es befahl. Aber jeder Spartiate durfte die Söhne anderer Männer bestrafen, wenn er es für angebracht hielt. Die jungen Männer wurden außerdem angespornt, Essen zu stehlen, denn man glaubte, das werde sie findig und streitlustig machen. Wer dabei jedoch ertappt wurde, erhielt eine Strafe. Im Alter zwischen zwanzig und dreißig befanden sich die Spartiaten in einer Zwischenstellung. Sie durften ihr Haar lang wachsen lassen, schliefen aber immer noch in einem öffentlichen Schlafsaal. Es war ihnen noch nicht erlaubt, ein Amt zu übernehmen, und vermutlich auch nicht, an der Versammlung teilzunehmen. Die 300 besten Soldaten eines jeden Jahrgangs wurden am Ende dieser Phase für die Elitetruppen des Heeres auserwählt. Von Spartiaten im Alter von über dreißig Jahren erwartete man, dass sie kämpften, bis sie sechzig waren, und weiterhin entsprechend trainierten; Leibesübungen waren obligatorisch. Auf die Weigerung, in den Krieg zu ziehen, oder Desertion stand die Todesstrafe. Manche Vorschriften sind so ausgefallen, dass sie vermutlich der Wahrheit entsprachen — etwa dass es Spartiaten nicht erlaubt war, im Dunkeln ein Licht zu tragen, um zu gewährleisten, dass sie ständig auf der Hut waren.

In allen anderen Siedlungen in Lakonien lebten die *perioikoi,* die »Drum-Herum-Wohnenden«, die nominell frei waren, aber auf eine nicht ganz klare Weise den erblichen Spartiaten unterworfen waren. Die dritte Klasse waren die Sklaven oder Heloten. Von ihnen heißt es, sie seien ursprünglich freie Bewohner eines Ortes namens

Helos gewesen, der erobert und versklavt worden sei. Später eroberten die Spartaner auch Messenien und fügten die Messenier den
Heloten hinzu. Die Heloten erledigten die ganze landwirtschaft-
liche Arbeit und mussten einen beträchtlichen Anteil des Ertrags
abgeben: Tyrtaios vergleicht sie gar mit Eseln – »gedrückt vom
mächtigen Gewicht der Last, entrichten sie in hartem Zwang dem
Herrn von allem, was der Boden trägt, die Hälfte«. Sie gehörten
dem Staat, keinem individuellen Spartiaten; nur der Staat konnte
Heloten selbständig machen und tat dies gelegentlich auch, zum
Beispiel als Belohnung für loyales Verhalten im Krieg.

Die Heloten lebten elend. Jeder Krieger der Spartiaten war
dafür verantwortlich, die Heloten zu disziplinieren, die sein Land
bebauten. Diese Übereinkunft hatte demütigende und einschüch-
ternde Praktiken zur Folge. Heloten mussten eine derbe Uniform,
eine Kappe aus Hundeleder und eine Lederjacke tragen, und es
galt der Grundsatz, dass sie »jährlich festgesetzte Schläge zu empfangen hatten, auch ohne dass ein Unrecht vorlag, damit sie nie
vergaßen, dass sie Sklaven sind«. Darüber hinaus wurden sie hingerichtet, wenn sie allzu kräftig aussahen, und ihr Herr musste ein
Bußgeld zahlen. Die Spartiaten hatten sogar ein Ritual, durch das
die Ephoren alljährlich die Eroberung Lakoniens erneuerten, indem
sie den Heloten den Krieg erklärten. Auf diese Weise wurde dem
Morden jede Gott- oder Gesetzlosigkeit genommen. Laut Plutarch
brachte der spartanische »Geheimdienst« (*krypteia*) häufig Heloten
um, insbesondere die körperlich kräftigen.

Die spartanische Vorherrschaft als Landmacht, die es ihnen gestattete, nicht nur ihre Heloten, sondern einen Großteil der griechischen Welt vom 7. Jahrhundert an bis zur Mitte des 4. Jahrhunderts zu beherrschen, war auf ihre außerordentlich durchtrainierte
und schwer bewaffnete Infanterie zurückzuführen. Die Brutalität
der Kämpfe zwischen Reihen schwer bewaffneter Hopliten scheint
geradezu mit der unnachgiebigen Argumentation auf wissenschaftlicher Ebene zu korrespondieren. Die Methode der Konfliktlösung,

die sie repräsentierte, ist verglichen mit anderen bekannten Gesellschaften primitiver oder bäuerlicher Landwirte tatsächlich einzigartig, wie manche Historiker schockiert über den Blutdurst der Hoplitenstrategie klagten. Andererseits diskutieren manche Althistoriker diese Art der Kriegführung mit unverhohlener Billigung und behaupten, es sei eine effiziente, stilisierte Form des Zweikampfs gewesen, die weniger allgemeines Leiden nach sich zog als ein Krieg, der mit Verfolgungsjagden, Belagerungen, Hinterhalten, langwierigen Feldzügen und Massenhinrichtungen geführt wurde, wie es ansonsten üblich war. Nach dieser Argumentationskette gilt es als ruhmreich, dass Hopliten zur Verteidigung ihrer eigenen Autonomie und bürgerlichen Privilegien kämpften: »Ein Bürger eines griechischen Stadtstaates erkannte, dass die Einfachheit, Klarheit und Kürze der Hoplitenschlacht die ganze Beziehung zur Familie und Gemeinschaft eines Mannes definierten, jener eine Tag ungewissen Datums, der seinem Leben ein Ende setzen, aber seiner ganzen Existenz mit Sicherheit eine Bedeutung verleihen konnte« (Victor Hanson). Doch selbst die Griechen waren sich darüber im Klaren, dass die Hoplitenstrategie etwas Besonderes war. Dies geht so weit, dass Herodot dem persischen Heerführer Mardonios folgende Beschreibung der griechischen Kriegführung in den Mund legt: »Dabei pflegen die Hellenen viele Kriege zu führen, wie man mir sagt, aber unüberlegt und unverständig gehen sie dabei zu Werke. Haben sie einander den Krieg erklärt, so suchen sie ein schönes, ganz ebenes Schlachtfeld aus, und dort schlagen sie sich, wobei dann sogar der Sieger mit großen Verlusten davonzieht. Von dem Unterliegenden will ich gar nicht reden; er wird völlig vernichtet.«

Mardonios lag damit nicht falsch. Eine der wenigen aufrichtigen Schilderungen findet sich in Xenophons Augenzeugenbericht von dem Schlachtfeld nach einem Hoplitenkampf zwischen Theben und Sparta im Jahr 394: Nach dem Kampf konnte man »den Boden mit Blut getränkt sehen und durchlöcherte Schilde und zerbrochene

Speere und bloße Handwaffen ohne Scheide zum Teil auf dem Boden, zum Teil in den Leichnamen, zum Teil noch in den Fäusten.« Tyrtaios beschreibt das Erlebnis einer Hoplitenschlacht detailliert, plastisch und drastisch: »Bleibt, wo ihr steht, und stemmt mit wuchtig gespreizten Beinen beide Füße ins Feld, beißt in die Lippe den Zahn! Oben die Brust und die Schulter und unten die Schenkel, das Schienbein decke des ehernen Schildes hohler geräumiger Bauch. Wuchtig schwinge die Rechte den Schaft der gewaltigen Lanze, drohend flattre am Helm über dem Haupte der Busch!« Jeder Hoplit zog genau gleich bewaffnet mit einem großen, schweren, nach außen gewölbten Schild, einer Lanze mit einer Eisenspitze und einem Dorn am anderen Ende, einem Kurzschwert, einem Brustpanzer und einem Helm, teils mit einem Helmkamm, in den Kampf. Er stellte sich Seite an Seite mit seinen Kameraden in der rechteckigen Formation auf, die als die Phalanx bekannt war, wobei die besten Krieger in der ersten und letzten Reihe standen. Die erste Reihe starrte der gegnerischen Vorderreihe unmittelbar in die furchterregend behelmten Gesichter. Sobald die Trompete ertönte, gingen die Phalangen aufeinander zu und griffen sich mit Schilden und Lanzen an. Das lautstarke Brüllen eines einschüchternden traditionellen Schlachtrufs war üblich.

Es folgte ein gewaltsames Gedrängel, in dem jeder Hoplit in der vordersten Reihe sein Gegenüber angriff. Der Ansturm mit dem ganzen Körper ging einher mit brutalen Lanzenstößen nach oben oder unten. Die Hymne von Tyrtaios an die Hopliten geht wie folgt weiter: »Keiner steh ferne vom Wurf, hält er den Schild in der Hand, sondern trete heran mit der ragenden Lanze zum Nahkampf oder zücke das Schwert gegen den feindlichen Mann. Fuß an Fuß mit dem Gegner und Schild zum Schilde sich drängend, dass sich der Busch mit dem Busch treffe, der Helm mit dem Helm, Brust an Brust bezwing er den Feind im Kampfe, den breiten Schwertgriff oder den Schaft haltend des ragenden Speers.«

Das ging so weiter, bis eine Seite nachgab, was oft schnell passierte, wie ein Soldat bei Aischylos sich ausdrückt: »Das Knie im Staub! Mann gegen Mann! Die Glieder schlaff, der Speer zerspellt!« Brach jemand aus Feigheit oder Leichtsinn aus den Reihen aus, brachte er seine ganze Reihe in unmittelbare Todesgefahr. Wenn die Phalanx gezwungen war, sich abzuwenden, und damit eine Seite exponierte, so war jeder Mann an dieser Seite extrem verwundbar. Die Verliererseite gab nach, sobald so viele Männer in der vordersten Reihe gefallen waren, dass sie nicht mehr durch die Männer hinter ihnen ersetzt werden konnten, oder wenn sie zum Rückzug gezwungen oder umzingelt waren. Manchmal kam es zu Schwertkämpfen, und manche kämpften gar mit Zähnen und Klauen, wie bei der letzten Schlacht der Spartaner unter Leonidas an den Thermopylen. Es kam vor, dass von der besiegten Seite kaum jemand am Leben blieb.

Die wiederholte Teilnahme an dieser Schlachtform konnte bei den Spartanern eine Art posttraumatischer Belastungsstörung auslösen. So liegt uns in Xenophons Beschreibung des spartanischen Generals Klearchos »der erste bekannte Fall einer PTBS [...] in der westlichen literarischen Tradition vor«, wie der Vietnamveteran Lawrence Tritle argumentiert. Klearchos *beschloss* laut Xenophon, in den Krieg zu ziehen; er hätte sein großes Vermögen für friedliche Zwecke ausgeben könnten, führte aber stattdessen einen Krieg, von dem er persönlich keinerlei Nutzen hatte. Als Abenteurer führte Klearchos die Männer in vorderster Reihe an und schien nur dann glücklich, wenn er kämpfte (sonst wirkte er immer wütend und abweisend). Er hatte eine laute Stimme, war unfähig zu persönlichen Beziehungen und setzte eine grausame Disziplin durch. Als personifiziertes Gesetz ertrug er es nicht, unter den Befehlen eines anderen zu dienen. Einmal fuhr er bei einem Streit im Lager, der von seinen allzu harten Strafen ausgelöst worden war, aus der Haut und hätte um ein Haar einen Kampf unter seinen Kameraden auf Leben und Tod angefangen. Nur da der persische Oberbefehlshaber

Kyros eingriff, kam Klearchos »wieder zur Vernunft«. Andere Spartaner, auch Leonidas, erreichten jedoch anscheinend ohne geistigen Schaden ein hohes Alter. In dem Porträt, das Thukydides von dem tapferen Spartaner Brasidas zeichnet, erhalten wir einen Eindruck von einem außergewöhnlich intelligenten, engagierten und prinzipientreuen Heerführer, der an der Spitze seiner Männer kämpfend 422 v. Chr. starb. Ein paar Jahre später war es der Spartaner Gylippos, dessen strategisches Denken und anregende Worte den Lauf des Peloponnesischen Krieges änderten, indem er die Demütigung der Athener bei Syrakus herbeiführte.

Sparta hatte Erfolg mit der Hoplitenstrategie, indem es diese Form der Kriegführung kultivierte, nicht zuletzt über Humor, eine kollektive Moral und mit seinem inneren zivilen Ethos und Organisationsgeschick, die zutiefst egalitär waren, sofern man den auserwählten, freien spartanischen Männern angehörte. Könige und Feldherrn kämpften und riskierten ihr Leben an der Seite niederer Hopliten. Alle freien Spartaner trugen genau die gleiche Kleidung, und sorgfältige Einschränkungen beim Verzehr aller Arten von Waren wurden eingehalten. Die Jahre der gemeinsamen Ausbildung, des gemeinsamen Essens und Schlafens als Tischkameraden und der gemeinsamen Kämpfe in aufeinanderfolgenden Schlachten nährten einen Kameradschaftsgeist und eine kollektive Identität, die von keiner anderen Bürgerwehr eines Stadtstaats übertroffen wurden. Jeder Mann, der verantwortungslos oder schwach kämpfte, wurde danach von der ganzen Phalanx zur Rechenschaft gezogen.

Darüber hinaus wurde die Solidarität durch die strenge Einhaltung religiöser Riten gestärkt. Die militaristischen Spartaner waren verblüffend fromm und abergläubisch. Diese Charakterzüge lassen sich wohl am besten dadurch erklären, dass so eine bedingungslose Einhaltung der Gesetze der Vorväter gewährleistet werden sollte. Meiner Meinung nach ist das auch der Grund, weshalb Leonidas womöglich motiviert war, zu den Thermopylen zu ziehen, wo sein Vorfahr Herakles auf einem benachbarten Gipfel gestorben war.

Die Spartaner reagierten auf die Tode all ihrer Könige, nicht nur den des Leonidas, mit großer Trauer. Jeder, der nicht in voller Trauererkleidung an dem Begräbnis teilnahm, musste Strafe zahlen; alle Verwaltungsangelegenheiten wurden zehn Tage lang ausgesetzt. Die Spartaner nahmen auch die Weissagungen der Auguren und anderer Hellseher überaus ernst. Sie begannen eine Invasion oder eine Schlacht nie ohne ausgiebige Opfergaben und beschlossen häufig, nach Hause umzukehren, wenn die Eingeweide der Tiere keine ausreichende Bestätigung brachten. Die beiden einzigen Männer von außen, die jemals volle Bürger Spartas wurden, waren ein beruflicher Seher und sein Bruder.

Die Spartaner achteten auch pflichteifrig auf den Unterhalt des Delphischen Orakels. Sie beauftragten eine eigene Kategorie von Beamten, die *Pythioi*, die es in keinem anderen griechischen Staat gab, Apollon um Rat zu fragen und auf die Orakel zu achten, die er ihnen mitteilte. Die meisten großen Ereignisse in ihrer Geschichte, etwa die *Große Rhetra* des Lykurg und Leonidas' Entscheidung, zu den Thermopylen zu marschieren, hingen mit einem Orakel aus Delphi zusammen. Andererseits brach Leonidas verfassungswidrig in Richtung Thermopylen auf: Er hatte nicht die Billigung der Ephoren als Vertreter der Versammlung, die dagegen protestierten, dass er während der Karneien, dem zehntägigen Fest für Apollon, in den Krieg ziehen wollte. Die Spartaner legten so großen Wert auf ihre Feste, dass sogar wichtige militärische Entwicklungen hinter deren Einhaltung zurückstehen mussten. Schon 490 v. Chr. hatten die Karneien die Spartaner davon abgehalten, den Athenern zu helfen, die Schlacht von Marathon zu gewinnen. Paradoxerweise bestanden die Feierlichkeiten selbst in einem karnevalesken Nachspiel des Lebens in einem Militärlager, in dem junge, unverheiratete Männer in Zelten schliefen und von einem Herold Befehle erhielten.

Auf die Spartaner der klassischen Epoche kann man nur mit einer gewissen Ambivalenz blicken. Ihre zynische Ausbeutung und Misshandlung der Heloten waren abstoßend. Das galt auch für mehrere Aspekte ihrer brutalen Erziehung von Knaben. Aber wenn man dem Bild Glauben schenken kann, das sich aus dem Sammelsurium an Quellen ergibt, fällt es schwer, ihren Witz und insbesondere das Ethos der Gleichheit, gegenseitigen Loyalität und Solidarität, das von der herrschenden Klasse gepflegt wurde, sowie die physische Disziplin und den Mut nicht zu bewundern. Die Freiheit, die ihre Frauen verglichen mit anderen Griechinnen genossen, ist ebenfalls attraktiv. Es besteht kein Grund, Aristophanes nicht zu glauben, wenn er sagt, es habe eine spartanische Dichterin namens Kleitagora gegeben; hingegen stammt die Behauptung des Iamblichos, dass mehrere spartanische Frauen Anhängerinnen des Pythagoreismus gewesen seien, aus einer zu späten Zeit (3. oder 4. Jahrhundert n. Chr.), um als zuverlässig zu gelten. Spartanische Männer wie Frauen führten anspruchsvolle, gesungene und getanzte Chorlieder vor, im Falle Alkmans lernten sie dabei brillante Lyrik auswendig. Ein ausgeprägtes ästhetisches Empfinden wird durch die gefeierte Schönheit ihrer Pferde und Frauen angedeutet. Das Leben hatte für die Freien im klassischen Sparta durchaus Momente der Leichtigkeit und Verzauberung; ich bin überzeugt, dass sie viel kultivierter waren, als ihre eigene Propaganda vermuten ließ. Der archäologische Befund in den Tempeln der Artemis Orthia und bei Amyklai widerspricht der herkömmlichen Ansicht, dass sie es rundweg ablehnten, Experten von außen zurate zu ziehen; zudem schufen die Spartaner selbst brillante Vasenmalereien und Skulpturen. Es besteht kein Grund, Platons These anzuzweifeln, zwei der legendären »sieben Weisen« Griechenlands würden aus Sparta kommen. Ausbildung zum Krieg und Genuss der gefeierten Werke griechischer Kultur widersprachen sich nicht. Es ist durchaus nicht ausgeschlossen, dass König Kleomenes die absolute Unterscheidung, so brutal sie war, zwischen den Spartiaten und Heloten gemäß den poetischen Formulierungen einschätzte, die Plutarch ihm zuschrieb: »Homer sei ein Dichter der Spartaner, Hesiod der Heloten; denn der eine habe gezeigt, wie man den Krieg führen müsse, der andere, wie man Landwirtschaft zu betreiben habe.«

Aber die Spartaner waren sehr merkwürdige Griechen. Mit ihrer großen, fruchtbaren Ebene im Binnenland hatten sie kein großes Interesse an Seefahrt, Reisen und Handel. Auch die Neugier trieb sie nicht an; genau genommen schreckte ihre Kultur sogar davon *ab*, Fragen zu stellen, auf die weder die Götter noch die Gesetze der Vorfahren eine Antwort gaben. Freiheit und Unabhängigkeit waren für sie kollektiv zwar von unschätzbarer Bedeutung, doch der streitlustige Zug, der fast allen Griechen gemein war, wurde durch ihre Ausbildung in patriotische Bahnen gelenkt. Nichtsdestotrotz teilten sie die meisten Charakterzüge, die die griechische Mentalität definierten. Ihre Anerkennung der bloßen Machtstrukturen und Realpolitik lässt auf emotionale Aufrichtigkeit schließen. Sie liebten Sportwettkämpfe und schätzten ihre sportlichen Sieger ebenso hoch wie ihre Krieger. Außerdem waren sie auf ihre spezielle, prägnante und bitterböse Art humorvoll und in dieser Beziehung geschickte Meister der griechischen Sprache. Tatsächlich waren ihr Humor und ihre militärische Tapferkeit eng miteinander verknüpft, denn das Lachen im Angesicht der Gefahr zählt zu den wirksamsten Methoden, die kollektive Moral zu stärken. Viele berühmte Witze der Spartaner hatten den Zweck, den Zuhörern Mut zu machen. König Agis scherzte einmal, dass die Spartaner niemals fragten: »*Wie viele* Feinde sind es«, sondern »*Wo* sind sie?«

Die knappe, lakonische Wendung vereint Einsicht und Kürze mit einem bissigen Witz und häufig einem absurden Unterton. Als ein Arzt König Pausanias dafür lobte, dass er ein hohes Alter erreicht habe, gab der König zurück: »Das liegt daran, dass ich nie deine Dienste als Arzt in Anspruch nahm!« Der wohl lustigste Einzeiler, den ein Spartaner jemals in der Literatur von sich gab, ist eine Antwort des Menelaos an Hekuba in der ansonsten eher faden Tragödie *Die Troerinnen* von Euripides. Die alte trojanische Königin will unbedingt, dass Helena bestraft wird. Aus Angst, dass ihre unvergleichliche Schönheit Menelaos dazu verführen wird, sie wieder in sein Bett zu lassen, fleht Hekuba ihn an, nicht auf demselben Schiff wie seine ehebrüchige Frau nach Sparta zurückzusegeln. »Warum denn nicht? Ist sie zu schwer geworden?« Hekuba wird durch das komische Bild einer inzwischen fettleibigen Helena, die sein Kriegsschiff in der Ägäis zum Sinken bringen könnte, einfach entwaffnet. Euripides erkannte, dass die lakonische Rede ihrerseits ein rhetorisches Stilmittel ist, nicht etwa das Produkt einer minderwertigen Erziehung in Sparta. Sokrates war gleicher Ansicht: Die Spartaner würden, sagte er, absichtlich so tun, »als seien sie unwissend« und als würde ihre Überlegenheit auf ihren kämpferischen Fähigkeiten und dem Mut beruhen. Aber selbst die einfachen Spartaner, die anfangs nicht sonderlich beeindruckend scheinen, »werfen früher oder später einen bemerkenswerten Ausspruch ein, knapp und komprimiert, wie ein Speerwerfer«. Ein lakonischer Witz, so Sokrates, könne so tiefschürfend sein, dass der andere sich »dumm wie ein Kind« vorkomme.

7

DIE WETTEIFERNDEN
MAKEDONIER

Für die kurze Zeitspanne knapp zweier Jahrzehnte waren große Teile der ganzen Welt, darunter das heutige Griechenland, unter zwei aufeinanderfolgenden Griechisch sprechenden Herrschern miteinander vereint: Unter Philipp II. von Makedonien und seinem Sohn Alexander III., besser bekannt als Alexander der Große. Sie waren die letzten in einer langen Reihe von Königen aus der gleichen Dynastie, die Makedonien seit Jahrhunderten regierten und als Argeaden bekannt waren, weil sie der Sage nach ursprünglich aus Argos stammten. Doch bevor ihre Dynastie verschwand, brachten sie den Griechen in großem Stil zu träumen bei. Die Makedonier stießen weiter nach Osten vor als je Griechen vor ihnen. Ihnen verdankten die Griechen die Idee eines Weltreiches. Die Makedonier bildeten die beste Reiterei aus, die Griechenland jemals hervorgebracht hatte, und entwickelten die Taktik des Belagerungskriegs, die aus psychologischer Sicht unerlässlich ist, um eine imperiale Macht international aufrechtzuerhalten. Nach Alexanders Eroberungen teilten nach seinem Tod die makedonischen Heerführer, die als »Diadochen« oder Nachfolger bekannt sind, die Territorien untereinander auf und führten, nach etlichem Blutvergießen, Griechisch sprechende Monarchien und Höfe ein, die überall ein kompliziertes Protokoll kultivierten und prächtige Paläste bauen ließen.

Als die Makedonier erstmals in die Geschichte eintraten, geschah dies im Rahmen eines Wettbewerbs. Um 500 v. Chr. beantragte Alexander I., an den Olympischen Spielen teilnehmen zu dürfen. Seine Behauptung, er sei griechischer Herkunft, musste folglich von den Richtern bestätigt werden. Man kam überein, dass seine Abstammung von den Bewohnern von Argos auf der Peloponnes seinen Wunsch legitimiere, bei den berühmtesten panhellenischen Wettkämpfen überhaupt anzutreten. Mehr als eineinhalb Jahrhunderte später besiegte der Nachkomme Alexanders Philipp II. die anderen Griechen auf dem Festland nicht nur im Stadion, sondern 338 v. Chr. bei Chaironeia auch auf dem Schlachtfeld. Philipp gab in Olympia ein Monument in Auftrag, das demonstrierte, dass er sich nunmehr nicht als Rivale der anderen Griechen, sondern der Götter ansah. In dem Rundbau namens Philippeion standen Statuen von ihm, seinem Vater Amyntas und seinem Sohn Alexander (dem späteren Alexander III.), daneben Philipps Mutter Eurydike I. und Alexanders Mutter Olympias. Allerdings waren diese Statuen durchaus arrogant aus Gold und Elfenbein angefertigt, dem Material, das eigentlich den Kultstatuen der Götter vorbehalten war. Das Philippeion entsprach nicht ganz einem Tempel, aber Philipp forderte die Betrachter geradezu auf, seine Macht und die seiner Familie mit jener der Gottheiten zu vergleichen.

Die Makedonier trieben das Konkurrenzdenken (die siebte Eigenschaft, welche die alten Griechen prägte) wortwörtlich halsabschneiderisch auf die Spitze. Das fing bereits in der Familie an. Die makedonische Elite bestand aus dominanten Individuen, die intuitiv wussten, wie sie Macht erwerben, erhalten und steigern konnten. Philipp und Alexander zögerten wie alle makedonischen Herrscher niemals, rücksichtslos Gewalt einzusetzen, selbst gegen Angehörige und Partner. Die allgemeine Akzeptanz der Polygamie hatte zur Folge, dass mehrere Frauen oder Konkubinen rivalisierende Thronfolger auf die Welt brachten, was das Konkurrenzdenken noch steigerte. Die makedonische Geschichte ist eine komplexe Saga innerer Auseinandersetzungen unter herrschenden Stämmen. Verschiedene Gruppen, die häufig Halbbrüder des Königs unterstützten, trachteten danach, sich gegenseitig auszumanövrieren; rivalisierende Frauen und Kinder galten als verzichtbar. Alexanders Mutter Olympias verschwor sich womöglich mit ihrem Kind oder

Kindern, Philipps »andere Frau« zu töten, nachdem Philipp seinerseits von seinem Leibwächter umgebracht worden war. Möglicherweise hatte Olympias sogar bei der Ermordung ihres Gatten die Finger im Spiel. Der innere Machtkampf war in Makedonien tief verwurzelt. Man stimmte allgemein darin überein, dass dieses System nach dem Prinzip des Überlebens der Stärksten die anhaltende Macht des Königreichs gewährleistete.

Da sie inmitten der Rivalität zwischen Frauen, Geschwistern und Halbgeschwistern, zwischen Dynastien und Kriegsherren aufwuchsen, ist es kein Wunder, dass Philipp II. und Alexander III. zuerst mit den griechischen Poleis und dann mit dem persischen König selbst um die Macht kämpften. Das Problem der makedonischen Liebe zum Wettstreit war, dass sie – zumindest von dem Moment an, als Philipp 359 v. Chr. König wurde – nie mit dem zufrieden waren, was sie bereits erobert hatten. Mit den Augen stets auf der nächsten Sprosse der Leiter vergaßen sie häufig, nach den Sprossen zu schauen, die sie bereits erklommen hatten. Dieses Vabanquespiel ist am besten an der schillernden Persönlichkeit Alexanders zu beobachten, dessen außergewöhnliche Eroberungen und dauerhafte Abwesenheit sowohl seine makedonische Heimatregion als auch das restliche griechische Festland destabilisierten und verarmen ließen. Sein Tod ließ alle Griechen und alle Völker, die zuvor dem Persischen Reich angehört hatten, in einem Zustand der Anarchie zurück, der für ungeheure Zerstörungen anfällig war, die durch die Diadochenkriege ausgelöst wurden. Die Nachkommen der Diadochen fuhren noch mehrere Jahrhunderte fort, sich gegenseitig umzubringen, wie auch untereinander zu heiraten, bis die Römer im 2. und 1. Jahrhundert v. Chr. ein Königreich nach dem anderen annektierten.

Im Folgenden werden die Eroberungen Alexanders im Zusammenhang mit dem markanten Charakter und der Lebensweise dieser ungestümen und streitsüchtigen Bewohner des griechischen Nordens mit ihren wilden Trinkgelagen untersucht. Dieses Kapitel geht der Frage nach, was Alexander motivierte: der Traum vom Ideal einer friedlichen, globalen Bruderschaft der Menschheit, unterstützt von einem hervorragenden Instinkt für die Manipulation der öffentlichen Meinung, oder vielmehr eine sich rasch einstellende Langeweile, Alkohol und Größenwahn. Es erörtert die Gründe für seine Erfolge: Sein persönliches großes Talent, das er von seinem Vater geerbt hatte, bestand in der militärischen Organisation, aber er wurde zudem von seiner strengen wie ehrgeizigen Mutter außerordentlich unterstützt. Philipp und Alexander waren beide imstande, mit überlegener Leichtigkeit auf der Weltbühne anzutreten und zu gewinnen, weil sie das nötige Geld hatten, um Feldzüge zu finanzieren und die weltweit tüchtigsten Köpfe ins Land zu holen, nicht nur führende Ingenieure und Admiräle, sondern auch Philosophen wie Aristoteles, der Alexanders Hauslehrer war. Der letzte Teil des Kapitels blickt auf den Nachklang der Leistungen Alexanders, indem gezeigt wird, wie der suchende, streitbare Geist der Makedonier, die ihm nachfolgten, ungeachtet aller Grabenkämpfe große Teile der Welt unter griechischer Herrschaft hielt und den Horizont der Griechen sogar noch erweiterte.

Philipp leitete die Schlacht immer von der vordersten Reihe aus und erlitt unzählige Verwundungen im Kampf, verlor etwa bei der Belagerung von Methone 354 v.Chr. sein rechtes Auge. Aber der makedonische Mythos beginnt eigentlich 338 v. Chr. mit der Schlacht von Chaironeia. Auf einer Ebene am Fuß des Berges Parnassos schlug Philipp die ehrwürdigen Stadtstaaten Athen und Theben und brach damit dem athenischen Redner Demosthenes das Herz, der seine Landsleute seit Jahren gewarnt hatte, dass die Makedonier kommen würden. Philipps Sohn Alexander bewies im Alter von nur achtzehn Jahren großen Mut und Geschick im Kampf.

Jede Gemeinde auf dem griechischen Festland erklärte sich nunmehr bereit, zu den Bedingungen eines Vertrags, der in Korinth per Schwur bekräftigt wurde, einen Bund zu bilden – mit Aus-

nahme Spartas. Auch wenn der Bund als Gruppe autonomer Stadtstaaten ausgegeben wurde, die durch einen Friedensvertrag vereint
waren, hatte er doch das Ziel, eine gewaltige, die Welt erobernde,
neue hellenische Streitmacht aufzustellen, die unter der uneinge-
schränkten Kontrolle ihres einäugigen makedonischen Feldherrn in
seiner Hauptstadt Pella stand. Jeder Mitgliedstaat musste Truppen
und militärische Ausrüstung stellen. Wer waren also diese kampf-
lustigen neuen Herrscher Griechenlands, die manche ihrer neuen
Untertanen für grobschlächtig und merkwürdig hielten? Tatsächlich
warfen ihre griechischen Widersacher, auch Demosthenes, ihnen
bisweilen vor, sie wären eigentlich Barbaren, und machten sich
dabei die Schwierigkeit zunutze, die manche mit dem makedonischen Dialekt hatten, zumindest wie er von den ungebildeten
Klassen gesprochen wurde. Makedonische Heerführer betonten
die regionale Mundart stärker, wenn sie mit einfachen Soldaten kommunizierten. Doch belegt ein Grabstein, den man bei Vergina fand (dem antiken Aigai, dem alten Sitz der makedonischen
Könige, bevor Archelaos I. im späten 5. Jahrhundert Pella baute),
dass makedonische Männer überwiegend griechische Namen hatten. Ihr Dialekt war zweifellos Griechisch, dem Dorischen näher als
dem Ionischen; er wies bestimmte Eigenarten auf, die schon im
Altertum erkannt wurden, darunter die Aussprache und deshalb
Transkription des Buchstaben Phi (*F*) als Beta (*B*). Der beliebte
makedonische Frauenname Berenike war somit ihr Äquivalent für
Pherenika oder die Siegbringende.

Auch wenn die Makedonier naturgemäß einige Aspekte ihrer
Lebensweise mit den thrakischen und illyrischen Nachbarn teilten,
waren sie doch von ihrer Kultur her Griechen. Ihr ältester religiöser
Bezugspunkt wurde *Dion* genannt, dessen Etymologie zeigt, dass sie
Zeus anbeteten, und ein Trinkopferkelch, der in einem nordmake-
donischen Grab aus dem frühen 5. Jahrhundert gefunden wurde, ist
Athene gewidmet. Dionysos war in dieser Region ebenfalls wichtig,
und Frauen aller Altersgruppen nahmen an Riten zu Dionysos'

Ehren teil. Sie verkleideten sich, wie in ganz Griechenland üblich, als Mänaden und rannten Berghänge hinab. Darüber hinaus hatten die Makedonier einen Vorfahren in der prähistorischen griechischen Genealogie, der schon von Hesiod aufgezählt wurde. Er nannte ihren Ahnen Makedon und erklärte, seine Nachkommen würden die Bergregion »um Pieria und den Olymp« bewohnen. Archäologische Funde bestätigen, dass die Makedonier verstärkt dort angesiedelt waren, ehe sie sich über den griechischen Norden ausdehnten. Nach der Überlieferung der Makedonier begann die Expansion, als Philipps Vorfahren aus Argos eintrafen.

Philipps dynastische Herkunft von der Peloponnes dürfte ein Grund dafür gewesen sein, weshalb er beschloss, Griechenland zu erobern, ein weiterer sein Temperament. Ruhelos und autokratisch war er nie damit zufrieden, nur Herr von Makedonien zu sein. Nachdem er über ganz Griechenland herrschte, befahl er 336 v. Chr. die Invasion in Asien mit einer Streitmacht von 10 000 Mann, angeführt von seinem vertrauten Heerführer Parmenion. Philipp nutzte die Krise in der persischen Monarchie aus, die durch den Mord an König Artaxerxes IV. und die überraschende Nachfolge von dessen Neffen Dareios III. ausgelöst worden war. Nicht lange danach wurde Philipp selbst ermordet, ehe er nach Asien übersetzen und sich seinem Heer anschließen konnte. Sein zwanzigjähriger Sohn erbte sowohl den Thron als auch den Angriffskrieg gegen Persien. Doch bevor Alexander zu Parmenion stieß, brachte er alle Rivalen zum Schweigen, indem er bewies, dass er ebenso unbesiegbar wie sein Vater war. Er unterdrückte einen beginnenden Aufstand in Thessalien; er griff Stämme im Norden und Westen von Makedonien an, im heutigen Bulgarien, Albanien und Serbien. Als der Athener Demosthenes die Bevölkerung im Süden aufhetzte und die Thebaner die makedonische Garnison in ihrer Stadt angriffen, marschierte Alexander nach Süden. Es gelang ihm, mit der bewährten Hilfe seines Heerführers Perdikkas, Theben dem Erdboden gleichzumachen. Er ließ die ganze Bevölkerung hinrichten oder versklaven. Der junge makedonische Monarch meinte es ernst, und der Korinthische Bund ordnete sich rasch wieder unter.

Im Mai 334 überquerte Alexander den Hellespont, besuchte Troja, wo die Griechen einst Priamos und seine asiatischen Verbündeten vernichtend geschlagen hatten, und besiegte ein persisches Heer am Fluss Granikos. Anschließend »befreite« er die griechischen Städte an der kleinasiatischen Küste von der persischen Herrschaft, eroberte das Hellespontische Phrygien und Lydien/Sardes und errang hart umkämpfte Siege in Milet und bei Halikarnassos. Letztere hatte maßgeblich Anteil an Alexanders weiteren Erfolgen in Karien. Diese reiche, hellenisierte Satrapie hatte sich unter der Herrschaft von Mausolos (377–353 v. Chr.) erweitert, der zusammen mit seiner Schwester/Frau Artemisia in einem der Sieben Weltwunder der Antike verehrt wurde, in dem prächtig gestalteten Mausoleum. Alexander verschaffte sich die Unterstützung Kariens, indem er Ada, die jüngere Schwester von Mausolos, zur Alleinherrscherin ernannte. Sie fand Gefallen an dem jungen makedonischen König und adoptierte ihn offiziell als ihren Sohn. Sie starb zwar im Alter von etwa vierzig Jahren, doch wurde angeblich ihr Grab entdeckt und anhand des Skeletts ihr Aussehen rekonstruiert. Adas lebensgroße Puppe kann heute im Museum für Unterwasserarchäologie in Bodrum besichtigt werden, wo sie teilnahmslos auf die Besucher blickt.

Das makedonische Heer zog anschließend an der Küste weiter und eroberte systematisch sämtliche Hafenstädte, damit keine Schiffe anlegen konnten. Nach dem Sieg über das persische Heer bei Gordion im April 333 annektierte es die gesamte persische Satrapie Phrygien. In Gordion ereignete sich auch der aufschlussreichste Vorfall in Alexanders Leben. Im Zeustempel stand ein alter Ochsenkarren, der von einem Bauer namens Gordios geweiht worden war. Dieser war zum König ernannt worden, nachdem sich der Orakelspruch erfüllt hatte, der neue König komme auf so einem Gefährt. Anschließend wurde der Karren Sabazios geweiht (dem phrygischen

Gott, der mit Zeus gleichgesetzt wurde) und mit einem Tau aus Bast durch einen komplizierten Knoten festgemacht. Die Seilenden waren mit dem Auge nicht zu erkennen. Alexander erkannte ganz richtig, dass der Karren und der Knoten ihm helfen konnten, seinen Herrschaftsanspruch in Asien zu legitimieren, und entweder durchschlug er den Knoten einfach mit dem Schwert oder zog kurzerhand den Stift heraus, der ihn zusammengehalten hatte. Sein Seher erklärte anschließend, dass Zeus auf diese Weise sein Wohlwollen für Alexander bekundet habe, und ein Orakel wurde enthüllt, nach dem der Mann, der den Knoten löste, dazu ausersehen war, König von Asien zu werden. Das Durchschlagen des Gordischen Knotens beweist die Kühnheit Alexanders – er wusste mit Sicherheit, dass die Tat auch als anmaßender Frevel an einem heiligen Gegenstand gewertet werden konnte –, demonstriert aber zugleich sein Selbstbewusstsein, sein Talent für öffentliche Auftritte und seine Begabung zu unkonventionellem Denken.

Danach marschierte er weiter in Richtung Kilikien, eroberte die Kilikische Pforte (einen Gebirgspass des Taurus) und schließlich Tarsus selbst. Allerdings stieß er auch auf Widerstand. Dareios III. stellte in Babylonien und Syrien ein großes Heer auf, kreiste Alexander ein, doch die Makedonier siegten durch die überragende Taktik, die sie in der gewaltigen Schlacht bei Issos einsetzten. Alexanders Heerführer Parmenion eroberte anschließend Damaskus, samt reichlicher Beute.

Mit einem so enormen Erfolg im Rücken fing Alexander tatsächlich an, sich König von Asien zu nennen und die Vorstellung zu erwecken, dass er zumindest halbgöttlich sei. Er marschierte entlang des Orontes und drang in Phönizien ein. Nachdem Gaza und Ägypten 332 kapitulierten, gründete er 331 Alexandria, bevor er das Orakel des ägyptischen Gottes Amun aufsuchte und anschließend erklärte – für traditionell gesinnte Griechen anmaßend –, er sei der Sohn von Zeus. Dann musste er wieder zurückmarschieren, um Samaria abzusichern, und stellte sich in der

Schlacht von Gaugamela im nördlichen Irak am 1. Oktober 331 erneut den Persern. Trotz des Sieges gelang es den Makedoniern nicht, Dareios III. gefangen zu nehmen. Allerdings kapitulierte daraufhin Babylon und machte Alexander damit zum Herrscher von Babylonien, der größten Satrapie des Persischen Reiches. Beinahe ohne Atempause eroberte er anschließend Susa im Dezember, Persepolis im Januar 330, danach Pasargadai. Zuletzt überredete Alexander den Satrapen Baktriens, Dareios zu ermorden. Das ganze Persische Reich lag nun dem makedonischen Sohn des Zeus zu Füßen.

Aus unerfindlichen Gründen war Alexanders Kriegsdurst aber noch immer nicht gestillt. Er rückte weiter nach Osten vor und unterwarf binnen zwei Jahren Baktrien und Sogdien. Im Jahr 327 marschierte er im Punjab ein, den er drei Jahre lang besetzte. Nach Susa kehrte er 324 zurück und schickte sich an, das Steuersystem und Münzwesen zu vereinheitlichen. Doch er starb im darauffolgenden Jahr, möglicherweise vergiftet, mit Sicherheit jedoch getroffen vom Tod seines Heerführers und lebenslangen Gefährten Hephaistion. Die Organisation der zentralen Verwaltung seines beispiellosen Reiches hinterließ er unvollendet, dabei wäre sie dringend notwendig gewesen. Die maßgebliche, antike Schilderung von Alexanders Tod findet sich in dem Werk des sizilianisch-griechischen Historikers Diodor. Er berichtet, dass Alexander von seinem Gefolge offizieller »Freunde«, einem engeren Kreis vertrauter Heerführer, abgelenkt worden sei und sich einem Gelage zu Ehren seines Vorfahren Herakles anschloss, obwohl Wahrsager ihn ermahnten, große Opfer zu bringen. Auch wenn die Griechen in der Regel ihren Wein mit Wasser verdünnten, trank Alexander ihn an jenem Abend unverdünnt und (wie so oft) in viel zu großen Mengen.

> Plötzlich aber schrie er, wie von einem gewaltigen Schlag getroffen, laut auf und musste an der Hand seiner Freunde weggeführt werden. Die Kammerherren nahmen ihn sofort in Empfang, brachten ihn zu Bett und waren sorgsam um ihn

bemüht; doch der Schmerz nahm zu, und obwohl die Ärzte aufgeboten wurden, vermochte keiner zu helfen, dauernd litt er unter vielen Beschwerden und qualvollen Schmerzen. Als er schließlich alle Lebenshoffnung aufgab, streifte er den Ring vom Finger und gab ihn dem Perdikkas. Da fragten ihn seine Freunde: »Wem hinterlässt du das Königtum?«, und er antwortete: »Dem Besten!«

Mit diesen letzten Worten löste er viele Jahrzehnte chaotischer Auseinandersetzungen unter den Diadochen aus – seinen Heerführern und deren Verbündeten.

Seiner Heimat tat Alexander keinen Gefallen, indem er so lange in weiter Ferne Krieg führte. Er war schuld an einem verheerenden Aderlass unter den makedonischen Arbeitskräften. Sein Regent Antipatros und seine Mutter Olympias führten gegeneinander einen kräftezehrenden Machtkampf, der das Hofleben dominierte. Die makedonische Herrschaft war für die Griechen des Korinthischen Bundes kein großer Nutzen, wenn überhaupt. Die Makedonier verlegten schlicht Garnisonen in die meisten Stadtstaaten, die sie auf der Peloponnes beherrschten, oder zumindest in deren Nähe, so dass die Einheimischen eingeschüchtert wurden, sich nicht zu erheben. In vielen Fällen vernichtete Alexander während der Feldzüge in Asien andere Griechen, die von den Persern als Söldner eingesetzt wurden. Das mangelnde Interesse an Griechenland und den Griechen selbst ist ein Faktor bei Fragen zu Alexanders Charakter und Motivation, einem der großen Rätsel der Geschichte.

In und seit der Antike wurde er von manchen als betrunkener Größenwahnsinniger angesehen, von anderen hingegen als Visionär, der von einer friedlichen, vereinten Menschheitsfamilie träumte. Viele Makedonier nahmen es ihm übel, dass er persische Freundschaften, Verbündete und das dortige Hofprotokoll (insbesondere die Aufforderung, an die Göttlichkeit des Königs zu glauben) pflegte; das galt auch für seine politisch motivierte Heirat mit der baktrischen Prinzessin Roxana. Aber wollte er das Persische Reich wirklich so autokratisch regieren wie die Achaimeniden vor ihm? Möglicherweise hatte er ein neuartiges, tolerantes, »multikulturelles« Herrschaftsgefüge geplant, ein ethnisch vielfältiges, gemeinsames Unternehmen. Aber unter dem Strich neige ich zu der Auffassung, dass sein Charakter viel zu ruhelos war, stets allzu sehr von der unmittelbaren Situation eingenommen, um über die Zukunft oder utopische Ideale nachzudenken. Außerdem gibt es keinen Hinweis, dass sich seine Haltung von der Philipps allzu sehr unterschied. Sein Vater hatte bereits einen Plan entworfen, mit dem er die makedonische Monarchie nach internationalen Maßstäben zu etwas Großem machen wollte: So ist in der Kunst und in Aspekten des Hofzeremoniells eine bewusste Nachahmung des persischen Hofes zu beobachten. Andere Griechen stellten ihre schönsten Bauten und Kunstwerke, Tempel und Kultstätten in den Dienst der Götter, aber die Makedonier verschwendeten Geld für die äußere und innere Ausgestaltung ihrer Paläste. Das kunstvoll bemalte Grab, von dem man annimmt, es gehöre Philipp, Grab II in Vergina, wurde nach dem Grabmal von Kyros dem Großen in Pasargadai entworfen.

Man vergisst auch leicht, dass bereits Philipp die Invasion des Persischen Reiches befohlen hatte, wie schon der Spartaner Agesilaos ein halbes Jahrhundert zuvor – und zwei Jahre bevor Alexander die Schlacht »übernahm«. Die Griechen hatten nie den Traum aufgegeben, die Perser für ihre Invasionen in den Jahren 490 und 480 v. Chr. zu bestrafen. Unsere Fähigkeit, Alexanders wahres Ich zu erkennen, wird auch durch die zeitliche Distanz der Quellen behindert: Diodor aus Sizilien (1. Jahrhundert v. Chr.), Quintus Curtius (1. Jahrhundert n. Chr.), Plutarch (1. und 2. Jahrhundert), Arrian (2. Jahrhundert), Justinus (3. Jahrhundert) und der fantasievolle *Alexanderroman* (3. Jahrhundert), dessen Verfasser unbekannt ist. Diese Autoren stützten sich alle in einem unbekannten Ausmaß auf frühere Quellen, etwa die Augenzeugenberichte von

Alexanders Heerführer Ptolemaios, seines Baumeisters Aristobulos, des Admirals Nearchos und des mysteriösen Kleitarchos, über den kaum etwas bekannt ist, dessen Alexanderbiographie jedoch schon 301 v. Chr. vollendet war. Allerdings sind selbst diese Originalquellen wohl kaum objektiv, denn sie dienten während der Diadochenkriege zu Propagandazwecken.

Die vielleicht wichtigste Frage ist, ob Alexander wirklich glaubte, dass göttliches Blut in seinen Adern floss, oder ob er sich zynischerweise eine derartige Propaganda zu eigen machte, um gegenüber abergläubischen Untertanen zu rechtfertigen, was in Wirklichkeit womöglich ein rationales wie aufgeklärtes Projekt war. Aufgrund der verfügbaren Hinweise ist es so gut wie unmöglich, dies zu entscheiden, etwa anhand der neuen Münzen, die er in Damaskus prägen ließ, als er die Phönizier um Hilfe bitten musste. Auf die eine Seite war der Kopf von Herakles gestempelt, aber mit den Gesichtszügen Alexanders. Die andere Seite zeigte Zeus, den Vater von Herakles – und angeblich von Alexander. Herakles und Zeus waren sorgfältig ausgewählt als griechische Entsprechungen der phönizischen Götter Melkart und Baal. Aber glaubte Alexander ernsthaft, dass er eine spirituelle Wiederkehr oder gar Reinkarnation des Kolonisationshelden Herakles sei?

Ich vermute, dass er es zumindest zur Hälfte tatsächlich glaubte. Die makedonische Herrscherklasse des 4. Jahrhunderts zog enorm viel Kraft aus ihrem inneren, religiösen Leben, das von ihrer Einführung in einen intensiven Mysterienkult bestimmt war. Dies verschaffte ihnen tiefe psychische Stärkung und ein seliges Leben nach dem Tod auf den Inseln der Glückseligen oder den Elysischen Feldern. Um dorthin zu gelangen, musste der Verstorbene ein redliches Leben geführt haben und außerdem darauf vorbereitet sein, den Richtern der Unterwelt unter dem Vorsitz von Rhadamanthys bestimmte Antworten zu geben, zu denen Hermes, der Begleiter der toten Seelen, ihn führte. Ein Bild, das eine Szene der Unterwelt darstellt, ist auf ein makedonisches Grabmal bei Lefkadia, südlich von Pella, gemalt, das größte bislang gefundene Grabmal seiner Art. Vermutlich gehörte es zu einem Heerführer Alexanders. Mit der Einweihung in den Mysterienkult bekommt der Eingeweihte Zugang zu geheimen Schriften, welche die korrekten Antworten enthalten, und im Jahr 1962 wurde in einer makedonischen Nekropole unweit von Saloniki tatsächlich ein Exemplar entdeckt, der sogenannte Derveni-Papyrus. Er stammt aus der Mitte des 4. Jahrhunderts und ist damit das älteste erhaltene westliche »Buch«.

Die schwer verständlichen, stimmungsvollen Fragmente bieten einen faszinierenden Einblick in die geheimen religiösen Überzeugungen der makedonischen Elite, die Alexanders eigenen Anspruch, er sei der Sohn von Zeus und damit Herakles ebenbürtig, nicht ganz so abwegig erscheinen lassen. Das Dokument spricht von mächtigen Rachegeistern und ihren »freundlichen« Offenbarungen. Angeblich soll das Beachten von Traumbildern den Eingeweihten frei von der Furcht vor dem Hades machen. Es ist die Rede von rätselhaften *magoi*, die Flüssigkeiten und besondere Kuchen opfern. Außerdem enthält der Papyrus einen langen Kommentar zu einem früheren Text von Orpheus, der in Rätseln beschreibt, wie Zeus seinen Vater stürzt, wie das Verhältnis zwischen Feuer und den anderen Elementen aussieht, und der die Nacht als Hellseherin bezeichnet. Die Vorstellung, dass die Sonne mit einem Genitalorgan gleichgesetzt werden kann, wird ebenso diskutiert wie die orphische Version der Entstehung des Kosmos, in der der Weltgeist (*nous*), Schicksal und Zeus eine wichtige Rolle spielen: Zeus wird gleichgesetzt mit Aphrodite, Überredung und Harmonie. Die geheime Welt der orphischen Eingeweihten aus Makedonien war sehr lebendig, selbstbewusst und faszinierend. Wenn Alexander eingeweiht war, was sehr wahrscheinlich ist, war er mit Sicherheit überzeugt, dass er einen besonderen Status in Bezug zum Göttlichen innehabe.

Alexanders Mutter Olympias, eine Griechin aus dem Norden, die in antiken Quellen mit der Mitgliedschaft in esoterischen Kulten in Verbindung gebracht wird, war für Alexanders Erfolg von unbestrittener Bedeutung. Die sexistischen antiken Quellen schildern sie als intrigante Xanthippe, doch kämpfte sie eigentlich nahezu von der Minute seiner Geburt an für ihren Sohn. Frauen am makedonischen Hof hatten zweifellos Einfluss, obgleich sich kaum mit Gewissheit sagen lässt, in welchem Ausmaß sie Zugang zu offizieller Macht hatten oder ob die politische Hofkultur schlicht bedeutete, dass sie einen noch stärkeren *inoffiziellen* Druck als Frauen der Elite in den anderen griechischen Stadtstaaten auf die Staatsangelegenheiten ausübten. Quellen aus dem 4. Jahrhundert bieten jedoch Einblicke in das Verhalten der Königinnen und ihrer Gatten: Eine zeitgenössische Rede des athenischen Staatsmanns Aischines beweist, dass Eurydike, die Mutter Philipps II., außerhalb von Makedonien um Unterstützung für den Anspruch ihres Sohnes auf die Thronfolge warb. Eurydike gab mindestens zwei kostspielige Statuen in Aigai in Auftrag. Kratesipolis, die Frau des makedonischen Generals Polyperchon, trat in die Fußstapfen ihres Mannes, als dieser 314 v. Chr. ermordet wurde, und schlug mit seinem Heer einen Aufstand in der Stadt Sikyon nieder.

Über welche psychologischen Mittel Olympias und andere Frauen verfügten, wurde 1986 deutlich, als in Pella eine Tafel entdeckt wurde, die mit dem Fluch einer Makedonierin beschriftet und zusammen mit einem Toten namens Makron zwischen 380 und 350 v. Chr. begraben worden war. Die Frau, die den Fluch aussprach, möchte einen Mann namens Dionysophon heiraten und mit ihm Kinder haben, befürchtet aber, dass er stattdessen eine Rivalin namens Thetima heiraten wird. Sie liefert alle anderen unverheirateten Frauen dem Geist des toten Makron und den Dämonen aus, möchte aber vor allem Thetima daran hindern, ihr in die Quere zu kommen. Sie erklärt, dass sie die Tafel mit dem Fluch vergräbt und dass die Dämonen dafür sorgen sollen, dass

Dionysophon nicht heiratet, ehe sie diese wieder ausgräbt. Wie es aussieht, hat sie das nie getan. Wir werden wohl nie erfahren, ob Dionysophon nun Thetima heiratete.

Welchen Anteil Religion und die Machenschaften seiner abergläubischen Mutter an Alexanders Erfolgen hatten, wird nie mit Sicherheit geklärt werden, aber wir können zumindest davon ausgehen, dass Geld ein entscheidender Faktor bei seinen Großtaten war. Unter Philipp hatte sich das verfügbare Einkommen der makedonischen Monarchie gewaltig erhöht. Er baute ein neues Bergbauprogramm auf und unterstellte es der Ägide seiner Familie. So beuteten sie die Vorkommen an Gold und Silber rund um sein Herrschaftsgebiet aus. Aus den Minen erhielt er einen jährlichen Reingewinn von nicht weniger als tausend Talenten. Die optische Wirkung der glänzenden, goldenen Grabmöbel und ornamentalen Kränze mit ihren Büscheln von Eicheln, die in dem Zweikammergrab bei Vergina entdeckt wurden, das vermutlich seines war, ist prunkvoll. Er dehnte das Gebiet Makedoniens in dicht bewaldete Regionen an den Rändern des Strymontals aus, mit seinem fast unbegrenzten Vorrat an Tannen, Kiefern und Eichen, die dringend gebraucht wurden, um die steigende Nachfrage nach Schiffen zu decken. In Makedonien boten Flüsse Routen, über die während des gesamten Jahres selbst die größten Planken zu den Werften an der Küste geflößt werden konnten.

So standen finanzielle Ressourcen zur Verfügung, um das makedonische Militär zu fördern. Philipp studierte die berühmten Strategien des thebanischen Heeres und investierte in eine Berufsinfanterie aus makedonischen Bauern, die nach ihren Stämmen organisiert war. Er stattete sie darüber hinaus mit den modernsten Waffen aus. Die berühmte Infanteriegarde der makedonischen Könige, die *hypaspistes*, waren jedoch eine Eliteeinheit aus vielleicht 3000 Mann, die man aus *allen* Stämmen ausgewählt hatte. Sie wurden ermuntert, sich als Leibwache zu fühlen. Philipp schuf und befehligte außerdem eine Reiterkompanie aus dem Landadel, die sich rasch zur stärksten Truppe entwickelte, die die westliche Welt bislang erlebt hatte, nicht zuletzt indem Reiter aus anderen Teilen Griechenlands eingeladen wurden und ihnen ein Stück Land zugeteilt wurde. Philipp verzichtete auf die traditionelle Pause bei militärischen Aktivitäten während der Wintermonate: Er lehnte es ab, sich an die Jahreszeiten zu halten, und erwartete von seinen Truppen, dass sie an jedem Tag des Jahres kämpften. Die Makedonier hatten auch die Bedeutung der Vorherrschaft auf See erkannt; Alexander hätte niemals so große Teile Asiens in dieser Schnelligkeit erobern können, wenn sein Admiral Nearchos nicht die Häfen Anatoliens kontrolliert hätte. Auf diese Weise zwang er die persische Flotte zu großen Umwegen und verwehrte ihr den Zutritt vom Meer aus zum Herrschaftsgebiet ihres Königs.

Unter Philipp und Alexander wurde die Kriegführung immer stärker mit schwerer Technik kombiniert, und der Belagerungskrieg veränderte sich zugunsten der Angreifer. Das Pfeile schießende Katapult war im frühen 4. Jahrhundert in Sizilien erfunden worden, aber erst unter Philipp oder Alexander, die sich die weltweit besten Baumeister wie Polyeidos von Thessalien leisten konnten, wurde die Torsionsfeder eingeführt. So wurde die Größe der Geschosse, die man mechanisch schleudern konnte, von einem kleinen Stein bis zu einem Felsbrocken mit über achtzig Kilogramm gesteigert. Ein solcher Brocken konnte beim Einschlag einem Mann den Kopf ab- oder eine ganze Befestigung einreißen. Geschosse konnten zielgenau und mehrfach auf Verteidigungswälle abgefeuert werden, so dass sie in kurzer Zeit dem Erdboden gleichgemacht wurden. Neben beweglichen Belagerungstürmen und Rammen von bislang ungekannten Ausmaßen veränderten vor allem die furchteinflößenden makedonischen Katapulte die Erfahrung der Belagerer wie der Belagerten. Die Erfindung des Katapults mit der Torsionsfeder hatte an der Entstehung sowohl des makedonischen als auch des römischen Reiches maßgeblich Anteil.

Philipp und Alexander machten außerdem aus der griechischen Gewohnheit, Fachwissen von Außenstehenden anzuwerben, ein systematisches, kommerzielles Unternehmen. Philipp lud Griechen aus fernen Gegenden ein, seinen Hof zu unterhalten und seine Waffen zu verbessern. Nearchos war genau genommen der Sohn eines Kreters, den Philipp eingeladen hatte, sich in Makedonien niederzulassen; vermutlich sollte er Philipp in Angelegenheiten der Flotte beraten, weil die Makedonier nie große Seefahrer gewesen waren. Die makedonischen Könige hatten seit dem späten 5. Jahrhundert kulturelles Ansehen erworben, als Euripides zusammen mit anderen Athener Persönlichkeiten in das Königreich im Norden eingeladen wurde; Alexander tat es ihm gleich, indem er hervorragende Künstler rief, um Bildnisse anzufertigen: Apelles, der mehrere Porträts seines Schutzherrn und eine Bilderreihe von Göttinnen malte, die als Meisterwerke angesehen werden; Lysippos, der Bildhauer; Pyrgoteles, der in Edelsteine Miniaturen schnitt.

Aber von allen hervorragenden Köpfen, die Makedonien bei der Eroberung der Welt halfen, war Aristoteles der wichtigste, Hauslehrer und Inspirationsquelle sowohl für Alexander als auch für seinen Vertrauten Hephaistion. Aristoteles steigerte das Niveau intellektueller Forschungen auf eine Weise, die sich noch heute auf Wissenschaft, Literatur, Philosophie und politische Theorie auswirkt. Man kann sich kaum einen beeindruckenderen und kosmopolitischeren Rückhalt für Alexander denken. Aristoteles stammte aus Stagira im griechischen Norden, ursprünglich eine Kolonie, die im 7. Jahrhundert von ionischen Griechen von der Insel Andros gegründet worden war. Stagira war aus strategischer Sicht wichtiger, als man bei seiner Größe vermuten könnte, und hatte bereits mehrere Eroberer erlebt, auch den persischen König Xerxes, der den Ort bei seiner Invasion in Griechenland besetzte. Stagira hatte dem Delischen Bund angehört und war mit Athen verbündet gewesen, war aber 424 aus dem Bund ausgetreten und hatte sich anschließend auf die Seite Spartas gestellt. Aristoteles' Geburt fiel in die

Herrschaft von Philipps Vater Amyntas III., als Stagira zunehmend von dem mächtigen Nachbarn im Norden und Osten dominiert wurde. Es wurde 348 von Philipp zerstört, als er und Aristoteles beide in den Dreißigern waren. Aristoteles war fast genauso alt wie Philipp, der nur zwei Jahre nach ihm im Jahr 382 geboren wurde. Da Aristoteles' Vater der Arzt von Philipps Vater König Amyntas war, kannten sich die beiden Knaben Philipp und Aristoteles unweigerlich schon von Kindesbeinen an.

Als Jugendlicher reiste Aristoteles nach Athen, um bei Platon an der Akademie zu studieren. Er blieb dort zwanzig Jahre lang. Große Teile seines Werkes können als Antwort auf Platons Ideen gedeutet werden, auch wenn die Unterschiede unverkennbar sind. Aristoteles verließ Athen um 348, um die gleiche Zeit, als Philipp Stagira zerstörte. Er reiste nach Lesbos und Kleinasien, nahm aber 343 die Anstellung als Hauslehrer für den jungen Alexander an. Erst acht Jahre später, als Alexander Philipp auf den Thron folgte und bereits Athen kontrollierte, kehrte Aristoteles 335 dorthin zurück, gründete sein Lykeion und schrieb, so wird vermutet, den größten Teil seiner unzähligen Abhandlungen. Während acht der wichtigsten Jahre seiner Entwicklung stand Alexander somit in einem ständigen und vertrauten Dialog mit dem berühmten Denker.

Aristoteles' Beitrag zur Geistesgeschichte, nicht nur zur westlichen Philosophie, ist unschätzbar. Vor allem seine *Metaphysik* hatte maßgeblichen Anteil an der Gründung der arabischen Philosophie (*falsafa*) im 9. Jahrhundert n. Chr. Sie entlockte dem spanisch-arabischen Philosophen Ibn Ruschd (Averroes), der seinerseits eifrig im Westen studierte, im 12. Jahrhundert einen umfassenden Kommentar. Es gab kein Teilchen des Universums, für das sich Aristoteles nicht interessierte, ob es nun empirisch mit den Sinnen wahrgenommen werden konnte oder jenseits der sichtbaren Oberfläche der Dinge lag. Alle Schriften des Aristoteles vereinen die Argumentationsmethoden, die er entwickelte und in einer Reihe von Schriften über Logik artikulierte, die spätere antike Philosophen zusammenfassten und sein *Organon* (Instrument) nannten. Der Inhalt dieser Schriften kam einem Monopol auf die gesamte Geschichte der philosophischen Logik gleich, bis die Kritiken an Aristoteles von Gottlob Frege und Bertrand Russell im 19. und 20. Jahrhundert erschienen. Zeitgenössische Philosophen rehabilitieren heute wiederum viele logische Konzepte des Aristoteles. Es ist immer noch erstaunlich, dass Aristoteles imstande war, die Methoden der philosophischen Argumentation, die er bei Platon und dessen Vorläufern entdeckte, heranzuziehen und diese Systeme der logischen Schlussfolgerungen ihrerseits zum Thema der Analyse zu machen. Das heißt, er interessierte sich nicht nur für das, was die Welt in ihrem Innersten zusammenhielt, sondern auch für die genaue Funktion der Argumente, auf die Denker ihre Schlussfolgerungen zum Universum stützten. Die Philosophie selbst war zum Gegenstand der philosophischen Analyse geworden.

Sämtliche Werke über Logik fragen danach, wie wir anhand der evidenten Hinweise und dem Aufstellen von Prämissen zu Deduktionen (bei Aristoteles Syllogismen) oder Induktionen gelangen. Seine anderen Werke *nutzen* diese Systeme der Inferenzen, um die Natur der anderen Phänomena zu untersuchen. Aristoteles wandte ferner konsistente Kategorien der Erklärung für sämtliche Forschungszweige an – etwa die vierfache Unterteilung der kausalen Eigenschaften in Dinge oder die »vier Ursachen«: materiell, formell, effizient oder wirksam und final. Bei einem Küchentisch ist die materielle Ursache das Material, aus dem er hergestellt ist (Holz), die formelle Ursache die Form, die ihn zu einem Tisch und nicht einem anderem Holzprodukt macht, die wirksame Ursache ist die Kraft, die das Holz formte (der Tischler), und die finale Ursache ist der Zweck, die Absicht oder das Ziel (*telos*), wofür er hergestellt wurde: damit Menschen etwas haben, wo sie ihre Teller abstellen können, wenn sie essen. Die finale Ursache nahm eine wichtige Stellung in der Anschauung ein, die man seine Teleologie nennt: Die

Hörner an einem Tier entwickeln sich aus dem Zusammenspiel von Form und Material, das stets ein Potenzial in sich trägt, versehen mit dem Code, Hörner hervorzubringen, deren *telos* wiederum die Selbstverteidigung des Tieres ist.

Wie gesagt, praktizierte Aristoteles' Vater als Arzt, und es ist kein Zufall, dass der Philosoph in dieser Tradition aufwuchs, denn es waren die Hippokratiker, welche im 4. Jahrhundert v. Chr. die einzige methodische Untersuchung lebender Körper vorgelegt hatten. Aristoteles führte eine systematische und umfassende Studie der Tiere durch, die zugleich die Funktion hat, seine selbstbewusst angewandte analytische Methode zu erklären und zu bestätigen. Erst in der europäischen Renaissance kam wieder ein vergleichbarer Beitrag zur Zoologie zustande. Die Fähigkeit seines Verstands, eine systematische Zoologie praktisch aus dem Nichts zu erschaffen, lässt noch heute Wissenschaftler vor Neid erblassen. Der Anatom Richard Owen bemerkte dazu: Die Wissenschaft der Zoologie entsprang den Laboren des Aristoteles, »man könnte sagen, wie Minerva einst dem Kopf Jupiters, in einem Zustand von edler und prächtiger Reife«.

Für die Kultur interessierte sich Aristoteles ebenso sehr wie für die Natur. Seine Lehrbücher zur Rhetorik und tragischen Dichtung analysieren ihre Bestandteile, enthalten aber auch eine ethische Komponente und sind ebenso präskriptiv wie deskriptiv. Sie können nicht zuletzt deshalb die Leistung des geschulten Redners oder Tragödiendichters verbessern, weil sie ihm unablässig das Ziel vor Augen halten, das seine Kunst verfolgt: die Überredung im Falle der Rhetorik, aber im Falle des tragischen Theaters die Anleitung des Publikums, damit es besser mit schmerzlichen Angelegenheiten umgehen kann. Aristoteles half Alexander mit Sicherheit dabei, ein großartiger Redner zu werden, und der Feldherr liebte die Dichtung, vor allem Homer und den Tragödiendichter Euripides. Er kannte ganze Reden aus dessen Stücken auswendig und rezitierte sie bei Festen. Während des Feldzugs veranstaltete er sogar theatralische

Vorführungen für seine Soldaten. Aber vermutlich waren Aristoteles' Schriften über Ethik und politische Theorie für Alexander am hilfreichsten. In seinen beiden Büchern über Ethik, der *Nikomachischen Ethik* und der *Eudemischen Ethik*, postuliert Aristoteles Glückseligkeit (*eudaimonia*) oder »angenehmes Leben« als elementares Ziel im menschlichen Leben. *Eudaimonia* ist allerdings eher eine Tätigkeit als ein abstrakter Zustand, und die Funktion des Lebens ist es, diese Aktivität auszuüben. Ein glückliches Leben ist gleichbedeutend mit einem rationalen Leben, auf eine überprüfte und sorgfältig erwogene Weise im Einklang mit der Tugend (*arete*). Aristoteles' politische Theorie erweiterte diese ethische Haltung auf die ganze Gemeinschaft oder den Stadtstaat (*polis*), denn Glück ist das Ziel des Stadtstaats und dessen Daseinsberechtigung. In seiner *Politik* plädierte er bekanntlich für die Überlegenheit der Griechen und ihr Naturrecht, über andere Völker zu herrschen und sie über Kriege zu versklaven – eine politische Philosophie, die perfekt zu Alexanders Plänen passte.

Aristoteles' Reaktion auf Alexanders vorzeitigen Tod im Jahr 323 – er flüchtete aus Athen nach Euböa – veranschaulicht, in was für ein gefährliches Chaos die ganze griechische Welt dadurch gestürzt wurde. Der Philosoph starb im folgenden Jahr und musste so nicht mit ansehen, wie die Gefolgsleute seines Schülers, die anderen makedonischen Machthaber jener Zeit, ihren Wettstreit um den höchsten Einsatz aller Zeiten – das größte Reich – begannen. Die überlebenden Heerführer und, nach ihnen, deren Söhne kämpften fast ununterbrochen gegeneinander um die Herrschaft über unterschiedliche Regionen des Reiches. Beide Generationen, Väter und Söhne, heirateten die Schwestern und Töchter der anderen und zeugten mit ihnen wiederum Kinder, so dass ein immer komplexeres Geflecht aus dynastischen Bündnissen und Rivalitäten entstand. Binnen weniger Jahrzehnte hatten diese Makedonier eine völlig neue politische Landkarte des östlichen Mittelmeerraums, Nordafrikas und Asiens geschaffen. Sie bildet den psychischen und kartographischen Horizont der Frühphase des Hellenismus.

Nach Alexanders Tod wurde Perdikkas Regent über das gesamte Reich, wobei Antipatros Griechenland kontrollierte. Antipatros wurde zum Beschützer Alexander IV. Aigos', des kleinen Sohns Alexanders von Roxana. Nach verschiedenen Intrigen nahm Antipatros' Sohn Kassander dessen Stelle ein, der sich Olympias' entledigte und den minderjährigen Thronerben und Roxana ermorden ließ. Erstaunlicherweise war die zwanzigjährige Herrschaft Kassanders auf dem Thron Makedoniens (316–297 v. Chr.) dennoch relativ friedlich und erfolgreich. Kassander verdanken wir etwa eines der berühmtesten antiken Bilder, weil er den Maler Philoxenos beauftragte, das Bild von Alexander in der Schlacht gegen Dareios III. von Persien zu malen, das so gut wie sicher in dem kunstvollen »Alexandermosaik« von Pompeji kopiert wurde: Alexander prescht mit vorgeschobenem Kinn und starrem Blick auf seinem walnussbraunen Kriegsross auf den bestürzten Dareios zu, der auf seinem Streitwagen hilflos gestikuliert.

Im übrigen Griechenland hinterließen der Aufstieg und die Teilung des makedonischen Reiches jedoch ein ungesichertes Erbe. Wichtige Landstriche des griechischen Festlands wechselten wiederholt den Herrscher. Vom Tod Alexanders 323 v. Chr. bis zum Sieg der Römer über den Achaiischen Bund mehrerer Stadtstaaten im peloponnesischen Norden im Jahr 146 war das Leben häufig gefährlich. Die Diadochenkriege dauerten vier Jahrzehnte; in den 270er Jahren marschierte dann Pyrrhos von Epirus auf die Peloponnes ein, ein Nachfahre aus Olympias' Familie und damit ein Verwandter Alexanders. Zwischen den 260er und den 240er Jahren kam es zu mehreren Aufständen der dortigen Gemeinschaften gegen die makedonische Herrschaft; in den 220er Jahren versuchte Sparta, sein altes Reich wiederzubeleben – und scheiterte.

Der engste Vertraute von Alexander, Ptolemaios, konzentrierte sich darauf, sich zum König von Ägypten zu machen, und gründete die langjährige Dynastie der Ptolemäer (siehe Kapitel 8). Der Regent Perdikkas hingegen wurde von seinen eigenen Offizieren schon nach zwei Jahren ermordet. Unter den Mördern war auch Seleukos, der anschließend zu Seleukos I. Nikator (der Sieger) wurde. Obwohl man ihm ursprünglich die Satrapie Babylonien zugeteilt hatte, die zwar reich, aber militärisch bedeutungslos war, dauerte es Jahre, bis Seleukos die Herrschaft dort festigte. Aber 302 hatte er die Kontrolle über die östlichen Eroberungen Alexanders bis zum Indus-Tal übernommen. Er gründete zehn Städte im Gebiet der heutigen Türkei und Syriens. Dazu zählten auch Seleukia Pieria an der Küste als Basis für Marineoperationen und Antiochia als das Machtzentrum. Er dehnte sein Reich zwar nicht nach Westen aus und eroberte auch nicht Makedonien und Griechenland selbst, gründete jedoch eine Dynastie und ein Reich, das sich des hohen Grades der griechischen Kultiviertheit und Kultur rühmte und bis 63 v. Chr. bestehen sollte.

Antigonos, der persönlich eindrucksvollste dieser erstaunlichen Makedonier, gab allerdings nie den Wunsch auf, selbst die ganze Welt zu erobern. Der 382 geborene Heerführer stammte aus demselben Jahrgang wie Philipp, überlebte ihn aber um Jahrzehnte. Antigonos wurde der Einäugige genannt, weil er wie Philipp ein Auge verloren hatte. Nachdem er sich die meisten anderen Diadochen zum Feind gemacht hatte, starb er im Kampf gegen ihr Bündnis in der Schlacht von Ipsos im erstaunlichen Alter von 81 Jahren. Durch den ersten Diadochenkrieg war er jedoch in den Besitz von Syrien und Kleinasien gelangt, und 307 v. Chr. hatte sein Sohn Demetrios Athen und Zypern ihrem gemeinsamen Einflussbereich einverleibt. Antigonos erklärte sich 306 als erster der Diadochen selbst zum König. Im Jahr 302 gaben er und Demetrios die Erneuerung des Panhellenischen Bundes bekannt, der den größten Teil des südlichen griechischen Festlands unter ihrer Herrschaft vereinte.

Demetrios war ebenso furchteinflößend wie sein Vater. Weil Rhodos sich geweigert hatte, ihn bei seinem (gescheiterten) Versuch zu unterstützen, Ptolemaios aus Ägypten zu vertreiben, belagerte er die Insel ein Jahr lang mit Maschinen, wie die Welt sie noch nicht gesehen hatte. Ein Belagerungsturm auf Rädern, der angeblich über vierzig Meter hoch war, bekam den Spitznamen Helepolis (Stadteinnehmer). Die Belagerung von Rhodos war selbst für Demetrios ein schwieriges Unterfangen. Rhodos war eine prächtige, strategisch wichtige Stadt. Die im späten 5. Jahrhundert nach dem Gittermuster des bekannten Architekten Hippodamos von Milet gegründete Siedlung hatte nicht weniger als fünf Häfen. Die Nähe zu Asien lockte Scharen von Kaufleuten an, die Rhodos reich machten. Trotz seiner furchteinflößenden Kriegsmaschinen zog Demetrios letztlich ab, und die Inselbewohner feierten dies mit dem Bau einer riesigen Statue ihres Lieblingsgottes Helios, die fast so hoch wie der Belagerungsturm war. Der am Haupttheiligtum des Helios auf der Ostseite der prächtigen Akropolis errichtete Koloss überragte den Hafen und das Meer unter ihm. Wenig später wurde er zu den Sieben Weltwundern der Antike gezählt. Doch Demetrios hatte sich seinen Beinamen *Poliorketes* (Belagerer) erworben und versetzte seine Gegner weiterhin in Angst und Schrecken. Durch Mord und Zerstörung eroberte er Makedonien, setzte die Dynastie des Antipatros ab. Danach führte Demetrios unablässig gegen Pyrrhos von Epirus Krieg, der 288 aus Makedonien vertrieben worden war. Aber die Herrschaft des Demetrios festigte den Anspruch der Antigoniden auf die Macht in dem Gebiet, bis die Römer 168 v. Chr. seinen Nachfahren Perseus besiegten.

Die Satrapie Thrakien, einschließlich der Städte in der Nähe des Hellespont, war ursprünglich Lysimachos zugeteilt worden, einem weiteren Vertrauten Alexanders, der sich im Krieg in Indien ausgezeichnet hatte. Er festigte seine Macht, indem er gegen die barbarischen Stämme an den Rändern seines Territoriums Krieg führte und seinen Einfluss nach Kleinasien und auf seine Lieblingsstadt Pergamon ausdehnte. Nach der Schlacht von Ipsos im Jahr 301 fiel Lysimachos als einem der Diadochen, die sich gegen

Antigonos verbündet hatten, das ganze Königreich Anatolien zu. Aber anders als Ptolemaios in Ägypten und Seleukos im Osten gelang es Lysimachos nicht, eine Dynastie zu gründen, obwohl er Söhne von zwei seiner drei Frauen und einen weiteren von einer Konkubine hatte. In einer überaus schmutzigen Hofintrige wurde dem ältesten Sohn Agathokles von der Mutter dreier anderer Söhne Verrat in die Schuhe geschoben. Diese einflussreiche Frau war keine andere als Arsinoë, die Tochter Ptolemaios I. Lysimachos, ein gemeiner und schwieriger Mensch, ließ seinen vielversprechenden Erben verhaften und im Gefängnis ermorden. Die Witwe des Agathokles konnte sich mit ihren Kindern an den Hof von Seleukos retten, und Lysimachos hatte anschließend mit Aufständen in mehreren kleinasiatischen Städten zu kämpfen. Arsinoë flüchtete mit ihren Söhnen. Die Krise erreichte in der Schlacht von Kurupedion 281 v. Chr. ihren Höhepunkt, wo der inzwischen völlig diskreditierte Lysimachos fiel.

Deshalb gab es keine Dynastie der Lysimachiden. Wer sollte ihm nun nachfolgen? Der Mann zur rechten Zeit am rechten Ort war sein ehemaliger Heerführer Philetairos, der Sohn eines Griechen namens Attalos und einer Asiatin. Lysimachos hatte ihn zum Kommandanten von Pergamon ernannt, aber er war zu Seleukos übergelaufen. Die berühmte Dynastie, die von Pergamon aus herrschte, hieß deshalb die Attaliden. Philetairos regierte von 281 bis 263 v. Chr. Da er keine Kinder haben konnte (die Folge einer Genitalverletzung bei einem Unfall in der Kindheit), adoptierte er seinen Neffen, der ihm nach seinem Tod als Eumenes I., der zweite Attalidenkönig von Pergamon, auf den Thron folgte.

Das waren die Hauptakteure in den verworrenen, blutigen und gefährlichen Diadochenkriegen in Ägypten, Asien, Makedonien, Thrakien und Griechenland. Doch das bemerkenswerteste unmittelbare Vermächtnis von Alexanders Weltreichprojekt zeigte sich weiter im Osten. Er hatte über 13 000 Reiter und Infanteristen in Baktrien zurückgelassen, das einen Teil des heutigen Afghanistans umfasste. Gemäß der üblichen Linie heirateten diese Soldaten einheimische Frauen, und das Ergebnis war ein ethnisch halbgriechischer Staat. Die Griechen in Baktrien fühlten sich eingeengt, weil das Gebiet eine Bastion im Binnenland war, die den Iran gegen nomadische Stämme, die nach Osten drängten, schützte. Im Laufe des 3. Jahrhunderts waren weitere griechische Siedler eingetroffen. Um 228 wurde die Satrapie Baktrien unabhängig vom Reich der Seleukiden, und ein Grieche namens Euthydemos aus Magnesia am Mäander erklärte sich zum König. Ihm folgte 189 v. Chr. sein Sohn Demetrios, der diplomatische Vorstöße in Richtung des neuen Maurya-Reiches unternahm, dessen Hauptstadt Patna am Ganges war. Nach einem Marsch über die Berge des Hindukusch, der den pakistanischen Norden von Afghanistan trennt, drangen die Griechen in Indien ein. In einem bemerkenswerten Zusammenschluss der indischen und griechischen Kultur brachten sie Gebiete im Nordwesten unter ihre Kontrolle.

Menander I., der Heerführer von Demetrios, heiratete dessen Tochter und wurde zum bekanntesten baktrischen König in Indien. Er regierte drei Jahrzehnte lang Mitte des 2. Jahrhunderts v. Chr., vermutlich von Sagala aus (dem heutigen Sialkot, im Norden der pakistanischen Provinz Punjab). Menander wurde vermutlich als Grieche in Baktrien geboren und aufgezogen, aber Münzen, die während seiner Herrschaft ausgegeben wurden, mit schönen griechischen Kopfporträts und Inschriften auf Griechisch und Kharosthi (eine alte indische Schrift) entdeckte man im Norden in Kaschmir, im Westen in Kabul und im Osten selbst in Mathura (dem heutigen Uttar Pradesh).

Menander wurde am Ende nach Baktrien zurückgedrängt, aber er hatte indische Buddhisten ebenso beeindruckt wie diese umgekehrt seine griechischen Untertanen. Verblüffende Parallelen gibt es zudem zwischen der überlieferten Aufteilung der verbrannten Überreste Buddhas in acht Teile (einen für jedes der acht Königreiche im Norden Indiens) und dem Bericht des griechischen

Schreibers Plutarch in dessen *Moralia* über das, was nach dem Tod König Menanders geschah: »Dem Menander dagegen, der sehr milde in Baktrien regiert hatte, hielten, als er im Lager verschieden war, alle Städte die übliche Leichenfeier, über die Überreste des Mannes aber gerieten sie in einen Wettstreit, bis sie sich mit Mühe endlich dahin verglichen, dass jede einen Teil der Asche mit nach Hause nehmen und dem König in allen ein Denkmal errichtet werden solle.« Auf Menander I. von Baktrien basiert die Figur des Sprechers Milinda in der *Milindapañha* (Fragen des Milinda), einem der ältesten buddhistischen Bücher, das um 100 v. Chr. in der Sprache Pali im indischen Nordwesten geschrieben wurde. Es hat die Form eines Prosadialogs, den Dialogen Platons nicht unähnlich, in dem eine sokratesähnliche Figur namens Nagasena eben diesen Milinda von der Stichhaltigkeit des Buddhismus überzeugt. Forscher des Indogriechischen betonen, dass die Akzeptanz des Buddhismus ein strategisch kluger Schachzug für einen Monarchen in der Stellung Menanders I. gewesen wäre. Nach seinem Tod folgten ihm Königin Agathokleia und Strato I. Soter nach, aber vier Jahrzehnte später kamen neue Eroberer aus Zentralasien in den indischen Westen. Die griechisch-baktrische Dynastie ging zu Ende.

Der wohl schillerndste Nachfahre der makedonischen Imperialisten war Mithridates VI. Eupator, König von Pontos (134 bis 63 v. Chr.), der sich vehement gegen die Macht Roms zur Wehr setzte. Abgesehen von Hannibal war Mithridates der schwerste Gegner, der sich jemals den Römern in den Weg stellte. Er war im 18. Jahrhundert sogar ein Bühnenheld, als Protagonist von Opern Scarlattis wie Mozarts. Sein Leben an sich verlief bereits dramatisch. Er kam erst an die Macht, nachdem sein Vater vergiftet worden war und seine Mutter gegen ihn zugunsten ihres anderen Sohnes ein Komplott geschmiedet hatte, das er jedoch überlebte. Mithridates dehnte als Herrscher das pontische Reich zu einer noch nie dagewesenen Größe aus, so dass es sich über Küstenregionen entlang des nördlichen, östlichen und südlichen Randes des Schwarzen Meeres und einen Teil von Anatolien erstreckte. Er unterhielt eine starke Flotte und war zur See ebenso gefürchtet wie auf Land. Während des ersten der drei Mithridatischen Kriege, in denen er das expandierende Römische Reich herausforderte (88–84 v. Chr.), besetzte er Kappadokien sowie Kleinasien und behauptete seine Autorität sogar noch in Athen, das er durch einen Vasallen regierte.

Mithridates blieb mehr als fünfzig Jahre lang auf dem Thron und kämpfte gegen so berühmte Feldherren wie Sulla, Lucullus und Pompeius. Im ersten Krieg befahl er kaltblütig ein Massaker von 80 000 in Asien lebenden Römern und Italern. Er gewann den zweiten Krieg (83–81 v. Chr.) und brachte dem römischen Feldherrn Murena eine Niederlage bei, der in das pontische Reich einmarschiert war, um Mithridates in die Schranken zu weisen. Im dritten und letzten Krieg (73–63 v. Chr.) tanzte Mithridates entlang des Schwarzen Meeres und in Armenien den Römer auf der Nase herum, bis Pompeius schließlich Armenien unter römische Herrschaft brachte. Es ist kein Wunder, dass die bizarrsten Geschichten über Mithridates kursierten. Angeblich soll er ein Mittel entwickelt haben, das über fünfzig Zutaten enthält und gegen jede Art von Gift wirken soll. Als seine Mutter versuchte, ihn umzubringen, indem sie ihn auf ein wildes Pferd setzte, kam er dabei nicht um. Der Sage nach verbrachte er seine Jugend in der Wildnis, härtete sich ab und lebte von dem Wild, das er erlegte. Er überlebte gar einen Blitzschlag. Es hieß, er sei imstande, einen von sechzehn Pferden gezogenen Streitwagen zu lenken, und er halte sich ein Pferd, einen Stier und einen Hirsch als Leibwächter.

Von persisch-makedonischer Abstammung machte sich Mithridates diese Verbindung zunutze, um seinen Anspruch zu untermauern, dass unter seiner Führung eine neue griechisch-persische Vereinigung möglich sei. Sein Name heißt »Geschenk des Mithras«, und väterlicherseits zählte er den Zoroastrier Dareios I. zu seinen Vorfahren. Wenn es ihm strategisch ratsam erschien, etwa mit Blick auf einige östliche Stämme, so gab er sich als Perser aus. Andererseits behauptete er, direkt von Alexander dem Großen abzustammen, und legte großen Wert darauf, sich auch als der Erbe von Alexanders Reichsmission zu präsentieren. Wie Alexander animierte er Künstler und Münzer, ihn als Dionysos, Herakles und Perseus, zusammen mit dessen geflügeltem Pferd Pegasus, darzustellen. Obwohl Perseus ein Grieche war, wie er im Buche steht (der Sage nach gründete er Mykene), hatte Jahrhunderte zuvor sein Name Xerxes dazu verleitet, ihn als Vorfahr der Perser zu bezeichnen.

Zu Beginn seiner Herrschaft hob Mithridates allerdings seine griechische Herkunft hervor, um die pontischen griechischen Stadtstaaten gegen die Skyther und andere indigene Stämme am Schwarzen Meer zu vereinen. Um 108 v. Chr. präsentierte er sich als griechischer Landsmann, der den Griechen von Chersonesos (nahe dem heutigen Sewastopol) zu Hilfe eilte. Mit wachsendem Erfolg erklärte er sich zum Befreier der Hellenen von den gewaltsamen, unkultivierten und korrupten römischen Herrschern. Es war nicht schwierig, diese Propaganda zu verbreiten, weil die Römer selbst diese Vorwürfe bestätigten. Sulla löste während seines Krieges gegen Mithridates allgemeine Empörung aus, als er die Konfiszierung geweihter Gegenstände aus dem Schatz des Heiligtums von Delphi anordnete. Er zerlegte sogar unschätzbare Kunstwerke, damit sie leichter zu transportieren waren.

In seiner Heimat am Schwarzen Meer spornte Mithridates seinen Hof an, von der Verbindung griechischer und persischer Elemente zu träumen. In seiner Verwaltung waren die meisten hohen Beamten und Bürokraten gebildete Griechen, aber unter den Völkern, die sie regierten, war das Verhältnis umgekehrt. Mithridates sorgte jedoch dafür, dass er seine Wünsche jedem einzelnen seiner Untertanen nahebringen konnte: »Mithridates, König über 22 Völkerschaften, hat in ebenso vielen Sprachen Recht gesprochen und in Versammlungen jede einzelne ohne Dolmetscher angeredet«, berichtete Plinius der Ältere. Doch diese polyglotte Herkunft sollte auch Eigenwerbung für Mithridates selbst als Liebhaber der griechischen, geistigen Kultur sein. Er lud Meister der Dichtung, Philosophie und Geschichte ein, seinen nördlichen Salon mit ihrer Gegenwart zu schmücken. Er war fasziniert von der Pharmakologie, vor allem von Giften und ihren Gegenmitteln, und korrespondierte hierzu mit berühmten Ärzten in Nah und Fern.

Als Pompeius ihn am Ende in die Defensive drängte, zog sich Mithridates in seine Hauptstadt Pantikapaion (das heutige Kertsch) zurück, wo er sich gegen die Rivalität seiner eigenen Söhne wehren musste. Ehe der jüngere Sohn schließlich seinen betagten Soldatenvater an die Römer verriet, ließ Mithridates den älteren ermorden. Aber der König von Pontos war nicht der Mann, der sich in Ketten nach Rom schleppen und vom siegreichen Pompeius beim Triumphzug vorführen ließ. Er versuchte, Selbstmord zu begehen, scheiterte jedoch, weil er seit vielen Jahren ganz bewusst seinen Körper gegen verschiedene Gifte immunisiert hatte, indem er geringe Mengen davon zu sich nahm – ein Grund für seinen inoffiziellen Beinamen »der Giftkönig«. Da er sich auf keinen Fall geschlagen geben wollte, befahl er daraufhin seinem treuen gallischen Leibwächter, ihn mit einem Schwert zu töten. Mithridates wurde in Sinope begraben, wo er mehr als sieben Jahrzehnte zuvor das Licht der Welt erblickt hatte.

Wenngleich solch exotische, autokratisch beherrschte Königreiche, die auf die rivalisierenden makedonischen Gefolgsleute Alexanders zurückgingen, mehrere Jahrhunderte Bestand hatten, so blickten die alten Griechen und Römer doch verblüfft auf die kurze makedonische Vorherrschaft zurück. Dionysios von Halikarnassos, ein griechischer Historiker, der im Römischen Reich unter Augustus tätig war, fragte, wie denn die Makedonier überhaupt an die Macht gelangen konnten, »wenn sie bis vor kurzem noch in Lumpen gingen und als Schafhirten bekannt waren, Männer, die für gewöhnlich mit den Thrakern um den Besitz der Hirsefelder kämpften«. Wie konnten sie »die Griechen besiegen, nach Asien übersetzen und ein Reich erringen, das bis zu den Indern reichte?« Aber nur ein paar hundert Jahre später, kommentiert Dionysios, »wenn man jemals durch Pella kommen sollte, so würde man nicht das geringste Anzeichen von einer Stadt sehen, abgesehen von der Anwesenheit einer Unmenge an zerschlagenen Töpferwaren an dem Ort«. Der Aufstieg und Fall Makedoniens gehörte bereits in die Sphäre der Legende und Übertreibung.

8

GOTTKÖNIGE
UND BIBLIOTHEKEN

Die herausragende Generation kriegerischer Makedonier, die zusammen mit Alexander die Welt eroberte – Ptolemaios, Antigonos der Einäugige, Antipatros, Seleukos –, überlebte ihn und gründete die hellenistischen Königreiche, in denen die meisten Griechen lebten, bis die Römer sie eroberten. Der unaufhörliche Machtkampf, der für die makedonischen Soldatenherrscher bezeichnend war, entwickelte sich zu einem jahrhundertelangen Ringen zwischen ihnen und ihren Nachfahren um den Status des Machthabers über das eindrucksvollste Reich. Die Diadochen ließen unermessliche Summen in den Bau sagenhafter Hauptstädte fließen, die materiell mit atemberaubenden Gebäuden ausgeschmückt waren und kulturell die besten Denker und Künstler beherbergten, die die griechische Welt zu bieten hatte. Das Streben nach Vortrefflichkeit, das die Griechen schon immer ausgezeichnet hatte, zumindest seit den ersten Tagen der panhellenischen Kultstätten und der Einführung von Sportwettkämpfen, wurde zur Dauerbeschäftigung der neuen, sagenhaft reichen hellenistischen Herrscher. Im ptolemäischen Ägypten führte das Bestreben, andere zu übertreffen, zu einer Besessenheit, in allem der Beste zu sein, etwa die größte Gemeinschaft an Intellektuellen auf der ganzen Welt zu beherbergen, die sich um das größte Wunder der antiken Wissenschaft scharte: die legendäre Bibliothek von Alexandria. Die Bibliothek war insgesamt eine völlig neuartige Einrichtung. Die Aufgabe, das gesamte Wissen der Welt zu sammeln, wurde dort als Voraussetzung angesehen, um auf jedem Gebiet geistigen Strebens möglichst große Fortschritte zu erzielen: Literatur, Geschichte,

Philosophie, Mathematik und was man heute reine und angewandte Wissenschaft nennt. Dieses Kapitel untersucht die Rolle
der Bibliothek bei der Förderung der gigantischen Ambitionen der
Familie der Ptolemäer, den Einfluss auf die Denker, die sie an-
lockte, auf die Qualität der Ideen und Schriften, die sie in ihrem
Umfeld zu produzieren vermochten, und den Anreiz, den der
Wettstreit mit rivalisierenden Zentren der kulturellen Vortrefflichkeit in Athen und Pergamon mit sich brachte.

Das Wort »hellenistisch« wurde, wie schon im Altertum, ursprünglich als Synonym von »hellenisch« oder »griechisch« gebraucht. 1678
hingegen wurden damit im Englischen auf einmal ganz konkret die
Griechisch sprechenden Juden von Alexandria benannt. Danach
veränderte sich auf unerfindliche Weise die Bedeutung, und der Begriff bezeichnete die gesamte Epoche der griechischen Kultur von
Alexanders Tod 323 v. Chr. bis zu Kleopatras Tod 31 v. Chr. Der
Historiker Johann Gustav Droysen führte den Begriff »Hellenismus«
in dieser Bedeutung ins Deutsche ein. Die vier wichtigsten, hellenistischen Königreiche, die aus den Diadochenkriegen hervorgingen,
waren das ptolemäische Ägypten, das von Makedonien beherrschte
Griechenland, Pergamon unter den Attaliden und das riesige Seleu-
kidenreich, das von Syrien aus regiert wurde. Die Geschlechter, die
die Monarchen stellten, waren skrupellos, autokratisch und selbst-
süchtig. Die spärlichen noch existierenden Äußerungen der alten
griechischen Ideale der Selbstverwaltung und individuellen Autarkie
verschwanden ganz. Von den zehn Zutaten im Rezept für das Grie-
chentum ist die Abneigung gegen jede Form von Autorität im Zeitalter der hellenistischen Könige deutlich schwächer wahrzunehmen,
allerdings zeichneten sich die Griechen weiterhin durch die übrigen
Eigenschaften aus: nicht nur das Streben nach Vortrefflichkeit, sondern Wissbegierde, Lachen, Redegewandtheit und Freude am Vergnügen – und das reichlich. Es war auch das große Zeitalter der
griechischen Seemacht, mit prächtigen Flotten und Handelsschif-

fen, die unablässig in den kunstvoll angelegten neuen Häfen des Mittelmeers ein und aus fuhren.

Das stabilste hellenistische Reich war Ägypten. Dort war zugleich das Trachten nach kultureller Vorherrschaft am deutlichsten zu sehen – nach dem Bau einer Stadt, die alles übertraf, was die Welt bislang gesehen hatte. Ptolemaios I. von Ägypten war ein Pragmatiker. Als Alexander starb, war der Heerführer bereits 44 Jahre alt und hatte immer im Schatten des jüngeren Mannes gestanden. Er erkannte als erster der Diadochen, dass man Alexanders Reich nicht zusammenhalten konnte. Aber er wollte auf keinen Fall seine Chance verpassen, zu großer Macht zu gelangen. Nachdem er sich Ägypten nahezu mit dem Tod Alexanders als Satrapie ausgewählt hatte, ließ er nicht mehr locker und ging umsichtig wie behutsam vor. Stets konsolidierte er lieber seinen Herrschaftsbereich, statt zu versuchen, ihn noch weiter auszudehnen. Zum Lohn wurde er der erste in einer langen Dynastie griechischer Pharao-Könige von Ägypten, gewährleistete damit, dass er und seine Erben als Götter verehrt wurden, und legte den Grundstein für die erlesenste gelehrte und kulturelle Errungenschaft in der Geschichte des Mittelmeerraums.

Ptolemaios teilte mit Philipp II. und Alexander III. das Talent für öffentliche Auftritte. Indem er das Gerücht in Umlauf brachte, er sei Philipps illegitimer Sohn, behauptete Ptolemaios sogar, dass er ein Halbbruder Alexanders sei. Er schrieb auch eine Schilderung der Feldzüge Alexanders, um seinen Anspruch auf das Königreich Ägypten zu rechtfertigen und das eigene Ansehen als Intellektueller ebenso wie als Soldat und Staatsmann zu steigern. Es war Ptolemaios, der den Leichnam von Alexander auf dem Weg nach Makedonien entführte und stattdessen 322 ins ägyptische Memphis brachte. Später verlegte er ihn in ein prächtiges Grabmal in Alexandria, wo die Mumie zu einer Touristenattraktion wurde. In Memphis erfuhr Ptolemaios vom Stiergott Apis, der dort von den Ägyptern neben Osarapis angebetet wurde (bei den Griechen Serapis). Binnen weniger Jahre errichtete er in der neuen Stadt Alexandria einen riesigen Tempel für Serapis und rief einen künstlichen Kult ins Leben, der sowohl hinzugezogenen Griechen als auch einheimischen Ägyptern gefiel. Er gab eine Statue in Auftrag, die Serapis mit den griechischen Gottheiten Zeus und Hades vereinte.

Ptolemaois wehrte die Versuche der anderen Diadochen ab, ihn abzusetzen oder seine Grenzen zu destabilisieren. Er schloss ein Bündnis mit Zypern und brachte Kyrene in Libyen in seine Gewalt. Die Insel Rhodos unterstützte er während der ganzen Belagerung, die sie unter Antigonos' Sohn Demetrios Poliorketes erduldeten. Im Jahr 305 nahm Ptolemaios den Titel eines Königs an. Er hatte nichts dagegen, als ihm die Bewohner von Rhodos auf Rat des Orakels von Zeus-Ammon in Libyen göttliche Ehren und den Beinamen *Soter* (Retter) verliehen. Er äußerte auch keine Bedenken, als sie eine Kultstätte bauten, um ihn zu ehren, das Ptolemaion. Ob er persönlich wirklich an seine Göttlichkeit glaubte, spielt dabei keine Rolle: Er erkannte, dass ein göttlicher Königstitel ihm helfen würde, die Macht zu erhalten und Alexandria zum eindrucksvollsten kulturellen Zentrum der Welt auszubauen.

Der gerissene Makedonier heiratete zwei Frauen aus seiner Heimat und bekam von beiden Kinder. Als er entschied, welchen Sohn er zum Erben erkor, war es Berenikes Sohn Ptolemaios, obwohl er zehn Jahre jünger war als Eurydikes Kind Ptolemaios Keraunos. Der Sieger wurde Ptolemaios II. (Philadelphos). Nach zahlreichen Berufungen, die typisch für die manische Leidenschaft der Ptolemäer war, stets die besten Experten nach Alexandria zu holen, die man mit Geld kaufen konnte, hatte Ptolemaios II. die erlesenste Erziehung genossen. Seine Hauslehrer waren keine geringeren als der unvergleichliche Dichter Philetas von Kos und Zenodotos von Ephesos, ein Experte für die Texte Homers und der erste Leiter der alexandrinischen Bibliothek.

Die Ptolemäer betrachteten den Königstitel als Familienangelegenheit. Ptolemaios I. entschloss sich, von 285 bis zu seinem Tod 283, als er offiziell zum Gott erklärt wurde, gemeinsam mit seinem gut ausgebildeten Sohn zu regieren. Der im ptolemäischen Herrschaftsbereich gelegene Nesiotenbund brachte auf Delos eine Inschrift mit dem Schwur an, Delegierte zu schicken, die Ptolemaios in Alexandria Opfer darbringen, ihn mit Gold krönen und Athleten für die neuen Wettspiele zu seinen Ehren stellen sollen, die Ptolemaia. Die Griechen, die einst dem persischen König hatten ausrichten lassen, dass sie nicht vor einfachen Sterblichen auf die Knie fallen würden, hatten nunmehr gelernt, einen Griechen als Gott zu verehren. Auf Anweisung von Ptolemaios II. beteten sie auch Berenike als Göttin an.

Die Göttlichkeit der folgenden ägyptischen Monarchen zu akzeptieren wurde den Untertanen dadurch erleichtert, dass in jeder Generation der Männername Ptolemaios verwendet wurde. Auch für Mädchen, die Königinnen werden konnten, kam nur eine kleine Palette von Namen infrage, darunter Kleopatra. Damit die Thronfolge noch eindeutiger in der Familie blieb, ließ sich Ptolemaios II. Mitte der 270er Jahre von seiner ersten makedonischen Frau (Arsinoë I.) scheiden und unternahm den außergewöhnlichen Schritt einer Inzestheirat mit seiner einfallsreichen Schwester (Arsinoë II.). Sie wurde seither, genau wie er, *Philadelphos* (Geschwisterliebende) genannt. Er ließ Münzen schlagen, auf denen sie als gemeinsame Herrscher zu sehen sind, wobei die Ähnlichkeit ihrer Gesichtszüge noch hervorgehoben wurde. Eine neue Ästhetik vereinte ägyptische und griechische Elemente in den Porträts der Herrscherfamilie. Das Metropolitan Museum in New York beherbergt eine kunstvolle Statuette aus Kalkstein, die Arsinoë II. in einem Stil darstellt, der eine auffällig ägyptische Haltung, Frisur und Kleidung mit einem Füllhorn verschmilzt, das hellenistischen Bildhauern dazu diente, Göttlichkeit anzudeuten. Bei ihrem Tod 270 erklärte Ptolemaios II. selbstredend Arsinoë II. genau wie ihre gemeinsamen Eltern für göttlich.

Auf Ptolemaios II. folgte sein Sohn Ptolemaios III. Euergetes (der Wohltäter), der von 246 bis 222 v. Chr. herrschte. Der dritte

Ptolemäer wählte eine Frau außerhalb des unmittelbaren Familienkreises aus, Berenike von Kyrene in Libyen, um den ägyptischen Einfluss dort zu festigen, und schuf so eine nordafrikanische Großmacht. Berenikes Anspruch auf übermenschlichen Rang wurde noch zu ihren Lebzeiten durch die (absurde) Behauptung untermauert, dass das Haar, das sie sich abgeschnitten und dem Tempel der Aphrodite geweiht hatte, zu einem sichtbaren Sternbild geworden sei, das bis heute Haar der Berenike (Coma Berenices) genannt wird. Es war der Hofastronom Konon, der diese Gruppe von Sternen als Locken der Königin identifizierte; das kunstvolle, aber peinlich kriecherische Gedicht, das an diese Verwandlung erinnerte, stammte von dem intelligenten literarischen Berater des Ptolemaios II., Kallimachos, der wie Königin Berenike ein nordafrikanischer Grieche aus Kyrene war.

Zehn weitere männliche Ptolemäer saßen zwischen 222 v. Chr. und dem Fall des ptolemäischen Ägyptens an das Römische Reich knapp zwei Jahrhunderte später auf dem mächtigen ägyptischen Thron. Einige heirateten ihre Schwestern und regierten gemeinsam mit ihnen; andere kamen als Minderjährige auf den Thron und gerieten in das Kreuzfeuer zwischen ehrgeizigen Regenten, Tanten, Onkeln und Hofbeamten. Die hybride griechisch-ägyptische politische Kultur des hellenistischen Alexandria, die sie förderten, war prunkvoll, bleibt aber verwirrend. Forschern, die den argumentativen und meritokratischen Zug in der archaischen und klassischen griechischen Literatur gewohnt sind, erscheinen die Selbstdarstellung der Ptolemäer als Gottkönige so abstoßend wie die Ehen unter leiblichen Brüdern und Schwestern, die bei Pharaonen üblich waren. Doch die Feste und öffentlichen Vergnügungen, die sie ins Leben riefen, waren atemberaubend. Das Wesen ihrer öffentlichen Präsenz wurde trefflich zusammengefasst in der großen Prozession – genauer, der Folge von Prozessionen, die vermutlich 275 oder 274 v. Chr. unter der Herrschaft von Ptolemaios II. stattfanden. Der Zug feierte die Göttlichkeit der Eltern von Ptolemaios, aber auf eine ganz besondere Weise, welche die ganze Familie über Alexander, den Eroberer des Ostens, als die Nachfahren von keinem geringeren Gott als Dionysos identifizierte.

Es überrascht nicht, dass die Griechen Alexander Glauben schenkten, als er Dionysos seinen Vorfahr nannte. In der Tragödie *Die Bakchen*, die Euripides möglicherweise in Makedonien schrieb, hatte der Gott Dionysos ihnen schon vor langer Zeit mitgeteilt, dass er »von Phrygien, vom goldhaltigen Lyderboden [fort]zog, Persiens sonnenheiße Gauen und Baktriens Mauern samt dem stürmerauen Land der Meder besuchte, dann Arabien, das von Segen grünt, ganz Vorderasien endlich, das, an salziger See gelegen, viele schöngetürmte Städte enthält, an gemischtem, welschem und hellenischem, Volke reich«. Das muss ihnen wie ein unverkennbarer Vorläufer der Eroberungen Alexanders vorgekommen sein. Deshalb wurden die Reisen des Dionysos systematisch von den Ptolemäern als Folge kolonialer Annexionen gewertet, die sich bis nach Indien erstreckten. Mittelpunkt der Veranstaltung war ein gigantisches öffentliches dionysisches Festmahl in einem eigens dafür konstruierten Pavillon. Er enthielt 130 Liegesofas für das Mahl und Säulen, die wie Palmen aussahen. Eine glitzernde Auswahl an Besteck aus Gold und Silber, mit Edelsteinen besetzt, erwartete die glücklichen Speisegäste. Marmorstatuen von Tieren und hübsche Gemälde wurden rings um den Pavillon aufgestellt. Die ganze Stadt war mit Blumen geschmückt; Blüten wurden unter jedermanns Füße gestreut und zu Kränzen geflochten, um sie zu krönen.

Zur Prozession gehörte eine Dionysosstatue, dreimal so groß wie ein durchschnittlicher Mann, samt Gefolge aus jungen Frauen und Satyrn, die in Scharlachrot und Purpurfarben gekleidet waren. Einige ritten auf Eseln; ihnen folgten Streitwagen, vor die fremdartige Tieren gespannt wurden. 180 Männer zogen Dionysos auf einem Wagen, der von seinem Priester in die Stadt geführt wurde, zusammen mit den Dreifüßen für die Sieger der Sportwettkämpfe.

Ihm folgte eine Kolonne von Festzugswagen, darunter einer mit einem riesigen Beutel aus Leopardenleder, aus dem unablässig Wein auf die Straße spritzte. Es kamen weitere Wagen, gezogen von noch exotischeren Tieren: Antilopen, Elefanten, Büffel, Strauße, Zebras, Kamele und Löwen. Anschließend wurde die militärische Macht des Königs durch eine Parade von fast 60 000 Infanteristen und 23 000 Reitern demonstriert, alle in voller Rüstung. »Nichts im Überfluss«, lautete ein Motto, das auf den Tempel von Apollon in Delphi geschrieben stand. Das war gewiss nicht der Wahlspruch der Ptolemäer. Wie keine Griechen vor ihnen begriffen sie die Politik der Größe. Ptolemaios IV. bestellte eine riesige Galeere mit vierzig Ruderbänken. Zur Besatzung gehörten 4000 Ruderer und 400 andere Seeleute; auf den oberen Decks konnte sie 3000 bewaffnete Soldaten unterbringen. Das Riesenschiff stach eigentlich nie in See; es wurde als ziviles Ausstellungsstück konzipiert. Aber schon der Entwurf zeigt, dass jede Generation der Ptolemäer ihre Vorväter an sichtbaren Errungenschaften von enormen Ausmaßen übertreffen wollte.

Doch die Galeere Ptolemaios' IV. spiegelte, wenngleich sie nur als Ersatz diente, die Wahrheit über die Ökonomie der hellenistischen Schifffahrt. Im späten 4. Jahrhundert waren viel größere Schiffe mit vier und fünf Ruderreihen aufgekommen. Bei einer Schlacht zwischen Ptolemaios I. und Demetrios Poliorketes im Jahr 306 bei Zypern waren gewaltige Flotten, die aus Schiffen mit vier, fünf, sieben und sogar zehn Ruderreihen bestanden, aufeinandergeprallt. Der Transport von Waren über das Meer stieg geradezu exponentiell an. Für diese Epoche der altgriechischen Geschichte sind deutlich mehr Schiffbrüche dokumentiert als für jede andere. Die Ptolemäer exportierten Tonnen von Getreide und importierten in entsprechenden Mengen Wein und Olivenöl, ohne die Griechen nicht leben konnten. Der Handel im östlichen Mittelmeer wurde durch die weitverbreitete Verwendung von Münzen erleichtert, die nach einem einheitlichen Standard geprägt waren.

Ptolemaios I. hatte den Inbegriff der Größe etabliert; seine Vergöttlichung hatte die Prozession erstmals ausgelöst. Er träumte davon, die weltgrößte Stadt zu bauen, um die umfassendste Bibliothek aller Zeiten unterzubringen. Alexandria wurde nach einem Gittermuster angelegt, mit Mauern, Kultstätten und Alexanders Grab in der Nähe des Zentrums. Der üppige Palastkomplex namens Brucheion nahm ein Viertel des Stadtgeländes ein und enthielt das berühmte Museion (Museum), die Bibliothek und vielleicht das Serapeum (Tempel). Ptolemaios befahl auch den Bau der Mole, welche die Stadt mit der Insel Pharos verband. Der Damm war sieben Stadien lang und teilte den Hafen in zwei Hälften. Am östlichen Ende von Pharos, wo die Gewässer seicht und felsig waren, plante er den berühmten Leuchtturm. Er wurde bis zum Jahr 279 fertiggestellt. Gemäß der makedonischen Linie, immer im großen Stil zu denken, war der Turm circa 120 bis 160 Meter hoch, die drei Hauptetagen waren aus leuchtend weißen Steinen gefertigt. Reflektierende Platten strahlten sein Licht viele Seemeilen weit hinaus und kündigten in alle Richtungen an, dass die Seeleute nunmehr das weltweit herausragende Zentrum der Zivilisation betraten. Dieses Weltwunder wurde den »rettenden Göttern« geweiht: dem vollkommen menschlichen Ptolemaios und seiner Lieblingsfrau Berenike, wenngleich der Beiname Soter auch für Zeus und andere olympische Gottheiten galt. Poseidippos, der Gastdichter der Ptolemäer aus Pella im makedonischen Königreich ihrer Vorfahren, pries den Leuchtturm in einem Epigramm: »Die ganze Nacht hindurch wird der Seefahrer auf dem Meer sofort das gewaltige Feuer von der Spitze brennen sehen.«

Seit Anfang der 1990er Jahre haben zwei konkurrierende französische Teams von Unterwasserarchäologen Hunderte von Objekten aus dem ptolemäischen Alexandria fotografiert, die im Hafen und in seiner Nähe auf dem Meeresgrund ruhen. Dazu zählt ein Teil einer Poseidonstatue, die möglicherweise neben dem Leuchtturm stand. Es gibt korinthische Säulen, Brocken von Mauerwerk, Obelisken und Sphingen. Manche stammen gar aus der Herrschaft von Ramses II. im 13. Jahrhundert v. Chr., was beweist, dass die modebewussten griechischen Könige von Alexandria ihre Stadt gerne mit einheimischen Antiquitäten schmückten. Man kann die Umrisse der Kaianlagen erkennen, doch das Aussehen der beeindruckenden öffentlichen Gebäude Alexandrias, einschließlich des Leuchtturms, bleibt weiterhin der eigenen Fantasie überlassen. Um einen Eindruck von ihrer gigantomanischen Ästhetik zu bekommen, müssen wir andere Gebäude betrachten, die die hellenistischen Monarchen errichteten, insbesondere den monumentalen Altar von Pergamon im Nordwesten der heutigen Türkei, der im 2. Jahrhundert von König Eumenes II. und seinem Nachfolger Attalos II. errichtet wurde. Er stand an prominenter Stelle auf einer Terrasse unterhalb der Burg und war das größte und bedeutendste Marmorgebäude der Stadt – doch keineswegs das einzige: Die ganze Akropolis war darauf angelegt, den Besucher zu beeindrucken. Zu den weiteren Gebäuden Pergamons zählten ferner ein Tempel und ein Dionysostheater, eine dorische Kultstätte, wo die nunmehr göttlichen Attaliden bequem angebetet werden konnten, ein Athenetempel, der auch eine Bibliothek beherbergte, sowie ein großer Marktplatz.

Der Altar diente als der Ort für die Opfergaben und Brandopfer, welche die heidnische, griechische Religion prägten; vermutlich war er Zeus und Athene geweiht. Der älteste Hinweis auf den Altar stammt aus der Bibel, im Buch der Offenbarung 2, 12f., wo Pergamon als der Ort bezeichnet wird, »wo der Thron des Satans ist« – eine Wendung, die vermutlich von den grotesken, mythischen Bestien mit Schlangenfüßen an dem Altar angeregt wurde. Er wurde von den Byzantinern im 7. oder 8. Jahrhundert n. Chr. zerstört, als sie Steine brauchten, um Befestigungsanlagen gegen die arabischen Eindringlinge zu bauen. Im späten 19. Jahrhundert brachten Ausgrabungen, die vom Berliner Museum organisiert wurden, die Fragmente des Altars ans Licht – und wenig später nach Berlin selbst. Die Rekonstruktion des Altars ist noch heute im

Berliner Pergamonmuseum zu bewundern, wo er einen Ehrfurcht gebietenden Eindruck hinterlässt. Der über 35 Meter breite und fast genauso tiefe Bau wurde von den Anbetenden über eine mächtige Treppe betreten. Der monumentale Eindruck wird durch die epischen Motive der tief eingeschnittenen Friese noch gesteigert: der Kampf zwischen den Göttern und Giganten (Gigantomachie) und die Abenteuer des Telephos, der Sohn des Herakles und nach der Legende Gründer von Pergamon. Der Gigantenfries ist mit einer Länge von 113 Metern der längste erhaltene griechische Fries, außer dem des Parthenon.

Das hellenistische Alexandria besaß ähnliche architektonische Meisterwerke, die leider nicht überlebt haben. Die grenzenlosen intellektuellen Ambitionen der Ptolemäer jedoch klingen noch heute nach. Sie verwirklichten sich erstmals im frühen 3. Jahrhundert v. Chr. – in dem Augenblick, als der verbannte athenische Staatsmann Demetrios von Phaleron im Hafen von Alexandria anlegte, um Ptolemaios wegen der Bibliothek zu beraten. Demetrios war ein angesehener Schüler aus der Schule des Aristoteles und brachte deshalb das Prestige in das Projekt ein, nach dem sich die Ptolemäer sehnten: die komplette Umsiedlung der geistigen Fähigkeiten nach Alexandria. Demetrios beaufsichtigte den Ankauf der Schriftrollen, den seine Gönner jetzt bezahlten. Kundschafter mit unbegrenzten finanziellen Mitteln durchkämmten die Läden der kulturellen Zentren, einschließlich Rhodos und Athen. Die geschäftigen Hafenviertel Alexandrias erlebten die Beschlagnahmung aller Bücher, die auf den hier ankernden Schiffen entdeckt wurden. Die Originale wurden von den Alexandrinern einbehalten, während die Besitzer lediglich Kopien zurückerhielten, die ein ganzes Heer von Schreibern rasch per Diktat anfertigte. Demetrios ahmte im größeren Stil die Organisation von Aristoteles' Lykeion nach, samt dessen Gemeinschaft aus Gelehrten und der Widmung an die Musen. Er ordnete die Sammlungen der neuen Bibliothek nach dem System, das Aristoteles für seine eigene benutzt hatte. Kein

Wunder, dass es in der Antike manchmal hieß, Aristoteles persönlich habe die ägyptisch-griechischen Könige gelehrt, wie man eine Bibliothek führt.

Die Bibliothek befand sich im Viertel der Musen, im Museum. Die Gebäude grenzten sowohl an den Hafen als auch an den Palastkomplex. Es gab auch einen Verbindungsgang und einen Speisesaal für die Gelehrten des Museums. Das Grabmal Alexanders war Teil des Komplexes und blieb dort, bis die Römer kamen. Es befand sich somit nicht weit entfernt von den Büchersammlungen und der Arbeit der wissenschaftlichen Edition. Die Konservierung des Leichnams des Mannes, der den Hellenismus in Regionen der Welt getragen hatte, die nie zuvor ein Grieche gesehen hatte, stand somit symbolisch für die Bewahrung und Verherrlichung der literarischen Zeugnisse des Hellenismus.

Unter den ersten Denkern, die Ptolemaios förderte, war Euklid, der Autor der *Elemente*, des maßgeblichen Traktats zur Mathematik und Geometrie, das diese Bereiche noch heute beeinflusst. Für die Leitung der Bibliotheksverwaltung und ihrer wissenschaftlichen Tätigkeiten rief der Herrscher den Sprachgelehrten Zenodotos aus Ephesos im heutigen Südwesten der Türkei zu sich, der die Texte Homers bearbeitete. Unter Ptolemaios II. wurde die angesehenste Persönlichkeit des literarischen Lebens eingeladen, die mit der Bibliothek verbunden wird: der Gelehrte und Dichter Kallimachos aus Kyrene. Kallimachos beanspruchte für sich als Nachfahre von Battos I., dem Gründer Kyrenes, königliches Blut. Er war ein Gelehrter im wahrsten Sinn des Wortes. Er wusste über die antike griechische Literatur mehr als jeder andere vor oder nach ihm. Auch wenn er nicht zum Oberbibliothekar ernannt wurde, ist er doch der Gründungsvater des ganzen Katalogisierungssystems; die Klassifizierungen anhand der Genres, die er entwickelte, waren in der Antike ebenso einflussreich wie in heutigen Bibliotheken Melville Deweys Dezimalklassifikation, die 1876 erfunden wurde.

Die 120 Rollen der *Pinakes* (Verzeichnisse) von Kallimachos umfassten eine Prosaliste samt Kommentar des gesamten Bestands der Bi-
bliothek (dem Vernehmen nach eine halbe Million Schriftrollen).
Sie systematisierten jeden Text nach Genre, beschrieben den Autor,
zitierten die ersten Worte und gaben die Zeilenzahl an, die der Text
enthielt. Schon diese Verzeichnisse wären ein eindrucksvolles
Lebenswerk. Kallimachos schrieb weitere Nachschlagewerke in
Prosa, etwa eine Studie über den Wortschatz oder Redensarten des
Demokrit, eine über Nymphen und eine über die Weltwunder. Aber
Kallimachos kategorisierte und organisierte nicht nur die gesamte
griechische Literatur, die die Buchkundschafter von Ptolemaios mit
ihren unbegrenzten Mitteln in die Finger bekamen: Er verfasste
selbst zahlreiche Gedichte und trug damit beträchtlich zur Vergrö-
ßerung dieser Literatur bei.

Kallimachos änderte zusammen mit seinen Schülern und
Kollegen den Kurs der westlichen Dichtung. Ihr Projekt war gewaltig: Es sollte eine neue Welle der griechischen Literatur geschaffen
werden, die zwar von der früheren literarischen und in der Bibliothek gesammelten Kultur durchdrungen war, sich aber grundlegend
von ihr abwandte. Sie sollte sich in erster Linie um das Leben im
ptolemäischen Nordafrika drehen. Die Gruppe schrieb für Monarchen, die ägyptische Gottheiten wie Serapis und Isis ebenso wie die
Götter Griechenlands verehrten. Ägypten selbst faszinierte den
Hof; mit der Unterstützung der ersten beiden (möglicherweise drei)
Ptolemäer schrieb der zweisprachige ägyptische Priester Manetho
eine umfassende Geschichte Ägyptens und nutzte dafür Quellen
beider Sprachen. Die erhaltenen Teile seines Werkes sind noch
heute eine einzigartige Quelle für die ägyptische Chronologie.
Doch die Dichter des riesigen, neuen griechisch-ägyptischen
Königreichs entwickelten einen poetischen Stil, der paradoxerweise
jede Unermesslichkeit verabscheute. Alles an der ptolemäischen
Kultur war groß, abgesehen von der literarischen Ästhetik. Auf diesem einen kulturellen Feld führte und symbolisierte Kallimachos

die Strömung, die sich von einer Literatur abwandte, die schwierige ethische, philosophische und staatsbürgerliche Fragen erörterte. Stattdessen feierte die alexandrinische Dichtung die ptolemäische Herrschaft, überarbeitete kunstvoll wie erfindungsreich kanonische Werke der Literatur oder sprach selbstbewusst über andere Dichter und das Wesen der Dichtung selbst. Neben dem Inhalt veränderte sich die hellenistische Dichtung auch in der Form. Dabei gaben die Dichter die alten gattungstypischen und metrischen Strukturen nicht auf – vielmehr spielten sie unablässig mit ihnen und erzielten neue Effekte, indem sie deren alte Bestandteile nebeneinanderstellten. Die eigentliche Veränderung betraf den Umfang und die Tonlage. Es ist vielleicht verwunderlich, dass die Ptolemäer allem Anschein nach von den Dichtern, die sie förderten, nicht verlangten, epische Gedichte enormer Länge zu verfassen, die ihre Taten und Ahnen verherrlichten – wenngleich Kallimachos beauftragt wurde, etwas zu schreiben, möglicherweise ein Epyllion (kleines Epos), das die Hochzeit von Ptolemaios II. mit seiner leiblichen Schwester preisen sollte.

Das eigentliche Anliegen von Kallimachos und seinem Kreis, allesamt loyale Diener ihrer reichen Schutzherren, war es, mithilfe eleganter wie treffender Verse fein abgestimmte Tonalitäten zu erzeugen, mit gelehrten Anspielungen und exemplarisch platzierten treffenden Ausdrücken. Sie pflegten eine kultivierte Klugheit, Stil wie Anmut, den Reiz des Helldunkel, der gehobenen Asymmetrie und ein ausgesprochenes Feingefühl. Ihre Dichtung war eine komplexe Verbindung traditioneller Elemente und experimenteller Formen. Man könnte meinen, sie hätten alle griechischen Klassiker auseinandergenommen, auf diese Weise eine Spielzeugkiste aus Bausteinen (Metren, Dialekte, Tropen, Phrasen) geschaffen und auf neuartige Weise wieder zusammengefügt. Kallimachos' Verse waren so dicht, gelehrt und kryptisch, dass schon eine Generation nach seinem Tod die Leser Hilfe brauchten, um sie zu verstehen. Diese Dichter von Alexandria setzten sich zum Ziel, einen Effekt zu

erzielen, der zugleich »subtil« (*leptos*) und spielerisch war. Sie übertrugen gerne alte, poetische Wendungen in unerwartete neue Zusammenhänge. Sie rühmten nicht die Kontinuität, sondern begrüßten unvermittelte, störende Stimmen und überraschende
Wechsel der Perspektive, des Themas und der Klangfarbe. Kallimachos leitete sein Werk *Aitia* (Ursachen) mit einem literarischen
Manifest ein, das sich an Kritiker richtete, die sich darüber beschwerten, dass er nicht »ein Gedicht, ein stetes, auf Taten der
Fürsten oder der früheren Zeit Helden vollendet in viel tausend
Versen«, schrieb.

Kallimachos war auch ein Vorreiter beim Konzept des Dichters
und seinem Verhältnis zur eigenen Kunst. Seine *Dichtungen*, Hymnen und Epigramme, sind erhalten. Die sechs kunstvollen Hymnen
preisen Zeus, Apollon, Artemis, Delos, Athene und Demeter. Ihr
Stil kombiniert das formale System der archaischen homerischen
Hymnen mit Anspielungen, die nur in Verbindung mit dem ptolemäischen Reich Sinn ergeben. Aber sie waren so arrangiert, dass sie
als Leseerlebnis meisterhaft zusammenspielten und deshalb als erster
erhaltener Gedichtband angesehen werden müssen. Die Epigramme
enthalten eine Reihe prickelnder, knapper Erkundungen erotischer
Themen, die durch ihren Vergleich von Liebe und Sex mit dem
Erlebnis der Dichtung originell sind: »Kyklische Dichtung verdrießt
mich«, sagte Kallimachos, genau wie er »den Geliebten [hasst], der
jedem sich gibt«. Kein Wunder, dass die großen lateinischen Liebes-
dichter (Catull, Properz und Ovid) ihn bewunderten.

Die Fragmente der anderen Gedichte des Kallimachos, insbesondere *Hekale*, lassen vermuten, dass hier innovative Werke verloren gingen. Nach meinem Empfinden ist diese Dichtung, zumindest in der fragmentarischen Form, die uns vorliegt, atemberaubend.
Ich würde gerne *mehr* über seine subjektiven Erlebnisse erfahren,
vor allem weil er andeutet, noch als kleiner Junge in Kyrene habe
ihn Apollon aufgesucht und er sei deshalb Dichter geworden. In
der faszinierenden *Aitia* sagt er, sein Bart sei soeben erst gesprossen,

als er träumte, er ziehe aus Libyen zum Berg Helikon, ein afrikanischer Hesiod. Er betrachtete die Welt durch ein Kaleidoskop, in dem sich Mythos, Realismus und literarische Klischees miteinander vermischen, und zwar alle als gleichwertige Betrachtungsweisen. In *Hekale* etwa schwelgt er in der eher kitschigen Beschreibung der Begegnung zwischen einer alten Bäuerin, die in den Bergen um Athen lebte, und dem munteren jungen Helden Theseus.

Kallimachos war ein Günstling der Königsfamilie, und seine raffinierte Dichtung war dafür gedacht, im Palast vorgetragen anstatt in der Bibliothek gelesen zu werden. Die Muße, welche die makedonischen Griechen in Ägypten genossen, stieß zusammen mit den Möglichkeiten, die die Bibliothek bot, Experimente bei der literarischen Freizeitgestaltung an. Sie ließen sich von Veranstaltungen unterhalten, die von groß angelegten Festspielen mit Aufführungen von Tragödien bis hin zu derben, komischen Szenen reichten. Unser Bild der Aufführungspraxis veränderte sich 1891 durch die Entdeckung eines Papyrus bei Fayum, der neun komische Dramolette enthielt, die sogenannten *Mimiamben* eines Schriftstellers namens Herodas. Sie wurden wohl, möglicherweise ohne Masken, von Schauspielern vorgeführt, die sich auf die Verkörperung von Figuren aus der städtischen Unterschicht spezialisiert hatten, in der Herodas schwelgte: lüsterne Hausfrauen, Händler von Dildos und Prostituierte. Eine Kategorie so eines Schauspielers war ein junger Mann, der verweiblichte Männer und Transvestiten verkörperte. Die zweite *Mimiambe* des Herodas ist eine Parodie auf eine Rede vor Gericht, die ein Transvestit als Bordellbesitzer hält. Er behauptet, der Mann, den er angeklagt hatte, habe eine seiner Prostituierten angegriffen und sein Bordell verwüstet. Aber die Rede an sich ist eine behutsame Parodie einer berühmten Ansprache des klassischen Redners Demosthenes und dürfte deshalb die Mitglieder des gebildeten, männlichen Publikums besonders amüsiert haben, die allesamt eine Ausbildung in den Meisterwerken der Rhetorik erhalten hatten. Der Vortrag dauerte zehn Minuten. Aufgeführt von

GOTTKÖNIGE UND BIBLIOTHEKEN

einem erfahrenen Transvestiten-Darsteller konnte es die intellektuelle Komplexität transzendieren und zumindest ein Publikum der gleichen kulturellen Prägung urkomisch unterhalten.

Der hellenistische Dichter mit dem stärksten Einfluss auf die westliche Kultur seit der Renaissance ist Apollonios von Rhodos, dessen episches Werk *Argonautika* die Geschichte von Jason und dem Goldenen Vlies unsterblich machte. Zwei berühmte Filme haben dafür gesorgt, dass Apollonios' Dichtung mithilfe des Kinos, des neuen Mediums des 20. Jahrhunderts, tief in die weltweite Populärkultur eindrang. Revolutionäre Spezialeffekte wurden von dem Tricktechniker Ray Harryhausen für *Jason und die Argonauten* (1963, unter der Regie von Don Chaffey) erfunden. Pier Paolo Pasolinis *Medea* (1969) macht sich die barbarische Kultur zunutze, die in dem antiken Epos geschildert wird, um den westlichen, kulturellen Imperialismus zu kritisieren.

Apollonios antwortet auf das ägyptische Umfeld des schönen neuen Königreichs von Ptolemaios, indem er ägyptische Anspielungen in seine Argonautensage integriert. Alexander der Große war zum Sohn des obersten ägyptischen Gottes Amun-Re erklärt worden, der mit dem griechischen Zeus gleichgesetzt wurde. Der Kult des Amun-Re wurde von den frühen Ptolemäern gefördert, deren Münzen andeuten, dass jeder einzelne von ihnen sein Nachfahre sei. Laut Apollonios strahlte das Goldene Vlies, das von der Schlange im fernen Schwarzen Meer bewacht wurde, ein goldenes Licht aus. Ein ägyptisches Publikum wurde mit Sicherheit an die verbreitete Darstellung von Amun-Re als Widder erinnert, mit goldenen Hörnern und einer Schlange auf der Stirn. Amun-Re reiste in einem magischen Sonnenboot, das Orakelsprüche verkünden konnte, und zog eine Parallele zu Jasons *Argo* und ihrem prophetischen Kiel.

Apollonios' Witz zeigt sich in der Entscheidung, die Argonauten, nachdem ein Sturm sie vom Kurs abgebracht hatte, an einem Ort in Nordafrika nicht weit von Kyrene landen zu lassen, der

Heimat seines Konkurrenten Kallimachos. Apollonios lässt durchblicken, dass das Meer hier zu gefährlich sei, um die Fahrt fortzusetzen, und dass das Land so wüst, trocken und ungastlich wie die Gedichte des Kallimachos sei. Die Argonauten befällt eine lähmende Niedergeschlagenheit, bis einige Nymphen und Poseidon ihnen aus der Klemme helfen. Ihnen wird befohlen, die *Argo* so weit zu tragen, bis sie auf ein Gewässer stoßen, auf dem sie segeln kann. Zwölf Tage lang plagen sie sich mit dem Boot auf den Schultern mühsam ab, während sie quer durch die nördliche Sahara stapfen.

Das alte makedonische Königreich war nie für seine Dichter bekannt gewesen, aber als dort endlich einer auf den Plan trat, wurde er zwangsläufig nach Alexandria eingeladen, um die ptolemäischen Werte zu bekräftigen. Poseidippos von Pella rühmt die Bronzestatue des Philetas von Kos, jenes Dichters, der Ptolemaios II. unterrichtet hatte, und dankt dem Wohltäter, der sie dem Museum geweiht hat: »Ptolemaios, Gott und König gleichermaßen«. 2001 staunte die Welt der Althistoriker und -philologen über die Veröffentlichung von mehr als hundert Epigrammen des Poseidippos, die kurz zuvor auf einem Papyrus in Mailand entdeckt worden waren. Manche sind bestimmten Omen, Statuen, Gräbern, Siegesdenkmälern gewidmet und Menschen, die auf See starben oder von einer Krankheit geheilt wurden. Eine Gruppe von Gedichten über Steine, die *Lithika*, enthüllt, dass das ptolemäische Seereich unter göttlichem Schutz stehe. Aber die Gedanken des makedonischen Dichters kehren gelegentlich in seine zerklüftete Heimat zurück. Ein Epigramm drückt seinen Wunsch aus, dass man ihm zu Ehren, nach seinem Tod im fortgeschrittenen Alter, auf dem Marktplatz von Pella eine Statue errichte, wie er eine Rolle aus Papyrus liest. Sein verstorbenes Ich wird dann dem heiligen Pfad folgen, den alle makedonischen Eingeweihten in den Mysterienkult nehmen, und vor Rhadamanthys treten, den Richter der Toten.

Wenn die Dichter es vermeiden wollten, die Ptolemäer zu rühmen, mussten sie sich ganz aus der Geschichte und der Realität verabschieden. In den *Idyllen* Theokrits, eines weiteren Zeitgenossen von Kallimachos, sind deshalb die pastoralen Beispiele bewundert worden. Es sind die ersten bukolischen Gedichte, die ihren Schauplatz als formalen Rahmen nutzen, um die Berufung des Dichters auf einer beinahe abstrakten Ebene zu diskutieren. Sie übten einen Einfluss auf die Bukolik in den bildenden Künsten, in der Oper und der pastoralen Dichtung aus, insbesondere über die lateinischen *Eklogen* des Vergil und des spätantiken Liebesromans von Longos, *Daphnis und Chloe*, mitunter auch Seite an Seite mit ihnen. Aber ebenso bedeutend in der Geschichte der Dichtung waren die ästhetische Form und der Ton der *Idyllen*, Gedichte von mittlerer Länge, die den Eindruck eines Dialogs erwecken. Sie kombinieren eine oberflächliche Einfachheit mit falscher Unschuld und beidseitiger Nostalgie. Dieser Aspekt des Werks von Theokrit wurde von Dichtern des späten 18. und 19. Jahrhunderts gelobt, darunter Giacomo Leopardi und Alfred Tennyson.

Das in Alexandria angesiedelte 15. Idyll des Theokrit dreht sich um den Besuch zweier Griechinnen in der Palastausstellung, die Arsinoë II. für das Fest des Adonis organisiert hatte. Das Gedicht enthält die Darbietung einer Arie durch eine Sängerin und ein Vorspiel. Doch die erste, lebhafte Szene führt uns in das Haus eines alexandrinischen Bürgers und macht uns mit einem Paar geschwätziger junger Frauen bekannt. Die Gastgeberin Praxinoa hat ein Kind, ein typisches Element der Literatur jener Zeit. Hellenistische Käufer hatten eine Schwäche für Terrakottafiguren von fürsorglichen Satyrn, Kindermädchen und Sklavinnen mit Säuglingen auf dem Arm. Die Komödie, die sich an diese hellenistischen Griechen richtete, war nicht die raue, politische Satire eines Aristophanes, sondern eine neue Form eines apolitischen häuslichen Dramas; diese dreht sich häufig um neugeborene Findlinge, die man dann am Schmuck in ihrer Wiege erkennt. Just jene epische Welt des Apollonios stellt uns Achilleus als niedliches Kind vor, das die Frau des Kentauren Cheiron auf dem Arm hält, während sie der *Argo* auf ihrer legendären

Fahrt nachwinkt, und den Eros, der seine Mutter mit kindischen Spielchen wahnsinnig macht. Die sentimentale Verarbeitung der frühen Kindheit ist ein besonderes Merkmal der hellenistischen Kultur und vereint die Faszination für die Miniatur und das Spielerische sowie die (demütigende) Flucht aus dem Geschäft der Politik der Erwachsenen. Andererseits kann man sie auch als Spiegelung realer Verschiebungen in den Ambitionen der griechischen Familie deuten. Spielten Kinder in ihrer deutlich erweiterten Welt, in Städten, wo Griechen häufig in der Minderheit waren und dennoch der herrschenden Klasse angehörten, womöglich im öffentlichen Leben und ihren Selbstdarstellungen eine andere Rolle? Die Königsfamilien, die großen Wert auf die Legitimierung der Vorherrschaft ihrer Dynastien legten, sprachen häufiger öffentlich über ihre Kinder und förderten »familiäre Werte«. Als Ptolemaios III. und seine Frau eine Widmung für einen Isistempel verfassten, schenkten sie ihren eigenen »Kleinen« auffällig große Aufmerksamkeit.

Die Dominanz Alexandrias in der literarischen Produktion des Hellenismus war keineswegs absolut. Die Stadt war das Zentrum eines Netzwerks aus verbündeten kultivierten griechischen Städten, neben Rhodos und Pella auch Kos und Syrakus, die mit Apollonios, Poseidippos, Philetas und Theokrit assoziiert werden. Eine Dichterin jedoch, bei der es keinen Grund zu der Annahme gibt, sie sei jemals in Ägypten gewesen, war Nossis aus Lokroi Epizephyrioi, einer mit Syrakus verbündeten süditalienischen Stadt. Ihre Epigramme aus dem 3. Jahrhundert v. Chr. enthüllen die psychologische Welt, die von Frauen in ihrer Gemeinschaft geteilt wurde. Manche Gedichte beschreiben die Widmungen, die Frauen in den lokalen Tempeln der Göttinnen anbrachten, und rühmen den erotischen Charme, den Aphrodite (in Lokroi untypischerweise mit Persephone verschmolzen) den Feiernden verlieh. Ein anderes Gedicht fleht Artemis an, die Göttin, die über das biologische Leben der Frauen wacht, einer Frau in den Wehen beizustehen. Die Weiblichkeit der Welt von Nossis, die sich selbst mit Sappho identifiziert, fasziniert, weil eine andere antike Quelle andeutet, dass der Adel in Lokroi die eigenen Vorfahren über die mütterliche Linie zurückverfolgte, sehr ungewöhnlich für eine griechische Stadt. In Nossis' Gedichten ist das Verhältnis zwischen Mutter und Tochter allgegenwärtig. Ein Gedicht beschreibt den Leinenmantel für Hera, der von drei Frauengenerationen aus der gleichen Familie gewoben wurde: von Nossis, ihrer Mutter und ihrer Großmutter. Ein anderes beschreibt das Bild eines Mädchens namens Thamareta und sagt, dass ihr *weiblicher* Welpe beim Anblick des gemalten Gesichts ihrer Herrin mit dem Schwanz wedle.

Nossis hatte einige ältere Dichter gelesen, darunter die Dramatiker aus Syrakus und Sappho. Aber fragten sich die Menschen in der Antike jemals, ob die Existenz von Bibliotheken von der Größe wie der in Alexandria möglicherweise schaden könnte – den Schriften, die eben jene Kultur erzeugte, und die diese Sammlungen geschaffen hatten, oder gar dem emotionalen und geistigen Wohlbefinden? Die Antwort ist: Ja, ein paar wenige. In der Historiographie gibt es eine frühe Stimme, die sich vehement gegen die Nutzung von Bibliotheken durch den Schreiber ausspricht. Es ist die Stimme von Polybios, einem Griechen, der (wie im nächsten Kapitel gezeigt) im Rom des 2. Jahrhunderts v. Chr. bekannt wurde und unablässig durch die Gegend reiste. In seinen *Historíai* kritisiert er den früheren griechischen Historiker Timaios von Sizilien. Timaios verbrachte vier Jahrzehnte in athenischen Bibliotheken und schrieb seine riesige, fast vierzig Bücher umfassende Geschichte Griechenlands. Polybios hatte indes mindestens zwei Hühnchen mit Timaios zu rupfen, ein politisches und ein eher privates, ödipales, aber nichtsdestotrotz erhellt das, was er über die Bibliotheken sagt, einen Teil in der Diskussion, zu der wir ansonsten kaum Zugang haben. Polybios beschwert sich, Timaios habe die Befragung von Augenzeugen durch das Lesen von Büchern ersetzt, weil man sonst ja an die Orte reisen müsse, wo die Geschichte selbst sich ereignet habe.

Wer aus Büchern schöpft, braucht keine Strapazen auf sich zu nehmen, setzt sich keiner Gefahr aus. Es ist nur nötig, sich eine Stadt auszusuchen, in der es viele Bücher gibt oder die eine Bibliothek in der Nähe hat. Dann kann man ruhig dasitzen, die Bücher nach dem, was man wissen will, befragen, und die Irrtümer der Vorgänger in aller Ruhe durch Vergleiche feststellen. Persönliche Erkundung dagegen ist mit großen Mühen und Kosten verbunden, aber sie bringt reichen Ertrag, ja sie ist das wichtigste Stück geschichtlicher Forschung.

In einem hatte Polybios recht: Wie häufig hat sich schon die Sichtweise auf ein Gedicht oder ein historisches Ereignis verändert, wenn man den Ort, mit dem man es zu tun hat, aufgesucht oder mit einem Augenzeugen gesprochen hat? Die auf Erfahrung gegründete Methode, nach welcher der Reisende Herodot und der Soldat Thukydides Geschichte schrieben, in einer Zeit vor den Bibliotheken und mit wenigen Vorläufern in der Historiographie, wäre erheblich beeinträchtigt gewesen, wenn sie ihr Leben lang in Athen geblieben wären.

Blickt man anstelle der Prosa auf die Dichtung, so gab es auch einige Stimmen die glaubten, Bibliotheken würden die künstlerische Qualität der neu produzierten Werke nicht immer fördern. Der berühmteste Vertreter dieser Ansicht ist der Satiriker Timon von Phleius (bei Korinth), der einige Zeit in Kleinasien und dann in Athen verbrachte. Er war ein Zeitgenosse der großen hellenistischen Dichter und Gelehrten Theokrit, Kallimachos und Apollonios. Aber der geistig unabhängige Timon verachtete das Projekt der Literaten Alexandrias, Homer zu bearbeiten. Auf die Frage, wie man am besten den »reinen« homerischen Text beschaffen könne, erwiderte er, die einzige Möglichkeit sei, »indem man die alten Abschriften benutzt und nicht die schon verbesserten«.

Timon, der von Alexandria *nicht* finanziell unterstützt wurde, brachte seine Anschauungen zur Bibliothek sarkastisch in einer anderen, berühmten Bemerkung zum Ausdruck. Meist wird er wie folgt übersetzt: »Zahlreich werden gefüttert im stämmereichen Ägypten Bücherkritzler im *talaros* [Vogelkäfig] der Musen, beständig sich zankend.« Timons brillantes Bild wurde häufig dahingehend interpretiert, dass er die alexandrinischen Dichterlinge als unbedeutende Verseschmiede karikierte, die zwar gut bezahlt, aber im Käfig eingesperrt waren – eine Andeutung, dass sie von den autokratischen Ptolemäer zensiert wurden. Es trifft zu, dass diese Dichter, die sich ihres Könnens sicher waren, ihre abweichenden Meinungen im Rahmen ihrer Gedichte diskutierten. Doch das berühmte Bild des Käfigs ist eine irreführende Übersetzung von *talaros*, das ein schalenförmiges und aus Zweigen geflochtenes Objekt bezeichnet – eher ein Nest als ein Käfig. Das Bild beschreibt vielmehr konkurrierende Küken in einem Nest, die versuchen, sich gegenseitig zu übertönen, um von ihren ptolemäischen Eltern das meiste Futter zu bekommen. Das Wort *talaros* wird häufig für die Arbeitskörbe der Frauen verwendet, die Wolle zum Weben enthielten; so wird angedeutet, diese abhängigen Dichter seien verweiblicht. Die unmännlichen Dichter, die finanziell in Ptolemaios' Bibliothek abgesichert sind und sein Essen futtern, kritzeln alle auf Papyri, *wetteifern* aber zugleich aus freien Stücken um Aufmerksamkeit und Zuwendungen. Vielleicht stellte Timon diese zahme Lebensweise und dichterische Produktion seinen eigenen, viel unabhängigeren und offen kritischen Satiren gegenüber. Diese blieben uns bemerkenswerterweise nur in kümmerlichen Zitaten erhalten. Womöglich waren nicht genügend antike Bibliothekare der Ansicht, dass Timons Texte es wert waren, sie für die Nachwelt zu kopieren. Ich wünschte, sie hätten es getan.

Hätten wir eventuell bessere Dichtung von diesen Männern genossen, wenn sie sich nicht so in die Bibliotheksbestände vertieft hätten, geschweige denn so sehr darauf konzentriert gewesen wären, die Monarchie zu preisen, die sie finanzierte? Die Ästhetik und die Politik wurden in Alexandria auf völlig neuartige Weise miteinander verflochten, und zwar gerade wegen der Anwesenheit all der alten Bücher. Das Gewicht der vergangenen hellenischen literarischen Tradition lastete schwer auf der Dichtung der neuen politischen Ordnung. Die hellenistischen Dichter dieser Generation waren in gewisser Weise Pioniere, die eine selbstbewusste Poetik verfolgten und das Streben nach klanglicher Wirkung auf ein ungekanntes Niveau steigerten. Aber ebenso schnell wie Ptolemaios die besten Dichter seines Reiches in dessen Zentrale Alexandria geholt hatte, endete auch die Innovation der griechischen Dichtung fast völlig; die einzigen Gattungen, in denen danach noch experimentelle Vorstöße zu erkennen sind, sind Epos und Epigramm. Doch diese Formen waren ihrerseits alt und schon Jahrhunderte zuvor von Homer und Simonides von Keos zur Perfektion geführt worden.

Die hellenistische Dichtung ist umstritten, erregte jedoch unlängst unter Forschern neue Aufmerksamkeit. Das lag nicht zuletzt am derzeitigen postkolonialen Interesse für Hybridität, Migration und Diaspora, die das Interesse an dem ganzen ptolemäischen Projekt, eine neue griechische Metropole in Ägypten zu schaffen, neu aufleben ließ – zusammen mit dem kulturellen Synkretismus in der Beziehung zur indigenen, ägyptischen Religion und ihren Bräuchen, den dies mit sich brachte. Aber ein weiterer Grund ist ästhetischer Natur. Unsere eigene postmoderne Ästhetik ist viel zu sehr mit Ausdrucksformen vergangener Literatur amalgamiert: Das Kino erlebt eine Zeit der Nostalgie, der Remakes, der Persiflagen alter Spielfilme und Fernsehsendungen, als ob die Kreativität versiegt wäre. Die derzeitige Manie, bereits bestehende Kunstwerke wiederzuverwenden, bringt uns unweigerlich in die Nähe der pseudoarchaischen anspielungsreichen Hymnen von Kallimachos oder der skurril-schaurigen Antwort auf Homer in Apollonios' *Argonautika*.

Damit bin ich der These, das Aufkommen großer Bibliotheken habe jede Innovation in der griechischen Dichtung im Keim erstickt, gefährlich nahegekommen und muss deshalb betonen, dass die Bibliotheken zugleich unerlässlich für die Entwicklung vieler

Prosagattungen waren: Geographie, wissenschaftliche Abhandlungen, Biographien, moralische Essays. Der dritte Direktor der alexandrinischen Bibliothek war Eratosthenes (der wie Kallimachos aus Kyrene kam), ein unvergleichlicher Geograph, der den Umfang unseres Planeten auf weniger als achtzig Kilometer genau berechnete. Die Bibliothek in Alexandria war, wenngleich sie möglicherweise Experimente in der griechischen Dichtung unterdrückte, ein entscheidender Anreiz für die Dichtung auf Latein. Vom Jahr 30 v. Chr. an, als mit Kleopatra VII. und Ptolemaios Caesarion, ihrem Sohn von Julius Cäsar, die letzten Ptolemäer auf dem ägyptischen Thron starben, vereinnahmten die Römer systematisch die griechische Kultur, indem sie sie an ihre eigene Sprache und Zivilisation anpassten. Die berühmten Dichter der späten Republik und des augusteischen Roms (Catull, Properz, Vergil, Horaz, Ovid und Tibull) hätten ohne die alexandrinischen, griechischen Koryphäen nie das zustande gebracht, was sie geleistet haben.

Alexandria war auch das Vorbild für hellenistische Bibliotheken an anderen Orten. In Pergamon wetteiferten die Attaliden mit den Ptolemäern um das kulturelle Prestige und gründeten ihre eigene prächtige Bibliothek. Regelmäßig wurde sie als eine der größten Büchersammlungen aller Zeiten bezeichnet. Wie die Ptolemäer wussten auch die Attaliden, dass man sich mit Geld die »Ausstattung« künstlerischer Vortrefflichkeit kaufen konnte. Attalos I. wollte die Insel Ägina besitzen, die repräsentative Kunstwerke enthielt, und zahlte den Ätoliern (denen die Insel damals gehörte) deshalb die Summe von dreißig Talenten. Die Attaliden hofierten die philosophischen Schulen in Athen und luden mehrere Berühmtheiten nach Pergamon ein. Die meisten lehnten ab, möglicherweise weil sie die Attalidenfamilie als Emporkömmlinge verachteten oder weil diese vielleicht keine Gehälter anboten, die mit denen der Dynastie in Alexandria konkurrieren konnten. Der Stoiker Krates aus dem benachbarten Mallos jedoch, ein hervorragender Homer-Experte, nahm den Posten des Bibliotheksleiters in Pergamon an, und unter seiner Führung stieg ihr Ansehen rasch an. Obwohl kein griechischer Denker seit Aristoteles ernsthaft daran gezweifelt hatte, dass die Erde eine Kugel sei, fertigte Krates als Erster ein kugelförmiges Modell der Welt an: einen Globus, um die Lage der bekannten Landmassen anzuzeigen.

Doch Alexandria bewahrte seinen Ruf als Keimzelle wissenschaftlicher Forschungen und Entdeckungen. Die Liste der herausragenden Denker, die dort tätig waren, ist endlos. Im 3. Jahrhundert kam Bolos aus Mendes (im östlichen Nildelta) mit fortgeschrittenen alchemistischen Kenntnissen und führte Experimente in der Metallurgie durch. Philon kam aus Byzanz und schrieb eine umfassende Studie der Mechanik. Die Abhandlung befasste sich mit Hebeln, Hafenkonstruktion, Kriegsmaschinen, Pneumatik, Belagerungswerken und Automaten. Archimedes aus Syrakus wohnte in Alexandria; neben dem Ausruf »Heureka«, als er im Bad das Gesetz der Wasserverdrängung entdeckte, baute er seine Schneckenpumpe, die es ermöglichte, Wasser nach oben zu befördern. Für die Bewässerungstechnik bedeutete dies einen enormen Fortschritt. In der Optik erweiterte er das Verständnis von Parabeln (Kegelschnitten) und die praktischen Anwendungen ihrer bündelnden und reflektierenden Eigenschaften. Aus Samos kam Aristarchos, der »Kopernikus der Antike«, der imstande war, aus seiner Studie der Sonnenwenden die Hypothese abzuleiten, dass die Sonne an einem Punkt fest stehe und die Erde sich um sie drehe. Er schlug auch eine Abfolge der Planeten vor, die nicht gänzlich falsch ist: Den Mond setzte er an die erste Stelle, gefolgt von Merkur, Venus, der Sonne, Mars, Jupiter und Saturn. Aristarchos verwendete Berechnungen anstelle von Vermutungen, um die Größe der Planeten und die Entfernungen zwischen ihnen zu bestimmen. Ein Jahrhundert später gelangen Hypsikles in Alexandria weitere astronomische Fortschritte, indem er das babylonische System übernahm, den Kreis in 360 Grad zu unterteilen, die noch heute auf unseren Winkelmessern angezeigt werden. Aus Knidos kam Agatharchides, der ein Standardwerk über das Ökosystem des Roten Meeres schrieb.

In hellenistischer Zeit bezeichneten die Griechen Astronomie und Astrologie gleichermaßen als *astrologia*, denn sie waren überzeugt, dass die beständigen, physischen Phänomene, welche die Himmelskörper bildeten, Einfluss auf die sich unablässig verändernde Welt der Menschen haben mussten, wie sie auf Erden erlebt wurde. Aratos von Soloi verfasste ein meteorologisches Gedicht, die *Phainomena*, das die himmlischen Sternbilder mit mythischen Worten voller Andeutungen beschreibt. Eratosthenes von Kyrene, der Leiter der alexandrinischen Bibliothek von etwa 245 v. Chr. an, verfasste mit den *Katasterismen* (Verwandlungen in Sterne) ein umfassendes Werk, das die mutmaßlichen mythischen Ursprünge und beobachtbaren Merkmale der wichtigsten Sternbilder erklärte. Aber er schrieb auch eine Abhandlung über Methoden zur Vermessung der Erde und suchte die Existenz von Hinweisen auf früheres Meeresleben zu erklären, viele Kilometer vom Meer entfernt. Eratosthenes wagte es sogar zu behaupten, ungeachtet der ptolemäischen Propaganda, die indischen Abenteuer des Dionysos seien lediglich erfunden worden, um das Ansehen von Alexander dem Großen aufzupolieren.

Der größte antike Astronom war (heute etwas verwirrend) Claudius Ptolemäus, ein direkter Erbe der Tradition des Eratosthenes, aber nicht der ptolemäischen Dynastie. Indem er sich auf die Werke früherer Astronomen stützte, aber seine eigenen Messungen der Himmelskörper hinzufügte, veränderte er das Denken der Menschen über das physische Universum. Sein Buch über Astronomie, *Almagest* (zutreffender auch bekannt als *Mathematike Syntaxis*), basierte auf Beobachtungen, die so systematisch waren, dass Kopernikus noch im 16. Jahrhundert die Zahlen des Ptolemäus im Zusammenhang mit der Umlaufbahn der Venus verwendete. Seine Beobachtungen fügten sich jedoch zu mehr als reinen Daten zusammen: Er benutzte sie für seine These, dass die komplizierten

Bewegungen der Sterne und Planeten mechanisch und sich stets wiederholend seien. Er erkannte, dass man, wenn man alle Bewegungen am Himmel genau aufzeichnen würde, vorhersagen könnte, wann beispielsweise eine Sonnenfinsternis eintreten würde. Das zeichnet ihn vor seinen Zeitgenossen aus und unterstreicht seine originelle Denkweise. Unlängst haben Forscher Papyrustexte aus den antiken Müllhalden der griechischen Stadt Oxyrhynchos im ägyptischen Hinterland untersucht, die sich mit Astronomie befassten. Daraus geht hervor, dass andere Astrologen zur Zeit des Ptolemäus nicht einmal imstande waren, die Positionen der Planeten anhand von geometrischen Sätzen zu berechnen. Sie brachten noch immer sehr ungenaue Vorhersagen hervor, indem sie Zeitspannen addierten und voneinander subtrahierten – eine Methode, die sie von babylonischen Vorläufern auf dem Gebiet übernommen hatten.

Das alte geistige Zentrum Athen verschwand in hellenistischer Zeit keineswegs völlig von der Bildfläche. Alexandria übertraf es in der Literatur und Wissenschaft, aber in der Philosophie wurde Athens führende Stellung nie ernsthaft gefährdet. Aristoteles' Partner Theophrast, ein hervorragender Botaniker und Universalgelehrter, löste ihn 322 v. Chr. als Leiter des Lykeions ab. Lehre und Forschung wurden am Lykeion bis ins 1. Jahrhundert v. Chr. fortgesetzt. Platons Akademie entwickelte sich zum Zentrum des Skeptizismus, und der aus Athen stammende Epikur gründete 306 v. Chr. nicht weit davon seinen Garten. Aus dem Kynismus des Diogenes entwickelte sich der Stoizismus, die wohl verbreitetste philosophische Lebensauffassung der Antike. Obwohl Zenon, der Begründer des Stoizismus, aus Zypern stammte und Gerüchte kursierten, er sei gar kein Grieche, sondern Phönizier, begann er gegen Ende des 4. Jahrhunderts in Athen, in einer öffentlichen Kunstgalerie in der Form eines langen Säulengangs zu lehren, der sogenannten »gemalten Stoa«, nach der seine Ideen auch benannt wurden. Sein bekanntestes Werk *Politeia* verbreitete egalitäre und kommunistische Ideale.

Doch die große athenische Gattung der Tragödie, die unter der Demokratie perfektioniert worden war, löste sich völlig von ihrer Geburtsstadt. Hellenistische Tragödien wurden nicht mehr von Athenern geschrieben, sondern von Theaterdichtern in der ganzen griechischen Welt. Außerdem wurden sie zur Aufführung bei den neuen hellenistischen Feierlichkeiten verfasst, wie den Ptolemaia zu Ehren der Gottkönige in Alexandria. In der Komödie jedoch wahrte Athen seine Dominanz, wenn auch nicht bei den Vorführungen, so immerhin bei der Autorenschaft. Ungeachtet etlicher Rivalen war der bedeutendste hellenistische Dramatiker der Komödiendichter Menander aus Athen, der im späten 4. und frühen 3. Jahrhundert viele Preise bei den örtlichen Feiern gewann. Es ist durchaus möglich, dass Menander von Ptolemaios I. nach Alexandria eingeladen wurde, sich aber weigerte, Athen zu verlassen. Er liebte sein Haus bei Piräus, wo er beim Schwimmen starb.

Menanders Einfluss auf die Antike war groß. Im augusteischen Rom kamen seine Stücke in Mode. Papyri von ihm wurden in großer Zahl in Ägypten entdeckt, was belegt, wie stark er dort rezipiert und vermutlich auch aufgeführt wurde. Eine Plutarch zugeschriebene Abhandlung, die Aristophanes und Menander miteinander vergleicht, konstatiert:

> Menander dagegen hat durch seine Anmut sich allgemein beliebt gemacht, in Theatern, in Gesellschaften und bei Gastmahlen. Er hat es dahin gebracht, dass seine Dichtungen als Inbegriff alles Schönen, was Griechenland je hervorgebracht, überall gelesen, auswendig gelernt und aufgeführt werden.

Von Menander exzerpierte Reden wurden auf Symposien aufgeführt; im Rahmen eines Festessens wirke Menander vorteilhaft, so Plutarch, weil er nicht allzu erotisch sei und damit die Männer ansporne, sich mit ihren Ehefrauen zufriedenzugeben! Der römische Lehrer der Rhetorik Quintilian empfahl den Rednern in der Ausbildung das Studium Menanders. Sein Einfluss auf die Komödie seit der Renaissance war zwar groß, aber eher unterschwellig: Die Stücke, die in ganz Europa von Humanisten und ihren Schülern gelesen, aufgeführt und imitiert wurden, waren lateinische Komödien von Plautus und Terenz. Shakespeares *Komödie der Irrungen* übernahm ebenso Elemente aus Plautus' *Menaechmi* wie auch aus Terenz' *Andria*. Doch adaptierten diese römischen Komödienschreiber wiederum Szenen und manchmal ganze Handlungsstränge aus den griechischen Originalen von Menander und seinem Kreis, die ein Jahrhundert zuvor in Athen entstanden waren. Die erhaltenen Texte der Komödien Menanders wurden erst im 20. Jahrhundert entdeckt – zu spät, um einen direkten Einfluss auf die westliche Kultur zu nehmen, der mit den anderen großen Namen in der griechischen Literatur der Antike vergleichbar wäre. Aber die Papyrusfunde, insbesondere *Dyskolos* (Der Griesgram), haben der These Nachdruck verliehen, Menander habe die europäische »Gesellschaftskomödie« begründet.

Folglich muss dem hellenistischen Athen das anhaltende Verdienst der Vorherrschaft in der Philosophie und Komödie zugesprochen werden. Es lässt sich allerdings nicht leugnen, dass das hellenistische Alexandria einen tieferen Eindruck in der Geschichte hinterließ. Die Menschen, die hier arbeiteten, ob sie nun auf Sizilien, in Makedonien, Kyrene oder Ägypten auf die Welt gekommen waren, teilten viele Eigenschaften miteinander, die die heidnische, griechische Mentalität all die Jahrhunderte hindurch prägten. Ihre Beziehung zum Meer nahm mit den wirtschaftlichen Veränderungen eine neue Wende; sie waren weiterhin redegewandt, geistreich und wetteifernd; sie suchten Vergnügen und Glück. Aber die hellenistischen Griechen mussten sich an eine autokratische Monarchie anpassen, und dabei wurde sukzessive der aufmüpfige Zug unterdrückt, zusammen mit zumindest einem Teil ihrer psychologischen Offenheit. Glücklicherweise förderten die Ptolemäer wissbegierige und analytisch denkende Individuen – vorausgesetzt ihre

Fragen waren nicht offen politischer Natur – und statteten sie in der Bibliothek mit dem idealen Ort aus, um die Grenzen des Wissens zu erweitern.

Alexandria zog noch jahrhundertelang weiterhin brillante Denker an. Zu den griechischen Intellektuellen, die im folgenden Kapitel diskutiert werden, zählen einige, die in Alexandria lebten oder es aufsuchten. Sie alle profitierten von der Geisteskultur, welche die unvergleichliche Bibliothek verkörperte. Durch sie trug Alexandria in einem unschätzbaren Ausmaß zu unserer geistigen Welt bei. Doch blieb Alexandria materiell nicht so gut erhalten. Teile der Bibliothek nahmen mehrmals Schaden, von Julius Cäsar und von christlichen Bischöfen, lange bevor im 7. Jahrhundert die Araber kamen. Ein Erdbeben und eine Flutwelle zerstörten am 21. Juli 365 n. Chr. fast alle Bauten Alexandrias. Das Unterseebeben ereignete sich in der Nähe von Kreta, aber nur wenig später, wie der Historiker Ammianus Marcellinus schrieb, »überzogen plötzlich furchtbare Schrecknisse den ganzen Umfang des Erdkreises, Schrecknisse, wie sie uns weder die Fabeleien noch die wahren Berichte der alten Zeit melden«. In Alexandria waren die Beben und die anschließenden Stürme so heftig, dass große Schiffe vom Meer geradezu ausgespuckt wurden und auf Hausdächern landeten. Der größte Teil der letzten sichtbaren Überreste der ptolemäischen, griechisch-ägyptischen Traumstadt, der Heimat der klügsten Köpfe und der größten Büchersammlung aller Zeiten, verschwand für immer.

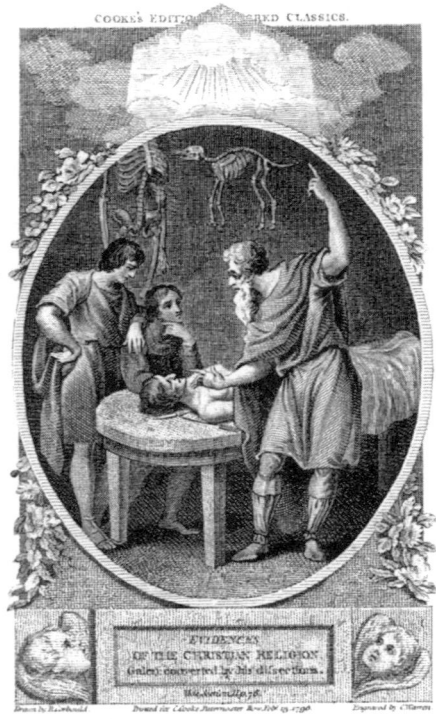

EVIDENCES
OF THE CHRISTIAN RELIGION.
Galen converted by his dissections.

Mark, chap. xiv. 76.

Drawn by R. Corbould.   Printed for C. Cooke Paternoster Row Nov. 19. 1796.   Engraved by I. Thornton.

9
GRIECHISCHER VERSTAND UND RÖMISCHE MACHT

Die Bewohner des griechischen Festlands mussten Mitte des 2. Jahrhunderts v. Chr. notgedrungen die römische Herrschaft anerkennen. Unter ihrem letzten Herrscher Perseus fiel das einst ruhmvolle makedonische Königreich in der Schlacht von Pydna im Jahr 168 an die Römer. Die Ereignisse wurden von dem griechischen Historiker Diodor von Sizilien in seiner *Weltgeschichte* erzählt. Diodor akzeptierte den unweigerlichen Aufstieg der römischen Herrschaft, hatte aber Vorbehalte gegen die römische Kultur und ihre Sitten. Die ambivalente Haltung seiner griechischen Zeitgenossen verdichtet sich in seinem Werk. Die *Weltgeschichte* ist gespickt mit schablonenhaftem Lob für die römischen Tugenden, aber zwischen den Zeilen ergibt sich eine ganz andere Lesart. Nehmen wir seine Schilderung der Bestrafung von Perseus in Italien nach der Niederlage. Während der siegreiche römische Feldherr Aemilius Paullus einen Triumph feiert, wurde aber Perseus

das Opfer eines solchen Unglücks, so wie dies bloßen Fabeldichtungen ohne Wirklichkeit zu entsprechen scheint, aber er wollte dennoch sein Leben nicht beenden. Noch bevor aber der Senat über seine Strafe entschied, ließ ihn zusammen mit seinen Kindern einer der Praetoren in der Stadt Alba in einen Kerker werfen. Dieser Kerker ist ein tiefes unterirdisches Verlies, sein Umfang nicht größer als ein Raum für neun Bettstellen, dunkel und voller übler Gerüche. Dies kommt von der Zahl der Menschen, die wegen todeswürdiger Verbrechen verurteilt und dort zusammengepfercht sind. Die meisten solcher

Leute wurden damals in dieser Weise eingesperrt. Da aber so viele Menschen auf einem derart engen Platze zusammengedrängt waren, gewannen deren Körper das Aussehen von Tieren, denn alles, was zur Nahrung und auch sonst zu den natürlichen Bedürfnissen gehört, war an diesem einen Platz durcheinander gehäuft, so dass ein Gestank entstand, den jemand, der den Raum betrat, nur mit Mühe auszuhalten vermochte.

Perseus wird schließlich in ein nicht ganz so barbarisches, römisches Gefängnis gebracht, wo sich sein Gemütszustand gebessert habe, so Diodor kryptisch, »aufgrund der Milde des Senats«.

Zwei Jahrzehnte danach vollendeten die Römer ihre Eroberung Griechenlands mit der Annexion der Peloponnes. 146 v. Chr. wurde der rebellische Achaiische Bund, der schon zuvor unter dem herausragenden »letzten Griechen«, dem arkadischen Militärstrategen Philipoimen, eine griechische Autonomie angestrebt hatte, in der Schlacht von Korinth vernichtend von der Armee der römischen Republik geschlagen. Die Römer verwüsteten die schöne, alte Hafenstadt, ein langjähriges Symbol des griechischen Handels, der Seemacht und anziehender Tempelkulte. Der arkadische Historiker Polybios, der das Nachspiel der Zerstörung Korinths mit eigenen Augen sah, beschreibt, wie rüpelhafte römische Soldaten die hohe Kultur so gering schätzten, dass sie Meisterwerke der griechischen Malerei in den Staub warfen, darunter zwei weltberühmte Gemälde von Dionysos und Herakles, und sie als Schachbretter nutzten.

Die Laufbahn des Polybios, der gegen Ende des 3. Jahrhunderts v. Chr. geboren wurde, aber über achtzig Jahre alt wurde, versinnbildlicht die griechische Haltung gegenüber Rom. Er sehnte sich nach den ruhmreichen Tagen der griechischen Freiheit und nach der Überzeugung, dass die griechische Kultur allen anderen überlegen sei. Aber jeder sentimentale Patriotismus war durchdrungen von der Bewunderung römischer Effizienz, von einer Faszination für die römische Geschichte, die sich in seiner brillanten Schilderung der Punischen Kriege spiegelte, und freundschaftlichen Verbindungen zu einzelnen Römern sowie von einer Sehnsucht nach Frieden um fast jeden Preis. Obwohl sein Vater dem Achaiischen Bund die Treue hielt, war Polybios ein Soldat und Realist, der die Qualität der römischen Armee schätzte. Während der Eroberung Griechenlands hatte er eine Politik der Zusammenarbeit, allerdings nicht der Duldung von Rom gegenüber Makedonien befürwortet. Doch 167 v. Chr., nicht lange nach Philopoimens' Tod, wurde Polybios als Geisel nach Italien geschickt. Er hatte das Glück, zum Hauslehrer der zwei Söhne von Lucius Aemilius Paullus ernannt zu werden. Einer der beiden hieß Scipio Aemilianus, der als Erwachsener Roms berühmten Sieg über Karthago sicherte. Scipio nahm seinen alten Hauslehrer nach Karthago mit, weshalb wir von diesem griechischen Historiker einen kostbaren Augenzeugenbericht der Belagerung und Zerstörung der Stadt vorliegen haben. Die Freundschaft mit Scipio veränderte Polybios' Leben. Sie ermöglichte es ihm zu bitten, dass die Griechen nach der Eroberung Korinths nachsichtig behandelt wurden. Danach beauftragten die Römer ihn damit, die Integration der Peloponnes in die neue Herrschaft zu beaufsichtigen, eine Aufgabe, die er taktvoll wie kompetent erledigte, wenngleich vermutlich wenig enthusiastisch.

Doch in einer bestimmten Weise hörte Polybios nie auf, Griechenland zu verteidigen. Seine bewegende Schilderung des letzten Gefechts des Achaiischen Bundes dominiert die historische Überlieferung. Dieser Soldat und Verwaltungsbeamte war auch ein Wortschmied. Seine Erörterungen politischer Verfassungen trugen zur Gestaltung der heutigen Welt bei, indem sie die Gedanken zahlreicher maßgeblicher Denker beeinflussten, von Charles de Montesquieu bis zu den Gründungsvätern der Vereinigten Staaten, insbesondere John Adams. Denn von allen charakteristischen Eigenschaften der Griechen kam in den Jahrhunderten der römischen

Dominanz ihre Meisterschaft sowohl im gesprochenen wie auch im geschriebenen Wort zu voller Blüte.

Diodor und Polybios waren nur zwei aus einer außergewöhnlichen Gruppe von Intellektuellen, die unter der römischen Herrschaft schrieben, darunter der Biograph Plutarch und der Stoiker Epiktet. Ihre Leistungen bilden das Thema dieses Kapitels. Die Schriften dieser Autoren, die erstmals in Italien und in der heutigen Schweiz im frühen 16. Jahrhundert gedruckt und wenig später in moderne Sprachen übersetzt wurden, hinterließen uns lebendige wie klar umrissene Bilder der antiken Welt: der Karthager Hannibal, wie er mit seinen Elefanten die Alpen überquert, der trotzige Selbstmord der Juden von Masada, die monumentale Zeusstatue bei Olympia und der von Spartakus angeführte Sklavenaufstand. Unter römischer Macht flossen Millionen glänzender altgriechischer Worte in Hunderte faszinierender Bücher ein, die wir noch heute lesen können und die jeden Bereich des Lebens umfassen. Diese Autoren fingen die Welt nicht mit Waffen, sondern mit Worten ein, die sie mit unglaublicher Leichtigkeit auf Papyrus schrieben. Sie spezialisierten sich nicht nur auf Geschichte, sondern auch auf Medizin, Tempelkult, Archäologie, Geographie, Philosophie, Selbsthilfe und verschiedene Gattungen der Fiktion. Sie erzählen uns über sich selbst und ihre intensiven persönlichen Erlebnisse. Mit ihren Worten können wir diese Epoche so unmittelbar und lebendig nachempfinden wie keine frühere.

Manche Darstellungen der altgriechischen Geschichte enden mit dem Fall Korinths. Dabei blieben die Griechen unter dem mächtigen Römischen Reich so griechisch wie zuvor – dass sie von Nichtgriechen verwaltet wurden, machte sie genau genommen noch stolzer auf ihr Erbe. Sie schrieben auch nicht nur für Griechen: Sie kolonisierten die Köpfe ihrer römischen Herren. Es gab kaum einen Bereich der literarischen, künstlerischen, philosophischen oder wissenschaftlichen Kultur, den die Römer nicht von ihren klugen

Nachbarn übernahmen oder sich aneigneten. Manche römische Aristokraten entwickelten eine komische Manie für alles Griechische: Polybios berichtet 151 v. Chr herablassend über den Konsul Aulus Postumius Albinus, der »von Kindesbeinen an sein Herz daran gehängt habe, die griechische Kultur und die griechische Sprache zu lernen [...] Er trieb es sogar so weit, dass er versuchte, auf Griechisch ein Gedicht und eine ernsthafte Geschichte zu schreiben, in dessen Vorwort er allerdings seine Leser darum bittet, es ihm nachzusehen, wenn er als Römer nicht die vollendete Meisterschaft der griechischen Sprache und ihrer Methode besitze, das Thema zu behandeln.« Der römische Dichter Horaz formulierte treffend wie kein anderer: »Das eroberte Griechenland hat den wilden Sieger erobert« (*Graecia capta ferum victorem cepit*). In dieser Epoche eroberten die alten Griechen endgültig die westliche Mentalität und verfeinerten jene mentalen Landschaften, die wir noch heute bewohnen. Es gibt nicht nur eine einzige Form der Kolonisierung, und eine kulturelle Hegemonie wirkt dauerhafter als politische Dominanz. Wie Diodor sinngemäß schrieb: »Allein mit den Mitteln des Diskurses vermag ein Mann die Vorherrschaft über viele zu erlangen.«

Diese wortgewandten Autoren teilten mehrere Eigenschaften miteinander, abgesehen davon, dass sie Experten auf ihren jeweiligen Forschungsgebieten inspirierten, als während der Renaissance Manuskripte ihrer Werke wiederentdeckt wurden. Sie waren alle sehr produktiv – dies ist die Zeit der mehrbändigen Geschichtsdarstellung und des enzyklopädischen Nachschlagewerks. Sie schrieben in der gleichen griechischen Prosa, einer Variante des athenischen Griechisch, die sich länderunabhängig zum von Griechen gesprochenen Standarddialekt entwickelt hatte. Seit 300 v. Chr. benutzten sogar die Makedonier in ihrem Königreich die *koine* (gemeinsame [Sprache]), um ihre Denkmale zu beschriften. In den Städten der Diadochen, die so gut wie alle früher oder später unter römische Herrschaft gerieten, war *koine*-Griechisch somit die Amtssprache. Jeder, der ein Unternehmen gründen oder eine Laufbahn in der Verwaltung antreten wollte, musste sie beherrschen. Das motivierte auch diejenigen, möglichst schnell und gut Griechisch zu lernen, deren Muttersprache Aramäisch, Syrisch, Phönizisch oder Nubisch war. Noch bevor Alexander den Hellespont überschritt, hatte ein athenischer Lehrer namens Isokrates den *Panegyrikos* geschrieben, ein Plädoyer für einen panhellenischen Feldzug gegen die Perser, in dem er definierte, was es hieß, Grieche zu sein. Griechen seien, so Isokrates, nicht durch ihre Abstammung vereint, sondern durch eine Denkweise (*dianoia*), die man durch keinen natürlichen Prozess, sondern nur durch eine Bildung in der griechischen Kultur (*paideusis*) erwerben könne. Die Männer, die diese griechische Denkweise besaßen, verfeinert durch die Bildung nach dem bewährten Lehrplan, insbesondere die homerischen Epen und die Rhetorik, wurden die *pepaideumenoi* oder die »Gebildeten« genannt. Ihre Muttersprache musste nicht unbedingt Griechisch sein, doch die Beherrschung des Lehrplans war mühsam, wenn Griechisch die zweite Sprache war. Mehrere hier genannte Schreiber wie der jüdische Historiker Josephus und der syrische Satiriker Lukian sprachen in ihrem Haus kein Griechisch.

Charakteristisch war für diese Autoren außerdem, dass sie weitgereist waren. Sie kamen aus verschiedenen Teilen der Griechisch sprechenden Welt, und dieses Kapitel, das mit Diodor von Sizilien und Polybios aus Arkadien begann, zieht weiter in die nördliche Türkei und ans Schwarze Meer, ehe es sich mit Zwischenhalten über Jerusalem zu den Städten des antiken Syriens begibt. Die berühmten griechischen Autoren unter der Herrschaft des Römischen Reiches reisten durch dessen Städte, um die Ergebnisse ihrer Forschungen in öffentlichen Lesungen bekannt zu geben. Häufig werden sie kollektiv die Autoren der Zweiten Sophistik genannt, weil sie die klassische, griechische Figur des reisenden Sophisten wiederbelebten. Sie formulierten treffend wie geschickt, ob sie ihre Studien öffentlich vortrugen oder schriftlich festhielten, um sie zu publizieren. Mehrere arbeiteten zeitweilig in Rom und waren den Kreisen um die römischen Kaiser persönlich begegnet: Sie waren berühmte Denker. Der bekannteste war der antike Arzt Galen (129 bis etwa 200 n. Chr.), dessen Ruf nur von Hippokrates übertroffen wird. Galens Laufbahn ist eine anschauliche Reise in die Kultur des Römischen Reiches. Er wurde in eine wohlhabende griechische Familie in Pergamon geboren, das stets zu den griechischen Städten Asiens zählte, die Rom am stärksten entgegenkamen. Als Sohn eines Architekten genoss er eine ausgezeichnete Bildung, und seine Karriere war bestimmt, nachdem sein Vater einen Traum hatte, in dem der Gott der Heilkraft Asklepios ihm befahl, seinen Sohn Medizin studieren zu lassen. Galen kam mit seiner Mutter nicht zurecht, deren hitziges Temperament der nüchterne, junge Intellektuelle nicht teilte. Als Galen neunzehn war, starb sein Vater, und er begann, ins Ausland zu reisen und zu studieren. Er verbrachte vier Jahre in Alexandria (153–157) und las jeden medizinischen Autor, den er in die Finger bekam.

Sein erster großer Karriereschritt kam im Jahr 157, als er vom Hohen Priester in seiner Heimat Pergamon zum Arzt der Gladiatoren ernannt wurde. Die Gladiatoren mussten bei den Wettkämpfen zu Ehren des Kaisers auftreten, und Galen sollte sein Wissen über Wunden erweitern, während er sie behandelte. Er bekam den Vorzug vor seinen Konkurrenten, nachdem er öffentlich an einem Affen Operationen durchgeführt hatte. Er machte einen Einschnitt in dessen Bauch, um die Eingeweide freizulegen, und forderte die anderen anwesenden Ärzte auf, sie zu ersetzen und die notwendigen Nähte einzufügen. Keiner nahm den Fehdehandschuh auf. Galen erinnert sich, in einem feierlichen Plural der ersten Person:

Dann behandelten wir selbst den Affen, zeigten dabei unser Können, das manuelle Geschick und die Fertigkeit. Überdies durchtrennten wir absichtlich mehrere große Venen, so dass das Blut frei fließen konnte, und forderten die älteren Ärzte auf, es zu behandeln, aber sie verstanden nichts dergleichen. Daraufhin behandelten wir und machten den anwesenden Intellektuellen so klar, dass [Ärzte], die über Fertigkeiten wie die meinen verfügen, sich um die Verwundeten kümmern sollten.

Aus Pergamon reiste Galen nach Rom, wo er sich letztlich niederließ und für die Kaiser Mark Aurel, dessen Sohn Commodus und Septimius Severus arbeitete.

Dieser eifrige griechische Arzt machte aus der Heilung von Patienten einen öffentlichen Wettstreit. Einmal wurde er gerufen, um einen Sklaven mit Wunden in der Brust zu behandeln, die bislang kein Arzt hatte heilen können. Galen schnitt das Brustbein heraus und legte in einem spektakulären Verfahren das Herz frei, wonach sich der Patient tatsächlich erholte. Als ein anderer Arzt bestritt, dass die Nieren an der Absonderung von Urin beteiligt seien, führte Galen öffentlich an einem männlichen Tier eine Vivisektion durch. Dabei schnürte er die Nieren und den Penis ab, blies in die Harnblase und stach die Röhre an, die Nieren und Blase miteinander verband: Urin spritzte heraus.

Galen war ein so erfolgreicher Arzt und Selbstdarsteller, dass er den Neid seiner Rivalen erregte, die Gerüchte streuten, er sei ein Scharlatan. Einmal sah er sich gezwungen, seine anatomischen Theorien einer öffentlichen Untersuchung auszusetzen, eine Tortur, die mehrere Tage dauerte. Auf dem öffentlichen Platz des Friedenstempels forderten andere Ärzte ihn wiederholt auf, seine Erkenntnisse zu belegen. Er wehrte die Angriffe mit seinem Skalpell und praktischen Demonstrationen an Patienten und Tierkadavern ab. Dies war unweigerlich blutig und theatralisch, und er inszenierte die Verteidigung seines Rufs auf spektakuläre Weise, aber die Erfahrung machte ihn kritischer als je zuvor gegenüber anderen Ärzten. Er hielt sie für unfähig oder habgierig und auf jeden Fall für unwissenschaftlich. Seine wichtigsten Beiträge leistete er zu einer systematischen Methode der Diagnose, zur Erkennung der Krankheitsursachen, Symptome und Prognosen, die er in seinem umfangreichen, vierzehnbändigen Traktat *Methodus Medendi* beschrieb und erörterte. Aber er erweiterte auch das Wissen über die Anatomie und die Pulsdiagnose. Seine Vorträge waren so raffiniert, dass er sich einer reichen Patientin rühmen konnte, an deren Puls er imstande gewesen war, keine physische Erkrankung, sondern eine Verliebtheit in einen Tänzer namens Pylades zu diagnostizieren.

Galen heiratete nie und zeugte auch keine Kinder, er war ein Arbeitstier. Obwohl er ein persönliches Vermögen geerbt hatte, war er fast unglaublich fleißig und verfasste mindestens 500 Abhandlungen, von denen über achtzig erhalten sind. Sie machen über die Hälfte der überlieferten medizinischen Schriften der Antike aus und haben auch einen beachtlichen Anteil an dem, was wir heute auf Altgriechisch lesen können. Galen führte die lange Tradition der rationalen griechischen Medizin auf ein beispielloses Niveau. Er prägte viele Vorstellungen zur Medizin sowohl in der arabischen als auch in der westlichen Welt. Seine Werke wurden im 9. Jahrhundert ins Arabische übersetzt, dann ins Lateinische. In der lateinischen Übersetzung bildeten mehrere von ihnen die Kerntexte zum grundlegenden, europäischen medizinischen Lehrplan Ende des 13. Jahrhunderts. Als im 15. und 16. Jahrhundert im Westen die ersten griechischen Manuskripte auftauchten, konnte anhand vergleichender Studien der textlichen Überlieferungen ein detailliertes Bild seiner unnachahmlichen ärztlichen Methoden abgeleitet werden.

Das nachdrückliche Beharren Galens auf einer wissenschaftlichen Methode, die sich auf empirische Beobachtung und das Sezieren von Kadavern stützte, beeindruckt besonders, wenn man es mit der religiösen Sicht der Medizin vergleicht, die viele seiner Zeitgenossen noch teilten. Eine typischere Haltung vertrat etwa Aelius Aristides, seinerseits ebenfalls ein gebildeter Grieche aus Kleinasien. Aristides war Sophist oder ein Praktiker der Redekunst. Im Römischen Reich war die Vorführung oder Deklamation kunstvoll gestalteter Reden zu einem vorgegebenen Thema wie dem Lob einer Person oder Stadt eine beliebte Kunstform. Der in der Nähe des kleinasiatischen Propontis geborene Aristides zählte zu den meistgereisten Deklamatoren der Antike, war durch Asien, Nordafrika, Griechenland und Italien gereist. Da er ein Meister der Rhetorik war, errichteten Bürger nach seinen Auftritten häufig voller Stolz in ihrer Stadt Gedenksteine. Heutzutage ist er jedoch vor allem als derjenige antike Patient bekannt, der uns nähere Angaben über seine Leiden überliefert hat und als der Gründungsvater des Genres der persönlichen Memoiren gilt. Er achtete geradezu manisch auf seine Gesundheit und litt unter extremer Hypochondrie. In seinen packenden *Heiligen Berichten* beschreibt er seine psychischen wie physischen Empfindungen, insbesondere während er in der schönen Stadt Smyrna, seiner Wahlheimat, eine Kur von den Leiden suchte. Smyrna rühmte sich mehrerer Bäder, die von dem dortigen Fluss gespeist wurden; 2002 wurde eines davon ausgegraben, das zwischen dem Hafen und dem antiken Marktplatz lag.

Aristides liebte Smyrna geradezu. Als 178 ein Erdbeben die Stadt zerstörte, setzte er sich im Namen der Bürger bei dem herrschenden Kaiser Mark Aurel für sie ein. Er bat so inständig wie überzeugend, dass der Kaiser zu Tränen gerührt war und den Wiederaufbau der Stadt finanzierte. Die Smyrnaer zeigten Aristides ihre Dankbarkeit, indem sie ihm eine Fülle von Ehrenämtern aufdrängten, aber er nahm nur das Priesteramt des Heilgottes Asklepios an. Dieses Amt behielt er bis zu seinem Tod, der ihn in einem höheren Alter erreichte, als er selbst angenommen hatte.

Etwa fünfzig bemerkenswerte Reden von Aelius Aristides sind erhalten, die Götter, Männer und Städte, die er besuchte, rühmten, sowie zwei Abhandlungen über die Rhetorik. Aber seine *Heiligen Berichte* gestatten es uns, einem griechischen Individuum mit beispielloser Vertrautheit zuzuhören. Er schrieb sie im mittleren Alter, nachdem er sich von einer rätselhaften Krankheit erholt hatte, die zeitweilig chronisch gewesen war. Ihretwegen hatte er auch sein

Leben dem Asklepioskult gewidmet. Die Textsammlung war als Opfergabe für den Gott gedacht, der ihn wieder geheilt hatte, davon war Aristides überzeugt. Aber es ist das Werk eines erfahrenen Redners, der den Leser in den Bann schlägt, indem er zwischen Mitleid für seine Qualen und Verwunderung über die Manifestationen der Gottheit wechselt, die er beide mit viel Feingefühl und Ehrfurcht beschreibt. Aristides ist unser bester Augenzeuge für die persönliche Erfahrung einer heidnisch-religiösen Hingabe, die aus dem griechischen Altertum erhalten ist.

Die *Heiligen Berichte* sind aus medizinischer Sicht deshalb interessant, weil wir detaillierte Beschreibungen von Symptomen hören, wie sie vom Patienten erlebt wurden:

Tag und Nacht plagte mich ein heftiger Katarrh. Ich litt an Herzklopfen und Atemnot. Manchmal dachte ich, ich sei im Begriff zu sterben, aber ich war außerstande, die Energie aufzubringen, einen meiner Diener zu rufen. Nur unter großer Anstrengung konnte ich einige Brocken Nahrung schlucken. Ich konnte nicht flach liegen und war gezwungen, die Nacht im Sitzen zu verbringen, den Kopf auf den Knien, bedeckt mit Gewändern aus Wolle und anderen warmen Stoffen.

Aristides beschreibt auch detailliert die ganze Palette von Behandlungen, zu denen die Ärzte rieten. Dazu zählten diätische Maßnahmen, die verschiedensten Abführmittel und Aderlasse. Bemerkenswert ist an den Texten jedoch vor allem die Schilderung von Aristides' psychischer Isolation, während er Wellen von Fieber und Schmerzen ertrug, sowie seine unzähligen Visionen von Asklepios und anderen Zeichen der Götter. Einmal erschien ihm Asklepios zusammen mit Apollon, als Aristides soeben nach Smyrna heimgekehrt war. Asklepios stand neben seinem Bett und versicherte ihm, dass dies kein Traum sei, sondern ein realer Besuch. Er befahl Aristides, vor Ort in einem Fluss zu baden. Es war gerade mitten im

Winter, und die Temperatur lag unter null. Eine riesige Menge aus
Ärzten und Zuschauern, die nicht alle eine Hilfe waren, versammelte sich auf einer Brücke in der Nähe, um zuzusehen, wie der
berühmte Patient ein Bad nimmt. Aristides fährt fort:

> Als wir an den Fluss gekommen waren, brauchte ich keinen
> Zuspruch, sondern noch voll der Glut, in die mich der An-
> blick des Gottes versetzt hatte, warf ich die Kleider von mir,
> verlangte nicht einmal eine Massage und eilte auf die tiefste
> Stelle des Flusses zu. Dann ließ ich mir behaglich Zeit wie in
> einem Schwimmbad mit wohltemperiertem Wasser, schwamm
> darin und spülte mich gründlich ab. Als ich herauskam, hatte
> meine ganze Haut eine rosige Farbe, ich fühlte mich am gan-
> zen Körper leicht, und laut erscholl immer wieder von den
> Anwesenden und Hinzukommenden der vielgesungene Ruf:
> »Groß ist Asklepios!«

Aristides fühlte sich physisch besser und war von einer »unaus-
sprechlichen Heiterkeit des Gemüts« erfüllt. Er beschloss, sich ganz
dem Kult des Gottes zu widmen.

Nachdem er endlich eine Kur für seine langjährige persönliche
Krankheit gefunden hatte, brach in Smyrna die Pest aus; er er-
krankte, und in der Schilderung seiner Genesung schimmert seine
religiöse Überzeugung durch. Alle seine Sklaven kamen um, und er
selbst wurde so krank, dass die Ärzte überzeugt waren, er werde
sterben. Aber der Gott ließ seinen Priester-Schützling nicht im
Stich. Er kam erneut im Traum zu Aristides, diesmal mit Athene,
die ihre Aigis genau so hielt, wie es in der berühmten Statue von
Pheidias gezeigt wird. Sie sagte ihm, er dürfe nicht aufgeben, und
ermahnte ihn, dass Odysseus und Telemachos unzählige Torturen
durchgemacht hätten, ehe sie am Ende siegten. Aristides müsse sich
mit attischem Honig reinigen und Gänseleber und Fisch essen, so
Athene. Aber Aristides erholte sich erst wieder ganz von der Seuche,

nachdem ein Pflegebruder gestorben war, den er liebte. Er war überzeugt, dass die Götter das Leben seines Pflegebruders gegen sein eigenes eingetauscht hatten.

Der Gesamteindruck der *Heiligen Berichte* ist chaotisch. Man könnte häufig meinen, Aristides sei ein geistig verwirrter Fantast und Neurastheniker. Dem heutigen Leser vermitteln sie die Spannung zwischen einem rationalen, wissenschaftlichen Herangehen an die Medizin und einem, das auf der mystischen Ahnung eines direkten, göttlichen Eingreifens in die materielle Welt basiert.

Galen wie Aristides waren Berühmtheiten, deren medizinische Verfahren Scharen von Zuschauern anlockten, seien sie nun Meisterarzt oder Meisterpatient. Beide waren Griechen aus dem nordwestlichen Kleinasien, die mit Rom kooperierten, während sie ihre griechische Lebensweise beibehielten. Ihre umfangreichen und wortgewaltigen Prosaschriften zeigen, wie sie den klassischen griechischen Lehrplan dafür nutzten, um aufzuzeigen, wie die alten Griechen unter dem Römischen Reich über ihre körperliche Existenz dachten. Ihr Teil der griechischen Welt in Kleinasien, wo Griechen von ihrer klassischen Vergangenheit ganz begeistert waren, brachte auch Pausanias hervor, der uns die maßgebliche Beschreibung des Aussehens archäologischer Stätten in Griechenland im 2. Jahrhundert n. Chr. überlieferte.

Pausanias wurde in Lydien geboren, nicht weit von Smyrna. Zu seiner Zeit förderte der römische Kaiser Hadrian das Interesse an Griechenland und reorganisierte 131/32 sogar einige alte griechische Städte unter der nostalgischen Bezeichnung Panhellenion. Doch ist es möglich, dass die Präsenz des kaiserlichen Projekts bei Pausanias allzu sehr hervorgehoben wird. Pausanias reiste zwanzig Jahre lang, holte Erkundigungen ein, machte Notizen, befragte Einheimische über ihre Erinnerungen, was sich in dem zehnbändigen Werk *Hellados Periegesis* oder *Reisen in Griechenland* niederschlug. Seine Schriften führen uns noch heute zu griechischen antiken Stätten und haben uns Kenntnisse über das Aussehen

der Gebäude und Kunstwerke im Altertum überliefert. Beispielsweise verdanken wir Pausanias eine detaillierte Beschreibung des
einzigen der Sieben Weltwunder, das auf dem griechischen Festland lag: der Zeusstatue von Pheidias bei Olympia. Sie beginnt wie
folgt:

> Der Gott sitzt auf einem Thron und ist aus Gold und Elfen-
> bein gemacht, und ein Kranz liegt auf seinem Haupt in Form
> von Ölbaumzweigen. In der Rechten trägt er eine Nike, eben-
> falls aus Elfenbein und Gold, die ein Band hält und auf dem
> Kopf einen Kranz hat. In der linken Hand des Gottes befindet
> sich ein Zepter, mit lauter Metalleinlagen verziert. Der Vogel,
> der auf dem Zepter sitzt, ist der Adler. Aus Gold sind auch
> die Sandalen des Gottes und sein Gewand ebenso; an dem
> Gewand sind Figuren und Lilien angebracht.

Pausanias erfand die Reiseliteratur. Seiner Meinung nach war das
Reisen um seiner selbst willen die Mühe wert. Er nahm an, dass
man Kunst und Architektur nur dann richtig wertschätzen könne,
wenn man sie selbst sah – im Gegensatz zu den meisten seiner Zeitgenossen, welche die Beschwörung von visuellen Kunstwerken mit
Worten für ebenso bewundernswert hielten. Er ordnete alle Artefakte und Gebäude, die er besichtigte, soweit wie möglich in den
historischen Kontext ein. Er forschte nach den alten Beinamen der
Götter. Er bemühte sich, verborgene Orte aufzuspüren, und begab
sich einmal auf eine mühsame Reise auf Gebirgspfaden, vor allem
weil er von einer besonderen Demeterstatue gehört hatte. Zuletzt
stellte er jedoch fest, dass man sie seit Jahren nicht mehr gesehen
hatte. Stundenlang wartete er in der Hoffnung, den legendären
singenden Fisch in der Nähe von Kleitor zu hören, wurde aber auch
in diesem Fall enttäuscht. Er war ein Experte für Epigraphe, entzif-
ferte und dokumentierte Inschriften in rätselhaften lokalen Dialekten auf verwitterten alten Steinen.

Seine Genauigkeit bei der Beschreibung antiker Orte ist beeindruckend. Der Archäologe Heinrich Schliemann, der Troja ausgrub, entdeckte mithilfe des Textes von Pausanias das historische Mykene. Von heutigen Reisebeschreibungen weicht Pausanias jedoch insofern ab, als er nicht davon ausging, dass sich die Leser für seine tagtäglichen Erlebnisse unterwegs interessieren würden. Leider teilt er uns nie mit, wer ihn begleitete, wo er schlief und was er aß. Unser Bedauern wird durch die vereinzelten Ausnahmen noch gesteigert, insbesondere die vielsagende Äußerung, dass es in Patras viel mehr Frauen als Männer gab und dass er sie bezaubernd fand!

Was Pausanias für Griechenland tat, leistete Strabon für die Geographie des ganzen Römischen Reiches, der weiter östlich in der Stadt Amasia (im zentralen Norden der modernen Türkei) geboren wurde. Als Strabon 63 v. Chr. zur Welt kam, wurde im selben Jahr Amasia nach dem Tod des widerspenstigen pontischen Monarchen Mithridates Teil des Römischen Reiches. Strabon unterstützte zwar das aufkommende Projekt des römischen Imperialismus, aber er zweifelte nie daran, dass die Giganten, auf deren Schultern Roms Reich stand, aus der griechischen und nicht der römischen Kultur hervorgegangen waren. Strabon setzte sich kritisch mit der Disziplin der Geographie auseinander. Er behauptete, wenn man die Erde nur vermesse und die menschliche Bevölkerung auf ihr ignoriere, sehe man den Wald vor lauter Bäumen nicht. Er bestand vielmehr darauf, dass die Geographen ausgehend von der Vermessung der Welt in ihrer Gesamtheit eine besondere Funktion hätten. Sie sollten nämlich unsere »bewohnte Welt« erklären, die *oikumene* (von der das Wort »Ökumene« abgeleitet ist). Mit seiner siebzehnbändigen *Geographika* (*Geographie*) war Strabon der Vorstellung von einem Lehrfach folglich weit voraus. Er durchwandert die ganze Welt, die den Griechen und Römern bekannt war, angefangen bei den Säulen des Herakles in der Straße von Gibraltar und im Uhrzeigersinn rings um das Mittelmeer und das Schwarze Meer. Das Wesen der Völker erklärt er im Kontext der Orte, die sie bewohnen, von Irland bis nach Indien und von Libyen bis zum Kaukasus.

Strabon einen Geograph zu nennen führt ein wenig in die Irre. Sein Wissen von der materiellen Welt und sein literarischer Stil wurden beide durch seine klassische philosophische Ausbildung gebrochen. Er unternahm auch viele Reisen – nach Ägypten, Äthiopien, den Nil aufwärts bis nach Kusch im heutigen Sudan, nach Italien und Griechenland. Sein langes Leben erstreckte sich über den Sturz der römischen Republik, die Bürgerkriege, die relativ friedlichen Jahre der Herrschaft von Augustus und den ersten Teil von Tiberius' Herrschaft. Vermutlich vollendete Strabon sein Lebenswerk unter Tiberius, der 14 n. Chr. Kaiser wurde. Die *Geographika* ist ein Nachschlagewerk mit einem praktischen Nutzen und war dazu gedacht, den Staatsmännern behilflich zu sein beim Verständnis für die Völker, die sie regieren. Als solches war es für die Byzantiner und für die Entdecker der Renaissance von unschätzbarem Wert. Christoph Kolumbus las eifrig Strabon, und selbst Napoleon Bonaparte war von Strabons Schilderung von Ägypten so angetan, dass er 1798 in das Land einmarschierte. Die Vorstellung der Welt, die Strabon im frühen Römischen Reich präsentierte, prägte nicht nur unsere inneren Bilder, sondern den Lauf der politischen Geographie.

Der letzte dieser Gruppe herausragender Männer aus der Region der Schwarzmeerküste in Kleinasien war der außerordentliche griechische Philosoph Epiktet, ursprünglich ein Sklave aus Hierapolis in Phrygien. Epiktet brachte das ethische Programm des Stoizismus zur vollen Blüte, des vielleicht nützlichsten Beitrags zur menschlichen Ethik des klassischen Altertums. Die Schriften des Zyprioten Zenon von Citium, der die stoische Schule in Athen im späten 4. Jahrhundert v. Chr. gründete, sind verloren gegangen. Aber Epiktet kann eine direkte Verbindung zu den Lehren der frühen Stoa herstellen. In den frühen 90er Jahren n. Chr. verbannte der intolerante Kaiser Domitian alle Philosophen aus Rom, und Epiktet floh nach

Nikopolis in Epirus im Norden Griechenlands. Dort lehrte er den Rest seines Lebens Philosophie, und es ist nicht sicher, ob er jemals offiziell zu einem freien Mann erklärt wurde. Zu seinen Schülern zählte Arrian, der seinem Lehrer zugetan war und uns eine recht wörtliche Transkription der um 108 gehaltenen Vorträge seines Lehrers in vier Büchern hinterlassen hat sowie deren Kurzfassung, die unter dem Namen *Encheiridion* (*Handbüchlein*) bekannt ist. Diese Texte machten auf gebildete Römer großen Eindruck und wurden von Mark Aurel in seinen *Selbstbetrachtungen* gewürdigt, dem zweiten großen stoischen Buch, das aus der Antike überliefert ist und ebenfalls auf Griechisch geschrieben wurde.

Epiktets Erlebnisse am kaiserlichen Hof veranlassten ihn, häufig (negativ) auf die römischen Werte zu verweisen, wenn er über die prominenten Männer sprach, deren Habgier und Ehrgeiz den stoischen Grundsätzen zuwiderliefen. Die Figur des Tyrannen, der Gegenentwurf zum stoischen weisen Mann, dominiert die Lehren Epiktets, und der Tyrann, an den er dabei dachte, war Domitian. Domitian war im Jahr 96 ermordet worden, nachdem er seinerseits die Verfolgung mehrerer Prominenter angeordnet hatte. Die Einstellung zu wahrer Freiheit im Denken Epiktets hat etwas tief Bewegendes. Das erste Buch der *Unterredungen* beginnt mit einer Diskussion über Freiheit und richtet sich gegen Ende an den Mann, der voll und ganz begriffen hat, dass die Äußerlichkeiten von Wohlstand und Macht wertlos sind, und der sich deshalb furchtlos selbst gegen den Tyrannen in seinem Palast auflehnen kann. Das Konzept der Freiheit wird in den vier kleinen Büchern von Epiktets Werk mehr als einhundertmal erwähnt.

Da Gott (den Epiktet »Zeus« oder gelegentlich auch »die Götter« nennt) gütig und rational ist, schuf er auch die menschlichen Wesen rational und zu rationalen Handlungen imstande, sofern sie ihre Eindrücke von der Welt reflektierend nutzen. In Wirklichkeit sind unsere Seelen wiederum kleine Teile von Zeus' Geist, und deshalb ist unsere geistige Kraft ein Teil der Kraft, die das Universum lenkt. Wir sind verantwortlich für unsere Entscheidungen, weil es uns freisteht, sie zu treffen und sie auszuführen. Durch unsere Entscheidungen versuchen wir, zu unserem eigenen Vorteil zu handeln, aber da unsere Interessen ihrerseits in ein viel größeres System eingebunden sind, können wir beispielsweise erkennen, dass die Entscheidung für den eigenen Tod manchmal die beste Wahl ist. Stoiker waren für würdevollen Selbstmord berühmt. Für Epiktet sind Äußerlichkeiten weder uneingeschränkt gut noch uneingeschränkt schlecht. Das innere Ich beherrscht alles, und äußere Dinge dürfen nur in Relation zum Ich bewertet werden. Epiktet erkannte, dass Glück nur dann erreichbar ist, wenn Menschen nicht von Reichtum, Besitz oder irgendwelchen anderen Äußerlichkeiten abhängig sind. Emotionen wie Angst und Neid, bei denen wir uns schlecht fühlen, sind Reaktionen auf die falsche Vorstellung, dass Äußerlichkeiten glücklich machen können. Ebenso falsch ist die Vorstellung, dass uns die Handlungen eines anderen zwangsläufig schaden müssen. Das heißt jedoch nicht, dass wir uns nicht für andere Menschen anstrengen sollten, insbesondere für Familienangehörige und enge Freunde.

Die Gedanken von Epiktet waren in der Antike so beliebt, weil er praktische Ratschläge gab, wie man den Seelenfrieden fand und bewahrte, den die stoische Theorie abstrakt beschrieb. Sein Denken ließ sich mit der Teilnahme am öffentlichen Leben und dem aktiven Engagement in jeder Gemeinschaft vereinbaren. Es kann Menschen helfen, die keinen Einfluss auf die äußeren Umstände ihres Lebens haben wie Sklaven, Arme oder verfolgte Kritiker des Kaisers, die größtmögliche Zufriedenheit innerhalb dieser Umstände zu erlangen. Doch dafür ist eine langfristige Bereitschaft zur Selbstverbesserung und Reflexion über Wahrnehmungen und Entscheidungen erforderlich. Am wichtigsten ist es, das Tempo zu drosseln, Informationen behutsam aufzunehmen und sich Zeit zum Nachdenken zunehmen, ehe man handelt. Die Klarheit und Vernunft dieses Ratschlags, den man schon eher psychologisch als philosophisch bezeichnen könnte, erklärt, weshalb Epiktets *Encheiridion* noch heute so häufig der Ausgangspunkt für Menschen ist, die an einer nicht-religiösen Selbstverbesserung interessiert sind. Epiktet stand immer voll und ganz im Einklang mit amerikanischen Charakterzügen und wurde von William Penn ebenso wie von Benjamin Franklin empfohlen. Er wurde in den USA Dutzende Male übersetzt und spielte über seinen Einfluss auf Dale Carnegie eine wichtige Rolle bei der Entwicklung der Selbsthilfebewegung. Der ehemalige US-Präsident Bill Clinton behauptet, er lese Epiktet jährlich von neuem.

Eine esoterischere Alternative zum Stoizismus war der Epikureismus, eine Philosophie, die auf einer materialistischen Vorstellung des Universums basierte. Die Epikureer glaubten, wir würden alle aus Atomen bestehen und als Teil eines universalen Zyklus der Anhäufung und Zerstreuung geschaffen und wieder verschwinden. Der Epikureismus hatte zum Ziel, den Menschen die Angst zu nehmen, insbesondere die Angst vor dem Tod, indem er aufzeigte, dass jede Religion Aberglaube sei. Das Wissen über die Welt und das Ich konnte eine Freiheit von Wünschen, Ängsten und Leid erleichtern und so zu wahrer Ruhe führen (*hedone*, von dem das Wort *Hedonismus* abgeleitet ist, allerdings mit einer verzerrten Bedeutung). Der Epikureismus war unter den römischen Literaten beliebt, die Fachkundige aus den östlichen Provinzen des Römischen Reiches (Kleinasien, Syrien und Teilen Nordafrikas) ermittelten, um ihnen diese geheimnisvolle griechische Philosophie beizubringen. Ein privates Zentrum des Epikureismus außerhalb Athens war die Villa der Papyri, die 1752 in Herculaneum bei Pompeji entdeckt wurde. Es war das Feriendomizil von Julius Cäsars Schwiegervater Lucius Calpurnius Piso, wo der berühmte Philosoph Philodemos von Gadara, ein Syrer aus dem heutigen Jordanien, die glänzende Sammlung epikureischer Schriften seines Gönners betreute; Syrer waren stets kundige Exegeten der griechischen Philosophie. Die moderne Technik der multispektralen Bildverarbeitung ermöglichte es, die Überreste der Sammlung zu entziffern und zu veröffentlichen; sie verbrannte im Jahr 79 bei demselben Vulkanausbruch, der Pompeji zerstörte. Teils stammen die Werke von Philodemos selbst, teils fassen sie die Gedanken seines Lehrers Zenon aus Sidon zusammen. Zenon war ein weiterer »griechischer« Philosoph aus Phönizien und der führende Epikureer seiner Zeit, der sogar Cicero beeindruckte, als dieser ihn bei einem Vortrag in Athen hörte. Zenon starb um 75 v. Chr. Die Papyri aus Herculaneum enthalten Fragmente der Aufsätze Zenons über den Zorn und die offene Kritik. Außerdem gehören unbezahlbare Fragmente von Epikurs bahnbrechender Abhandlung *Über die Natur* dazu.

Obwohl alle in der griechischen Kultur versierten Männer, die *pepaideumenoi*, etwas über die großen philosophischen Schulen wussten, vereinten die wenigsten die Rollen des literarischen Autors und Philosophen so geschickt miteinander wie Plutarch (46–120). Dass Plutarch, abgesehen von dem Historiker Polybios, die einzige historische Person in diesem Kapitel ist, die auf dem griechischen Festland geboren wurde und wohnte, ist ein Indiz für die Verbreitung der griechischen Kultur zu jener Zeit. Plutarch war stets eine der einflussreichsten antiken Stimmen. Die Qualität seiner Schriften schimmert selbst noch in modernen Übersetzungen durch. Er hatte jedes Wort des griechischen Literaturkanons gelesen und daraus einen vielfältigen Wortschatz geschöpft, einen wunderbar reichen und klaren Stil gewonnen und eine Freude an Anspielungen auf seine brillanten Vorfahren gefunden.

Plutarch wurde im böotischen Chaironeia geboren, einen Tagesmarsch östlich von Delphi, am Ort der historischen Schlacht, wo Philipp von Makedonien die schöne neue Welt der hellenistischen Reiche angekündigt hatte, indem er Athen und den größten Teil Südgriechenlands unter seine Kontrolle brachte. Es scheint passend, dass ein Mann, der an einem solch historischen Ort geboren wurde, unsere moderne Vorstellung der alten Geschichte prägte wie kein anderer, nicht zuletzt weil seine Biographien in Stücken William Shakespeares oder von berühmten Filmen adaptiert wurden.

Plutarchs Viten schildern bedeutende Persönlichkeiten, angefangen bei dem legendenumwobenen Theseus aus Athen über Romulus bis hin zu Galba und Otho, den Kaisern bis 69 n. Chr. Diese Biographien sind als Quellen für die alte Geschichte weitverbreitet, weil sie in der Renaissance eine große Leserschaft fanden. Unsere Vorstellungen von Perikles, Alexander dem Großen, Antonius, Kleopatra und Cäsar, von den Gracchen und Spartakus, von Coriolanus und Cato verdanken wir mehr als jedem anderen Autor Plutarch.

Plutarch schrieb über bekannte Römer der Geschichte genauso, wie er über bekannte Griechen schrieb. Er wandte den Kunstgriff an, »parallele Leben« zu schreiben, indem er die Leben zweier Persönlichkeiten unterschiedlicher Herkunft verglich, die in seinen Augen ähnliche Laufbahnen durchschrittem hatten: Beispielsweise stellte er den griechischen Redner Demosthenes dem römischen Anwalt und Philosophen Cicero gegenüber. Plutarch reiste nach Rom und hielt Vorträge in Alexandria, aber er bevorzugte seine Heimat. Er veranschaulicht, wie sich griechische Intellektuelle an die Realität des Römischen Reiches anpassten und aufblühten unter der relativen Stabilität, die es bot. Gleichzeitig feierte Plutarch jedoch sein griechisches Erbe. Er studierte in Athen Philosophie und Mathematik, diente als Priester von Apollon in Delphi und beteiligte sich an der Zivilverwaltung Chaironeias, unter anderem sogar als Bürgermeister. Außerdem widmete er sich seiner großen Familie und reiste so wenig wie möglich. Er hatte seine Mühe, Latein zu lernen, pflegte aber behutsam freundschaftliche Beziehungen zu Rom und genoss die Privilegien der vollen römischen Bürgerschaft, die ihm ein wohlgesonnener römischer Konsul verschaffte. Über seine gut verständlichen Schriften wurde er in der ganzen römischen Welt berühmt. Manche Forscher argumentierten, dass Plutarchs erklärter Respekt für Rom und dessen Kaiser eine weise Reaktion auf die Herrschaft Domitians sei und dass seine Schilderungen der griechischen Geschichte als nostalgische Beschwörungen der einst freien Hellenen gedeutet werden können, die zumindest implizit die römische Herrschaft unterwanderten, unter der er lebte. Doch derartige »Widerstands«-Interpretationen Plutarchs gehen an seiner alles überragenden Lebensaufgabe vorbei, die nicht politisch orientiert war: Er wollte moralisch erziehen.

Ein beträchtlicher Anteil der Schriften Plutarchs sind keine Biographien, sondern Abhandlungen über moralische, literarische und sogar persönliche Themen. Das bewegendste Dokument ist das Trostschreiben an seine eigene Frau, das er während seiner vorübergehenden Abwesenheit verfasste, als ihre Tochter Timoxena, das erste Mädchen nach vier Knaben, im Alter von nur zwei Jahren starb. Plutarch, der über den Epikureismus und den Stoizismus ebenso gut Bescheid wusste wie über die platonischen und aristotelischen Traditionen, in denen er geschult worden war, glaubte an die praktische Anwendbarkeit der klassischen Ethik auf menschliche Probleme. Seine Werke haben einen philosophischen Zweck: die sittliche Erbauung des Lesers. Aber sie sind niemals langweilig oder gönnerhaft, zum großen Teil dank seines genialen und humorvollen Charakters. Der scheint selbst bei seinen knappsten Stücken durch, etwa in seinem Rat für den Umgang mit redseligen Individuen in *Über die Schwatzhaftigkeit*.

Einige Aufsätze enthalten Ratschläge, die man noch heute befolgen sollte. Sich in Geduld zu üben, wenn man sich über Kinder, Ehegatten und enge Freunde ärgert, ist an sich eine gute Sache, aber es ist auch die sicherste Methode zu lernen, wie man sich beherrscht, wenn man es mit schwierigen Menschen außerhalb des engen Kreises zu tun hat: Das ist Plutarch von seiner besten, praktischen und sittlichen Seite her in *Von der Bezähmung des Zorns*. In *Wie man, ohne anzustoßen, sich selbst loben kann* gibt er kluge Empfehlungen zu den Kontexten, in denen es zulässig ist, sich zu rühmen (etwa wenn man ungerecht behandelt wird), und zu den Mitteln, die den Eindruck der Unbescheidenheit lindern können.

Von Plutarchs Aufsätzen kombiniert sein *Gryllus* am wirkungsvollsten eine ernste Botschaft mit Unterhaltung. Der Text untersucht die Natur der menschlichen Gesellschaft, indem er eine pseudoplatonische Diskussion inszeniert zwischen Odysseus, Kirke und Gryllus (»Nörgler«), der in ein Schwein verwandelt wurde und nicht wieder in einen Menschen zurückverwandelt werden möchte. Gryllus argumentiert, dass er sein jetziges Dasein völlig zu Recht vorziehe. Ihm gelingt eine eindrucksvolle Verteidigung des zoomorphen Lebens: Tiere sind mutiger, weil sie ohne Hinterlist kämpfen; weibliche Tiere sind tapferer als weibliche Menschen; Tiere sind leidenschaftlicher und wünschen keinen materiellen Besitz; sie brauchen kein Parfüm; Tiere begehen keinen hinterlistigen Ehebruch; sie haben keinen Sex, es sei denn, um sich fortzupflanzen, und meiden deshalb auch alle sexuellen Perversionen; sie halten sich an eine schlichte Ernährung, verfügen über die angemessene Menge an Intelligenz für ihre natürlichen Lebensbedingungen und müssen deshalb als vernunftbegabt gelten. Das Leben des Tieres, wie Gryllus es definiert, ähnelt dem Leben eines asketischen Philosophen. Plutarch bringt hier durch die bezauberndste und bekannteste Geschichte in der *Odyssee*, in der Kirke die Gefährten von Odysseus in Schweine verwandelt, den Leser dazu, sich ernste Gedanken über das soziale und sittliche Leben der Menschen zu machen.

Das griechische Festland war zwar schon im 2. Jahrhundert v. Chr. unter römische Herrschaft geraten, doch einige Griechisch sprechende Städte blieben noch längere Zeit unabhängig von Rom. Das Reich der Attaliden mit seinem Zentrum in Pergamon wurde von dem kinderlosen letzten Attaliden Attalos III. 133 v. Chr. an Rom vermacht. Die Seleukiden hielten sich in Syrien, bis Pompeius sie 63 v. Chr. besiegte. Das von den Ptolemäern regierte Ägypten hatte Bestand, bis Kleopatra VII., die berühmteste Ptolemäerin überhaupt, von Augustus in der Schlacht von Actium 31 v. Chr. geschlagen wurde. Aber selbst nach diesen Annexionen blieben die Städte

Pergamon, Antiochia und Alexandria und viele andere in Syrien und Ägypten noch jahrhundertelang griechisch, einige gerade zum Trotz. Viele verfügten über alle Merkmale, die den Hellenismus prägten: eine Stadtplanung, die zentrale Marktplätze, ein Rathaus und Theater vorsah; regelmäßig institutionalisierte Feste mit »heiligen Spielen«, bei denen reisende Musikanten ebenso wie Sportler gegeneinander antraten. Außerdem bestanden diese griechischen Städte auch noch sechs Jahrhunderte später, wenngleich nicht immer in schönster Blüte, als sich das Römische Reich bereits wieder auflöste, zumindest seine westliche Hälfte.

Deshalb zieht dieses Kapitel nun nach Süden, um mit drei Autoren von unschätzbarem Einfluss zu schließen, die auf Griechisch schrieben, aber aus den römischen Provinzen Judäa und Syria kamen; ihre Muttersprachen waren aramäische Dialekte. Der weitaus umstrittenste ist Josephus, mit vollem Namen Titus Flavius Josephus (37–um 100 n. Chr.), ein in Jerusalem geborener, Aramäisch sprechender Jude. Aber Josephus hätte sein Hauptwerk *Jüdische Altertümer* nie schreiben können, wenn er nicht die griechische Schule durchlaufen hätte. Sein erstes Buch *Der Jüdische Krieg* beschreibt den jüdischen Aufstand gegen die Römer 66 bis 73 n. Chr., in dem er in Galiläa Soldaten angeführt hatte. Es enthält eine nervenzerreißende Schilderung der Erlebnisse der letzten lebenden Juden (er selbst eingeschlossen) in den Höhlen von Jotapata, die im Jahr 67 von Neros Truppen unter dem künftigen Kaiser Vespasian belagert wurden. Sie diskutierten, ob sie das Recht hätten, Selbstmord zu begehen: Josephus, am Ende der einzige Überlebende, schlug vor, dass sie sich reihum gegenseitig umbrachten. Auf ihn fiel das Los, der Letzte zu sein und sein Schicksal mit den Römern auszumachen. Daraufhin wandte er sich bis zu einem gewissen Grad von seinem eigenen Volk ab und wurde zu Vespasians Dolmetscher ernannt. Als Vespasian zwei Jahre danach Kaiser wurde, befreite er seinen jüdischen Schützling, der sofort die römische Bürgerschaft annahm.

Hier erhaschen wir einen Einblick, wie die Netzwerke des intellektuellen Hellenismus unter der römischen Herrschaft funktionierten, denn Josephus wurde von Epaphroditus zum Schreiben ermuntert, einem intellektuellen griechischen Freigelassenen in Rom, der auch den stoischen Sklaven Epiktet besaß. Josephus' autobiographische Rechtfertigung *Aus meinem Leben* ist keine angenehme Lektüre. Er gab seine wahre Bindung an den jüdischen Glauben ganz eindeutig nie auf, äußerte sich aber als gebildeter Grieche und propagierte die römische Politik. Er ist der bedeutendste Sprecher der vielen Gemeinschaften der jüdischen Diaspora, die in in den griechischen Städten des Römischen Reiches lebten, von denen die größten neben Alexandria und Jerusalem Sardis und Antiochia waren.

Die Stimme des Josephus ist insofern sehr eigenständig, als er literarisches griechisches Können mit seiner spezifischen Vorstellung von der Rolle des jüdischen Gottes für den Verlauf der Menschheitsgeschichte verband. Aber er beschreibt auch brillant Orte, Zeiten und Erlebnissen und war wohl (laut Tessa Rajak) der »bei weitem lesenswerteste und reizvollste« griechische Historiker, der aus dem Osten nach Rom kam, Polybios eingeschlossen. Seine historischen Schriften haben seit der Antike sowohl Christen als auch Juden entscheidende Informationen über ihre religiösen Ursprünge vermittelt. Im Mittelalter wurde Josephus als Autorität zu Fragen der Chronologie zurate gezogen und lieferte den Kreuzrittern die wegweisende Schilderung von Alexanders zweifelhafter Begegnung mit dem Hohen Priester in Jerusalem, wie sie sich etwa in Walter von Châtillons Epos *Alexandreis* aus dem 12. Jahrhundert findet. Im vergangenen Jahrhundert stützte sich der Schriftsteller Lion Feuchtwanger in seiner *Josephus-Trilogie*, deren Teile *Der Jüdische Krieg*, *Die Söhne* und *Der Tag wird kommen* erstmals zwischen 1932 und 1942 veröffentlicht wurden, auf das Werk des Josephus. Diese historischen Romane trugen maßgeblich dazu bei, die Welt vor dem Antisemitismus zu warnen.

Somit wurde griechische Prosa unter dem Römischen Reich für Beschreibungen jedes einzelnen Lebensbereichs verwendet, aber sie konkurrierte zunehmend auch mit der Dichtung als Medium der reinen Unterhaltung. Als Diodor von Sizilien anmerkte, dass das Unglück des letzten makedonischen Königs Perseus so groß gewesen sei, »wie dies bloßen Fabeldichtungen ohne Wirklichkeit zu entsprechen scheint«, hatte er die neue literarische Gattung des Romans im Sinn, in der sich die Bewohner der ostgriechischen Städte hervortaten. Zu den Risiken, denen die fiktiven Helden und Heldinnen des halben Dutzends erhaltener griechischer Romane ausgesetzt waren, zählte eine grausame Gefangenschaft, zumindest im Subgenre des Liebesromans. Doch werden die griechischen Protagonisten in der Fiktion niemals von Römern gefangen gehalten. Die Romane wurden zwar von Griechen unter römischer Herrschaft geschrieben, doch sind deren Handlungen meist nostalgisch in der weit entfernten griechischen Vergangenheit angesiedelt; jede Erwähnung der Römer wird vermieden. In den erhaltenen Texten werden verheiratete oder verlobte heterosexuelle, griechische Paare der Oberschicht getrennt, erleiden Beschwernisse an entlegenen Orten und werden auf dem Höhepunkt leidenschaftlich wiedervereint. Der längste und einflussreichste Roman sind die *Aithiopika,* die im 3. Jahrhundert n. Chr. von Heliodoros aus Emesa in Syrien (heute Homs) verfasst wurden. Eine äthiopische Prinzessin namens Charikleia wird mit weißer Haut geboren und von ihrer eigenen Mutter weggegeben, die nicht wegen Untreue angeklagt werden möchte. Charikleia wird später Priesterin der Artemis in Delphi, verliebt sich aber in einen griechischen Adligen namens Theagenes. Nach unzähligen Prüfungen, darunter die Androhung eines Menschenopfers, werden die Liebenden in Äthiopien wiedervereint und heiraten. Das Epos ist eskapistisch, aufregend und erzeugt einen milden Nervenkitzel. Die 1534 gedruckte und 1547 in französischer Übersetzung erschienene Geschichte von Heliodor prägte grundlegend die Themen, die von den Romanen des 17. und 18. Jahrhunderts in Spanien, Frankreich und England übernommen wurden: Abenteuer, Reisen und erotische Liebe.

Aber es gab auch realistische antike Romane in einem karikierenden Ton, die eine andere Geschichte vom Leben als Grieche unter römischer Herrschaft erzählen. So ist eine Kurzfassung des griechischen Ausgangstexts von Apuleius' lateinischem Roman *Der Goldene Esel* erhalten, auf Griechisch schlicht *Der Esel*. In der lateinischen Fassung war der Held Lucius, der in einen Esel verwandelt wird, ein Grieche, aber in der griechischen Fassung ist Lucius Römer oder zumindest gründlich romanisiert, und er wird von der griechischen Unterschicht unter römischer Herrschaft geschlagen, ausgehungert und gedemütigt, was einen grotesken Effekt erzielt. Als der Esel Lucius von Räubern entführt wird, will er instinktiv den römischen Kaiser um Hilfe bitten: Er versucht, »O Cäsar!« zu rufen, bringt jedoch nur ein »I-Aah« zustande. Die Abhängigkeit der römischen Bürger vom imperialen Apparat wird durch die vergebliche Artikulation im Maul eines würdelosen Tieres ins Lächerliche gezogen. Hier stellt der Roman die reale Geschichte der Beherrschung Griechenlands durch Rom auf den Kopf; die griechischen Räuber, welche die lokale Unzufriedenheit und Unruhe verkörpern, beleidigen die Würde des großen *Imperium Romanum*.

Der subversive griechische Roman *Der Esel* ist uns unter dem Namen meines persönlichen Lieblingsschriftstellers der Zweiten Sophistik überliefert: Lukian von Samosata, ein Künstler von überragender Ausdruckskraft (125–180). Samosata war die Heimat von Griechen wie ethnischen Syrern, und Lukian gehörte zur letzteren Gruppe, weil er selbst sagt, seine Muttersprache sei »barbarisch« gewesen. Fast einhundert Aufsätze werden ihm zugeschrieben, ausnahmslos alle in Griechisch. Lukian bewunderte Menippos, einen kynischen Satiriker des 3. Jahrhunderts v. Chr. aus Gadara im heutigen Jordanien, das zu Lukians Zeit ebenfalls in der römischen Provinz Syria lag. Die urkomischen Texte des Menippos verspotteten andere philosophische Schulen bissig, doch sie sind nicht erhalten, was Lukian zum besten Beleg für die Grundlage der ganzen menippeischen Literatur macht. Aus Lukians eindrucksvollem Werk ragen jedoch zwei Texte wegen ihres Einflusses heraus, zum einen *Der Tod des Peregrinos*, eine Satire auf das Christentum, die im zehnten Kapitel erörtert wird, zum anderen seine *Wahren Geschichten*, die (absolut unwahre) Geschichte einer Reise zum Mond. Lukian, der Vorläufer aller Sciencefiction-Autoren, nimmt den Leser auf die interplanetarische Kreuzfahrt seines unterhaltsamen Erzählers mit. Der Leser untersucht zusammen mit ihm kritisch die Mond-Welt und die Sonnen-Welt als parallele und sich entsprechende Universen.

Die griechische Redegewandtheit siedelte sich aber auch im römischen Geist an. Die griechische Kultur bot ausdrucksstarke Möglichkeiten, über die Großmacht zu sprechen, die jetzt die Welt beherrschte. Griechisch blieb weiterhin die unumstrittene Sprache aller führenden philosophischen Schulen. Es war auch die Sprache, in der die besten Abhandlungen über Medizin und die subjektive Erfahrung von Krankheit im Römischen Reich verfasst wurden. Die anschaulichsten Einblicke in die Einstellungen aller Bewohner des Römischen Reiches wurden von den großen Berühmtheiten hervorgebracht, die auf Griechisch schrieben. Ihre Gedanken hatten einen unschätzbaren Einfluss auf das kulturelle und intellektuelle Leben seit der Renaissance und wirken bis heute nach. Der Hellenismus war gerade deshalb so mächtig, weil er »ein Medium war, das nicht zwangsläufig der einheimischen oder indigenen Tradition entgegengesetzt war. Er bot im Gegenteil eine neue und eloquentere Möglichkeit, sie zu äußern« (Glen W. Bowersock).

10

GRIECHISCHE HEIDEN UND CHRISTEN

Die beiden letzten Kapitel der Offenbarung beschreiben Johannes' Vision des Neuen Jerusalems, wie er sie hatte, als er sich Ende des 1. Jahrhunderts n. Chr. auf der ostägäischen Insel Patmos aufhielt, möglicherweise weil man ihn aus Ephesos verbannt hatte. Ein neuer Himmel und eine neue Erde tauchten auf und traten an die Stelle der alten, »und das Meer war nicht mehr«. Es scheint symbolisch, dass die Heimat so vieler bezaubernder Nymphen und spektakulärer Ungeheuer, jener Ort, in dem die Griechen schwammen und mit ihren schnellen Schiffen segelten, das Element, das untrennbar mit der heidnischen, griechischen, geistigen und kulturellen Identität verbunden ist, dass das Meer von der revolutionären neuen, christlichen Utopie ausgelöscht wird. Es war nicht der römische Imperialismus, der den alten Griechen mit ihrem bissigen Witz, den Götterstatuen, den wissbegierigen, eigenständigen Köpfen, der Philosophie und Liebe zum sinnlichen Vergnügen (die letzte Eigenschaft, die sie nach meiner These prägte und auf die sie nur ungern verzichten wollten) ein Ende bereitete. Sondern es war etwas ganz anderes: eine neue Religion, die all denen viele Vorteile bot, die ihre simplen Regeln und die asketische Lebensweise befolgten; eine Loslösung von der Außenwelt, vom Leib und von den Sinnen, eine tiefe emotionale Verbindung mit Glaubensbrüdern (und Schwestern) und ihrem alleinigen Gott, die Vergebung der Sünden und ewiges Leben. Dieses Kapitel beschließt den Auftritt der alten, heidnischen Griechen, indem es auf ihre dramatische, zwei Jahrtausende währende Geschichte blickt. Es verfolgt vom 1. bis zum späten 4. Jahrhundert einige ihrer Reaktionen auf die

merkwürdige neue Religion, welche die frühen Christen prakti-
zierten – Reaktionen, die von Toleranz und sogar leichter Bewunderung durch einige heidnische Intellektuelle bis hin zu trotzi-
ger Verteidigung der griechischen Lebensweise durch den letzten
heidnischen Kaiser Julian reichten.

Das Christentum wuchs rasant. Im Jahr 100 gab es noch nicht
einmal 10 000 Christen, ein Jahrhundert später jedoch bereits elf-
mal so viele. Trotz der zeitweiligen Verfolgung, die unter Diokletian
an der Schwelle zum 4. Jahrhundert einen Höhepunkt erreichte,
wurden von Portugal bis Köln, von der Donau bis an den Nil und
nahezu entlang der gesamten nordafrikanischen Küste christliche
Gemeinden gegründet. Im Jahr 301 wurde der armenische König
Tiridates der Große das erste nationale Oberhaupt, der das Christentum zur offiziellen Religion erklärte. Nur elf Jahre später führte
Kaiser Konstantin siegreich unter Standarten Krieg, die augenfällig
das Kreuz oder das Christusmonogramm zeigten; seine Soldaten
trugen auf ihren Schilden dieselben Zeichen. Christliche Bericht-
erstatter behaupteten, diese Symbole seien dem Kaiser in Visionen
und Träumen offenbart worden; diese hätten ihm vor einer Schlacht
am Tiber befohlen, »unter diesem Zeichen« in den Kampf zu ziehen. Im Jahr 325 rief er Hunderte von Bischöfen zum Konzil von
Nicäa in der nordwestlichen Türkei. Die Würfel waren gefallen.
Das Christentum wurde überall öffentlich angenommen und vom
Kaiser gefördert. Zwar wurde es erst 391 unter Theodosius I. ge-
setzlich zur einzigen Religion des Römischen Reiches erklärt, aber
bereits nach Konstantin war die alte Religion vielleicht noch nicht
tot, befand sich jedoch in einem unaufhaltsamen Niedergang. Das
Todesurteil wurde unterzeichnet, als Theodosius sämtliche Formen der Weissagung verbot und die Orakel schloss, auch das berühmteste in Delphi, das seit mehr als tausend Jahren tätig war.
Der Hellenismus hielt sich zwar noch in Teilen des östlichen Reiches, aber als im 7. Jahrhundert im Osten der Aufstieg des Islam
begann, waren die Wahrzeichen der griechischen Architektur in

Syrien wie Theater, Marktplätze und Ratsgebäude, verziert mit kannelierten Säulen, lächelnden Statuen und bemalten Säulengängen, bereits verfallen. Diese hellenisierten Städte erhielten nach und nach das vertraute Aussehen der sukzessive erweiterten Suqs, die – unterteilt durch enge Gassen – noch heute ihre traditionellen Viertel prägen.

Die Konversion der Griechen und Römer zum Christentum lässt sich ab dem Jahr 50 belegen, als der jüdische Christ Paulus von Tarsus auf Griechisch einen Brief schrieb, den ersten Brief an die Thessalonicher, und der vermutlich das älteste christliche Dokument ist, das erhalten blieb. Nachdem Paulus unter den Nichtjuden von Thessaloniki eine christliche Gemeinde gegründet hatte, schrieb er von Athen oder Korinth aus an sie, um sie in ihrem neuen Glauben zu bestärken. Da sie sich nunmehr bekehrt haben »zu Gott von den Abgöttern, zu dienen dem lebendigen und wahren Gott« und »zu warten auf seinen Sohn vom Himmel, den er auferweckt hat von den Toten«, sollten sie weiterhin ausharren in der Meidung des Bösen:

Er aber, der Gott des Friedens, heilige euch durch und durch und bewahre euren Geist samt Seele und Leib unversehrt, untadelig für die Ankunft unseres Herrn Jesus Christus. Treu ist er, der euch ruft; er wird's auch tun. Liebe Brüder, betet auch für uns. Grüßt alle Brüder mit dem heiligen Kuss. Ich beschwöre euch bei dem Herrn, dass ihr diesen Brief lesen lasst vor allen Brüdern. Die Gnade unseres Herrn Jesus Christus sei mit euch!

Auch wenn die christlichen Konvertiten von Thessaloniki es nicht wissen konnten, kündigte Paulus' Mission das Ende der glänzenden, heidnischen griechischen Welt an. Doch kann man das Verhältnis zwischen Hellenismus und Christentum nicht ohne einen kurzen Rückblick auf die drei Jahrhunderte vor Jesu Geburt bis hin zu Ptolemaios I. in vollem Ausmaß verstehen. Er hatte über beide Zentren der jüdischen Religion in Ägypten (Alexandria) und Palästina (Jerusalem) geherrscht. Unter der von ihm gegründeten Dynastie verhielten sich Griechen in Alexandria tolerant gegenüber Juden und umgekehrt; im 3. Jahrhundert v. Chr. begann das große Unterfangen, die Septuaginta, das Alte Testament, ins Griechische zu übersetzen. Jüdische Denker wie Aristobulos stellten sogar die These auf, die griechischen philosophischen Vordenker Pythagoras und Platon hätten alle ihre Gedanken dem Gesetz des Moses entlehnt. Jüdische Dichter verwandelten ihrerseits biblische Geschichten in wunderbare, tragische Verse auf Griechisch.

In Jerusalem war die Beziehung der Religionen nie genauso harmonisch, aber erst als die Stadt 175 v. Chr. in die Hände des Seleukiden Antiochos IV. fiel, brach der Gegensatz zwischen den Juden und Hellenen aus. Indem er sich die Spannungen unter den Juden zunutze machte, die sich in ihren unterschiedlichen Haltungen zur Hellenisierung äußerten, marschierte Antiochos in Jerusalem ein. Er plünderte den Tempel, versklavte Frauen und Kinder und schickte sich an, die jüdische Religion zu vernichten, um stattdessen die griechische einzusetzen. Das erste Buch der Makkabäer schildert die Verzweiflung der Juden, als er Götzenbilder der heidnischen Götter einführte, das Opfer von Schweinen anordnete und die Einhaltung des Sabbats verbot. Auf die Beschneidung neugeborener Knaben stand von jetzt an die Todesstrafe. Unter Führung der Familie der Makkabäer reagierte die heldenhafte jüdische Widerstandsarmee mit der Vertreibung der Seleukiden und der Einführung einer jüdischen Selbstverwaltung unter den Hasmonäern.

Als Jesus lebte und predigte, waren die Juden in seiner Heimat gegenüber dem griechischen Denken daher ablehnend eingestellt, während zwischen den Juden und Griechen Alexandrias die meiste Zeit gegenseitige Toleranz und sogar Bewunderung herrschten. Nach Jesu Tod konnten sich die Juden in Jerusalem und Alexandria, die zum Christentum konvertiert waren, nicht einigen, ob sie Heiden und damit auch Griechen, oder nur Juden bekehren sollten. Paulus hatte diesbezüglich jedoch keine Zweifel. Der Apostel wusste, was bei einem griechischen Publikum gut ankam: Als er auf dem Areopag zu den Athenern sprach, zitierte er laut der Apostelgeschichte aus der griechischen Dichtung und spielte sogar auf die *Eumeniden* von Aischylos an, wo Orestes in dem Stück Gerechtigkeit gesucht hatte (Apg 17). Das Erlebnis des Paulus in Athen, ob historisch korrekt oder nicht, ist sehr aufschlussreich, weil es die verschiedenen Reaktionen der Griechen auf die jüdisch-christliche apostolische Mission vereint, zumindest wie sie ein kluger, christlicher Schriftsteller wahrnahm (Apg 17,17–21):

Und er redete zu den Juden und den Gottesfürchtigen in der Synagoge und täglich auf dem Markt zu denen, die sich einfanden. Einige Philosophen aber, Epikureer und Stoiker, stritten mit ihm. Und einige von ihnen sprachen: »Was will dieser Schwätzer sagen?« Andere aber: »Es sieht so aus, als wolle er fremde Götter verkündigen.« Er hatte ihnen nämlich das Evangelium von Jesus und von der Auferstehung [*anastasis*] verkündigt. Sie nahmen ihn aber mit und führten ihn auf den Areopag und sprachen: »Können wir erfahren, was das für eine neue Lehre ist, die du lehrst? Denn du bringst etwas Neues vor unsere Ohren, nun wollen wir gerne wissen, was das ist.« Alle Athener nämlich, auch die Fremden, die bei ihnen wohnten, hatten nichts anderes im Sinn, als etwas Neues zu sagen oder zu hören.

Diese Athener spalteten sich auf das Versprechen der Auferstehung durch Paulus hin in drei Gruppen. Die erste lachte ihn einfach aus. Eine zweite Gruppe sagte, sie würden gern mehr hören. Aber eine dritte Gruppe konvertierte, darunter ein wichtiger Mann namens Dionysius und eine Frau namens Damaris.

Das Neue Testament sagt kaum etwas über den Gegenstand der alten hedonistischen Religion, die Dionysius und Damaris nunmehr aufgaben. Es erwähnt lediglich Zeus, Hermes und Artemis namentlich, und gerade in der östlichen Ägäis und Türkei wurde vor allem Artemis als das mächtigste Symbol des heidnischen Glaubens angesehen. Heidnische Autoren wie Artemidor von Daldis in Lydien (Kleinasien) bestätigen die anhaltende Autorität des Artemiskults in Ephesos im 2. Jahrhundert n. Chr. während der antoninischen Dynastie: Einen der Hunderte von Träumen, die er in seinem fünfbändigen Werk *Traumdeutung* dokumentiert und das Sigmund Freud inspirierte, träumte eine Prostituierte in Ephesos, die den Artemistempel betreten möchte. Inschriften bestätigen die regionale Bedeutung der Göttin: Eine auf Patmos entdeckte Inschrift verdeutlicht, wie ernst Artemis von ihrer Priesterin Vera noch im 3. Jahrhundert genommen wurde: »Artemis selbst, die jungfräuliche Jägerin, wählte Vera als ihre Priesterin aus, die edle Tochter des Glaukias, auf dass sie als Wasserträgerin am Altar der patmischen Göttin das Opfer trächtiger Ziegen darbringe.« Patmos, das als heilige Insel der Artemis bezeichnet wird (vgl. Apg 19,28), stand unter der Verwaltung von Ephesos, war aber auch der Ort einiger der ersten frühchristlichen Aktivitäten und Riten. In Glaukias' stolzen Worten über die Ernennung seiner Tochter zur Priesterin, zur Trägerin des geweihten Wassers, und über das blutrünstige Opfer trächtiger Ziegen und ihrer Föten hören wir die trotzige Auflehnung der alten heidnischen Religion heraus gegen das spürbare Vordringen des neuen christlichen Glaubens.

Gewiss stieß Paulus auf heftigen Widerstand, als er in dem der Artemis geweihten Ephesos eintraf. Er wurde mindestens einmal verhaftet und fürchtete um sein Leben (2. Korinther 1,8–10). Die eindrücklichste Wiedergabe eines heidnischen Kultes im gesamten Neuen Testament ist die Schilderung des Aufruhrs der Silberschmiede in Kapitel 19 der Apostelgeschichte. Ausgelöst wurde er durch die Verbreitung des Christentums während Paulus' Aufenthalt in der Stadt: Ein Silberschmied namens Demetrius, der »silberne Tempel der Artemis« machte und auch Silberschmieden und Handwerkern verwandter Gewerbe in der Stadt Arbeit verschaffte, organisierte ein Treffen und sagte den versammelten Handwerkern, dass Paulus ihrem Geschäft schaden werde. Paulus hatte behauptet: »Was mit Händen gemacht ist, das sind keine Götter«, was wiederum, so Demetrius, dem Ansehen sowohl des Tempels der Artemis als auch der Provinz Asia schaden werde. Seine Zuhörer wurden »von Zorn erfüllt und schrien: ›Groß ist die Artemis der Epheser!‹« Es kam zu einem Aufruhr, und zwei Gefährten des Paulus wurden ins Theater gezerrt: Als ein jüdischer Anwalt namens Alexander berufen wurde, um die Lage zu beurteilen, wurde die Menge noch wütender und brüllte mit einer Stimme (Apg 19,34–41)

fast zwei Stunden lang: »Groß ist die Artemis der Epheser!« Als aber der Kanzler das Volk beruhigt hatte, sprach er: »Ihr Männer von Ephesos, wo ist ein Mensch, der nicht weiß, dass die Stadt Ephesos eine Hüterin der großen Artemis ist und ihres Bildes, das vom Himmel gefallen ist? Weil das nun unwidersprechlich ist, sollt ihr euch ruhig verhalten und nichts Unbedachtes tun. Ihr habt diese Menschen hergeführt, die weder Tempelräuber noch Lästerer unserer Göttin sind. Haben aber Demetrius und die mit ihm vom Handwerk sind einen Anspruch an jemanden, so gibt es Gerichte und Statthalter; da lasst sie sich untereinander verklagen. Wollt ihr aber darüber hinaus noch etwas, so kann man es in einer ordentlichen Versammlung entscheiden. Denn wir stehen in Gefahr, wegen der heutigen Empörung verklagt zu werden, ohne dass ein Grund vorhanden ist, mit dem wir diesen Aufruhr entschuldigen könnten.« Und als er dies gesagt hatte, ließ er die Versammlung gehen.

Es sollte sich als nicht gerade einfach erweisen, die Bewohner der römischen Provinz Asia dazu zu bewegen, ihre verführerischen, aber grausamen Götter aufzugeben – unabhängig davon, ob hauptsächlich religiöse Überzeugung oder eingebildete Einkommensangst der Grund dafür war. Zwei Jahrhunderte nach Paulus' Besuch wurde der Tempel 268 durch einen Brand zerstört, doch die Brandstifter waren keine Christen, sondern plündernde Goten, germanische Barbaren. Der Tempel wurde danach wiederaufgebaut. Man spürt in einer Inschrift, die ein Christ namens Demeas im Jahr 354 anbringen ließ, förmlich die anhaltende Auseinandersetzung zwischen der heidnischen Anbetung der Artemis und dem Christentum. Demeas betonte, dass er mit dem Zeichen des Kreuzes »das falsche Bild des *daimon* Artemis« abgenommen habe, das vor der Tür gestanden habe. Doch nachdem Demeas die Statue entfernt hatte, dauerte es weitere hundert Jahre, bis der Kult in Ephesos im Jahr 450 endgültig ausrangiert wurde.

Die Textsammlung, die wir heute als Neues Testament bezeichnen, entstand um die gleiche Zeit, als Paulus im 1. Jahrhundert der Gegend einen Besuch abgestattet hatte. Um das Jahr 61 schrieb ein Jude, der Christ geworden war, den Bericht über Leben, Wirken und Tod Jesu von Nazareth, den wir als das Evangelium nach Markus kennen. Obwohl der Autor dieses außergewöhnlichen Schriftstücks möglicherweise Zugang zu einer Sammlung von Sprüchen Jesu in einer semitischen Sprache hatte, schrieb er selbst in dem alltäglichen Griechisch, das im ganzen östlichen Römischen Reich gesprochen wurde. Gegen Ende des 1. Jahrhunderts waren alle Texte des Neuen Testaments bereits geschrieben, einschließlich der Briefe des Paulus, und man hatte angefangen, sie zu sammeln. Im Jahr 170 werden die vier Evangelien gemeinsam erwähnt; mit der Einführung des Codex konnten weit mehr Texte gesammelt werden, als Rollen es bislang ermöglicht hatten. Mitte des 4. Jahrhunderts wurde die Bibel in einem einzigen, dicken Buch zusammengefasst, die das ganze Alte und Neue Testament enthielt. Erstaunlicherweise sind zwei Exemplare noch erhalten: eines wird im Vatikan aufbewahrt und der größte Teil des zweiten, der Codex Sinaiticus, in der British Library in London.

Die Evangelien und die Apostelgeschichte bildeten das Fundament, um im 2. Jahrhundert das Christentum zu verbreiten; dies geschah nicht mehr von Jerusalem aus, sondern missionierende Bischöfe exportierten es in die ganze römische Welt, auch nach Griechenland und in die östlichen Provinzen. Im Laufe der vier Jahrhunderte zwischen der Geburt Jesu und den Edikten des Theodosius veränderte sich das Verhältnis zwischen Christentum und Hellenismus ständig, wie wir anhand zweier prominenter heidnischer Frauen ablesen können. Am friedfertigen Ende des Spektrums konnte eine gemeinsame griechische Bildung und Kultur es Christen, Juden und Arabern gestatten, nicht nur nebeneinander zu existieren, sondern auch im direkten Dialog miteinander zivilisiert zu diskutieren. Zenobia, die im 3. Jahrhundert als hellenisierte arabische Königin über Palmyra herrschte, lud schillernde Intellektuelle ein, das kulturelle Leben ihrer luxuriösen Stadt zu genießen, die man an einer üppigen Oase im Herzen der syrischen Wüste gebaut hatte. Unter ihnen waren ein griechischer Redner namens Kallinikos, ein christlicher Bischof von Antiochia und wichtiger Theologe namens Paul von Samosata sowie ein gewisser Longinos, der möglicherweise die brillante Literaturkritik *Über das Erhabene* verfasste und in ihr tiefgehend zu erklären versuchte, inwiefern die Schönheit der literarischen Kunst das Herz des Zuhörers vor Erregung schneller schlagen lassen kann. Der Text ist auf Griechisch geschrieben, doch lässt die Diskussion der Schöpfungsgeschichte vermuten, dass der Autor Jude war. Der Hellenismus machte einen derartigen geistigen Internationalismus möglich. Aber am anderen Ende des Spektrums steht der gewaltsame Tod von Hypatia, der in dem Spielfilm *Agora – Die Säulen des Himmels* von 2009 unter der Regie von Alejandro Amenábar und mit Rachel Weisz in der Hauptrolle dramatisch verarbeitet wurde. Hypatia war eine außergewöhnliche ägyptisch-griechische Gelehrte im 4. Jahrhundert, die Tochter des euklidischen Mathematikers Theon, an dessen Seite sie in der Bibliothek von Alexandria arbeitete. Sie wurde ermordet, als die römische Verwaltung es zuließ, dass wütende Christen die Bibliothek als eine Institution zerstörten, die das symbolisierte, was sie für verruchte, heidnische Lehre hielten.

In den ersten beiden Jahrhunderten der neuen Zeitrechnung gibt es erstaunlich wenig Verweise von Heiden auf das Christentum. Der im vorigen Kapitel behandelte Stoiker Epiktet merkte einmal an, dass die Christen, die er Galiläer nennt, keine Angst vor dem Tod hätten; als Stoiker dürfte er das für lobenswert gehalten haben. Der Arzt Galen erwähnte die Christen ebenfalls im späten 2. Jahrhundert. Seine Ansichten waren weitgehend positiv, was darauf schließen lässt, dass er möglicherweise mit der Freundlichkeit einzelner Christen oder einer ganzen Gemeinschaft in Berührung kam. Er machte den Christen in seiner Zusammenfassung von Platons *Politeia* ein großes Kompliment, vergleichbar mit dem des Epiktet: Sie seien wegen ihrer Lebensweise, insbesondere ihrer Haltung zum Tod, der sexuellen Selbstbeherrschung und Pflege der Tugend den Philosophen »nicht unterlegen«. Allerdings war er von ihrer Bereitschaft enttäuscht, auf dem Glauben beruhende Informationen zu akzeptieren, anstatt konkrete Beweise zu verlangen. Das war für jeden kritischen griechischen Denker eine gravierende Schwäche; indem die Christen ihren Glauben auf »Gleichnisse und Wunder« stützten, erwiesen sie sich keineswegs als geeigneter als die allgemeine Masse der Bevölkerung, einer Argumentation zu folgen, die auf nachvollziehbaren Schritten basierte. Einmal verweist Galen auf eine Stelle im Matthäus-Evangelium, nach der Johannes der Täufer gesagt haben soll, Gott könne die Naturgesetze brechen und Menschen aus Stein schaffen (Mt 3,9). Der Glauben der Christen an solch wissenschaftlich unmögliche Wunder sei laut Galen der Beweis dafür, dass sie geistig verarmt seien.

Christen werden zwar in den Schriften einiger römischer Kaiser wie Trajan, Hadrian und Mark Aurel erwähnt, doch es gibt relativ wenig Quellen, die uns einen Einblick gewähren, wie die Griechisch sprechenden Menschen im 2. Jahrhundert auf die Christen reagierten, welche die althergebrachte Lebensweise genossen und Paulus in Athen regelrecht verspotteten. Der ergiebigste, geistreichste Text stammt von dem syrischen Satiriker Lukian und nimmt die neue Religion und ihre fanatischen Anhänger aufs Korn, wenngleich auf Umwegen: Der *Tod des Peregrinos* erzählt einen Teil der Lebensgeschichte eines kynischen Philosophen namens Peregrinos Proteus, der ursprünglich aus Parion in Kleinasien stammt und in seiner Jugend zeitweise zum Christentum konvertiert war, so Lukian. Nachdem er sich im späteren Leben dem Kynismus zugewandt hatte, entwickelte Peregrinos ein Interesse für indische Anschauungen. Er war beeindruckt von der Geschichte des fast schon legendären indischen Weisen Kalanos, der ein Freund von Alexander dem Großen wurde und sich 323 v. Chr. bei Susa verbrannt hatte. Also eiferte Peregrinos Kalanos nach, indem er sich am Ende der Olympischen Spiele 165 n. Chr. in das Feuer stürzte.

Dieses Ereignis nimmt Lukian zum Anlass, Peregrinos' Erlebnisse mit den Christen zu erzählen, eine der Inspirationsquellen zu Monty Pythons *Leben des Brian* (1979). Lukian zeichnet ein Porträt von Peregrinos als selbstdarstellerischer Scharlatan und schildert die Christen als puritanisch, dumm und lachhaft, weshalb der Text nicht nur ein Mal von den etablierten Kirchen verboten wurde. Peregrinos hatte sich ursprünglich der frommen Gemeinschaft angeschlossen, nachdem er seinen eigenen Vater erdrosselt und zwei sexuelle Sünden begangen hatte: Ehebruch und Verführung eines minderjährigen Knaben. Auf der Flucht nach Palästina verguckte er sich in einige christliche Priester und Schreiber, die so leichtgläubig waren, dass er ihnen einreden konnte, er sei ein Prophet. Er wurde zu ihrem Anführer, interpretierte und schrieb christliche Bücher und wurde von ihnen an zweiter Stelle verehrt, unmittelbar nach dem Mann, »den sie noch heute verehren, dem Menschen, der in Palästina hingerichtet worden ist, weil er diesen neuen Kult in die Welt gesetzt hat«.

Die Behörden vor Ort verhafteten ihn, da sie ihn als Betrüger entlarvten, aber seine christliche Herde glaubte noch immer an ihn und lagerte vor dem Gefängnis. Sie brachten Lebensmittel, verlasen laut ihre »heiligen Schriften«, verglichen ihn mit Sokrates und luden Anhänger aus der gesamten Provinz Asia ein, aus der »welche kamen, als Abgesandte im Auftrag der christlichen Gemeinden, die dem Mann helfen, ihn verteidigen und ihn trösten sollten [...] und die Christen sparen an nichts«. Der Erzähler in Lukians Text ist ein Mann, den er in Olympia reden gehört hatte und der uns eine Kurzfassung davon bietet, wie humorvolle Heiden über die ernsten Christen redeten, die sie im 2. Jahrhundert rings um sich wahrnahmen: »Die Unglückseligen nämlich haben sich eingeredet, dass sie gänzlich unsterblich seien und in Ewigkeit leben würden, weswegen sie den Tod verachten und die meisten sich freiwillig ausliefern. Dann hat sie noch ihr erster Gesetzgeber überzeugt, dass sie alle Brüder seien.« Sie wurden Christen, indem sie »den griechischen Göttern abschworen, jenen gekreuzigten Sophisten anbeteten und nach seinen Gesetzen lebten. So verachten sie alle weltlichen Dinge in gleicher Weise und halten alles für gemeinsamen Besitz und nehmen solches ohne einen vertrauenswürdigen Beweis hin. Immer wenn also ein zauberkundiger oder gewitzter Scharlatan zu ihnen kommt, der die Gelegenheit zu ergreifen weiß, so wird er in kurzer Zeit sehr reich, indem er diese einfachen Leute zum Besten hält.« Diese Sätze geben gebündelt die herablassende Sichtweise der Heiden für die Christen im 2. Jahrhundert wieder, gespickt mit dem lukianischen Witz. Christen wurden als geistig minderbemittelte Asketen angesehen, die freiwillig Selbstentbehrung und sogar Gefängnis wählten, die irrsinnigerweise glaubten, sie seien unsterblich, alle seien Brüder und materieller Besitz habe keine Bedeutung und müsse in der Gemeinschaft geteilt werden. Besonders interessant ist, dass man allgemein überzeugt war, die Christen würden in Wirklichkeit Jesus anbeten, den die meisten Heiden nur für einen weiteren Sophisten hielten: In einem anderen Dialog wirft Lukian die Christen mit zwei anderen Gruppen, die er nicht mag, in einen Topf: mit den Epikureern und Atheisten.

Die Christen stellten jedoch eine Gefahr für das althergebrachte Ethos der hellenischen Zivilisation dar, gerade weil sie die alten Götter ablehnten und sich weigerten, sich an dem zentralen Ritual des öffentlichen Opfers zu beteiligen sowie an dem ganzen damit einhergehenden Vergnügen und der Feierstimmung. Neben der satirischen Karikatur wählte man auch andere Wege, um die Bedrohung zu entschärfen, die von den Christen ausging, indem man etwa ihre Lehren mithilfe einer ehrwürdigen ordnungsgemäßen Abhandlung oder eines systematischen Dialogs widerlegte. Ein griechischer Philosoph namens Kelsos, ein Zeitgenosse Lukians und möglicherweise ein Alexandriner, verfasste solch ein Werk mit dem Titel *Die wahre Lehre*. Leider ist der Text nur in langen Zitaten erhalten, die in ein anderes Traktat eingebettet sind, das verfasst wurde, um die Thesen Punkt für Punkt zu widerlegen. Es stammt von einem Christen namens Origenes und wurde ein paar Jahrzehnte später geschrieben. Doch wird die grobe Argumentationskette von Kelsos hinlänglich deutlich: Das Christentum sei mit heimlichen, illegalen Versammlungen verbunden; es sei barbarisch, setze Hexerei ein und verlange einen irrationalen Glauben; es gehe auf die Religion der Juden zurück, die zu verurteilen sei, weil sie auf der Andersartigkeit ihres Volkes gegenüber anderen Völkern beharre. Der christliche Glaube werde hauptsächlich von unwissenden Angehörigen der Unterschicht praktiziert (auch wenn Kelsos einräumte, dass es unter ihnen auch intelligente und gebildete Individuen gab).

Daraufhin führt Kelsos bemerkenswerterweise einen jüdischen Sprecher ein, um die jüdische Anklage gegen das Christentum vorzubringen, was die Frage aufwirft, ob zu der beabsichtigten Leserschaft auch hellenisierte Juden zählten. Die fiktive, jüdische Stimme erhebt mehrere Einwände: Jesus konnte gar nicht der erwartete Messias sein, weil er nicht von göttlicher Herkunft sei (laut Kelsos war sein Vater ein römischer Soldat) und von Gott nicht anerkannt wurde. Armut habe Jesus gezwungen, sich in Ägypten zu verdingen, wo er und Johannes der Täufer sich die neue Religion als ein Schwindel ausgedacht und ein paar Taschenspielertricks eingeübt hätten, um Wunder leichter herstellen zu können. Er war nicht der Messias, weil er von seinen eigenen Anhängern im Stich gelassen wurde. Er konnte sich selbst nicht vor dem Tod retten und stand auch nicht von den Toten wieder auf. Wenn er das nämlich getan hätte, dann hätte er sich doch den Richtern gezeigt und nicht einer halbverblödeten Gefolgsfrau.

Wiederum aus der Sicht eines heidnischen Philosophen argumentiert Kelsos, dass der christliche Glaube an sich bereits der Vernunft widerspreche. Das lässt sich daran ablesen, dass Christen furchteinflößende Bilder von künftigen Strafen verwenden, um die Menschen durch Einschüchterung zur Bekehrung zu bewegen. Kelsos protestiert insbesondere gegen den Anspruch des Christentums, von Sünden frei zu machen sowie gegen seine Anziehungskraft auf selbsterklärte Sünder. So steht für Kelsos als guten griechischen Philosophen fest, dass das einzige Heilmittel eines gewohnheitsmäßigen Sünders in dem Versuch besteht, seine ganze Einstellung zum Leben zu ändern. Und mit Blick auf Gott: Warum sollte das höhere Wesen den Wunsch verspüren, zu Fleisch zu werden und mit den Sterblichen zu verkehren, die eine untergeordnete Stellung haben? Um den ganzen Hintergrund des neuen messianischen Glaubens zu untergraben, fährt Kelsos daraufhin eine Breitseite gegen die Überzeugungen der Juden. Heute ist das Ganze eine unangenehm intolerante Schmährede, aber sie enthüllt seine genaue Kenntnis des Alten Testaments.

Die gehässigsten Worte über die Glaubenslehre hebt er sich für die Wiedererweckung der Toten auf:

Töricht ist auch ihr Glaube, dass, wenn Gott einmal wie ein Koch das Feuer herangebracht hätte, das ganze übrige Menschengeschlecht ausgebrannt werden würde, sie dagegen allein fortbestehen würden, und zwar nicht nur die Lebenden, sondern auch die längst schon Gestorbenen; diese würden wieder aus der Erde hervorkommen, bekleidet mit dem nämlichen Fleische wie früher. Es ist das eine Hoffnung, die geradezu für Würmer passend ist. Denn welche menschliche Seele dürfte sich wohl noch nach einem verwesten Leibe sehnen?

Bei all den beißenden Worten für die Überzeugungen der Christen wie ihrer jüdischen Vorfahren wollte Kelsos jedoch mit der Schrift offenbar gar nicht spalten. Er äußerte nämlich die Hoffnung, dass die Heiden und zumindest die gebildeten Christen zu einer Einigung gelangen, nach der die Christen ihren Glauben behielten, aber in den Staatsangelegenheiten kooperierten und sogar Ämter in der Regierung übernahmen. Das würde (falls nötig) auch eine Unterstützung der Staatsreligion umfassen. Kelsos hatte die Absicht, eine Fortsetzung zu schreiben, in der er praktische Vorschläge schildern wollte, wie man zu so einem toleranten und kooperativen Modell gelangte. Bedauerlicherweise wurde sein Leitfaden zu einem multikulturellen Modus Vivendi anscheinend nie geschrieben.

Origenes, der Widersacher von Kelsos, verband wie die meisten intellektuellen Christen des 3. Jahrhunderts seine völlig neue Religion mit gehörigen Anteilen der platonischen Philosophie. Die zeitgenössischen heidnischen Platoniker, die ihre christliche Theologie prägten, wurden im 19. Jahrhundert Neoplatoniker genannt und zählen wegen ihrer Bedeutung in der italienischen Renaissance zu den einflussreichsten Gruppierungen der alten Griechen. Auch wenn sie nicht unmittelbar auf die Ankunft des christlichen Glaubens rekurrierten, waren die Neoplatoniker doch maßgeblich beteiligt an der Umformulierung eines wichtigen Bestandteils des »heidnischen Wissens« (das heißt der Werke Platons) mit Blick auf das aufkommende Verständnis des späten Römischen Reiches in Bezug auf das Christentum. Ihre Interpretationen der platonischen Lehre wurden überdies häufig von Denkern in den islamischen und jüdischen geistigen Traditionen genutzt.

Die zentrale Gestalt war hier ein ägyptischer Grieche des 3. Jahrhunderts namens Plotin, der in Alexandria dieselben philosophischen Lehrer wie Kelsos gehört hatte und sich für indische, persische und griechische Philosophie gleichermaßen interessierte. Plotin zog nach Rom, um dort zu arbeiten und seine 54 Abhandlungen zu schreiben. Sie werden *Enneaden* genannt, weil sein Schüler und Biograph Porphyrios sie in sechs Gruppen von neun Schriften einteilte (das griechische Wort für »neun« ist *ennea*). Nach Plotins Lesart interpretierte Platons Metaphysik das Universum dahingehend, dass es aus drei essenziellen Elementen besteht (eine Dreieinigkeit, die die christliche Lehre stark beeinflusste): das Eine (die einzigartige, singuläre und transzendente Natur Gottes); der Geist (*nous*), der vielleicht treffender als Verstand oder überlegende Vernunft übersetzt wird, der das Reich der Ideen Platons durchdenkt oder umfasst; und die Seele. Letztere besteht wiederum aus zwei Teilen, von denen der eine dem anderen übergeordnet ist. Der übergeordnete Teil, der eng mit dem Verstand verwandt ist, beobachtet den anderen Seelenteil, während dieser sich materialisiert und durch das Leben geht, anfällig für materielle Wünsche wird, für Vergnügen und Schmerz, Trauer und Laster, und dabei ganz das reine Reich vergisst, aus dem er hervorging. Der Mythos von Êr im letzten Buch von Platons *Politeia* war für diese neoplatonische Deutung zentral. Demnach kann eine menschliche Seele nur über die Pflege der Tugend und Philosophie wieder in das reine immaterielle Reich zurückkehren. Es leuchtet ohne weiteres ein, dass dieser Dualismus zwischen Geist und Körper sowie die Vorstellung der Rückkehr zu unsterblichem Leben in einem immateriellen Reich, das mit Gott eins ist, den christlichen Intellektuellen ebenso gefiel wie anderen esoterischen Gruppen, die diese beeinflussten und sich gelegentlich mit ihnen überschnitten – üblicherweise spricht man von Gnostikern.

Plotins Biograph Porphyrios war ein hellenisierter Phönizier und seinerseits ein bekannter Neoplatoniker. Seine platonischen Schriften brachten Augustinus von Hippo (den späteren Heiligen Augustinus) dazu, an die Realität des immateriellen Reichs des Geistes zu glauben und ihn so mit dem orthodoxen Christentum zu versöhnen. Über Augustinus trug Porphyrios maßgeblich zur Gründung der westlichen Theologie bei, wie sie bis heute praktiziert wird. Er wäre jedoch bestürzt, wenn er das hören würde, war er doch selbst einmal Christ gewesen und wurde zu einem der brillantesten Kritiker, nachdem er den Glauben aufgegeben hatte. Während der Verfolgungen unter Diokletian verfasste er eine Abhandlung *Gegen die Christen*. Die Entlarvung ihres seiner Ansicht nach intellektuellen Durcheinanders war so vernichtend, dass seine Schrift von den christlichen Kaisern seit Konstantin verboten wurde und fast völlig verloren ging.

Die Neoplatoniker bearbeiteten neben Platon auch andere heidnische Texte, wobei die homerische *Odyssee* zu ihren Lieblingen zählte. Schon vor Platon hatten die frühen pythagoreischen Philosophen, deren Lehre auch die Wiedergeburt vorsah, eine allegorische Interpretation der *Odyssee* entwickelt, welche die Epistemologie und Metaphysik sowie die enthaltsame Ethik umfasste, die von der kynisch-stoischen Tradition propagiert werden. Plotin hingegen ließ durchblicken, dass Homer in Odysseus' Sehnsucht, in seine geliebte Heimat zurückzukehren und Kirke und Kalypso ungeachtet ihres Zaubers zu verlassen, »mit einer verborgenen Bedeutung« zum Ausdruck bringen möchte, dass der Mensch zu seinem geistigen Vaterland heimkehren müsse, indem er sich von der schönen sinnlichen Welt losreiße. Ithaka stehe somit metaphorisch für die Vereinigung mit dem Göttlichen. Porphyrios schrieb sodann die faszinierendste Allegorie der Odyssee schlechthin in seiner Abhandlung *Über die Nymphengrotte*, die mit der Beschreibung der Grotte auf Ithaka im

13. Gesang der *Odyssee* beginnt, wo Athene Odysseus rät, seine Schätze zu verstecken. Laut Porphyrios ist die Grotte eine Allegorie des physischen Universums – sie ist reizvoll, aber zugleich dunkel. Der Olivenbaum steht für die göttliche Weisheit, die das Universum prägt und doch von ihm losgelöst ist. Wenn Athene Odysseus rät, sein Hab und Gut in der Höhle zu verstecken, will Homer damit sagen, dass wir unseren äußeren Besitz ablegen müssen, um darüber nachzudenken, wie wir all die zerstörerischen sinnlichen Begierden und Leidenschaften der Seele loswerden können.

Die Neoplatoniker stellten die wichtigsten heidnischen Mythen allegorisch auf eine Weise dar, die sie jenen enthaltsam lebenden Christen schmackhaft machten, die sich damit abgefunden hatten, auf sinnliche Vergnügen zu verzichten, aber das Lesen ihrer schönen alten Bücher nicht aufgeben wollten. Die Verschmelzung christlicher und heidnischer Einstellungen lässt sich auch am Einfluss vieler mythischer Handlungslinien auf frühchristliche Erzählungen ablesen, welche die Reisen der Apostel und deren Sorgen betrafen. Die *Odyssee* liegt der apokryphen Apostelgeschichte des Andreas zugrunde, einer fesselnden Erzählung über einen etwas zwielichtigen Jünger, die in unzählige Sprachen übersetzt und im frühchristlichen Afrika, Ägypten, Palästina, Syrien, Armenien, Kleinasien, Griechenland, Italien, Gallien und Spanien gelesen wurde. In der Apostelgeschichte des Andreas kommen Seefahrt, Schiffbruch, Piraten und Kannibalen ebenso vor wie eine Begegnung mit toten Seelen, die Odysseus' Begegnungen in der Unterwelt vergleichbar ist. Andreas' treue Frau Maximilla wartet zu Hause genau wie Penelope und widersteht den Avancen eines lüsternen Freiers. Der Titelheld ist ein Fischer, der über eine außerordentliche Ausdauer verfügt (er stirbt erst nach vier Tagen am Kreuz). Die Geschichte vom umherirrenden Helden Odysseus war Teil der elementarsten Bildung aller Bewohner der antiken griechischen und römischen Welt. Da jeder die Geschichte so gut kannte, neigten sie dazu, alle ihre Erzählungen um fahrende Helden nach dem Vorbild der epischen *Odyssee* Homers zu gestalten. So gesehen wird der Jünger Andreas zu einem christianisierten Odysseus.

Der Mythos, der dem Narrativ der weiblichen Jüngerin Thekla in den neuttestamentlichen Apokryphen zugrunde liegt, ist die Flucht von Iphigenie und Orestes vom Schwarzen Meer, die das Kultbild der Artemis stehlen und mitnehmen. Thekla wurde von Paulus in der mittelanatolischen Stadt Ikonion, wo sie in eine gehobene Familie geboren wurde, zum Christentum und zu dauerhafter Keuschheit bekehrt. Der Legende nach widerstand sie einem Freier und wurde daraufhin verurteilt, bei lebendigem Leib verbrannt zu werden, wurde aber von einem von Gott gesandten Sturm gerettet, der die Flammen erstickte. Sie reiste mit Paulus nach Antiochia und wehrte sich erfolgreich gegen die Versuche eines Adligen namens Alexander, sie zu vergewaltigen. Nach dem Urteil, sie den wilden Tieren zum Fraß vorzuwerfen, wurde sie erneut durch göttliche Intervention gerettet (sie wurde genau wie Artemis häufig mit einer Schar von Tieren assoziiert). Es ist kein Wunder, dass frühe Christen wie Tertullian, die sich dagegen wehrten, dass Frauen predigten und Taufen ausführten, behaupteten, die Geschichte von Thekla sei eine Fälschung. Und kein Wunder, dass Thekla als Vorläuferin für Frauen in den christlichen Kirchen heute eine so wichtige Rolle spielt.

Doch ein Anhang zu ihrer Geschichte erzählt von Theklas späterem Leben und Tod: Sie reiste »in einer hellen Wolke« nach Seleukia, bekehrte viele und lebte anschließend als jungfräuliche Eremitin in einer benachbarten Höhle. Die Höhle strahle eine so große Kraft aus, dass schon diejenigen, die sich ihr näherten, auf wundersame Weise geheilt wurden. Die heidnischen Ärzte von Seleukia verschworen sich gegen sie, weil sie ihrem Geschäft schadete, indem sie jeden heilte. Sie nahmen an, Thekla sei eine Priesterin der Artemis, und da die Götter ihr die Kraft entziehen würden, falls sie ihre Jungfräulichkeit selbst im hohen Alter von neunzig verlor, organisierten die Ärzte eine Massenvergewaltigung. Doch Gott öffnete eine Felsnische für sie und bewahrte so ihre Unberührtheit, indem sie gerade einen Tod starb, der einer Heiligsprechung würdig war. In dieser Geschichte wird die mutige, vielgereiste, heilige Jungfrau, die mit der Heilkunst in Verbindung stand und deren Andenken in ihrer wundersamen Höhle bewahrt wird, von den Heiden des westlichen Kleinasiens, dem Zentrum des Artemiskults, unweigerlich für eine Priesterin der Göttin gehalten. In einer Höhle hoch über den Ruinen von Ephesos wurde von österreichischen Archäologen ein erstaunliches christliches Gemälde von Thekla und Paulus entdeckt. Sie werden tatsächlich häufig als Paar dargestellt, nicht sexuell vereint, sondern als Reisende, die das Kommen eines neuen Gottes verkünden.

Wir müssen vorsichtig sein mit der Annahme, dass heidnische Mythen über Sex für die frühen Christen verwerflich waren. Wie die *Odyssee* könnten sie Christen gelesen haben, die es nicht ertrugen, die alte Erziehung ganz aufzugeben. Eine Lösung in diesem Fall bestand darin, die Mythen als Allegorien zu interpretieren, die moralische Beispiele enthielten, die wiederum die Vorzüge der christlichen Ethik bewiesen. Im späten 5. oder frühen 6. Jahrhundert beschrieb der Christ Prokopios von Gaza, ein Experte des Alten Testaments, eine Reihe neuer Gemälde, die vor kurzem in einem öffentlichen Gebäude angebracht worden waren. Prokopios bot eine christliche Interpretation der Szenen, die allesamt aus der klassischen Mythologie stammten, und wies damit auf die Moral hin, die den alten Geschichten zugrunde lag: So entlarven die Erzählungen von Phaidra, die ihren Stiefsohn Hippolytos verführen wollte, oder von Ariadne, die ihr Vaterland verriet, um mit Theseus zu schlafen, was für eine *Gefahr* von erotischer Leidenschaft ausgeht. Vor allem war es üblich, heidnische griechische Mythen und Narrative in der Figur des Dionysos an das Christentum anzupassen – ein Prozess, den exemplarisch die atemberaubenden Mosaiken aufzeigen, die bei Paphos auf Zypern entdeckt wurden, sowie die *Dionysiaka*, ein langes, griechisches Versepos, das der belesene Nonnos aus dem ägyptischen Panopolis im 5. oder 6. Jahrhundert verfasste. Die Dichtung erzählt, wie Dionysos in Indien unzählige Siege feierte, ehe er in einem Triumphzug in den Nahen Osten zurückkehrte, und sie enthält die heidnischen, mythischen Gründungsgeschichten vieler griechischer Städte. Zu Nonnos' Lebzeiten verstieß die heidnische Gottesanbetung bereits gegen das Gesetz, und deshalb werten manche Forscher die *Dionysiaka* als eine ernst zu nehmende Verteidigung der alten Religion in einer Phase des endgültigen Niedergangs. Aber Nonnos kannte auch das Johannesevangelium und paraphrasierte es sogar in Versen, was bedeuten könnte, dass er zum Christentum konvertierte, nachdem er das Epos über Dionysos geschrieben hatte. Es gibt jedoch auch eine dritte Interpretation, die annimmt, dass die Dichtung ein unbeschwertes und eher säkulares Werk ist, das zur Unterhaltung dienen sollte und durchaus von einem gebildeten Christen geschrieben sein könnte, genau wie ein Christ oder eine Christin heute zumindest theoretisch einen Roman über Jason und die Argonauten schreiben könnte, ohne seinen oder ihren Glauben zu verraten. Immerhin wurden die heidnischen Texte im Byzantinischen Reich weiterhin gelesen und bearbeitet.

Die Frage nach der hellenistischen Einstellung des Nonnos ist jedoch nur eine von vielen, weil in der Spätantike die hellenistische Idee für Christen stets die ganze Kultur und Literatur der griechischen Vergangenheit implizierte, insbesondere deren Religion und Philosophie. In heidnischen wie christlichen Schriften war der Begriff »Hellenen« gleichbedeutend mit dem, was wir heute »Heiden« nennen. Das Verb *hellenizein*, also »sich wie ein Grieche benehmen«, schloss die Bedeutung mit ein: »die heidnische Religion praktizieren«. In Nonnos' Vorliebe für griechische Sagen spiegelt sich jedoch ein anhaltendes Merkmal der östlichen christlichen Gemeinden: der Widerwille, auf ein profanes Interesse an den wundervollen Büchern der alten Griechen zu verzichten, nur weil man einen neuen Glauben angenommen hatte. Das Thema spitzte sich zu mit Julian, dem letzten heidnischen Kaiser überhaupt, dessen kurze Herrschaft von 361 bis 363 währte. Er ist eine Persönlichkeit, die stets auf Menschen einen gewissen Reiz ausübte, die mit dem christlichen Glauben unzufrieden waren, in jüngsten Jahren insbesondere auf Gore Vidal.

Julian führte ein Rückzugsgefecht gegen die Christianisierung des Reiches, wurde aber eigentlich als Christ erzogen, bevor er die alte Religion annahm (weshalb er auch der »Apostat« genannt wird, der Abtrünnige). Er machte die politischen Maßnahmen der konstantinischen Dynastie rückgängig, der er ebenfalls angehörte – genau genommen war er deren letztes Mitglied, das Kaiser wurde. Seine Politik stützte er auf die Überzeugung, dass die beiden aufeinanderfolgenden christlichen Kaiser Konstantin und Constantius II. (sein Onkel beziehungsweise Vetter) geirrt hätten, als sie annahmen, das Christentum sei die wahre Religion. Seine eigene heidnische Lehre war esoterisch, monotheistisch und philosophisch, mit neoplatonischen Tendenzen. Den christlichen Glauben lehnte er nicht ab, weil er nicht auf leibliche oder sinnliche Vergnügungen verzichten konnte; auch verachtete er offen materiellen Reichtum und führte ein asketisches Leben, so dass er mit ernsthaften Christen mehr gemein hatte als mit den meisten Heiden, insbesondere jenen am dekadenten Ende des Spektrums. Aber er hielt das Christentum für eine gravierende politische Bedrohung, denn in seinen Augen hatte es das Potenzial, eben jene Götter zu entfremden, von deren Gunst das Wohl des Reiches abhing. Den Christen konnte man in Julians Augen nicht den Staat anvertrauen, weil sie sich nicht an den alten Riten der Staatsreligion beteiligten.

Julian war ein vernünftiger Mann. Sein Instinkt sagte ihm, die Christen zu dulden, gleichzeitig aber die heidnische Religion wiederzubeleben. Gleichwohl ging er zuletzt doch in die Offensive, weil er erkannte, dass eine der Stärken des Christentums darin lag, dass gebildete Anhänger nicht unbedingt ihre schöne geistige Kultur aufgeben mussten, mit der sie so leidenschaftlich verbunden waren.

Deshalb versuchte er, Christen daran zu hindern, den heidnischen Lehrplan zu unterrichten, mit der Begründung, dass es inkonsequent sei, am Hellenismus auf kultureller Ebene festzuhalten, wenn sie ihn mit Blick auf die heidnischen Götter ablehnten. Das empörte viele hellenisierte Christen, allen voran den forschen Gregor von Nazianz in Kappadokien, der später für kurze Zeit Erzbischof von Konstantinopel wurde. Gregor veröffentlichte gehässige Schmähreden gegen den abtrünnigen Kaiser, die veranschaulichen, wie verzweifelt sich manche Christen an ihre heidnischen Bücher klammerten: »Julian hat heimtückisch die eigentliche Bedeutung von ›Griechisch‹ verändert, so dass es weder eine Religion noch eine Sprache bedeutet; deshalb hat er uns unsere Sprache [*logoi*] genommen, wie ein Dieb das Eigentum von anderen stiehlt.«

Die Christen mussten die Teile des griechischen Vermächtnisses, die sie bewahren wollten, unterscheiden von denen, auf die sie verzichten konnten: die rhetorische und literarische Tradition sowie die Hervorhebung von Tugend und Reflexion durch die philosophischen Schulen einerseits, Kult, skandalträchtige Sagen, Bilder der heidnischen Götter, insbesondere Statuen, Vergnügungen und das Schwelgen in Alkohol und Sex andererseits. Bischof Basilius von Caesarea, ebenfalls ein Kappadokier, verstand das Problem. Er wollte seinem Neffen die Bedeutung der griechischen Klassiker einschärfen. In dem *Mahnwort an die Jugend* empfiehlt Basilius eine kritische Lektüre, bei der die Leser jedes Mal die Ohren verschließen sollten, wenn der Text einen Polytheismus erwähne, wie seinerzeit die Gefährten des Odysseus bei den Sirenen. Und was die erotischen Abenteuer der Götter betraf, so seien diese Obszönitäten nicht für Christen gedacht, sondern für Schauspieler auf der Bühne.

Diese Herabsetzung der Schauspieler durch Basilius führt uns zu dem Element der genussfreudigen, heidnischen Kultur, das die Christen für das verwerflichste hielten: Unterhaltung im Theater. Im 4. Jahrhundert war die prunkvolle Stadt Antiochia am Orontes das Zentrum der Theateraufführungen. Die von Seleukos I. um

301 v. Chr. gegründete Stadt diente als die symbolische Brücke zwischen den Kulturen des Westens und des Ostens. Zur Zeit des Neuen Testaments wurde sie zum wichtigsten Zentrum des Christentums im Osten und blieb auch in byzantinischer Zeit bedeutend. Von dem Augenblick an, als Julius Cäsar 47 v. Chr. die Freiheit der Stadt bestätigte, betrachtete sie sich als das östliche, griechische Gegenstück zu Rom und betonte stolz, dass sie von Griechen aus Argos, Kreta, Zypern und Makedonien gegründet worden sei. Laut dem Antiochier Libanios stellten sich seine Mitbürger diese Vorfahren vor, »wie sie den Göttern die gewohnten Ehren erwiesen, glücklich mitten unter den Barbaren lebten und eine Stadt schufen, die eine echte Hellenin war, und inmitten der ganzen Korruption um sie herum ein reines Leben führten«. Die griechischen Antiochier genossen die Aufführungen so sehr, dass die Stadt gleich zwei Theater besaß. Die außergewöhnlichen Mosaiken Antiochias, die in den 1930er Jahren ausgegraben und einer staunenden Welt präsentiert wurden, geben einen farbenprächtigen Eindruck der lebendigen visuellen und schauspielerischen Kultur wieder, an der sich die Bewohner erfreuten. Gegen eben diese dekadenten Vorführungen in Antiochia richtete der Christ Johannes Chrysostomos im 4. Jahrhundert seine puritanische Schrift *Gegen Spiele und theatralische Vergnügungen*; und für die Schauspieler von Antiochia schrieb der Heide Libanios seine würdige Verteidigung *Für die Tänzer.*

Libanios wurde um 314 in Antiochia geboren und erhielt seine höhere Bildung in den griechischen Klassikern in Athen, ehe er zum Leiter der besten Schule der Stadt ernannt wurde und zurückkehrte. Es gehörte zu seinen Aufgaben als offizieller Sophist der Stadt, in ihrem Namen an den römischen Kaiser zu schreiben. Im Jahr 340 reiste er in die neue Hauptstadt Konstantinopel am Bosporus, wo er als Privatlehrer arbeitete, bis er verbannt wurde, nachdem christliche Fraktionen wegen der Wahl eines Bischofs randaliert hatten. Er nahm an anderen Orten Stellungen an, kehrte jedoch 349 widerwillig zurück, als er zum Sophisten Konstantinopels ernannt wurde; christliche Herrscher waren noch immer auf das rhetorische Können der Heiden angewiesen. Doch 354 kam er wieder nach Antiochia, wo er bis zu seinem Tod um 393 blieb.

Der letzte große heidnische Redner und Denker Libanios war ein guter und angenehmer Mensch: Es fällt schwer, jemanden nicht zu mögen, der die Sklavin, mit der er lebte, so hingebungsvoll liebte oder der so besorgt war wegen des gesetzlichen Status des Sohnes, den sie ihm geboren hatte. Seine Werke vermitteln die Liebe zu der dekadenten, alten Stadt, in der er wohnte, samt ihrer unternehmerischen Kultur und Sucht nach entspannender Unterhaltung. Libanios sah keinen Widerspruch zwischen der Eignung Antiochias als Ort für einen gebildeten Mann, wo er ernsthafte Interessen verfolgen konnte, und ihrem unbestrittenen Rang als eine Stadt des Feierns, als ein Ort, an dem man sich vergnügen konnte.

Anhand dreier Reden des Libanios, die er unter drei Kaisern schrieb, lässt sich die Auseinandersetzung zwischen Christen und Heiden während des Todeskampfes der alten Religion von der Mitte bis zum Ende des 4. Jahrhunderts verfolgen. Im Jahr 344 wurde von Libanios verlangt, eine posthume Lobrede auf Konstantin zu schreiben, die auch dessen Söhne anpries, insbesondere Constantius. Der Sophist kopiert schlicht das offizielle Bild von Konstantin als tatkräftigem, gerechtem Herrscher. Libanios zwingt sich sogar, eine monotheistische Terminologie zu verwenden, verweist auf Gott als den »Schöpfer« der Welt und erklärt, dass Konstantin selbst von Gott auf die Erde gesandt worden und später zu ihm zurückgekehrt sei. Doch sprechen die Auslassungen im Lob auf Konstantin für sich: Libanios erwähnt kein einziges Mal, dass Konstantin das Christentum gefördert, geschweige denn es angenommen hatte.

Neunzehn Jahre später wurde Libanios 363 offizieller Sophist von Antiochia und schrieb einen Nachruf auf seinen Freund Julian »den Apostaten«. Der Kaiser war bei einem Feldzug in Persien gefallen; seine letzten Worte waren angeblich das Eingeständnis, dass er im Kampf vom Gründer des Christentums besiegt worden sei: »Du hast gesiegt, Galiläer.« Wir werden nie erfahren, ob Julian den Triumph des christlichen Glaubens womöglich noch ein paar Jahrzehnte hinausgezögert hätte, wenn er nicht schon mit Anfang dreißig gestorben wäre. Libanios empfand zwar tiefe Trauer über Julians Tod, da er seine Unterstützung der heidnischen Religion begrüßt hatte, doch er stellte auch fest, dass ein Lob des Abtrünnigen vor den Antiochiern eine große Herausforderung war. Der Kaiser hatte sich dort in den neun Monaten seit der Mitte des Sommers 362 nicht gerade beliebt gemacht. Julian war nach Antiochia gekommen, um ein Heer aufzustellen, das sich mit den militärischen Problemen an der Ostgrenze des Reiches befassen sollte, und war zweifellos auch angetan von der Nähe des heidnischen Apollonorakels bei Daphne. Aber unweigerlich prallten die Lebenswelten der luxusliebenden, unbekümmerten Bürger von Antiochia und des ernsten, reformorientierten Kaisers aufeinander, dessen Angehörige hellenisierte, aber ursprünglich asketische Nordländer von der fernen Donau waren. Die Antiochier betrachteten ihn als linkisch, ungepflegt und darauf aus, ihnen den Spaß zu verderben.

Julian hatte Heiden wie Christen gleichermaßen vor den Kopf gestoßen. Man meinte, er mische sich in innere Angelegenheiten ein, als er versuchte, reiche Kaufleute und Grundbesitzer daran zu hindern, die Lebensmittelpreise künstlich hochzuhalten. Er brachte die christliche Gemeinde gegen sich auf, indem er die Knochen eines toten Bischofs entfernen ließ, die in der Nähe des Apollontempels begraben worden waren. Seine Verachtung für das kaiserliche Protokoll schockierte alle, genau wie seine egalitären Neigungen, die ihn dazu bewegten, mit Menschen aller Bevölkerungsschichten zu verkehren. Kein Antiochier hatte Verständnis für einen Kaiser, der sich nicht gerne Spiele oder Theateraufführungen ansah. Die gebildeten, glattrasierten Männer Antiochias brachten ihren Ärger über die Einmischung Julians in ihre Angelegenheiten zum Ausdruck, indem sie auf dem Marktplatz komische Gedichte rezitierten, die sich in erster Linie um das Merkmal drehten, das in ihren Augen seine bäuerische, asketische Art symbolisierte: der Bart. Sie zählten alles auf, was er mit den Haaren machen könnte – zum Beispiel Seile herstellen. Julian reagierte darauf, indem er eine Rede zu seiner eigenen Verteidigung schrieb, genannt *Misopogon* oder Barthasser, die seine eigene Beherrschung der griechischen literarischen Tradition bewies. Er ließ die Rede öffentlich aushängen, damit alle sie lesen konnten.

Julian begegnete der Satire mit Satire. Stellenweise war seine selbstironische Kritik am eigenen Äußeren und Benehmen erfreulich humorvoll, aber er war von dem Empfang gekränkt, den man ihm in Antiochia bereitet hatte, und kochte innerlich vor Wut. Libanios musste all dies berücksichtigen, als er die Grabrede auf seinen ehemaligen Freund Julian schrieb. Doch durchzieht die von Herzen kommende Reaktion des Sophisten auf den Verlust des letzten Verteidigers der alten Religion die rechtfertigenden Worte, mit denen er sich an die alten Götter wandte: »Was habt ihr [Götter] in seinem Charakter schlecht gefunden, was hattet ihr an seinem Handeln auszusetzen? Hat er nicht Altäre und Tempel wiederhergestellt? Hat er nicht Götter und Heroen, den Äther und den Himmel, die Erde und das Meer, die Quellen und die Flüsse aufs Prächtigste geehrt? Hat er nicht gegen diejenigen, die gegen euch Krieg führen, gekämpft?« Libanios' Ansprache kulminiert in der pathetischen Frage: »Hat er nicht eine Welt geheilt, die sterbenskrank war?«

Der vorzeitige Tod von Julian, dem »Wiedererrichter« der sterbenden heidnischen Welt und ihrer prachtvollen Rituale im letzten Augenblick, brachte Valentinian auf den Kaiserthron, einen seiner Feldherren. Valentinian teilte das Reich in zwei Hälften und übergab seinem Bruder Valens die östlichen Provinzen. Seine Söhne folgten ihm später in seiner Reichshälfte nach. Diese Familie bestand aus überzeugten Christen, und der theologische Konflikt unter ihnen drehte sich um Streitigkeiten bei der Lehre der neuen Religion. Valentinian I. hasste bestimmte Erscheinungen des heidnischen Glaubens und bestrafte alle, die Zauberei, Wahrsagerei und manche Opferformen ausführten. Aber erst als Theodosius I. 379 Kaiser wurde und die beiden Hälften des Reiches wiedervereinte, setzte sich das Christentum offiziell durch. Theodosius erließ zwischen 380 und 391 zahlreiche Edikte, mit denen er heidnische Opfer und Gebete verbot, die Konversion vom Christentum zum heidnischen Glauben (was offensichtlich noch immer vorkam), das Wahrsagen aus den Eingeweiden und die Anbetung heidnischer Götzen und in heidnischen Tempeln. Am 16. Juni 391 erklärte er es schließlich für gesetzwidrig, einen heidnischen Tempel überhaupt zu betreten. Wir können den Zorn der Heiden auf diese Edikte in Libanios' Reden aus dieser Zeit hören, wo er insbesondere in *Zur Verteidigung der Tempel* den Kaiser anfleht, Brandopfer zu erlauben und fanatische Christen daran zu hindern, die heidnischen Kultstätten zu schänden.

Die Stimme, die am besten die Weltanschauung der griechischen Heiden im 4. Jahrhundert umschreibt, gehört dem bissigen Dichter Palladas, einem alexandrinischen Epigrammatiker. Seine Verse vereinen die schlimmsten und die besten Eigenschaften der empfindsamen Heiden, die während der vergangenen 2000 Jahre auf Griechisch gedacht hatten. Sie sind frauenfeindlich, intelligent und voll beißendem Humor. Palladas ist unglücklich über seine Situation: »Wir sind zwar Hellenen [also Heiden], doch zerschlagen schon zu Staub, auf Tote gründen wir erloschne Hoffnungen. Zum Gegenteil verkehrten alle Werte sich.« In demselben Gedicht beklagt er, dass er im Alter von 72 Jahren der Armut und dem Tod ausgeliefert sei. Als Schullehrer habe er vom Ruhm der griechischen Literatur gelebt, jetzt aber habe er seine Arbeit verloren und sei aus Not gezwungen, seine Exemplare von Pindar und Kallimachos und sogar seine griechische Grammatik zu verkaufen.

Palladas bedauerte, dass die heidnischen Kultstatuen gestürzt oder eingeschmolzen worden waren, und schrieb den Statuen sogar ein menschliches Bewusstsein zu, wenn er humoristisch andeutet, dass sie ihrerseits imstande gewesen wären, zum christlichen Glauben zu konvertieren. Eines seiner bemerkenswertesten Epigramme fasst das Dilemma der Heiden an diesem geschichtlichen Wendepunkt zusammen. Lebt er in einem Traum, oder hat der Tod tatsächlich die alte Lebensweise selbst ereilt, mit ihren wunderschönen Statuen und der kanonischen Dichtung? »Sind wir nicht tot und bilden uns nur ein zu leben, wir Griechen, die wir tief ins Unglück sanken und im Traume bloß das Leben sehen? Oder leben wir selber zwar – indes das Leben unterging?« Er schrieb ein bitteres Epigramm über die Lehre der leiblichen Auferstehung und ein zweites, das ägyptische Mönche angreift. Aber Palladas war auch überzeugt, dass die griechische Philosophie ebenfalls gescheitert war, sosehr ihm der christliche Glaube missfiel.

Es war schwierig, das riesige Römische Reich zu regieren, das nach dem Tod Theodosius' I. im Jahr 395 dauerhaft geteilt wurde. Auch konnten dessen Edikte die alte Religion in östlichen Gebieten nicht vernichten. Noch im 6. Jahrhundert beteten Griechen ihre blutrünstige Artemis an der türkischen Südküste unter dem wohlklingenden Namen »Artemis der Freiheit« an; im Hochland von Tralleis gediehen noch über 1500 heidnische Kultstätten und wurden bei jährlichen Festen von Tausenden aufgesucht. Die philosophischen Schulen wurden erst 529 von Kaiser Justinian endgültig geschlossen. Doch lagen die »alten Griechen« nunmehr in ihren letzten Zügen, und das Schicksal wollte es, dass ausgerechnet Christen uns einen großen Teil unseres Wissens über sie vermitteln sollten.

Kelsos' *Wahre Lehre* ist die früheste erhaltene Kritik am Christentum aus der Sicht der griechischen Philosophen und in Zitaten überliefert, die sein christlicher Widersacher Origenes auswählte. Heidnische Texte wurden in den Bibliotheken des christlichen byzantinischen Reiches entweder bewahrt oder dem Verfall überlassen. Sogar das letzte Orakel, das Apollon jemals in Delphi verkünden ließ, wurde uns über frühchristliche Historiker überliefert. Als

Julian die alten Kultzentren wiederbeleben wollte, schickte er seinen Leibarzt nach Delphi, um seine Unterstützung als Kaiser anzubieten. Doch der Gott des Bogens, der Leier und der Philosophie wusste wohl, dass für den heidnischen Glauben die Zeit gekommen war. Seine Antwort auf das beginnende Verstummen der Priesterin im Epizentrum oder »Nabel« der Griechisch sprechenden Welt hatte mit Sicherheit eine umfassendere Bedeutung. Sie steht symbolisch dafür, dass all die argumentierenden, inspirierenden, die Schönheit liebenden und hedonistischen griechischen Heiden endgültig mundtot gemacht wurden, denen ich hoffentlich in diesem Buch habe Gerechtigkeit widerfahren lassen:

Sage dem König, das schöngefügte Haus ist gefallen.
Die Zuflucht Apollons dahin, der heilige Lorbeer verwelkt,
Die Quellen schweigen für immer, die Stimme verstummt.

DANK

Ich möchte mich bei Maria Guarnaschelli und Mitchell Kohles im Verlag Norton für ihre Begeisterung und endlose Geduld für dieses Projekt bedanken. Janet Byrne war eine hervorragende Lektorin, die das Buch erheblich verbesserte. Außerdem möchte ich Katherine Ailes bei Random House für ihre aufmerksame und sorgfältige redaktionelle Bearbeitung danken. Die pointierten und humorvollen Kommentare Paul Cartledges zum ganzen Buch erwiesen sich als unersetzlich, auch wenn ich seinen Rat dickköpfig nicht in jedem Fall beherzigt habe. Mein Vater Stuart Hall hat das letzte Kapitel genau gelesen und mir wertvolle Anregungen zur Verbesserung gegeben. Meine Mutter Brenda Hall half mir bei der Zusammenstellung der Daten für die Karten und die Zeittafel. R. Ross Holloway und Laura Monros-Gaspar waren mir eine große Hilfe bei der Suche nach Bildern. Yana Sistovari war mir bei Besuchen archäologischer Stätten stets eine verständnisvolle wie unterhaltsame Gefährtin. Meine Anschauungen zu den alten Griechen haben sich in angeregten Diskussionen mit Studenten im Lauf der letzten 25 Jahre an den Universitäten von Cambridge, Reading, Oxford, Durham und Royal Holloway sowie am King's College in London weiterentwickelt. Ihnen allen möchte ich herzlich danken. Aber das Buch hätte ohne die tagtägliche Unterstützung und den Ansporn meines Mannes Richard Poynder und die lustigen Kommentare unserer Kinder Sarah und Georgia nie geschrieben werden können.

ANHANG

ZEITTAFEL

V. CHR.

ca. 1550 Mykenisch-griechische Zivilisation beginnt

ca. 1450 Zerstörung der vorgriechischen minoischen Paläste; auf dem griechischen Festland und auf Kreta herrschen die Mykener, die Linear-B-Schrift nutzen

ca. 1200 Zusammenbruch der mykenischen Palastkultur

ca. 1050 Poseidons Kultstätte in Isthmia aktiv

ca. 950 Friedhof Toumba bei Lefkandi (Euböa) angelegt

776 Gründung der Spiele beim Zeusheiligtum in Olympia

ca. 770 Griechen beginnen, das phönizische phonetische Alphabet zu verwenden

ca. 630 Gründung von Kyrene in Libyen

ca. 625 Geburt von Thales von Milet

594 Solons Reformen in Athen

582 Einführung der panhellenischen Pythischen Spiele bei Delphi; Einführung der panhellenischen Isthmischen Spiele bei Isthmia

ca. 575 Gründung von Massalia

573 Einführung der panhellenischen Nemeischen Spiele bei Nemea

ca. 546 Kyros der Große stürzt Kroisos und erobert Lydien

ca. 534 Gründung von Elea in Süditalien

528 Tod des athenischen Tyrannen Peisistratos

514 Ermordung des Hipparchos, Bruder des athenischen Tyrannen Hippias, Sohn des Peisistratos

510 Absetzung des Tyrannen Hippias, Sohn des Peisistratos

507 Kleisthenes reformiert die Verfassung von Athen

490 1. persische Invasion in Griechenland; Schlacht von Marathon

480   2. persische Invasion in Griechenland; Schlachten an den Thermopylen und bei Salamis

479   Die Perser werden von den Griechen in der Schlacht von Plataiai besiegt

472   Aischylos' Tragödie *Die Perser* wird in Athen uraufgeführt

464   Sparta von Erdbeben verwüstet; Aufstand der spartanischen Heloten

461   Ermordung des athenischen Revolutionärs Ephialtes; demokratische Reform des Areopags von Athen

458   Aischylos' tragische Trilogie *Orestie* in Athen uraufgeführt

451   Perikles schlägt Gesetz zur Beschränkung des Zugangs zur Bürgerschaft von Athen vor

444   Gründung der panhellenischen Kolonie bei Thurii in Süditalien

432   Vollendung des Parthenon

431   Ausbruch des Peloponnesischen Krieges; Uraufführung der Tragödie *Medea* von Euripides

430   Perikles' Grabrede

429   In Athen bricht Pest aus

425   Athener schlagen die Spartaner in der Schlacht von Sphakteria

413   Feldzug der Athener in Sizilien endet in einer Katastrophe

411   Oligarchischer Staatsstreich in Athen

410   Wiederherstellung der athenischen Demokratie

405   Uraufführung von Aristophanes' Komödie *Die Frösche* in Athen

404   Athener kapitulieren vor den Spartanern, die die Herrschaft der Dreißig Tyrannen einführen

403   Demokratie in Athen wiederhergestellt

399   Hinrichtung des Sokrates

ca. 387   Platon gründet die Akademie in Athen

371   Sieg Thebens über Sparta

343   Aristoteles zum Hauslehrer des späteren Alexander III. (der Große) ernannt

338   Philipp II. von Makedonien besiegt Athen und Theben in der Schlacht von Chaironeia

336	Philipp II. von Makedonien wird ermordet und Alexander III. folgt ihm auf den Thron
335	Aristoteles gründet das Lykeion
334	Alexander besucht Troja und führt an der kleinasiatischen Küste Krieg
333	Die Makedonier unter Alexander schlagen das persische Heer bei Issos
332	Gaza und Ägypten unterwerfen sich Alexander
331	Alexander besiegt die Perser in der Schlacht von Gaugamela
330	Alexander erobert das Persische Reich
327	Alexander marschiert in Indien ein
323	Alexanders Tod löst die Diadochenkriege unter seinen makedonischen Generälen aus
321	Ptolemaios I. von Ägypten bringt Alexanders Leichnam nach Ägypten
307	Seleukos I. gründet Seleukia
306	Epikur gründet seine philosophische Schule in Athen
305/04	Demetrios, Sohn von Antigonos dem Einäugigen, belagert Rhodos
301	Zeno beginnt mit der Lehre der stoischen Philosophie in Athen; Tod von Antigonos dem Einäugigen in der Schlacht von Ipsos; Seleukos I. gründet Antiochia am Orontes
ca. 297	Demetrios von Phaleron kommt nach Alexandria und berät Ptolemaios I. beim Aufbau der Bibliothek
283	Tod von Ptolemaios I.
281	Gründung der Dynastie der Attaliden in Pergamon
ca. 274	Große Prozession Ptolemaios' II.
246	Tod von Ptolemaios II.
175	Seleukidenkönig Antiochos IV. marschiert in Jerusalem ein
168	Römer erobern in der Schlacht von Pydna Makedonien
146	Sieg der Römer über die Peloponneser bei Korinth und Zerstörung Karthagos
133	Königreich der Attaliden an Rom übertragen

88–81   Erster und Zweiter Mithridatischer Krieg zwischen Rom und Mithridates VI., König von Pontos

73–63   Dritter Mithridatischer Krieg endet damit, dass Mithridates seinem Diener befiehlt, ihn zu töten

31   Kleopatra VII. von Ägypten und ihr Mann und Verbündeter Marcus Antonius werden von Octavian (dem späteren Augustus) in der Schlacht von Actium besiegt

N. CHR.

ca. 30   Kreuzigung Jesu

50   Paulus schreibt den ersten Brief an die Thessaloniker

ca. 61   Das Evangelium nach Markus wird geschrieben

66–73   Jüdischer Aufstand gegen Rom

96   Ermordung des römischen Kaisers Domitian

ca. 108   Arrian schreibt die Lehren des stoischen Philosophen Epiktet nieder

131/32   Hadrian organisiert eine Gruppe griechischer Städte unter der Bezeichnung Panhellenion

ca. 160   Pausanias verfasst seine *Reisen in Griechenland*

161–166   Krieg zwischen Rom und Parthien

267–274   Zenobia ist Königin von Palmyra und lehnt sich gegen Rom auf

301   Armenien nimmt als offizielle Religion das Christentum an

312   Die Soldaten Konstantins kämpfen unter Standarten mit dem christlichen Wahrzeichen

325   Konstantin lädt christliche Bischöfe zum Konzil von Nicäa ein

349   Libanios wird Sophist in Konstantinopel

354   Libanios lässt sich in Antiochia nieder

363   Tod des letzten heidnischen Kaisers Julian (Apostata); Libanios' Nachruf auf Julian

365   Erdbeben und Flutwellen zerstören Alexandria

380–391   Edikte von Theodosius I. verbieten heidnische religiöse Riten

395   Orakel von Delphi wird geschlossen; endgültige Teilung des Römischen Reiches

WEITERFÜHRENDE LITERATUR –
EINE AUSWAHL

VORWORT

Bernal, Martin, *Schwarze Athene. Die afroasiatischen Wurzeln der griechischen Antike. Wie das klassische Griechenland »erfunden« wurde*, München 1992.

Burkert, Walter, *Antike Mysterien, Funktionen und Gehalt*, München [5]2013.

Demandt, Alexander, *Antike Staatsformen. Eine vergleichende Verfassungsgeschichte der Alten Welt*, Berlin 1995.

Edzard, Dietz Otto, *Geschichte Mesopotamiens. Von den Sumerern bis zu Alexander dem Großen*, München 2004.

Finley, Moses, *Die Sklaverei in der Antike. Geschichte und Probleme*, München 1981.

Gehrke, Hans-Joachim, *Geschichte als Element antiker Kultur. Die Griechen und ihre Geschichte(n)*, Berlin/Boston 2014.

– /Schneider, Helmuth (Hg.), *Geschichte der Antike. Ein Studienbuch*, Stuttgart/Weimar [4]2013.

Günther, Linda-Marie, Griechische Antike, Tübingen 2008.

Hall, Edith/Alston, Richard/McConnell, Justine (Hg.), *Ancient Slavery and Abolition*, New York 2011.

Haubold, Johannes, *Greece and Mesopotamia. Dialogues in Literature*, Cambridge 2013.

Hölkeskamp, Karl-Joachim (Hg.), *Sinn (in) der Antike. Orientierungssysteme, Leitbilder und Wertkonzepte im Altertum*, Mainz 2003.

Knox, Bernard, *The Oldest Dead White European Males – and Other Reflections on the Classics*, New York/London 1993.

Lefkowitz, Mary/MacLean Rogers, Guy (Hg.), *Black Athena Revisited*, Chapel Hill, London 1996.

Lewis, David M., *Sparta and Persia*, Leiden 1977.

Nunn, Astrid, *Der Alte Orient. Geschichte der frühen Hochkulturen*, Stuttgart 2012.

Ober, Josiah, *Das antike Griechenland. Eine neue Geschichte*, Stuttgart 2016.

Paulsen, Thomas, *Geschichte der griechischen Literatur*, Stuttgart 2005.

Stein-Hölkeskamp, Elke/Hölkeskamp, Karl-Joachim, *Die griechische Welt. Erinnerungsorte der Antike*, München 2010.

West, Martin, *The East Face of Helicon. West Asiatic Elements in Greek Poetry* and Myth, Oxford 1997.

Einführung
ZEHN EIGENSCHAFTEN DER ALTEN GRIECHEN

Bringmann, Klaus, *Kleine Kulturgeschichte der Antike*, München 2011.

Dihle, Albrecht, *Griechische Literaturgeschichte*, München ³1998.

Enos, Richard Leo, *Greek Rhetoric Before Aristotle*, bearb. Aufl., Anderson 2011.

Fantham, Elaine/Peet Foley, Helene/Boymel Kampen, Natalie/Pomeroy, Sarah B./Shapiro, H. Alan (Hg.), *Women in the Classical World. Image and Text*, New York 1994.

Hair, Paul E. E., »The ›Periplus of Hanno‹ in the History and Historiography of Black Africa«, in: *History in Africa* 14 (1987), S. 43–66.

Halliwell, Stephen, *Greek Laughter. A Study in Cultural Psychology from Homer to Early Christianity*, Cambridge/New York 2008.

Holloway, R. Ross, »The Tomb of the Diver«, in: *American Journal of Archaeology* 110, Nr. 3 (Juli 2006), S. 365–388.

Huß, Werner, *Die Karthager*, München 2004.

Konstan, David, *The Emotions of the Ancient Greeks*, Toronto, Buffalo, NY, 2006.

Leppin, Hartmut, *Das Erbe der Antike*, München 2010.

Lloyd, Geoffrey Ernest Richard, *Polarity and Analogy. Two Types of Argumentation in Early Greek Thought*, Cambridge 1966.

Mannack, Thomas, *Griechische Vasenmalerei. Eine Einführung*, Darmstadt/Mainz ²2012.

Mitchell, Alexandre G., *Greek Vase Painting and the Origins of Visual Humour*, Cambridge 2009.

Moity, Muriel/Rudel, Murielle/Wurst, Alain-Xavier, *Master Seafarers. The Phoenicians and the Greeks*, London 2003.

Morrison, John S./Williams, Roderick T., *Greek Oared Ships*, Cambridge 1968.

Neils, Jenifer, *Die Frau in der Antike*, Darmstadt 2012.

Patterson, Orlando, *Freedom in the Making of Western Culture*, London/ New York 1991.

Reuthner, Rosa, *Wer webte Athenes Gewänder? Die Arbeit von Frauen im antiken Griechenland*, Frankfurt/M. 2006.

Rüpke, Jörg (Hg.), *The Individual in the Religions of the Ancient Mediterranean*, New York 2013.

Schuller, Wolfgang, *Griechische Geschichte*, München ⁵2001.

Schulz, Raimund, *Abenteurer der Ferne. Die großen Entdeckungsfahrten und das Weltwissen der Antike*, Stuttgart 2016.

Starr, Chester G., *Individual and Community. The Rise of the Polis, 800–500 B.C.*, New York 1986.

Wallinga, Herman T., *Ships and Sea-Power before the Great Persian War*, Leiden/New York 1993.

Weeber, Karl-Wilhelm (Hg.), *Humor in der Antike*, Stuttgart 2011.

I
SEEFAHRENDE MYKENER

Bader, Tiberiu (u.a.), *Orientalisch-ägäische Einflüsse in der europäischen Bronzezeit*, Bonn 1990.

Bockius, Ronald, *Schifffahrt und Schiffbau in der Antike*, Stuttgart 2007.

Buchholz, Hans-Günter (Hg.), *Ägäische Bronzezeit*, Darmstadt 1987.

Burns, Bryan E., *Mycenaean Greece, Mediterranean Commerce, and the Formation of Identity*, Cambridge/New York 2010.

Coates, John F., *Die athenische Triere. Geschichte und Rekonstruktion eines Kriegsschiffs der griechischen Antike*, Mainz am Rhein 1990.

Deger-Jalkotzy, Sigrid/Lemos, Irene S. (Hg.), *Ancient Greece. From the Mycenaean Palaces to the Age of Homer*, Edinburgh 2006.

Desborough, V. R./Nicholls, R. V./Popham, Mervyn, »A Eubeoan Centaur«, in: *The Annual of the British School at Athens* 65 (1970), S. 21–30.

Duhoux, Yves/Morpurgo Davies, Anna (Hg.), *A Companion to Linear B. Mycenaean Greek Texts and Their World*. 2 Bände, Louvain-la-Neuve 2008–2011.

Evely, Doniert (Hg.), *Lefkandi IV. The Bronze Age*, Ergänzungsband 39, London 2006.

Göttlicher, Arvid, *Seefahrt in der Antike. Das Schiffswesen bei Herodot*, Darmstadt 2006.

Heubeck, Alfred, *Aus der Welt der frühgriechischen Lineartafeln. Eine kurze Einführung in Grundlagen, Aufgaben und Ergebnisse der Mykenologie*, Göttingen 1966.

Higgins, Reynold, *Minoan and Mycenaean Art*, überarb. Aufl., London 2005.

Hiller, Stefan/Panagl, Oswald, *Die frühgriechischen Texte aus mykenischer Zeit. Zur Erforschung der Linear B-Tafeln*, Darmstadt ²1986.

Höckmann, Olaf, *Antike Seefahrt*, München 1985.

Marinatos, Spyridon, *Excavations at Thera*, Athen ²1999.

Mee, Christopher/Spawforth, Antony, *Greece. An Archaeological Guide*, New York 2001.

Morris, Sarah P., »A Tale of Two Cities: The Miniature Frescoes from Thera and the Origins of Greek Poetry«, in: *American Journal of Archaeology* 93 (1989), S. 511–535.

Nakassis, Dimitri, *Individuals and Society in Mycenaean Pylos*, Leiden 2013.

Schofield, Louise, *Mykene. Geschichte und Mythos*, Darmstadt 2009.

Schulz, Raimund, *Die Antike und das Meer*, Darmstadt 2005.

Tartaron, Thomas, *Maritime Networks in the Mycenaean World*, Cambridge/New York 2013.

Ventris, Michael/Chadwick, John, *Documents in Mycenaean Greek*, Cambridge 1959.

2
DIE GRÜNDUNG GRIECHENLANDS

Blegen, Carl W., *Troy and the Trojans*, bearb. Aufl. London 2005.

Bringmann, Klaus, *Im Schatten der Paläste. Geschichte des frühen Griechenlands*, München 2016.

Burkert, Walter, *Die Griechen und der Orient. Von Homer bis zu den Magiern*, München ³2009.

– *Griechische Religion der archaischen und klassischen Epoche*, überarb. Aufl., Stuttgart 2011.

Clay, Jenny Strauss, *Hesiod's Cosmos*, Cambridge 2003.

Cline, Eric/Rubalcaba, Jill, *Digging for Troy. From Homer to Hisarlik*, Watertown 2011.

Graziosi, Barbara/Haubold, Johannes, *Homer. The Resonance of Epic*, London 2005.

Günther, Rosmarie, *Olympia. Kult und Spiele in der Antike*, Darmstadt 2004.

Hall, Edith, *The Return of Ulysses. A Cultural History of Homer's Odyssey*, London/Baltimore 2010.

Hall, Jonathan M., *Hellenicity. Between Ethnicity and Culture*, Chicago/London 1999.

Hölscher, Uvo, *Die Odyssee. Epos zwischen Märchen und Roman*, München ²2000.

Hooker, James T., *Reading the Past. Ancient Writing from Cuneiform to the Alphabet*, London 1996.

Isager, Signe/Skydsgaard, Jens Erik, *Ancient Greek Agriculture*, London/New York 1992.

Lane Fox, Robin, *Reisende Helden. Die Anfänge der griechischen Kultur im homerischen Zeitalter*, Stuttgart 2011.

Meier, Christian, *Kultur, um der Freiheit willen. Griechische Anfänge – Anfang Europas?*, München 2009.

Montanari, Franco/Rengakos, Antonios/Tsagalis, Christos (Hg.), *Brill's Companion to Hesiod*, Leiden 2009.

Morgan, Catherine, *Athletes and Oracles. The Transformation of Olympia and Delphi in the Eighth Century B.C.*, Cambridge 1990.

Morris, Ian, *Archaeology as Cultural History*, Malden, MA/Oxford 2000.

Osborne, Robin, *Greece in the Making, 1200–479 B.C.*, London ²2009.

Patzek, Barbara, *Homer und seine Zeit*, München ²2009.

Powell, Barry, *Einführung in die klassische Mythologie*, Stuttgart 2009.

– *Classical Myth*, mit Übersetzungen von Herbert M. Howe, Boston, MA, ⁷2012.

Rosenmeyer, Thomas G., »Hesiod and Historiography«, in: *Hermes* 85 (1957), S. 257–285.

Schein, Seth, *The Mortal Hero. An Introduction to Homer's »Iliad«*, Berkeley 1984.

Segal, Charles P., *Singers, Heroes, and Gods in the »Odyssey«*, Ithaca, NY/London 1994.

Sinn, Ulrich, *Das antike Olympia. Götter, Spiel und Kunst*, München ³2004.

Snodgrass, Anthony M., *Archaic Greece. The Age of Experiment*, Berkeley 1980.

Spivey, Nigel, *The Ancient Olympics*, New York 2004.

Stein-Hölkeskamp, Elke, *Das archaische Griechenland. Die Stadt und das Meer*, München 2015.

Szlezák, Thomas, *Homer oder Die Geburt der abendländischen Dichtung*, München 2012.

Visser, Edzard, *Homers Katalog der Schiffe*, Stuttgart/Leipzig 1997.

Wallace, Jennifer, *Digging the Dirt. The Archaeological Imagination*, London 2004.

3
FRÖSCHE UND DELPHINE UM DEN TEICH

Andrewes, Antony, *The Greek Tyrants*, London 1974.

Aubet, Maria-Eugenia, *The Phoenicians and the West*, Cambridge 1993.

Berve, Helmut, *Die Tyrannis bei den Griechen*, 2 Bände, München 1967.

Braund, David (Hg.), *Scythians and Greeks*, Exeter 2005.

Budelmann, Felix (Hg.), *The Cambridge Companion to Greek Lyric*, Cambridge/New York 2009.

Csapo, Eric, »The Dolphins of Dionysus«, in: *Poetry, Theory, Praxis. The Social Life of Myth, Word and Image in Ancient Greece*, hg. von Eric Csapo und Margaret Miller, Oxford 2003, S. 69–98.

Dougherty, Carol, *The Poetics of Colonization. From City to Text in Archaic Greece*, New York 1993.

Giebel, Marion, *Das Geheimnis der Mysterien. Antike Kulte in Griechenland, Rom und Ägypten*, Düsseldorf/Zürich ³2003.

Graf, Fritz, *Apollo*, London 2009.

Hall, Edith, *Adventures with Iphigenia in Tauris. Euripides' Black Sea Tragedy*, New York 2013.

Hartog, François, *Mémoire d'Ulysse. Récits sur la frontière en Grèce ancienne*, Paris 1996.

Kurke, Leslie, *The Traffic in Praise. Pindar and the Poetics of Social Economy*, Ithaca, NY, 1991.

Larson, Jennifer, *Ancient Greek Cults*, New York 2007.

Malkin, Irad, *The Returns of Odysseus. Colonization and Ethnicity*, Berkeley 1998.

Miller, Theresa, *Die griechische Kolonisation im Spiegel literarischer Zeugnisse*, Tübingen 1997.

Morris, Ian, »The Eighth-Century Revolution«, in: *A Companion to Archaic Greece*, hg. von Kurt A. Raaflaub und Hans van Wees, Malden/ Oxford 2009, S. 64–80.

Morstadt, Bärbel, *Die Phönizier*, Darmstadt 2015.

Murray, Oswyn (Hg.), *Sympotica. A Symposium on the Symposion*, New York 1990.

–   *Das frühe Griechenland*, München 1982.

Slater, William J., »Symposium at Sea«, in: *Harvard Studies in Classical Philology* 80 (1976), S. 161–170.

Sommer, Michael, *Die Phönizier. Handelsherren zwischen Orient und Okzident*, Stuttgart 2005.

–   *Die Phönizier. Geschichte und Kultur*, München 2008.

Stanislawski, Dan, »Dionysus Westward. Early Religion and the Economic Geography of Wine«, in: *Geographical Review* 65 (1975), S. 427–444.

Stebbins, Eunice Burr, *The Dolphin in the Literature and Art of Greece and Rome*, Menasha 1929.

Welwei, Karl-Wilhelm, *Die griechische Frühzeit*, München 2002.

Woodhead, Arthur G., *The Greeks in the West*, London 1962.

Zimmermann, Bernhard (Hg.), *Mythos Odysseus. Texte von Homer bis Günter Kunert*, Leipzig 2004.

4
WISSBEGIERIGE IONIER

Curd, Patricia/Graham, Daniel W. (Hg.), *The Oxford Handbook of Presocratic Philosophy*, New York 2008.

Freely, John, *The Flame of Miletus. The Birth of Science in Ancient Greece*, London/New York 2012.

Gould, John, *Herodotus*, London 2000.

Gudopp von Behm, Wolf-Dieter, *Thales und die Folgen. Vom Werden des philosophischen Gedankens. Anaximander und Anaximenes, Xenophanes, Parmenides und Heraklit*, Würzburg 2015.

Guthrie, William K. C., *A History of Greek Philosophy*, Bd. 1: *Earlier Presocratics and Pythagoreans*, Cambridge 1962.

Hall, Edith, *Inventing the Barbarian*, New York 1989.

Hankinson, Robert James, *Cause and Explanation in Ancient Greece*, New York 1998.

Heath, Thomas L., *A History of Greek Mathematics*, Bd. 1, New York 1981.

–   *Greek Astronomy*, New York 1991.

Kahn, Charles H., *Anaximander and the Origins of Greek Cosmology*, New York 1960.

– »The Thesis of Parmenides«, in: *Review of Metaphysics* 22 (1969), S. 700–724.

King, Helen, *Hippocrates' Woman. Reading the Female Body in Ancient Greece*, London 1998.

Kuhrt, Amélie, *»Greeks« and »Greece« in Mesopotamien and Persian Perspectives*, Oxford 2002.

Long, Anthony A. (Hg.), *Handbuch frühe griechische Philosophie. Von Thales bis zu den Sophisten*, Stuttgart/Weimar 2001.

Longrigg, James, *Greek Rational Medicine*, London 1993.

Marcinkowska-Rosół, Maria, *Die Prinzipienlehre der Milesier. Kommentar zu den Textzeugnissen bei Aristoteles und seinen Kommentatoren*, Berlin/Boston 2014.

Meister, Klaus, *Die griechische Geschichtsschreibung*, Stuttgart 1990.

– *Thukydides als Vorbild der Historiker. Von der Antike bis zur Gegenwart*, Paderborn u.a. 2013.

Patzer, Andreas, *Wort und Ort. Oralität und Literarizität im sozialen Kontext der frühgriechischen Philosophie*, Freiburg/Br./München 2006.

Schmitz, Hermann, *Anaximander und die Anfänge der griechischen Philosophie*, Bonn 1988.

Seaford, Richard, *Money and the Early Greek Mind*, Cambridge, New York 2004.

Thomas, Rosalind, *Literacy and Orality in Ancient Greece*, Cambridge 1992.

– *Herodotus in Context. Ethnography, Science, and the Art of Persuasion*, Cambridge 2000.

Tsakmakis, Antonis/Tamiolaki, Melina (Hg.), *Thucydides Between History and Literature*, Berlin/Boston 2013.

Will, Wolfgang, *Herodot und Thukydides. Die Geburt der Geschichte*, München 2015.

5
DIE OFFENE GESELLSCHAFT ATHENS

Beard, Mary, *Der Parthenon*, Stuttgart 2009.

Boegehold, Alan L., *The Lawcourts at Athens*, Princeton 1995.

Bridges, Emma/Hall, Edith/Rhodes, Peter John (Hg.), *Cultural Responses to the Persian Wars*, New York 2007.

Funke, Peter, *Athen in klassischer Zeit*, München ³2007.

Hall, Edith (Hg.), *Aeschylus' Persians,* hg., mit Einführung, Übersetzung und Kommentar, Warminster 1996.

– *The Theatrical Cast of Athens,* New York 2006.

– *Greek Tragedy. Suffering Under the Sun,* New York 2010.

– »Comedy and Athenian Festival Culture«, in: *The Cambridge Companion to Greek Comedy,* hg. von Martin Revermann, Cambridge 2014.

Hornblower, Simon, *Thucydides,* New York 2000.

Jordan, Borimir, *The Athenian Navy in the Classical Period,* Berkeley/London 1972.

Lissarrague, François, *Vases grecs. Les Athéniens et leurs images,* Paris 1999; englisch: *Greek Vases. The Athenians and Their Images,* New York 2001.

Meier, Christian, *Athen. Ein Neubeginn der Weltgeschichte,* Berlin 1993.

Neils, Jenifer, *Goddess and Polis. The Panathenaic Festival in Ancient Athens,* Princeton, NJ/Hanover, NH, 1992.

Niehues-Pröbsting, Heinrich, *Die antike Philosophie. Schrift, Schule, Lebensform,* Frankfurt/M. 2004.

Nippel, Wilfried, *Antike oder moderne Freiheit. Die Begründung der Demokratie in Athen und in der Neuzeit,* Frankfurt/M. 2008.

Ober, Josiah, *The Athenian Revolution. Essays on Ancient Greek Democracy and Political Theory,* Princeton, NJ, 1996.

Osborne, Robin, *Athens and Athenian Democracy,* Cambridge 2010.

Pabst, Angela, *Die athenische Demokratie,* München ²2010.

Parker, Robert, *Polytheism and Society at Athens,* New York 2005.

Podlecki, Anthony J., *Perikles and His Circle,* London 1998.

Pradeau, Jean-François, *Plato et la cite,* Paris 1997; englisch: *Plato and the City. A New Introduction to Plato's Political Thought,* Exeter 2002.

Pritchard, David M., *Sport, Democracy and War in Classical Athens,* Cambridge 2013.

Rhodes, Peter J., *The Athenian Boule,* Oxford 1985.

Robson, James, *Aristophanes. An Introduction,* London 2009.

Rowe, Christopher, *Plato,* London ²2003.

Schmidt-Hofner, Sebastian, *Das klassische Griechenland. Der Krieg und die Freiheit,* München 2016.

Sinn, Ulrich, *Athen. Geschichte und Archäologie,* München 2004.

Stone, Isidor F., *Der Prozess gegen Sokrates,* Wien/Darmstadt 1990.

6
DIE UNERGRÜNDLICHEN SPARTANER

Baltrusch, Ernst, *Sparta. Geschichte, Gesellschaft, Kultur*, München [5]2016.

Cartledge, Paul, *Agesilaos and the Crisis of Sparta*, London 1986.

— *Sparta and Lakonia. A Regional History, 1300–362 BC*, London [2]2002.

— *Thermopylae. The Battle That Changed the World*. London 2007.

Clauss, Manfred, *Sparta. Eine Einführung in seine Geschichte und Zivilisation*, München 1983.

David, Ephraim, *Old Age in Sparta*, Amsterdam 1991.

Dreher, Martin, *Athen und Sparta*, München 2001.

Ferrari, Gloria, *Alcman and the Cosmos of Sparta*, Chicago 2008.

Hanson, Victor, *The Western Way of War*, New York 1989.

Hodkinson, Stephen, *Property and Wealth in Classical Sparta*, London [2]2009.

Kagan, Donald/Viggiano, Gregory (Hg.), *Men of Bronze. Hoplite Warfare in Ancient Greece*, Princeton, NJ, 2013.

Kennell, Nigel, *The Gymnasium of Virtue. Education and Culture in Ancient Sparta*, Chapel Hill 1995.

Parker, Robert, »Spartan Religion«, in: *Classical Sparta*, hg. von Anton Powell, Norman 1989, S. 142–172.

Pettersson, Michael, *Cults of Apollo at Sparta*, Stockholm 1992.

Pomeroy, Sarah B., *Frauenleben im klassischen Altertum*, Stuttgart 1985.

— *Spartan Women*, New York 2002.

Powell, Anton, *Athens and Sparta. Constructing Greek Political and Social History from 478 BC*, London [2]2001.

— /Hodkinson, Stephen (Hg.), *Sparta. Beyond the Mirage*, Swansea 2002.

Rawson, Elizabeth, T*he Spartan Tradition in European Thought*, New York 1969.

Schulz, Raimund, *Athen und Sparta*, Darmstadt [5]2016.

Talbert, Richard J. A., *Plutarch on Sparta*, bearb. Aufl., London 2005.

Tritle, Lawrence, »Xenophon's Portrait of Clearchus. A Study in Post-Traumatic Stress Disorder«, in: *Xenophon and His World*, hg. von Christopher Tuplin, Stuttgart 2004, S. 325–340.

Welwei, Karl-Wilhelm, *Sparta. Aufstieg und Niedergang einer antiken Großmacht*, Stuttgart [3]2013.

7
DIE WETTEIFERNDEN MAKEDONIER

Barnes, Jonathan, *Aristoteles. Eine Einführung*, Stuttgart 1992.

Billows, Richard A., *Antigonos the One-Eyed and the Creation of the Hellenistic State*, Berkeley 1990.

Buraselis, Kostas, *Das hellenistische Makedonien und die Ägäis*, München 1982.

Campbell, Duncan B., *Ancient Siege Warfare. Persians, Greeks, Carthaginians and Romans, 546–146 BC*, Oxford 2005.

Carney, Elizabeth, *Women and Monarchy in Macedonia*, Norman 2000.

– *Olympias, Mother of Alexander the Great*, New York 2006.

Cartledge, Paul, *Alexander the Great. The Hunt for a New Past*, London 2004.

Demandt, Alexander, *Alexander der Große. Leben und Legende*, München 2009.

Gehrke, Hans-Joachim, *Geschichte des Hellenismus*, Berlin/Boston [4]2008.

– *Alexander der Große*, München [5]2009.

Ginouvès, René (Hg.), *Macedonia. From Philip II to the Roman Conquest*, Princeton, NJ, 1994.

Hammond, Nicholas G. L., *Philip of Macedon*, London 1994.

– *Alexander der Große. Feldherr und Staatsmann – Biographie*, München/Berlin 2001.

Heckel, Waldemdar/Tritle, Lawrence A. (Hg.), *Alexander the Great. A New History*, Oxford 2009.

Holt, Frank L., *Alexander the Great and Bactria. The Formation of a Greek Frontier in Central Asia*, Leiden [3]1993.

Janko, Richard, »The Derveni Papyrus. An Interim Text«, in: *Zeitschrift für Papyrologie und Epigraphik* 141 (2002), S. 1–62.

Lane Fox, Robin, *Alexander der Große. Eroberer der Welt*, Stuttgart [3]2005.

Matthaei, Albrecht/Zimmermann, Martin (Hg.), *Stadtbilder im Hellenismus*, Berlin 2009.

Mayor, Adrienne, *Pontisches Gift. Die Legende von Mithridates, Roms größtem Feind*, Stuttgart 2011.

McGing, Brian C., *The Foreign Policy of Mithridates VI Eupator, King of Pontus*, Leiden 1986.

Owen, Richard, *The Hunterian Lectures in Comparative Anatomy* (Mai und Juni 1837), hg. von Phillip Reid Sloan, Chicago 1992.

Scholz, Peter, *Der Hellenismus. Der Hof und die Welt*, München 2015.

Waterfield, Robin, *Dividing the Spoils. The War for Alexander the Great's Empire*, New York 2012.

Weber, Gregor (Hg.), *Kulturgeschichte des Hellenismus. Von Alexander dem Großen bis Kleopatra*, Stuttgart 2007.

8

GOTTKÖNIGE UND BIBLIOTHEKEN

Blum, Rudolf, *Kallimachos und die Literaturverzeichnung bei den Griechen. Untersuchungen zur Geschichte der Biobibliographie*, Frankfurt/M. 1977.

Canfora, Luciano, *Die verschwundene Bibliothek. Das Wissen der Welt und der Brand von Alexandria*, Berlin 1990.

Clauss, Manfred, *Kleopatra*, München ⁴2010.

El-Abbadi, Mostafa, *The Life and Fate of the Ancient Library of Alexandria*, Paris 1990.

Ellis, Walter M., *Ptolemy of Egypt*, London/New York 1994.

Evans, James A. S., *Daily Life in the Hellenistic Age. From Alexander to Cleopatra*, Norman 2012.

Fraser, Peter M., *Ptolemaic Alexandria*, Oxford 1972.

Hansen, Esther V., *The Attalids of Pergamon*, Ithaca, NY, ²1971.

Huß, Werner, *Ägypten in hellenistischer Zeit 332–30 v. Chr.*, München 2001.

Hutchinson, Gregory, *Hellenistic Poetry*, New York 1988.

Irby-Massie, Georgia L./Keyser, Paul T., *Greek Science of the Hellenistic Era. A Sourcebook*, London/New York 2002.

Jones, Alexander, *Astronomical Papyri from Oxyrhynchus*, 2 Bände, Philadelphia 1999.

Lloyd, Geoffrey Ernest Richard, *Greek Science*, bearb. Aufl. mit einer Einführung von Lewis Wolpert, London 2012.

Ma, John, *Statues and Cities. Honorific Portraits and Civic Identity in the Hellenistic World*, New York 2013.

Menander, *Komödien*, hg. von Peter Rau, 2 Bände, Darmstadt 2013f.

Parsons, Peter J., *Die Stadt des Scharfnasenfisches. Alltagsleben im antiken Ägypten*, München 2009.

Rice, Ellen E., *The Grand Procession of Ptolemy Philadelphus*, New York 1983.

Schlögl, Hermann A., *Das Alte Ägypten. Geschichte und Kultur von der Frühzeit bis zu Kleopatra*, München 2006.

Toomer, Gerald J. (Hg.), *Ptolemy's Almagest*, Princeton, NJ, 1998.

Weber, Gregor (Hg.), *Alexandreia und das ptolemäische Ägypten. Kulturbegegnungen in hellenistischer Zeit*, Berlin 2010.

Witte, Markus/Diehl, Johannes F. (Hg.), *Orakel und Gebete. Interdisziplinäre Studien zur Sprache der Religion in Ägypten, Vorderasien und Griechenland in hellenistischer Zeit*, Tübingen 2009.

9
GRIECHISCHER VERSTAND UND RÖMISCHE MACHT

Anderson, Graham, *Studies in Lucian's Comic Fiction*, Leiden 1996.

Badian, Ernst, *Römischer Imperialismus in der späten Republik*, Stuttgart 1980.

Bengtson, Hermann, *Griechische Geschichte von den Anfängen bis in die römische Kaiserzeit*, München 1977.

Böttrich, Christfried/Herzer, Jens (Hg.), *Josephus und das Neue Testament. Wechselseitige Wahrnehmungen*, Tübingen 2007.

Bowersock, Glen W., Hellenism in Late Antiquity, Ann Arbor 1996.

Clarke, Katherine, *Between Geography and History. Hellenistic Constructions of the Roman World*, New York 1999.

Easterling, Patricia E./Hall, Edith (Hg.), *Greek and Roman Actors. Aspects of an Ancient Profession*, Cambridge 2002.

Eckstein, Felix (Hg.), *Pausanias. Reisen in Griechenland*, 3 Bände, Darmstadt 1986.

Gigante, Marcello, *Filodemo in Italia*, Florenz 1990.

Goldhill, Simon (Hg.), *Being Greek Under Rome*, Cambridge 2001.

Hall, Edith, »The Ass with Double Vision. Politicising an Ancient Greek Novel«, in: *Heart of a Heartless World. Essays in Honour of Margot Heinemann*, hg. von David Margolies und Maroula Joanno, London 1995, S. 47–59.

— »Playing Ball with Zeus. Reading Ancient Slavery Through Dreams«, in: *Reading Ancient Slavery*, hg. von Richard Alston, Edith Hall und Laura Proffitt, London 2010, S. 204–232.

Harrison, Tom/Gibson, Bruce (Hg.), *Polybius and His World*, New York 2013.

Holzberg, Niklas, *Der antike Roman. Eine Einführung*, Darmstadt ³2006.

Israelowich, Ido, *Society, Medicine and Religion in the Sacred Tales of Aelius Aristides*, Leiden/Boston 2012.

Kuhrt, Amélie/Sherwin-White, Susan (Hg.), *Hellenism in the East*, London 1987.

Long, Anthony A., *Epictetus. A Stoic and Socratic Guide to Life*, New York 2002.

Mattern, Susan P., *The Prince of Medicine. Galen in the Roman Empire*, New York 2013.

Petsalis-Diomidis, Alexia, *Truly Beyond Wonders. Aelius Aristides and the Cult of Asklepios*, New York 2010.

Pretzler, Maria, *Pausanias. Travel Writing in Ancient Greece*. London 2007.

Rajak, Tessa, *Josephus. The Historian and His Society*, London ²2002.

Schlange-Schöningen, Heinrich, *Die römische Gesellschaft bei Galen. Biographie und Sozialgeschichte*, Berlin/New York 2003.

Walbank, Frank W., *Die hellenistische Welt*, München 1994.

Whitmarsh, Tim, *Greek Literature and the Roman Empire*, New York 2001.

10
GRIECHISCHE HEIDEN UND CHRISTEN

Aland, Barbara, *Frühe direkte Auseinandersetzung zwischen Christen, Heiden und Häretikern*, Berlin u.a. 2005.

Beard, Mary, *SPQR. Die tausendjährige Geschichte Roms*, Frankfurt/M. 2016.

Benko, Stephen, »Pagan Criticism of Christianity During the First Two Centuries A.D.«, in: *Aufstieg und Niedergang der römischen Welt*, hg. von Hildegard Temporini u.a., Berlin 1980, S. 1055–1118.

Browning, Robert, *Kaiser Julian. Der abtrünnige römische Herrscher*, München 1990.

Cameron, Averil/Hall, Stuart G. (Hg.), *Eusebius, Life of Constantine*, New York 1999.

Chadwick, Henry, *Origen, Contra Celsum*, London 1965.

Clauss, Manfred, *Ein neuer Gott für die alte Welt. Die Geschichte des frühen Christentums*, Berlin 2015.

Conzelmann, Hans, *Heiden, Juden, Christen. Auseinandersetzungen in der Literatur der hellenistisch-römischen Zeit*, Tübingen 1981.

Cooper, Kate, *The Virgin and the Bride. Idealized Womanhood in Late Antiquity*, Cambridge, MA, 1999.

Cribiore, Raffaela, *The School of Libanius in Late Antique Antioch*, Princeton, NJ, 2007.

Gleason, Maud, »Festive Satire: Julian's ›Misopogon‹ and the New Year at Antioch«, in: *Journal of Roman Studies* 76 (1986), S. 106–119.

Hall, Edith/Wyles, Rosie (Hg.), *New Directions in Ancient Pantomime*, New York 2008.

Hall, Stuart G., *Doctrine and Practice in the Early Church*, London ²2006.

Hengel, Martin/Schwemer, Anna M., *Jesus und das Judentum*, Tübingen 2007.

Lane Fox, Robin, *Pagans and Christians*, London ²1988.

Lee, Alan Douglas, *Pagans and Christians in Late Antiquity. A Sourcebook*, London 2000.

Lona, Horacio E., *Die »Wahre Lehre« des Kelsos*, Freiburg/Br. 2005.

Lynch, Joseph H., *Early Christianity*, New York 2008.

Nesselrath, Heinz-Günther, *Libanios. Zeuge einer schwindenden Welt*, Stuttgart 2012.

Öhler, Markus, *Geschichte des frühen Christentums*, Göttingen 2017.

Pfeilschifter, Rene, *Die Spätantike. Der eine Gott und die vielen Herrscher*, München 2014.

Walzer, Richard R., *Galen on Jews and Christians*, London 1949.

Webb, Ruth, *Demons and Dancers. Performance in Late Antiquity*, Cambridge, MA., 2009.

Winkelmann, Friedhelm, *Geschichte des frühen Christentums*, München ⁵2013.

BILDNACHWEISE

Seite 8

Junger Musiker auf dem Rücken eines Delphins. Detail einer etruskischen, rotfigurigen Vase um die Mitte des 4. Jahrhunderts im Nationalen Archäologischen Museum von Spanien, Madrid. © Stamos Photo: Alberto Rivas Rodríguez. Museo Arqueológico Nacional, Spain (N.I. 1999/127/3).

Seite 18

Zeichnung des Grabs des Tauchers bei Paestum. Illustration von Alice Walsh in R. Ross Holloway, »The Tomb of the Diver«, in: *American Journal of Archaeology* 100, Nr. 3 (2006), S. 365–388, hier S. 366 (Abb. 1). Nachdruck mit freundlicher Genehmigung des American Journal of Archaeology and Archaeological Institute of America.

Seite 54

Zeichnung von Asa Taulbut eines Freskos aus Akrotiri im archäologischen Museum von Thera (Kykladen), das eine Schiffsexpedition und eine Stadt zeigt.

Seite 82

Der Kyklop Polyphem schleudert einen Felsbrocken nach dem Schiff des Odysseus. Stich nach einem Gemälde von Louis-Frédéric Schützenberger (1887). Privatsammlung der Autorin.

Seite 112

Griechische Siedler werden in Massalia (Marseille) empfangen. Stich von Alphonse de Neuville, ursprünglich zur Illustration von François Guizots *L'Histoire de France* (Paris 1775) geschaffen. Privatsammlung der Autorin.

Seite 146

Demokrit entdeckt Protagoras in Abdera. Druck einer Mezzotinto-Reproduktion eines Ölgemäldes von Salvator Rosa (1663) aus dem 19. Jahrhundert. Privatsammlung der Autorin.

Seite 178

Kupferstich aus dem 19. Jahrhundert vom Inneren des athenischen Parthenon. Privatsammlung der Autorin.

Seite 220

Kupferstich aus dem 19. Jahrhundert von der spartanischen Infanterie im Kampf mit den Persern in der Schlacht von Plataiai. Privatsammlung der Autorin.

Seite 250

Alexander durchschlägt den Gordischen Knoten, Kupferstich von Theodor Matham (1627–1691). Abdruck mit freundlicher Genehmigung des Rijksmuseums, Amsterdam.

Seite 282

Stich aus dem 19. Jahrhundert des Stadtbilds von Alexandria mit einer Rekonstruktion des Leuchtturms Pharos. Freie Bearbeitung von *Der Pharos von Alexandria* von Johann B. Fischer von Erlach, in *Entwurf einer historischen Architektur* (Leipzig 1725), Tafel 9. Privatsammlung der Autorin.

Seite 314

Galen bei einer Operation. Stich von Charles Warren, ursprünglich zur Illustration der *Pocket Edition of Sacred Classics* (London: C. Cooke, 1796) angefertigt. Privatsammlung der Autorin.

Seite 344

Paulus predigt in Athen. Kupferstich aus dem 19. Jahrhundert nach einem Ölgemälde von Raffael (um 1515). Privatsammlung der Autorin.

REGISTER